Western Educational Theory and Practice during the Period of Transformation

转型期西方教育理论与实践丛书

主编 陆有铨

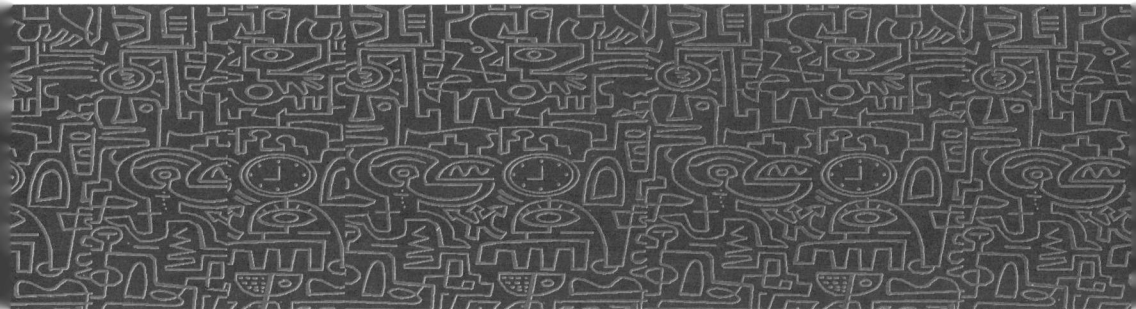

从超越到世俗

——西方高等教育的当代转型

潘艺林 ◎著

山东教育出版社

图书在版编目(CIP)数据

从超越到世俗——西方高等教育的当代转型/潘艺
林著．—济南：山东教育出版社，2011
ISBN 978－7－5328－6808－7

Ⅰ．①从… Ⅱ．①潘… Ⅲ．①高等教育—研究—西
方国家 Ⅳ．①G649.1

中国版本图书馆 CIP 数据核字(2011)第 031078 号

转型期西方教育理论与实践丛书

主编　陆有铨

从超越到世俗

——西方高等教育的当代转型

潘艺林　著

主　管：山东出版集团
出版者：山东教育出版社
　　　　(济南市纬一路 321 号　邮编：250001)
电　话：(0531)82092663　传真：(0531)82092661
网　址：http://www.sjs.com.cn
发行者：山东教育出版社
印　刷：山东临沂新华印刷物流集团有限责任公司
版　次：2011 年 3 月第 1 版第 1 次印刷
印　数：1—3000
规　格：787mm×1092mm　16 开本
印　张：22.75 印张
字　数：334 千字
书　号：ISBN 978－7－5328－6808－7
定　价：45.00 元

(如印装质量有问题,请与印刷单位联系调换)
电话:0539—2925659

Preface
前言

陆有铨

这套丛书实际上是此前由山东教育出版社出版的"20世纪教育回顾与前瞻"丛书的续篇。"20世纪教育回顾与前瞻"丛书出版于1995年,主要叙述19世纪末20世纪初至20世纪80年代西方主要国家的教育在若干方面发展的进程。目前读者看到的"转型期西方教育理论与实践"这套丛书,主要叙述20世纪七八十年代以来西方主要国家教育理论和实践若干主要方面的进程。

关于"转型期"这个概念,可谓意见纷纭,但在这里,主要是从时间的意义上使用的。20世纪80年代前后的确是一个"转折"的时代,包括中国在内的世界各国在各个方面都或隐或显地出现了与以往不同的特征,故此,我们把这个具有分水岭性质的时代,称之为转型期。具体来说,本丛书的"转型期"是指20世纪70年代末80年代初以来大约30年左右的时间。

学校教育,无论就其产生还是发展来说,任何人都无法割断她与社会的联系。联合国教科文组织国际教育发展委员会1972年编著的《学会生存——教育世界的今天和明天》明确地指出:教育体系受着内部和外部两方面的压力。内部压力来自体系内部的失灵与矛盾……然而过去的经验表明,内部压力和紧张状态本身还不足以引起教育结构上的变化。外部压力在我们这个时代特别坚强有力。——未来行动的方向主要将从外在因素中推演出来。联合国教科文组织发表于几十年以前的这一结论和预言,在社会转型的时期,得到了充分的验证。

转型期西方国家的教育发生了深刻的变化。这种变化的原因,归根结底是由于社会各个方面施加于教育的"外部压力"。大体说来,这种"外部压力"有下列几个方面。

首先,从生产方式的角度而言,人类社会开始由工业经济向知识经济迈进。早在 20 世纪 60 年代,美国学者马克卢普(F. Machlup)就根据战后产业结构变化的背景提出了"知识产业"的概念。此后,1973 年,丹尼尔·贝尔出版《后工业社会的来临》;1980 年,阿尔温·托夫勒出版《第三次浪潮》;1982 年,约翰·奈斯比特出版《大趋势》等一系列标识人类生存方式变化的著作。1996 年,"经济合作与发展组织"(OECD)发布了《科学、技术和产业展望报告》,该报告首次使用了"知识经济"这一概念。后来该组织又将报告中有关部分以《知识经济》为题单独发表。根据 OECD 的界说,知识经济是建立在知识和信息的生产、分配和使用基础之上的经济。该组织认为,知识是支撑 OECD 国家经济增长的最重要的因素(OECD 的成员国多为发达国家)。不言而喻,在知识经济时代,知识的生产、知识的创新乃是至关重要的因素。

20 世纪 80 年代以来,西方发达国家的产业结构发生了巨大变化,以劳动密集和传统工业技术为核心的第一、第二产业在国民生产中的比例逐渐下降,而以知识密集和信息技术为核心的第三产业迅速成长为强大的经济增长点和新兴的支柱产业。

作为重要的"外部压力",人类生产方式的转变,对于以培养人为宗旨的教育的意义可谓不言自明,因为知识经济得以实现的一个不可或缺的条件,乃是人的素质。在 20 世纪 80 年代,西方国家发布了许多关于教育危机的报告,看到了教育与新的生产方式之间存在的不协调。教育哲学的研究也出现了以"教育问题"探讨为主的转向。当然,"危机"的表现或内容复杂多样,但教育质量问题却是不变的主题。对于基础教育而言,与知识经济时代伴随而来的科技革命和信息化,使得学校似乎正在培养科学和技术"文盲"的一代。知识经济时代要求人要具有不断学习乃至终身学习的意愿和能力,而且还要具有创新意识和竞争能力。

其次,从国际关系的角度而言,各国之间的竞争空前激烈。强化教育为国家利益服务,强化教育的国家目的,这是 20 世纪以来世界各国教育发展的一条基本线索,西方国家当然不会例外。需要指出的是,国家目的不是一成不变的。不同的历史阶段,国家目的的表现形式和内容各异,重点亦不相同。19 世纪末 20 世纪初开始至 1945 年第二次世界大战结束,国际间国家目的突出的是意识形态领域的斗争,民主主义、共产主义、法西斯主义的意识形态对相关国家的教育,分别产生了极为重要的影响。第二次世界大战结束至七八十年代,在美苏双峰对峙的态势下,国家目的突出的是科学技术的竞争,教育的重点是为培养科技专家服务。此后,随着苏联的解体、第三世界国家的崛起,形成了多极世界的政治格局。在这种格局下,国家之间的竞争与冲突表现为政治、经济、文化、历史文明冲突等多维度。

1985年3月4日,邓小平在会见日本商工会议所访华团时指出,和平与发展是当代世界的两大问题;虽然战争的危险还存在,但是制约战争的力量有了可喜的发展;发展的问题也就是经济问题,世界各国经济发展的互相依赖性增强了,因为任何国家都不可能孤立于国际社会而获得经济的发展。

人们往往用"经济全球化"来表示各国经济互相依赖的情况。但经济全球化并不等于大同世界的到来。它除了强化了国际合作的需求和可能之外,还大大地加剧了全球范围内国家之间的竞争。由于经济的实力往往是决定其他各种力量的关键,它施加于教育的"外部压力",就是教育要为提升综合国力服务。所谓综合国力,乃是指一个国家的经济实力、国防实力和民族凝聚力的总和。

第三,全球性问题乃是人类共同面临的困境。欧洲自中世纪以后,历经意大利的文艺复兴,德国的宗教改革,法国的启蒙运动以及英国的工业革命等解放运动,世界各国在现代化的道路上你追我赶,在取得巨大物质文明进步的同时,在人与自然、人与社会以及人与自我的关系方面,出现了一系列的问题。如何面对并克服人类共同面临的困境,实际上关系到人类自身的生存和发展。

这一系列的"外部压力",乃是包括西方国家在内的世界各国的教育发生深刻变化的根本动因。这套丛书力图从若干方面描述西方一些国家最近30年左右的时期内教育理论与实践的一些进展及其主要的特征。

一

著名教育家胡森曾经说过,教育作为一个实践的领域,其真正的本质在于地方性和民族性。教育毕竟是由它所服务的国家的文化和历史传统形成的。近代以来,教育实践的一个极其重要的特征是,教育越来越成为不同国家实现各自目的的工具。

20世纪80年代以来,基于国际竞争的压力以及对教育重要性的普遍认同,教育的危机被看做是整个民族、国家的危机;所有教育上的改革和创新,不再仅仅是地方性或局部性的了,而成为一种全国性的努力;各国政府普遍加强了对教育的控制,强调教育为国家利益服务,并自觉地将教育作为实现国家目的的重要工具。在这里,我们姑且将这种现象称之为"教育的国家干预"的倾向。

转型期西方各国教育国家干预的程度更加强化,其表现有下列几点。

首先,国家拟定国家教育目标、国家统一课程,教育目标和内容越来越集权化;教育改革计划大都以立法形式颁布,并作为国家意志强制实施。

政府控制教育的情况,在拥有集权管理传统的法国表现得较为直观。根据法国1989年的《教育指导法》,各级政府对教育的控制以不同形式得以强化。地方教育管理机构(Regional Education Councils)的权限甚至扩展到高等教育系统之中,地方教育总长(Chief Education Officer)作为大学的副校长被要求就所管地区的高等教育状况提供年度报告。

许多分权制国家的中央政府也开始加强对教育的干预和控制,这在20世纪80年代以后尤为突出。许多国家的中央政府往往通过立法、建立统一标准、国家统一课程、统一考试、财政拨款等方式,主导教育的走向。为了避免国家控制和标准化可能带来的僵化,一些国家采用的策略是,由政府规定全国性计划,而计划的执行则留给地方层面的行政机关。

二战以来,美国进行过几次主要的教育改革,一次更比一次强调政府对教育的干预和监控。20世纪80年代因美国在国际中小学生学科竞赛中成绩过差,导致《国家在危险中》报告的发表。1988年,美国当时的教育部长威廉·J.贝内特递交了《关于美国教育改革的报告》,建议学校应从三方面改进:讲授基本道德准则;建立纪律和规章制度;鼓励学生养成努力学习的习惯。1993年,克林顿行政当局以法案的形式提交《2000年目标:美国教育法》,并作为国家法案提交参众两院审议通过,完成了立法程序。为了加强学校的道德教育,白宫于1994~1996年3年中分别3次召开关于公民与民主社会品格建构研讨会。开始于20世纪90年代末、当前仍在进行的美国这次教改更加广泛、深入,它包括中小学直至大学、研究生教育,涵盖学校教育和全美国人力资源的开发。它所涉及的,既有教育质量的老问题,更有教育数量的新问题。新一轮全局性、整体性的教育改革的显著特点,是对美国联邦政府在全国教育事务上的角色的重新定位,它强烈要求联邦政府实质性地参与学校事务,要求强制干预全国教育事务。2001 年 1 月出台的《不让一个孩子掉队法》(No Child Left Behind,即"NCLB"),则发动了一场涉及全美每一所中小学的教育改革。这清楚地说明了美国联邦政府对美国教育干预的进一步强化。

其次,国家利用市场逻辑、校本发展等多种手段,加强对学校教育的监控。

20 世纪 80 年代以后,社会转型的冲击促使教育在保持自身独立发展的同时,也不断地进行反思与改革。以市场为导向,变政治行政模式为经济市场模式的制度性变革已成为转型期西方公共教育改革中的重要实践取向。联合国教科文组织《1993 年世界教育报告》指出,20 世纪 80 年代世界朝着某种形式的市场经济转变,没有几种教育制度完全不受这种全球变化的影响。与过去直接干预和介入教育的方式不同的是,这个时期国家逐渐认识到市场这只"看不见的手"也可以在教育领域内发挥举足轻重的作用,市场竞争正日益成为教育国家化的重要手段。

在国家职能不断扩展的这一总趋势下,西方国家以市场为取向的公共教育改革似乎是对国家垄断教育的做法进行质疑和批判,其实不然。以市场力量参与管理取代政府的集中管理,正是转型期西方国家干预教育的一种新手段,其目的是为了更好地服务于国家利益。在国家观念与市场逻辑二者看似冲突的背后,反映出的本质却是国家干预教育的力量更强大,获取的教育权力更多,而且手段更巧妙。杰夫·惠迪(Geoff Whitty)等人在研究了英国、澳大利亚、新西兰、美国和瑞典五国公共教育放权与择校的改革实践后指出,尽管许多教育职责正在从国家或地方政府转移,但没有一国政府的总体作用在明显下降。无论是国家还是州政府,都掌握了决定学校知识的标准、成就评估的方式以及评估报告的对象等新的权力。政府虽然放弃了地方层面的教育权责,但是在中央层面的教育控制权却更加强化了。

除了市场逻辑对教育的影响之外,教育校本化思潮的影响也是一个不容忽视的因素。教育校本化带来的多样化和个性化可能会导致学校教育发展的不均衡甚至平庸化等风险,为此,西方国家又通过出台各种国家教育标准、加强绩效问责乃至国家教育考试等集权化的措施予以应对,并且通过制度和政策从赋权给学校转向促进学校增能。所以,在转型期西方教育校本

5

化思潮的复兴过程中,我们常常可以看到分权与集权的博弈始终是如影随形。这种看似矛盾的教育改革思路,实则反映了西方国家对于中小学教育发展的基本诉求,即多样化、选择性和高质量。当然,现实与追求之间的鸿沟似乎总是难以逾越,但却为学校教育的发展提供了源源不断的改革课题和发展动力。

各国政府积极介入教育的原因何在?教育为何走上国家化的道路?按政治学的解释,任何政府行为都有一个最根本的动因——国家利益,国家利益是一个政府活动的出发点和最终归属。国家利益的影响力是如此之大,以至于那些有重要影响力的政治人物都不得不借助国家利益的名义来推行自己的政治主张。拿破仑以法兰西利益为借口,发动了对俄战争;林肯总统以联邦利益的名义反对分裂;希特勒用德国国家利益的名义为其扩张主义政策而辩护。国家积极介入教育的动因也不例外。西方各国频频出台的教育变革举措让人眼花缭乱,其最终目标却只有一个,就是为了国家竞争力的提升,国家竞争力成为转型期前后西方教育变革的首要目标。其深层次的原因就在于,"创新"和"竞争"的能力是当今世界各国普遍关注的话题,而一个国家创新和竞争力的关键在于全民素质和人才的竞争力,在于教育变革的成效如何。

西方的政治哲学有一种自由主义传统,认为"最小的政府就是最好的政府",只要政府可以不管的就尽可能不加干预。这种政治哲学也渗透到政府对教育的态度上,西方各国政府对教育一般不直接干预。然而,20世纪中期以后,这种情况发生了深刻的变化,教育的公益性在弱化过程中备受各国政府的关注。于是,各国政府便主动承担起更多的发展教育的责任,一方面把促进教育公平视为政府的重要职能,更把发展教育作为增强国家综合实力的重要工具。这可能是转型期强化教育国家干预的根本原因。

二

上文提到,转型期西方国家教育在强调政府集权对教育直接干预的同时,分权与政府集权的博弈始终是如影随形。为了避免国家控制和标准化所带来的僵化,充分发挥学校、社会团体、教师、专家、家长等各个方面的能动性,一些国家采用的策略是,由政府规定全国性计划,而计划的执行则留给地方层面的行政机关、学校等,在教育变革的运作上,呈现出一种治理结构"扁平化"的特征。

首先,公立学校的办学引入市场竞争机制。

形成和发展于工业经济时代的公共教育体制,为适应政治生活民主化和经济生活工业化的要求,被赋予了公益性、平等性和国家垄断性的内涵。从西方国家公立学校市场化改革所涉及的领域来看,在宏观上涉及国家的办学体制,在微观上涉及学校的运行机制。在办学体制方面,是打破政府对于公立学校的垄断,倡导教育资源提供者的多元化,允许政府以外的个人、社会团体和企业为社会提供公立学校教育的服务。目前在西方国家办学体制改革的探索中,已经出现了特许学校、城市技术学院、教育行动区等新型办学模式。在学校的运行机制方面,倡导学校之间的竞争,取消政府对于公立学校的保护。其中,较具代表性的是教育券计划(Education Voucher Plan)、开放入学计划(Open Enrollment Plan)。这类计划将公立学校本身看做一个开放的系统,允许学生及其家长在公立学校内部以及公私立学校之间进行自由选择,以改变长期以来他们在教育方面始终处于被动接受地位的不利状况。

西方国家以市场为取向的公共教育改革,其具体内容包括三个方面。一是扩大学校自主权。学校自主权(school autonomy)的扩大,在政策层面,指的是地方教育行政部门将各种各样的教育决策权直接下放到学校这一层次,给予学校更大更多的办学自主权;在实践层面,则表现为公立学校办学体制和管理体制的转变,出现了公立学校管理校本化、私营化等理念,以及在此理念指导下的多元公立学校模式的试验。二是鼓励家长择校。20世纪80年代以后,随着人们对公共教育系统的日益不满以及对于优异教育的重视,家长择校成为一项重要的公立学校改革方案得到广泛重视和采纳。在鼓励家长择校的改革方案中,影响最大的是教育券计划,其次是开放入学计划和公助学额计划(Assisted Places Scheme)。三是政府直接干预减少,宏观控制加强。

西方公共教育改革的主要特征有两个方面。第一,改革的核心是公共教育权的重新分配与平衡。允许学校自主管理和家长择校的前提是,学校和家长拥有与此相匹配的权利和责任。因此,以市场为导向的西方公立学校改革,其核心关涉的是公共教育权利和权力的重新分配与平衡,即公共教育权在各有关行为主体,包括中央政府、地方政府、学校、市场与家长之间发生的变更。重新分配的目的在于调动多方参与教育的积极性,更有效地配置教育资源。第二,改革的主要推动者是各国政府。与以往教育改革有较大不同的是,转型期公立学校市场化改革基本上是由各国政府自上而下推动的。政府一手主导了大部分的改革方案,并积极促成了以市场为导向的公立学校改革,也就是说,市场机制根本上就是由国家这一双大推手导入的。这正是新保守主义思潮中"强有力的政府,自由的市场"(the strong state, the free market)主张的体现,即自由的市场必须要有强有力的政府来保障。

在公共教育由国家垄断时期,公共教育是置身于国家干预和市场调节这一对矛盾体的博弈之外的。但是,转型期发生在公共教育领域内的种种改革显然已经打破了这种平静的局面,不管赞同还是反对,市场的理念和机制正一步步地改造着人们已经习惯了的公共教育。当然,公共教育改革过程中,也面临着许多矛盾,主要有四个方面。第一,公共教育的社会定位:公益性还是准市场性。第二,公共教育的目标定位:公平还是效率。第三,公共教育的管理价值取向:标准化还是多样化。第四,国家的教育职能:增强还是减弱。

值得注意的是,教育领域市场机制的引入,在高等教育办学方面出现了一种"消费主义"的教育观,办学指导思想出现消费主义倾向。

在教育质量运动、共同治理等转型的背后,西方各国的办学指导思想也逐渐发生了变化,消费主义倾向悄然成为不少学校的办学指导思想。消费主义既指一种价值取向,又指一种行为实践,它意味着"万物皆商品、一切可买卖","为消费牺牲一切"。

消费主义教育观主张由顾客定义教育质量,质量规划的目的就是取悦顾客,就是努力在教育消费者最需要的时候以消费者最满意的方式提供教育服务。在消费主义观念主导之下,有多少消费者,就有多少质量的定义,教育离传统的定义渐行渐远。这从根本上改变着学校教育的性质。

消费主义倾向使教育价值的功利化取向抬头。功利化集中体现在高等教育商业化潮流之中。这从博克(Derek Curtis Bok)教授先后出版的两本理论著作的书名就能得到部分的印证。博克 1982 年出版的《走出象牙塔》认为,走出象牙塔是现代大学的社会责任。不过,那只是现代大学的社会责任之一,当时还难于想象大学完全被市场话语所包围的情景。而他 2003 年面世的著作《市场中的大学：高等教育商业化》考察和描述了大学校园里通过教学、研究等活动赚钱的行为——高等教育的商业化行为，从而指出，大学已经商业化，大学正经历着十分新奇的商业化活动过程。随之而来的，是教育的公益性遭遇消解，是竞争意识与私欲的过度强化。这使西方大学无私心、无功利的追求出现了以私利为主导的倾向。高等教育为利益攸关者服务的职能在强化，功利化的教育价值取向在强化，而知识本身即目的的信念日益受怀疑，甚至出现"有校无学"（school without learning），使高等教育的非功利性目标遭遇不恰当的抑制。

其次，教育的校本化发展。

为缓解转型期学校教育的多重矛盾和压力，西方国家普遍地采取了重建学校教育的一系列改革策略。在这一过程中，校本化思潮的复兴和校本管理的概念重建始终是一个引人注目的教育改革现象。教育校本化思潮经历了20多年的起伏消长，如今只要在网上输入"校本"二字或"school-based"，就可以立刻涌现海量的信息，无论是中文的还是英文的，实在让人目不暇接。尽管其中存在许多水分，但仍然可以反映出校本化思潮的广泛影响。教育的校本化不只表现为校本课程的开发和实施，而且出现了校本管理、校本培训、校本评价、校本教师教育等全方位校本化的倾向，这是教育的重心下移，微观领域教育权力下移和治理格局出现转型的重要体现。

教育校本化思潮的复兴与西方经济社会的转型密切相关，或者说它本身就是信息化时代来临和经济全球化背景下西方经济社会转型的重要组成部分。教育校本化思潮试图为中小学松绑，更好地调动校长、教师乃至社区和家长的教育改革积极性，提高教育发展的绩效和公民社会的参与度，增强教育的适应性，为学校教育的改革和发展注入活力。因此，西方各国纷纷出台校本化的教育改革政策和措施，重点推动了校本管理、校本课程开发、校本评价和校本教师教育等方面的校本化改革进程。

在我们观察和研究转型期的西方中小学教育时，校本化思潮无疑是一个不可缺少的视角。教育校本化发展在很大程度上反映了最近20多年来西方国家中小学教育改革和发展的一个明显趋势，它所体现的教育分权化和多样化发展的思路与教育集权化发展思路一道所形成的力量对比和消长的轨迹，正是转型期西方中小学教育改革和发展的现实图景。通过解析教育校本化思潮，我们不仅可以更好地理解西方教育发展的基本矛盾和改革方

9

向,而且还可以获得对于我国基础教育发展具有重要借鉴意义的经验和启示。

第三,控制教育的方式从自律为主转向共同治理的"问责制"。

20世纪80年代以来,知识经济时代社会对教育质量的高度关注、高度期望,以及公众对教育的不信任,造就了有史以来外界控制教育的最为强大的力量,最终导致以自律为主的教育转向共同治理的格局。

问责制的产生一方面是由于学费上涨、高校的财政困境以及公众对教育的不信任等因素,然而,各方面的利益驱动、教师自律机制的失信、管理哲学的变化、学术价值观由内部认可到外界承认的变化等因素才是共治高等教育的更为深层次的原因。

20世纪80年代以后,问责成为西方各国教育改革中的一个重要关键词。它的主要特征与责任密切相联,同时非常强调结果和绩效。问责制的定义尚不统一,但简单地说,问责制作为转型期西方各国治理教育的一项重要制度,其基本含义,就是资源使用者向资源供给人提交报告的义务或职责。在西方高等教育系统中,问责制的影响不仅广泛,而且深刻。这主要表现在四个方面。第一,问责制使高等教育正在"失去朋友",尽管高等教育因此有了更多的利益攸关者(stakeholders)。越来越多的利益攸关者总是习惯于追问高校为他们做了什么,而不是像朋友那样,常问自己为高校做了什么。第二,问责制使松绑的高校依然处于政府的控制之下。第三,问责制使高等教育受到更多的"外部控制"。第四,问责制使高等教育资源配置以绩效评估为依据。这样的制度,在以自律机制为主的西方传统高等教育治理格局中是难以想象的,但在有关各方共同治理教育系统的条件下,却是难以回避的方向。

西方教育之所以走向共同治理,原因非常复杂,从认识论来看,则在于人们对教育复杂性的深刻反思和强烈意识。复杂科学不止在改变人们的自然观、知识观,也在改变人们的社会观、教育观,使一个有序、简单、透明的世界观和价值观向着多重性、暂时性和复杂性变化。复杂科学孕育了一种新的思维方式,"情境化"的"复杂知识"将取代"去情境"的"简单规则",这样的社会价值追求形成了对复杂教育的一种潜在的引导。

三

在知识经济、信息技术和全球化背景下,教育自身的质量问题变得比以往任何时候更加突出,成为困扰西方各国的重要社会问题,引起了社会各界的广泛关注,甚至在全球范围掀起了一波又一波的教育质量运动。

首先,德育质量作为教育质量的重要内容受到了前所未有的重视。

在美国,20世纪80年代中后期,公德衰败,公立学校教育在培养道德公民方面的有效性受到越来越多的质疑,家长和选民对公立学校教育的支持减少。在重重压力与众多指责之下,美国公立教育努力重建美国传统价值,学术研究也开始了回归传统、重构理论的转型。教育理论界开始对美国道德教育重新检讨,一批有着强烈责任感与使命感的学者开始了道德教育理论的探索。其中有影响的理论有三种:"新古典"取向的品格教育(character education)理论、"情感"取向的关爱教育(caring education)理论和"关系"取向的领域理论(domain theory)。这使得道德教育理论表现出重检与重建的特点,并取得了新进展。在实践领域,出现了举国参与学校道德教育改革的局面。联邦政府直接干预学校道德教育的实践方向,专家直接参与学校道德教育项目的实施,学校则实施明确的道德教育。

其次,教学效果成为评价教育质量的重要领域,教学的有效性探索因此成为热点。

在一定程度上可以说,世界各国一直在探索有效教学的种种策略,并形成相应的有效教学的理论。整个世界教育史,就是一部追求有效教学的历史。而20世纪80年代以来,西方各国普遍关注学校教学质量,追求教学的"有效"和"高质量"。美国、英国、日本、法国等纷纷对学校教育现状展开调查,出台了很多调查研究报告,调查报告的结果普遍显示学校教育质量不能满足国家和时代的要求。现实的危机使世界各国开始探索学校有效教学的新思路,并在探索过程中呈现出一些共同的特点和追求。

以新技术为特征的教学情境设计,业已成为20世纪80年代以来学校教学变革力度最大的一个领域。为学生创设丰富的、复杂而真实的学习情境,让学生运用多种方式理解知识和表现知识,而不是单纯的知识讲授与接受,成为学校教学变革的基本宗旨。除了与新技术有关的变革学校教学情境的思路,还存在着不少以学生活动和表演为主的课堂教学情境创设。有效教学的情境创设主要有三种思路:网络学习情境、多媒体教学情境和角色扮演教学情境的创设。有效学习的基本策略是回归"学徒制"、回归"综合实践活动"和回归"探究式教学"。有效教学追求每一个学生的终身学习,"一个都不能少",如何在班级教学中照顾学生个别差异,促进学生自学,成为有效教学组织形式变革中的核心问题。

第三,对教育质量的强烈关注,导致各国对教师教育质量日益重视,几乎各国都经历过从关注教师数量到关注质量的历程。

国际竞争对高素质人才需求的压力、社会民主化进程对所有儿童受教育权的保护等使得人们对教师的期望大大提升,"让所有孩子拥有高质量的教师"更成为各国共同的目标。许多国家把教师看做提高综合国力、保持国际竞争力的关键。在日益看重教育的背景下,教师的重要性和对高质量教师的迫切需求成为西方国家的共识。

但是,关于何谓"高质量"教师、如何才能得到"高质量"教师等问题,却充满争议。教师教育的重要性和实际效果的不如人意、利益相关者的多元性、理想教师内涵的复杂性以及作为学术前沿常态的冲突等使得教师教育领域对立的观点纷纷涌现出来。对立观点的交锋形成西方教师教育研究与实践的一个突出特点。这种交锋为教师教育研究者提供了反思自身的富有张力的场域,从而促进了教师教育研究与实践的建构与生成。不同国家对教师要求的侧重点有很大不同,甚至同一城市的不同地区、不同学校之间都会有不同的评判标准。20世纪80年代以后,这些争论更激烈,影响范围更大,甚至提升到关涉国家前途的高度,因此,政府也成为争论的一方。特别是像美国这样的分权制国家,以往教育权在州和地方,联邦政府很少关注教育问题,而现在,教育、教师教育都成为联邦政策的重要关注点。由于政府所拥有的权力,使得其观点成为当前教师教育中的主导倾向。但是,对政府政策、观点的质疑声也不绝于耳。于是,在这些纷繁复杂的论争中,凸显出来两股主要力量或两大阵营——政府(特别是保守主义倾向的政府)和专业团体,二者对待教师教育的观点存在巨大差异。保守主义立场承认教师的重要性,但是否认教师教育的必要性和有效性。政府立场更多从国家政治经济的宏观角度来看教育问题,把教育看做解决政治经济等问题的工具,看重的是教育的结果、产出。因此,政府承认高质量教师的作用,但是在高质量教师的内涵、衡量标准、如何产生等关键问题上却与专业立场存在根本分歧。

值得注意的是,教师教育领域还有一种非常明显的声音,倡导多元文化、批判理论及知识社会学的视角和理论框架,关注贫困地区及有色人种学生,热衷于从阶层、种族、政治、文化等角度发起批判,揭示上述两种立场如何复制、巩固甚至加剧社会的不平等,致力于为民主社会培养具有批判精神的教师,最终通过教学和教师教育"来改变这个世界"。这被一些学者称为"社会正义"取向。

在西方各国教师教育的争论和探索实践中,涌现出解制、专业化和社会正义、市场化、问责、标准和认证、适应性专家、基于科学的研究、有力的教师教育等关键词,它们涉及教师教育的根本目标和性质及基本取向、资源配置方式、结果监控、准入制度、培养方式、研究取向等几大主题,在很大程度上代表了当前西方教师教育领域改革和论争的焦点。各派观点的目的和口号是一致的,那就是"让所有孩子拥有高质量教师",但是由于立场不同,对问题的诊断不同,开出的处方也不相同。当然,各方的观点都能够提供有参考价值的视角,而更为关键的则是要根据具体国情,把握方向,展开具体研究,为教师教育变革提供比较坚实的基础。

转型期西方各国对教育质量的普遍关注,已经掀起了全球性的高等教育质量运动,实现了高等教育控制内容从规模扩展向质量保证的转变。这场运动至少呈现出四个方面的特征,那就是:第一,质量文化成为不同文化的共同语言;第二,机构建设是质量运动的组织保证;第三,理性批判促使质量运动走向成熟;第四,市场机制引导质量信息广泛传播。这些特征,深刻地影响着西方高等教育的办学实践。追求高深学问的传统,使得西方高等教育内部从来都比较重视教育质量问题,在一定程度上可以说,高等教育质量运动是高等教育内部的要求,但更为主要的,还是外力作用的结果。民众强烈的受教育愿望带来规模扩展,也带来质量问题。对质量问题的深切关注,以及办学自主权的进一步诉求,引发高等教育质量运动的实践动力,带来高等教育管理的理论创新,也带来了高等教育质量概念的泛化、办学活动的效率主义倾向等诸多需要反思的问题,最终导致了西方高等教育控制内容从规模扩展向质量控制的深刻转型。

转型期西方教育改革的许多举措,都是针对教育质量问题而出台的。无论是对有效教学的不懈追求,对道德教育的忧虑,或是对高质量教师的期待;无论是国家干预、市场化的趋势,还是校本化的举措——尽管视角不同,其指向的目标都是教育质量的提高。

四

西方国家最近几十年的发展对我国的教育具有很大的启示意义。

第一,重视教育的社会功能。

作为人类的一项重要的社会实践活动,无论就其产生和发展来说,教育与社会需要从来就是互为表里的关系。也就是说,社会需要潜在地制约并决定着教育。世界各国教育发展的历史充分地证明了这一点。

近代以来,国家的职能在不断地扩大,以至几乎覆盖到人类生活的各个方面,而且,往往用"国家利益"或"国家目的"的名义为其合法性、合理性找寻法律和道德的基础。这在教育的领域也得到了充分的证明。在许多时候,"国家利益"或"国家目的"甚至成为教育社会功能的全部内容。只要国家还存在,国家的安全和利益必将置于个人的利益之上。这也是衡量教育成效的最终裁判。

几乎没有人(包括各国的领导者)会公开否认国家利益的实现是为了"人"(人民)的利益或目的,但一个不可更易的事实是,只有通过"人"才能够实现国家的目的。就这个意义来说,只要有国家存在,教育就不可能纯粹或主要是为了"人"的发展、"人"的自我实现等等。不同时代的差别仅仅在于,为了实现不同时代的国家目的,要有什么不同的人的规格。因为人的发展的具体内容和方向,都不只是自我或某人规划的结果,它们都无可逃避地要受到国家和社会的制约。

第二,尊重教育的特殊性。

无论从教育的国家目的或为人的目的来说,教育都是用以实现目的的工具。然而,同其他的工具一样,教育有其自己的特性。

教育具有公共性,经济的合理性不能取代教育的公益性原则。国家、公共团体举办的公共教育固然如此,即使是私立学校也应该看做公共教育的一个组成部分。西方国家将市场的机制引入教育的领域,绝不意味着可以将教育或学校当做赚钱的工具。

学校只能做自己"能做"的事,不能漫无边际地追求"应该"做的事。同人的五脏六腑各司其职一样,社会的各种部门也应该各尽职守。学校教育的作用是有限的,学校究竟能为学生的发展发挥什么样的作用,应该深入思考。

第三,树立正确的教育质量观。

就教育内部的动因来说,所有的改革几乎都可以归结为教育质量观的变化。没有抽象的质量,而且,质量也是相对的。在历史上,不同的历史时期、不同的国家,有过不同形态的教育,归根结底,有过的种种教育形态都是由不同时代的质量观决定的,而且,万变不离其宗,在质量观的背后,我们都可以发现社会需求的影子。可以毫不夸张地说,从来就没有所谓的"好教育",也没有所谓的"坏教育",只有"适合"的和"不适合"的教育,所谓"适合"与"不适合",主要衡量标准是它能否满足社会的需求。

我们确定的质量观,潜在地决定着我国教育的形态。在思考我们国家教育的时候,应该充分考虑到两个"适合"。一方面,要适合社会的需求、国家的利益,中华民族的复兴和崛起当然是必须考虑的首要因素。另一方面,还要考虑适合学生作为人的内在的自然需求。当这两个方面出现冲突的时候,教育质量观的恰当取舍就显得尤其重要了。

Contents

目 录

Introduction
导言

　　以多样性著称的西方高等教育,在全球化背景下面临财政困难、质量运动、生源竞争、公平与效益等共同问题,相应地,各国高等教育出现了一些共同的倾向,表现出大众化、市场化、私有化,增加成本分担,增加对贫困生的经济资助等共同特点①。对于西方大学发生的种种变化,有人表示忧虑,也有人感到欣喜。然而,到底应该如何评价这些现象呢? 在以政府为首的多种利益集团控制之下,办学活动以市场驱动为主导,就必须对外在问题作出积极的反应。在难以回避外来影响的情况下,高等学校应该如何保持探究高深学问的传统? 除了履行学术职责之外,它们应该如何对待越来越多的非学术行为? 高等教育既已走出了象牙塔,诸如此类的问题就是无法回避的,事实上,它们已成为高等学校日常运作过程中经常面临的难题。这些问题并不只是利益冲突的产物,还有教育哲学甚至意识形态的纷争,因此非常复杂。

　　本书拟从西方高等教育大扩展入手,探讨高等学校控制形式的转型、高等学校内部治理、师生关系、价值取向、日常活动的主要变化,并将这些变化归纳为五个基本的方面来分析。第一,高等教育控制内容从规模扩展转向质量保证;第二,高等教育控制方式从自律为主转向共同治理;第三,高等学校入学资格的平等主义倾向;第四,高等教育思想基础的消费主义倾向;第五,高等教育价值的功利化取向。本书重在分析这五个转型各自包含的历史背景、主要表现、基本特点、深刻影响和存在的问题,在此基础上,结合中国高等教育发展过程中可能存在的薄弱因素,进一步探讨保证西方高等教

---

① 布鲁斯·约翰斯通.全球大学的变革方向.中国教育报,2002—08—10

育成功实现转型并取得一流地位的传统与根基,从中看到,西方高等教育的转型为我们展示的,不仅是深层次的危机,也有发展的契机。这样的契机,将使西方世界在相当长的未来时间里,继续拥有发达的科技,以及一流的高等教育体系。

在西方高等教育经历的五个转型中,最为直观的,就是控制内容从规模扩展向质量保证的转变,由此推出的一系列举措掀起了一波又一波的高等教育质量运动。这场运动至少呈现出四个方面的特征。第一,质量文化成为不同文化的共同语言;第二,机构建设是质量运动的组织保证;第三,理性批判促使质量运动走向成熟;第四,市场机制引导质量信息广泛传播。这些特征,深刻地影响着西方高等教育的办学实践。追求高深学问的传统,使得西方高等教育内部从来都比较重视教育质量问题,在一定程度上可以说,高等教育质量运动是高等教育内部的要求,但更为主要的,还是外力作用的结果。民众强烈的受教育愿望带来规模扩展,也带来质量问题。高等学校对质量问题的深切关注,以及办学自主权的进一步诉求,引发高等教育质量运动的实践动力,带来高等教育管理的理论创新,也带来了高等教育质量概念的泛化、办学活动的效率主义倾向等诸多需要反思的问题,最终导致了西方高等教育控制内容从规模扩展向质量控制的巨大转变。

外力控制的加强贯穿于高等教育质量运动的全过程,致使以自律为主的高等教育转向共同治理。可以说,外力控制的强化过程是贯穿于西方高等教育五个转型之中的一条主要线索,从自律为主向共同治理的转型,是20世纪80年代以来西方高等教育面临的基本变化。这好像是权力之争,但确切地说,它是权益之争。在很多时候,获得接受教育、控制教育的权力,并不等于获得了真正的利益。在盘点教育改革效果的时候,人们不能不思考:如果以牺牲教育质量为代价,究竟能获得多少好处?传统上,西方大学建立了学术自治、学术自由、学术中立的"3A"原则。这些原则,就是高等教育自律传统和自律机制的基本内容,它使教授具有至上的权威。在转型期,"3A"原则逐步转变为如今的"4A"。这"4A"即传统的"3A"原则,再加上已经在西方各国成为时尚的"问责制"。这样的制度,在以自律机制为主的西方传统高等教育治理格局中是难以想象的,但在高等教育质量成为众矢之的或众望所归的情况下,在有关各方共同治理高等教育的条件下,却是难以回避的方向。学费上涨、财政困境等因素,导致了问责制的产生和加强。在一定程度上，催生问责制的这些因素，也是导致共治高等教育的现实原因。但是，进一步分析可以发现，利益驱动、教师自律机制的失信、管理哲学的变化、学术价值观由内部认可到外界承认的变化，才是共治高等教育的更为深层次的原因。各种因素的综合作用，带来了教授权威的解构，这集中体现为以"3A"原则为主要内容的高等教育自律机制受到的巨大冲击，体现为自律机制的弱化。

高等教育质量运动的推进和高等教育转向共同治理的过程，还贯穿着关于什么人有权上大学的激烈争议。在转型期，西方社会不仅要求共同治理高等教育，而且要变大学为"大家来学"，主张人人享有接受高等教育的权利。在这种背景下，平等主义高等教育哲学应运而生。它主张高等教育是每个公民的权利，高等学校应该敞开大门，让适龄人口人人均可入学。平等主义既不同于战后西方教育民主化要求的教育机会均等、教育结果平等原则，也不同于传统上英才哲学关于能力面前人人平等、智力或考试面前人人平等的能力主义原则，而是在转型期特殊的历史背景下，西方高等教育出现的独特现象。它是战后教育民主化浪潮的继续，是高等教育大众化的继续，但它并不是教育民主化或高等教育大众化的简单延续。在入学资格的平等主义倾向背后，包含着高等教育哲学的深刻转型：高等教育由少数人的特权，变成了人人都可以享受的基本人权。历史上，关于什么人能进入高等院校的问题，经历过三种主要的哲学，那就是贵族哲学、英才哲学和平等主义哲学。而进入社会转型期以来，贵族哲学的特权观念已成历史，英才哲学的精英情结不孚众望，而平等主义哲学既能让最为广大的民众满意地享受高等教育，又成为普及科学文化知识、提高国民素质以开发人力资源、实现广泛的教育民主化以增强各国整体实力的现实选择。这就是说，平等主义高等教育哲学是西方社会政治、经济、文化和科学技术发展多因素共同作用的产物，但它之所以能够在西方各国占据主流地位，从根本上讲，还是因为民众受教育的强烈愿望。平等主义所主张的"开门办学"，代表着民众的心愿，正因为民众欢迎，它才得以在高等教育领域占据主导地位，才有"野火烧不尽，春风吹又生"的"草根"力量。为了实现和保护所有民众享有这种基本的人权，同时保持高等教育一流的地位和足够强大的国际竞争力，西方各国普遍的做法就是大学分流、分层次发展高等教育。也就是，保护精英和满足大众的举措双管齐下，让精英教育与大众教育齐头并进，最终形成了英才哲学与平等主义双峰对峙的局面。在平等主义哲学主导下,西方高等教育机构建设和规模扩展加快了速度,还特别为弱势族群推出了越来越多的举措,如对少数族群的"优待行动",促进下层社会民众子女上大学等行动。这些行动充满着西方社会各种力量的冲突与制衡,也是英才哲学与平等主义长期博弈和妥协的结果。这些行动,反过来又强化着英才哲学的重要影响——免费争取优秀生,英才哲学是前提;竞争他国生源,英才哲学是依据;大学竞争世界一流,必然强化英才哲学。当然,平等主义高等教育哲学在给人们带来巨大启发的同时,自然也带来许多无力化解的矛盾,如学生互动与教师主导的矛盾,平等主义与教育公平的矛盾,学生权益与教育质量的矛盾等。如何认识和解决这些矛盾,则是理论研究的难点所在。

在高等教育实现质量保证、共同治理和平等主义这三种转型的背后,办学指导思想不可避免地发生了变化,消费主义倾向悄然成为不少高校的办学指导思想。消费主义既指一种价值取向,又指一种行为实践,其主要含义包括"万物皆商品,一切可买卖"、"为消费牺牲一切"等方面。20世纪80年代以来,各国高等教育备受外部利益攸关者所关注,其思想基础,就在于消费主义观念被越来越多的人所认可,各种利益集团都自视为高等教育当然的消费者。在消费主义观念主导之下,有多少消费者,就有多少质量的定义,高等教育离传统的高深学问渐行渐远,高等学校也由学术的殿堂快速地多样化起来。消费主义大致经历了炫耀式消费、大众化消费和新消费主义(疯狂消费)三个发展阶段。在其产生、演化的过程中,消费主义价值取向逐渐入驻西方高等教育的主要领域,并在其发展的第三个阶段,最终形成了消费主义教育观。消费主义教育观显然不同于"学生(儿童)中心论"。学生中心论主张教育都围绕学生的发展而工作,以学生为中心,不失为教育的理想。消费主义教育观的集中体现,就是主张由顾客定义教育质量,质量规划的目的就是取悦顾客,就是努力在教育消费者最需要的时候以消费者最满意的方式提供教育服务。这从根本上改变了学校教育的性质,影响深刻。消费主义的出现具有历史的必然性和深厚的现实基础,却带来了学费上涨、师生关系的异化等诸多问题,使高等教育必然面临经济合理性与教育内在逻辑的冲突,必然面临"以学生为本"或"以真理为本"的困惑。

然而,消费主义倾向更为深刻的影响,却是它使高等教育价值的功利化取向抬头。20世纪80年代以来,西方高等教育的变化不仅是快速的,而且是空前深刻和剧烈的。这种变化不只表现为办学指导思想的消费主义倾向，而且表现为西方高等教育价值取向已经随之功利化，功利化集中体现在高等教育商业化潮流之中。这从博克(Derek Curtis Bok)教授先后出版的两本理论著作的名字中就能得到部分的印证。博克是任哈佛大学校长20年之久的著名教育家，他于1982年出版了《走出象牙塔》，成为西方论述大学社会功能的经典之作，认为走出象牙塔是现代大学的社会责任。不过，那只是现代大学的社会责任之一，当时还难以想象大学完全被市场话语所包围的情景，教育商业化还没有形成大的气候。而他2003年面世的那一著作，则为《市场中的大学：高等教育商业化》。两书对照，变化可谓鲜明。后者考察和描述了大学校园里通过教学、研究等活动赚钱的行为——高等教育的商业化行为，从而指出，大学已经商业化，大学正经历着十分新奇的商业化活动过程。这种活动的新奇，不在于它的存在，而在于它空前的规模和范围①。最近20多年来，西方高等教育基本完成了商业化或市场化进程，而远不只是走出象牙塔了。"使高等教育适应市场"的概念，或者把高等教育系统从社会需求驱动转变为"市场驱动"，在1994年以前的10年左右，一直是多数西欧国家的主题，尽管在不同的国家、不同的背景中对这个概念的理解会有所不同。特别在法国，把高等教育管理的改革与非常具体的市场理论联系起来的做法，成了现行高等教育政策中"最值得关注的方面之一"②。1970年以前，高校管理者可能间或有市场化管理的想法或行为。今天的情况则大不相同了：高等学校为了让"顾客"满意，司空见惯的情况是学习成绩上的"通货膨胀"，以及课程难度的降低。高校时常在为利润而尽力出售其工作，不少科研人员和教授，都在想方设法通过智力工作获取经济回报。随之而来的，是教育的公益性遭遇消解，是竞争意识与私欲的过度强化。这使西方大学无私心、无功利的追求出现了以私利为主导的倾向。高等教育为利益攸关者服务的职能在强化，功利化的教育价值取向在强化，而知识本身即目的的信念日益受怀疑，甚至出现了不求治学的学校(school without learning)，使高等教育的非功利性目标遭遇不恰当的抑制。从高等教育过于功利

---

① Derek Curtis Bok. Universities in the Marketplace: The Commercialization of Higher Education. Princeton: Princeton University Press，2003. p.2
② 范富格特. 国际高等教育政策比较研究. 王承绪等译. 杭州：浙江教育出版社，2001. 147

化的内在原因、主要表现与巨大影响中,可以看到高等教育对育人宗旨、学术宗旨、良知宗旨和公平宗旨的偏离。

以上分析呈现出转型期西方高等教育发生的深刻变化,以及这些变化的历史背景、主要表现与深刻影响,特别是这些变化带来的问题、无力化解的矛盾或难以克服的悖论。但是,我们还必须思考并回答的是,存在着无数问题、存在百年危机的西方各国教育,为什么近现代以来,特别是转型期以来,仍能支撑西方各国科学技术、政治经济、文化事业,并能够取得举世公认的巨大成就呢?现有评价体系公布的材料显示,一流的大学在西方,一流的科技在西方,最富裕的国家无疑也在西方。个中秘密何在?对比中国高等教育发展过程中可能存在的薄弱因素,特别是许多大学连章程都没有的尴尬局面,我们可以发现,维护自律机制的3A传统、坚守良知宗旨的精神等方面蕴藏的学术气质(the academic ethos),经受住了严峻的考验,正是西方高等教育在转型期异常复杂的政治经济和社会文化背景下,能够充分发挥平等主义的效益,走出消费主义的阴霾,并取得巨大成功的根基所在。

在西方高等教育兴起质量运动、共同治理、平等主义、消费主义、功利主义五大潮流中,3A传统遇到了现实的挑战。这种挑战只是力量的一个方面,作用于高等学校的,绝不只是这一种力量。相反,有着制衡传统的西方社会,作用力和反作用力仍然是此消彼长、相互制衡的。西方高等教育受到了要求变革的压力,而且在过去这30年里确实出现了一些重大的变革,关于责任和自主权的争论一直不曾中断,然而,大学作为学术机构的性质并没有发生太大的变化,经受了严峻考验的学术气质尽管在某些方面遭到了削弱,但毕竟还是在大学里保存下来了。在某种意义上,可以说西方高等教育的学术自治得以加强,学术自由得到保护,学术中立获得发展,3A传统在转型期获得了新的生机,焕发出新的生命力,这集中体现为教授权威时常发挥的有力作用。转型期西方高等教育对良知宗旨有所偏离,但西方社会固有的制衡机制,还是让西方高等教育坚守着良知宗旨的基本精神,在权力和金钱面前都能够坚持真理(speak truth to power, and to money)。平等主义高等教育哲学带来了问题,但它的实施让西方高等教育在竞争与合作之间求得平衡,创造出巨大的社会效益:各国政府注重调动高等教育内部的积极性和主动性,社会各界关心和投入高等教育事业,全体民众参与高等教育活动,理论界积极开展高等教育质量保证的研究。

综上所述,转型期西方高等教育深刻变化的线索,可以简单地描述为:规模扩展带来质量问题,对质量问题的关注兴起了全球性的高等教育质量运动;由外力控制加强所致的质量运动,使高等教育从自律为主转向了共同治理;在转向质量控制和共同治理的过程中,又呈现出以平等主义倾向为主导、平等主义与英才哲学双峰对峙的局面。在这些转型的背后,办学指导思想不可避免地发生了变化,消费主义倾向悄然地主导了不少高校的教育活动。这种主导,势必要强化高等教育价值的功利化取向,使高等教育逐步偏离非功利性教育目标。然而,在所有这些变化背后,也存在着没有改变的因素,那就是西方高等教育传统的根基仍在,学术气质仍在。这种没有改变的学术气质,使西方高等教育能够在变动不息的复杂世界里,发挥"以不变应万变"的特殊功效,肩负起其他任何机构都无法担当的历史使命和现实职能。

第一章

从规模扩展转向质量保证

20世纪60年代前后,西方主要发达国家大力发展高等教育,这使风靡西方各国的教育民主化浪潮,在教育机会均等之类的各种压力之下,最终汇成了高等教育大众化的社会运动。这场运动由民主传统较强的美国引领,并在物质基础较为雄厚的欧洲国家率先得到回应。自此,由于政治上日益强烈的民主化要求,经济上产业结构的变化和劳动力市场的转型,西方国家先于新兴工业化国家和发展中国家而相继实现了高等教育的大众化。到20世纪80年代,精英与大众、英才与专才、规模与质量、自律与共治之类的观念碰撞和实践冲突日趋剧烈。其中,高等教育质量保证代替高等教育规模扩展,必然地成为西方各国关注的焦点。

为此,本章主要探讨高等教育质量运动的促进要素、实践特征、深刻影响,并分析高等教育质量运动存在的有关问题。

第一节 高等教育质量运动的促进要素

在转型期,西方各国高等教育备受外部的利益攸关者(stakeholders)所关注。他们觉得,高等学校培养的人才与他们的期望差距太大。他们希望对高等教育的投入是有效率的。基于对教育成本与绩效责任的关注,政治家和社会大众都想对教育学者询问较为严厉的问题,教师们已经无法再用某些"专业"的话语来为自己的传统教学打掩护。于是,"对于金钱投入价值的讨论与忧心教育标准的降低成为现今政治考量的核心"①。迫于外部压力,高等教育内部有关方面也需要证明其质量是有保障的,还需要证明教授们的工作是尽责的。内外多种力量的全力推进,在西方掀起了一波又一波的高等教育质量运动,这场运动与全球性教育改革的大趋势几乎是同时出现的。

追求高深学问的传统,使得西方高等教育内部从来都比较重视教育质量问题,在一定程度上可以说,高等教育质量运动是高等教育内部的要求,但更为主要的,还是外力作用的结果。高等教育大扩展引发了各方对教育质量问题的深切关注,带来高等教育质量运动的实践动力,带来高等教育管理的理论创新,最终导致了西方高等教育控制内容从规模扩展向质量控制的巨大转变。

一、高等教育大扩展带来质量的担忧

从数量上看,高等教育发展阶段的划分,有一个为众多学者引证的依据,那就是美国著名的教育社会学家、加利福尼亚大学伯克利分校特罗(Martin Trow)教授提出的高等教育毛入学率②。1970 年前后,以战后美国和西欧国家高等教育发展为研究对象,特罗教授探讨了这些国家高等教育发展过程中量变与质变的问题,接连撰写了《从大众高等教育向普及高等教育转化的思考》(1970 年)、《高等教育的扩张与转变》(1972 年)、《从精英向大众高等教育转变中的问题》(1973 年)等长篇论文,逐步深入地阐述了以高等教育毛入学率为指标,将高等教育的发展历史分为精英、大众和普及三个阶段的基本观点。③ 这就是著名的高等教育发展三阶段论,以高等教育入学率为一个指标,小于 15％为精英型高等教育模式,15％～50％之间为大众型高等教育模式,超过 50％为普及型高等教育模式。

大众化意味着数量的扩张。从规模上看,除了英国,西方各国高等教育在 20 世纪 80 年代早期已经处于大众化甚至普及化发展阶段。当然,这些国家的高等教育规模此后仍然在扩展,例如,2000 年,美国高校入学人数比

---

① 撒丽斯.全面质量教育.何瑞薇译.上海:华东师范大学出版社,2005.序言.1
② 即 gross-number,现指高校在校生数与 18～22 岁年龄段总人数之比。
③ 谢作栩.马丁·特罗高等教育大众化理论述评.现代大学教育,2001(5):13～18

1980年增长了21％①。

高等教育大众化是民众受教育的强烈愿望、政策推动、企业竞争要求和职场门槛提升等多种因素共同引发的,其中最主要、最直接的因素,还是民众接受高等教育的强烈愿望。

（一）民众愿望推进高等教育大扩展

1985年,国际教育发展委员会(ICED)副主席库姆斯(P. H. Coombs)指出,随着第二次世界大战的结束,殖民地地区相继获得独立,平民百姓的教育热望在整个世界爆发了,人们热切地期望通过释放教育的社会功能来实现各种良好的愿望。教育工作者、社会科学家和国家领导人普遍认为,对全民的教育是一种工具,这种工具能够给每个国家带来根本的变化,包括消灭长期存在的不平等和不公正②。而当代高等教育的独特功能,为满足大众的教育热望提供了客观的可能性。1963年,面对哈佛大学的热心听众,时任加利福尼亚大学校长的克拉克·克尔就公开颂扬了大学的独特功能。克尔将他的颂扬之辞,收录在当年出版的《大学的功用》一书中。他这样写道:"现代美国多元化大学为什么能够存在? 历史可以给我们一个答案,与周围社会环境的和谐相处则是另一个答案。除此之外,它在维护、传播和研究永恒真理方面的作用简直是无与伦比的;在探索新知识方面的能力是无与伦比的;综观整个高等院校史,它在服务于文明社会众多领域方面所作的贡献也是无与伦比的。"③

民众接受高等教育的主观愿望,与全社会对高等教育功能多方面的客观需求密切相关。这可以追溯到更早的时候,从美国社会对社区学院寄予的厚望之中,这种情况可以得到清楚的说明。二战结束以后,适应民众的愿望,美国两年制初级学院的广泛作用,就变得更加明显了,美国大多数初级学院都开始建立更加复杂的功能模式,继续提供使学生转入大学的课程,大大增加职业课程,扩大学生有一般和特别兴趣的课程,以满足社区成人接受各级各类继续教育的需要。1947年,美国总统高等教育委员会发表的报告《为美国民主社会服务的高等教育》建议,让初级学院这种教育机构使用社

---

① 赵炬明.现代大学与院校研究(下).高等教育研究,2003(4):64
② 库姆斯.世界教育危机.赵宝恒等译.北京:人民教育出版社,2001.219
③ 博克.走出象牙塔.徐小洲、陈军译.杭州:浙江教育出版社,2001.1

区学院的名称①。该报告提出,有必要重新肯定民主主义的原则和价值,并把这些原则和价值贯彻到教育领域。教育的"社会作用是确保不同个人和群体的平等自由和平等机会",或许,教育"最重要的作用是作为社会转变的工具"。为此,该委员会还从高等教育的各种主要目标中选出应放在首位的三项目标,即,第一,在生活的各个阶段教育人民充分认识民主;第二,直接和明确地教育学生增进国际理解和合作;第三,教育学生应用创造性的想象力和受过训练的聪明才智解决社会问题和管理公共事务②。民众的这些要求是主观的,但却是战后美国社会政治民主、经济发展、科技进步对发展高等教育的客观要求的反映。

在西方,民众主观的教育愿望往往体现在政治、经济和社会文化等多方面对教育提出的客观要求之中。高等教育大众化从第一波到第四波的历程,也清楚地展示了民众在这些方面的要求对教育扩展的重要作用。在政治方面,高等教育大众化发源于20世纪五六十年代的世界民主化风潮,因此它在民众具有较强民主传统的美国最先展开,使美国引领着全球高等教育大众化的潮流。1944年颁布的退伍军人法,使大批老兵进入高等院校学习有了法律保障。美国高等教育大众化的一个重要而直接的推动力,就是安置大量退伍军人,以维护当时美国城市社会的秩序与制度的稳定。当年美国社区学院的大量涌现,政治上的动力就在于社会稳定的需要。美国高等教育大扩展,算是高等教育大众化的第一波,它的诱因就是教育机会均等思想引导下的政治转型。高等教育大众化的第二波,则主要源于经济上的牵引,源于科技发展带来的生产结构变化和劳动力市场转型。第二波发生在物质基础比较发达的欧洲大陆国家,特别在以平等为理想的瑞典等北欧国家。它开始于20世纪60年代欧洲国家对美国高等教育大众化浪潮的回应。据经合组织统计,发达国家高等教育大众化的高速度,从其入学人数的变化中清晰可见。1900～1970年的70年时间里,学生人数美国每15年增加一倍,法国则增加了20倍。1950～1970年的20年间,日本入学人数猛增到原有的7倍,法国和瑞典猛增到原有的5倍,其他大多数国家猛增到原来的3

---

① 康内尔.二十世纪世界教育史.张法琨等译.北京:人民教育出版社,1990.775
② 王英杰.美国高等教育的发展与改革.北京:人民教育出版社,1993.211～214

倍或两倍①。第三波发生于20世纪70年代,是社会政治和经济处于双重转型的韩国等新兴工业化国家对欧美高等教育大众化的借鉴。这些国家经历着从传统社会向现代社会的转型,从农业社会向工业社会的转型。此后,其他国家对高等教育大众化的追赶,则是高等教育大众化的余波②,其动力往往来自政府顺应民意,在政治、经济、科技和文化多方面对高等教育提出的要求。

联邦德国高等教育在1965年至1975年间经历了教育大扩展与民主化的"改革十年",就是由社会发展和民众振兴经济的强烈愿望而引发的。现有研究可以看出③,德国高等教育规模在20世纪60年代的扩展,就体现了德国民众认识到的时代要求(认为德国进入了教育社会)、政治要求(教育民主化是德国社会民主化的一个部分)、社会要求(教育成为个人向上流动的主要途径)和经济发展要求四个层面的强烈愿望。20世纪50年代是联邦德国经济重新崛起的时期。1962年,各州文化部长会议的报告《经济增长与教育事业的发展》,强调教育在经济发展中应承担的责任。1964年,哲学教授皮希特题为《德国教育的灾难》的文章,分4次在《基督教与世界》周报上发表后,舆论反响强烈,旋即结集出版,在舆论界和政界引起了轩然大波。皮希特指出,德国的教育规模远远不能满足未来社会、经济对人才的需要,德国教育出现了危机。学校的废墟必然会导致经济的废墟,教育的危机也就是整个社会的危机,乃至民族的危机。教育这一基础如果垮掉,我们的国家就会变成泥足巨人。因此必须采取"紧急计划",迅速扩大整个教育的规模,最主要的是使高中生的数量在10年内增加一倍,当然,这种扩展也意味着高中教师和大学生数量相应地增加一倍④。1992年,还有社会学家称赞说,战后没有哪一篇文章像《德国教育的灾难》一样,产生了如此大的影响。

德国社会学家及教育活动家达伦道夫则从民众受教育权的角度,强调

---

① 康内尔.二十世纪世界教育史.张法琨等译.北京:人民教育出版社,1990.764~765

② 王洪才.大众高等教育论.广州:广东教育出版社,2004.12~13

③ 陈学飞主编.美国、德国、法国、日本当代高等教育思想研究.上海:上海教育出版社,1998.154

④ 陈学飞主编.美国、德国、法国、日本当代高等教育思想研究.上海:上海教育出版社,1998.192

政府满足民众受教育愿望的责任。在 1965 年出版的《教育是公民的权利》一书中,他认为,国际竞争、经济发展或入学压力,都不足以构成教育发展政策的根据,唯有把教育看做公民的权利,才是发展教育令人信服的基点。据此,达伦道夫列举了扩大教育机会的必要性,强调教育是所有公民的一种社会基本权利,是每一位公民作为公民存在的必要和必需的基础,义务教育是实现这种权利的措施,但这已经远远不够了,教育程度应随着文化的发展而发展。公民的教育权利要求有均等的机会,不能因为能力以外的因素而受到优待或歧视。法律上的机会均等并非真正的机会均等,教育政策应当消除社会限制,以真正实现机会的均等,这才是积极的教育政策。以《教育是公民的权利》一书的出版为标志,教育权利及机会均等的观念成为 20 世纪六七十年代整个教育改革的核心指导思想①。

事实上,联邦德国这期间教育改革的主要方向之一,就是扩建新建高校,扩大高等教育的入学机会。从 1960 年到 1975 年,联邦德国总共新建了 24 所综合性大学和总合大学(Gesamthochschule),加上 20 世纪 60 年代末 70 年代初蓬勃发展的高等专科学校,这 10 年成为德国高等教育史上高等学校扩张的重要时期。1977 年,联邦德国和各州政府干脆作出了"敞开校门"的决定。德国民众强烈的受教育愿望和政府顺应民意而出台的一系列教育改革举措,自然带来了学生人数的持续增加。大学生在同龄人口中所占比例由 1960 年的 7.0%,上升到 1970 年的 13.4%,1980 年的 25.6%②。当然,我们也会看到,教育规模的扩展还带来了相应的问题。1993 年,德国科学审议会提出的《关于高等教育政策的 10 点意见》指出:"培养 30%以上适龄人口的高等教育应当有相应的培养制度……高等教育要划分为培养目标不同的层次。"③

加拿大高等教育实现精英化向大众化转变,其首要因素,就是采纳了平等主义的招生政策,以实现民众关于高等教育公平的愿望。加拿大高等教育实施平等主义政策的初衷,是为了增加二战退伍老兵的受教育机会,不

---

① 陈学飞主编.美国、德国、法国、日本当代高等教育思想研究.上海:上海教育出版社,1998.187

② 周丽华.与洪堡告别.中外教育分析报告,2006-09-25

③ 陈学飞主编.美国、德国、法国、日本当代高等教育思想研究.上海:上海教育出版社,1998.194

久,受惠人口扩大到大多数人,在扩大退伍老兵受教育机会的过程中,扩大了下层人士接受大学教育的机会。加拿大高等教育实现大众化还有一个重要因素,就是采纳人力资本理论的假设,以提高个人经济收入,加快经济发展,客观上强化了大众受教育的愿望。人力资本理论认为,教育机会的拓展和必要的教育设施的改善,就是在为加快经济发展和提高个人收入投资。这种理论导致社会对高等教育机会的需求不断增长,使高等教育不仅成为公共投资的重点,而且也成为个人投资的重点。

　　转型期间,虽然财政紧缩使得西方高等教育的发展速度有所减缓,但民众强烈的受教育愿望,使得高等教育的注册人数并不像人们早先认为的那样会随着人口的变化而减少。各国民众对高等教育的期望和需求,使 20 世纪下半叶成为有史以来全球高等教育扩展最为壮观的时期。2007 年的调查发现,现在有更多的人认为高等教育可以企及。经合组织各成员国的 15 岁人口中有 57% 的人希望将来进入大学,韩国 95% 的青年将上大学作为追求的目标①。1998 年发表的《世界高等教育宣言》已经看到,全球高等教育在校生数从 1960 年的 1300 万增长到 1995 年的 8200 万②。该宣言呼吁各国教育体制应当通过改革变得开放、灵活,以方便学生进出,并强调,只要学业合格,人人都应当享有接受高等教育的权利,这应当视为当代社会的一项基本人权。这就要求,在各个层次上和各种方式上采取综合手段,使高等教育向所有的人终身开放③。可见,高等教育大扩展,在西方还触发了"高等教育为谁服务"的问题。

　　在西方各国,企业界作为民众的重要力量,往往出于自身的目的,对求职的民众提高了学历上的要求。20 世纪 70 年代后期和 80 年代,当人们认

---

　　① 高靓.经合组织教育报告:高教扩张未导致学历贬值.中国教育报,2007－10－29 (8)

　　② World Declaration on Higher Education for the Twenty-First Century:Vision and Action,1998－10－09

　　③ 见《世界高等教育宣言》导言。原文是:education is a fundamental pillar of human rights,democracy,sustainable development and peace,and shall therefore become accessible to all throughout life and that measures are required to ensure co-ordination and co-operation across and between the various sectors,particularly between general,technical and professional secondary and post-secondary education as well as between universities,colleges and technical institutions.

识到大量投资教育并没有带来预期的经济效益时,对教育投资的热情就开始减退,但高等教育大众化的步伐却没有因此停止,这与企业和社会对就业者的学历要求有关。新兴职业如社会工作、教学、护理训练等,先前只要求取得毕业证书,不需要拥有学位,后来,这些领域的学位要求逐步提高,学位计划与课程也不断扩展。以加拿大为例,虽然对高等教育的投入热情在下降,但有研究指出,它的高等教育大众化的步伐比其他大多数国家更快:40%的加拿大"适龄"人口都能接受高等教育,而同期可比数字,美国为35%,英国为27%,德国为17%[①]。1960~2000年的40年间,加拿大的大学教育机构(即有学位授予权的机构)翻了一番,达到76所。大学招生人数从20世纪50年代初的约9万名全日制在校生,到20世纪90年代后期超过82万人(其中25万人是部分时间制)。到1997年,加拿大共有56万名学生进入263所学院学习,其中28%的学生参与的是部分时间制的学习。2000年,加拿大的大学教育机构和非大学的教育机构注册学生大约140万人[②]。

为适应高等教育适龄人口急剧增加和高等教育的民主化浪潮,体现民众愿望,法国政府采取了拓展高等教育规模的政策,较快地实现了高等教育大众化。1960~1967年,短短几年法国就创建了20余所大学。法国大学生人数以每年10%~15%的速度递增,每年平均增长4万人,7年间大学生总数增加了1.5倍。而1970年6月1日至1972年7月5日,法国重新组建了57所大学,还组建了8个大学中心("大学中心"是由1970年10月6日颁布的法令规定的,在财政上独立,但在管理上隶属附近的正式大学)[③]。法国适龄人口高等教育入学率由1960年的7.44%,增至1970年的12.23%,再增至1979年的25%[④],而1989年7月10日法国通过了《教育指导法》后,引起了大学生数量的再一次扩张。1985年,法国有大学生136万余人;1993年,便猛增到209余万人。[⑤]

① Hans G. Schuetze, Maria Slowey. Higher Education and Lifelong Learners: International Perspective on Change. London: Routledge Falmer, 2000. p. 127

② 李素敏、舒尔茨. 加拿大高等教育的量变、质变及其特征. 高等教育研究. 2005(12):104

③ 王晓辉. 20世纪法国高等教育发展回眸. 高等教育研究,2000(2):90~91

④ 杨建生、廖明岚. 法国高等教育质量保障立法及启示. 高教论坛,2006(1):174

⑤ 王晓辉. 20世纪法国高等教育发展回眸. 高等教育研究,2000(2):92

面对庞大的高等教育规模，舆论认为，同其他公共事业的投资一样，教育投入必须提高使用效率。结果，政府节支增效以顺民意，各国高等教育事业的财政预算锐减。各级政府都明确要求未来的高等教育要在公共基金减少的情况下运作，同时要承担更多的责任。无法从政府那里获得足够的办学资源，学校只能向市场寻求，而扩大招生规模并收取越来越多的学费，自然是筹措办学经费的一个重要的市场渠道。

（二）备受关注的高等教育质量问题

高等教育大众化绝不只是量的扩张。量的增长必然地引起了教育观念的改变，引起了教育功能的扩大，教育模式的多样化，高等教育与社会关系的变化，以及学术方向、课程设置、教学方式方法、入学条件、管理方式等方面的一系列变化。对于 20 世纪西方主要发达国家高等教育规模、目的和课程等方面的变化，已有学者作过详细的比较研究①。我们从中看到，当今高等教育在规模上已实现了大众化或普及化，适应精英高等教育的办学模式难以完成高等教育大众化的使命，这就需要创造出新的办学模式，新的拨款机制和运行机制，新的五花八门的专业、课程。这些创新、变革及其带给西方高等教育的全方位变化，迫使人们重新思考、评估与定位高等教育的目标、使命与功能，重新思考高等教育质量观，并将高等教育质量问题推到了研究的"舞台中央"。当然，也有许多人不能正视高等教育在转型期发生的这些巨大变化，这些人在理念上仍停留在精英阶段的认识，由此，难免引发有关高等教育的各种困惑、担忧和争论。其中最大的担忧，就是高等教育质量问题。

什么是高等教育的质量？许多人以为这是个自明的概念，但现有研究表明，它是非常复杂、难以界定的，目前难有公论。对此，有人提出全面质量观，认为从最基本的因素分析，高等教育的全面质量至少包括 5 个方面②：教育目标的质量，教育过程的质量，教育制度的质量，教育设施的质量，教育产品的质量。对高等教育质量的认识，甚至还出现了泛化的倾向，认为高等教育质量是高等教育实践活动在实现自身基本功能的过程中对高等教育基本

---

① 黄福涛.20 世纪西方高等教育发展的特征与趋势.厦门大学学报(哲社版),1999(2):104

② 赵蒙成、周川.高等教育质量:概念与现实.江苏高教,2000(2):35

规律的体现程度①。据此概念,我们完全可以将效率质量、公平质量等高等教育职能所有方面的全部问题,都视为高等教育质量问题。

质量概念尽管变得十分模糊,但以下 4 方面,可视为高等教育质量出现了问题的主要表现。

1. 学生得到的正面引导在减少

高等教育扩展过程中,政界获得的不只是政绩,商界收获的也不只是利润,高校当然不只因此提升了综合竞争力。为此,时常过分强调学生的地位,强调学生消费者至上的观念。这就带来一个重要问题:地位至高无上的学生如何可能得到教师们足够的正面引导? 如果教育过程由"学生说了算",那分明就是学生在"引导"教师,从这样的教育中,学生所受的教育就不能不大打折扣。2006 年,美国一个基金会对 1.4 万名大学新生与高年级学生随机抽样调查发现,如今美国学生付的学费越来越多,学到的东西却越来越少。这份调查还显示,高年级学生比低年级学生对美国历史、政府、外交、经济等情况知道得更少②。这正如斯坦福大学教育学院 Labaree 教授所说,"美国学校的无情变革,已经破坏了学生享受真正的教育的机会"③。

学术界指出,过分强调学生说了算,主张增加学生的选择,这种对学生消费者的迎合,是以从受教育者那里谋取利益为基础的。不管怎么说,大学生还是不够成熟的,他们是来学校接受教育的,如博克所指出的,迄今为止,"没有任何可靠的办法足以让学生知晓他们如何会学得更多"④。为了捞取更多的钱物而迎合学生及其家长,多少都有些不道德。广为人知的是,大学生常常夸大了职业性课程对他们的重要性,而在赚钱动机的驱使下,大学不仅不设法校正,反而还去迎合学生的这种错误认识,为学生开设大量的就业准备课程,忽略那些服务于广泛的社会需要的教学。学生对什么是所选专

---

① 侯怀银、闫震普. 高等教育质量概念探究. 江苏高教,2007(5):11

② Edwin Feulner. U. S. Higher Education:Pay More, Learn Less. The Heritage Foundation,2006－10－13

③ David F. Labaree. How To Succeed in School without Really Learning:The Credentials Race in American Education. New Haven & London:Yale University Press,1997. p.250

④ Derek Curtis Bok. Universities in the Marketplace:The Commercialization of Higher Education. Princeton:Princeton University Press,2003. p.161、203

业的教学质量知道得非常少,以赚钱为目的机构必然暗藏机关,如打着名牌教育机构的招牌而无法提供真正优异的教学。这两种情况下提供的教学,都不可能保证高质量的高等教育。大学对金钱的需要是没有止境的,不能给大学带来经济价值的教育便越来越遭受冷落。在高等教育实现了大众化的今天,教授们忙的是科研、项目,很多学生选择哈佛、哥伦比亚,原是看重那里众多的学术明星、诺贝尔奖得主,以为到那里就可以亲聆学术泰斗的教诲,可是学生到了学校才发现,一般的教授也别指望多见。

用商业化的手段来检视大学,可谓一大创造。不幸的是,这种由大学排行榜和金融市场主导下的大学商业化发展模式,却是以牺牲教育质量为代价的。据英国 Economist 2006 年 5 月 27 日第 379 卷 8479 期报道,美国、英国、日本、西班牙和加拿大的大学,已经出现规模不等的信贷活动,没有进入金融市场的大学,有的正在申请信贷评估。特别是在美国,尽管资本主义在大学教学过程中所得到的批判要远远超过赞扬,大学的运营者们却对资本市场有着热情的期盼。在美国的三类大学(公立大学、非营利性私立大学和营利性私立大学)中,公立大学和非营利性私立大学经常发行免税债券,由此筹措到的资金,又可投放到高回报率的非免税市场中去,凭着大学非营利性身份来避税,获取经济利益。从 2000 年以来,高等教育债券的市场扩展到了原来的三倍。一些学院让顶级管理者去管理它们得到的捐助资金,从中获益匪浅。已经走进金融市场的美国大学,引起了学术界的担忧。学者们不太情愿把学校看成生意场,他们觉得推动这种交易增长的因素存在误区。学校最主要的资本是名誉、创造力和知识素养,学校特别要担心的,应该是市场让学校失去了这些最主要的资本怎么办。①

学术界的担忧不是多余的,Bok 教授关于商业化行为带给学生道德变化的分析,可以印证这点。商业化竞争本身,成为学生和其他人员的榜样。自柏拉图和亚里士多德以来,为发展美德和塑造个性提供帮助一直是教育的核心目标,赫尔巴特还把道德教育作为教学的第一原理。而多年来,人们对这条教育原理是忽视的。西方各国的大学发现,必须为学生应对职业生涯和个人生活的道德困境提供准备。但大学为学生们建构恰当的道德原理已经越来越困难了,大学自身的不道德行为,比任何课程提供的道德原理,对

---

① 庞娟编译.走向金融市场的美国大学教育.社会科学报,2006－06－15(7)

学生的道德影响都更为强大。实际上,大学和专业学院的课程体系中包含有道德规范课,这类课程也的确能够提供有价值的教育原理。然而,当学生们发觉教育机构为了赢得足球比赛、签到赚钱的研究合同或兜售网络课程,而违背自己讲授的道德原理时,他们也就不把这些原理当回事了。对于生活方式的选择,本科生从学校和教授们的行为中学到的,比从课堂里学到的更多。①

正因为如此,对商业化带来的教育质量问题,左翼教授们怨声载道。他们认为,大学变成了"知识的加工厂"(knowledge factories)。在这种"工厂"里,金钱对学术理想的威胁成了常态。学术和研究的价值仅仅在于换取现钞或商品的能力,而不在审美的、愉悦的等任何其他方面。结果,其他价值理想一概被抛弃了。"知识产业成了不断膨胀的(校内)行政权力的主题,这种权力对凌驾于高等教育之上的政治权力和市场力量的反应日趋敏捷,而对师生们的要求,不到万不得已,是不会作出回应的。"②这些抱怨,揭示了一些学校的真正目的,即不顾一切地追求物质利益。那样的追求,无疑会使学生从大学里获得的教益越来越少。许多批评者担心,商业化行为给智力活动的其他价值投下了阴影,大学活动的评价标准将主要是赚钱的多少,而不是其内在智力活动的质量。他们看到并描绘了周围的经济如何把越来越多的学生卷入职业性的学习领域,如何提升着电脑科学家、商学院教授以及其工作与商业有关的教授们的薪水,如何吸引大规模的外部资金投入到商业相关领域,如何忽略其他与实践关系小但同样有价值的学习领域。即使是那些赞成大学服务于经济发展的教授们,也担忧大学的营利行为及其种种不得体的钻营活动的副作用③。尽管这只是一些并不十分强大的声音,但它提醒欲望强烈的有关各方,学生得到的正面引导在减少,大学里某种不可替代的价值会随着高等教育大众化的无情蔓延而丢失。

---

① Derek Curtis Bok. Universities in the Marketplace:The Commercialization of Higher Education. Princeton:Princeton University Press,2003. p. 109

② Derek Curtis Bok. Universities in the Marketplace:The Commercialization of Higher Education. Princeton:Princeton University Press,2003. p. 16

③ Derek Curtis Bok. Universities in the Marketplace:The Commercialization of Higher Education. Princeton:Princeton University Press,2003. pp. 16~17

2. 学生权益在下降

在以学生权益为最大招牌的高等教育大众化的氛围里,学生权益也没有得到真正的提升。生源问题,成为一些学校进一步扩招的催化剂。为了争夺生源,学校不得不一再地在所谓的"学生说了算"之类的广告词上做文章,而不是真正地提升学生个人的权益。

日本社会的少子化倾向,使日本许多学校面临生源问题、生存问题,这本来可能提升学生个人的权益,况且日本拥有亚洲古老而成功的高等教育系统,但据《纽约时报》2007 年 6 月 22 日报道,日本连年扩招至今,招生难成了这个系统面临的一个严峻问题。日本 18 岁青年的入学数量已从 1992 年的 205 万下降到 2007 年的 130 万,估计两年内还将下降到 121 万。日本 707 所公立和私立四年制大学,2007 年几乎有 1/3 不能招收满员,有 3 所大学因生源缺乏而破产。这将进一步困扰包括招生在内的学校决策倾向①。20 多年来,18 岁人口的持续减少与招生规模的扩展之间形成了强烈反差,由此产生一种说法,认为 2009 年日本大学就能进入"全入时代"②,这自然加剧了各校之间早已存在的生源竞争。在日本,教育高消费观是被调动起来了,但学生的消费者权益却没有得到多少体现,学生评教活动也不流行③。这或许是日本高等教育系统冷静、理性的表现,我们却也无法看到学生因为扩招而增加了什么权益。

在欧洲,学生的权益也没有因高等教育大众化的实现而提升。在 20 世纪 90 年代,欧洲大学重构的主要趋势不是增加学生权益,而是致力于改进大学的管理效率和责任,20 世纪 60 年代提升学生权力的诸多改革被加以修正乃至去除。尽管改革者习惯用学生权力与市场规则来说话,但现在学生的权力的确要小于以前了。以荷兰为例,全国性的结构重建增加了管理人员的权力,而在新体制中,学生却没有什么权力。在德国、瑞典以及其他一些国家,也可以看到类似的趋势。瑞典大学的改革最为彻底,改革的内容包括决策民主化,大学内部权力下放,高等教育向教育资源贫乏的地区扩展,课程职业化等。法国与荷兰的改革都强调跨学科研究和学习决策民主化。德

---

① Martin Fackler. As Japan Ages, Universities Struggle to Fill Classrooms. the New York Times, 2007-06-22

② 张晓鹏. 日本的"大学结构改革":进展、背景及意义. 复旦教育论坛,2003(2):65

③ 丁妍. 日本大学评价制度建立的背景、现状及问题的研究. 复旦教育论坛,2003(5)

国一些州的改革中,大学的传统结构让位于更为民主的管理方式。可是,研究者却没有看到"学生消费者至上"的真正实现,看到的只是"现在学生的权力要小于以前"①。

3. 高等教育产品质量(即毕业生素质)问题

高等教育大扩展对学术价值和学生发展、学生权利的忽视,必然地导致了毕业生素质问题。大学就像超级市场,学生成为其中的消费者,教育变革的方向由市场逻辑去主导。这样,课程变革的目的在于适应学生,而不是引导学生,在于尽可能多地招徕学生,而不是提高学生素质。课程内容甚至与学生就业直接挂钩,不仅排除那些学生认为与他们毕业后的工作不相关的内容,而且排除那些太难而不足以保证他们获得相应的工作资格的内容。

课程变革的宗旨在变化,学生的学习目的与态度更是发生着根本性变化:第一,学习的目的是为了通过检测,考试之外的知识被视为多余而不加注意。第二,学生最关心的不是课程本身,而是考虑他们获得的资格所具备的市场竞争能力,以及在就业市场找到工作以后凭这种资格证书偿还教育成本的能力。② 结果,高等教育目标走向了专门化的极端,这种专门化的目标只强化片面的专业教育,其结果并非表明学生在某个专业获得了良好的训练,而只是说明学生除了某个专业外,没有受到过任何必要的训练。这就使高等教育转化为某种禁止、某种封闭的过程,使不同专业的师生之间在语言和心灵诸方面产生越来越严重的隔阂。显然,高等学校为维持自身生存,逐渐放弃了自己的初衷和理想,道德教育、人格培养和个性发展在学校几乎成为绝唱,先辈的智慧和创造的结晶不再是人们完善自身的内在资源。

人们感叹,高等教育在效益提高、规模扩展的同时,却日益走向了"教育"的反面——教养的因素日趋减少,训练的因素不断强化,许多所谓的人才却小型化、空心化、畸形化,既无大智慧又缺乏起码的人格教养。高等学校似乎也不是人才成长的摇篮,而是强化着人才素质上久已存在的诸多问题③:第一,文化陶冶过弱,使学生人文素质不高;第二,专业教育过窄,使学生的学术视野不宽,学术基础不牢;第三,功利主义导向过重,使学生的全面

① 阿特巴赫. 比较高等教育. 人民教育出版社教育室译. 北京:人民教育出版社,2001.12

② P. 贝尔特等. 重围之下的大学. 大学(研究与评价)[J]. 2007(2):74

③ 潘艺林. 大学的精神状况[M]. 北京:中央编译出版社,2004.146

素质培养与基本技能训练不够;第四,共性制约过强,使学生的个性发展不足;第五,畸形的学校教育哲学,使学生的成败观太强而是非观太弱。

当然,以上问题不管是不是高等教育大扩展必然造成的,也不管是不是规模扩展本身带来的,但这些问题的存在,导致了世人对高等教育质量的普遍抱怨,却是不争的事实。

4. 对高等教育质量的普遍抱怨

面对来自国家和社会太多的要求,西方大学感觉不堪重负,无所适从,由众望所归变成了众矢之的,西方各国公众的教育热望似乎没有因当代高等教育的独特功用而得到满足。相反,实现了高等教育大众化的西方国家甚至觉得,高等教育的质量是令人失望的。20 世纪 60 年代末,学生行动主义波及几乎所有的西方大学,大学曾备受责难。哥伦比亚大学学生运动的领袖对大学的指责,具有相当的代表性。"多年来,哥伦比亚大学的董事们把平民赶出家园,通过城市协议攫取土地,解雇试图联合起来的工人。这些董事们使自己的大学卷入了种族灭绝的大屠杀。他们自始至终对选民撒谎,打着学术独立的幌子出版中央情报局的书。大学亲手帮助建立起来的军事巨人(哥伦比亚大学 1965 年从军事基本合同奖励中获得了 1583.5 万美元),已对我们社会的诸多领域产生了显而易见的威胁……我们所在的大学不仅管制我们,将我们打上烙印,划分等级,而且它还辜负我们,利用我们,并带着阶级歧视对待人民大众。"[1]

高等教育规模急剧扩展必然带来对质量的担忧甚至抱怨。反对高等教育大扩展的人有许多理由,其中最为让人关注的,正是高等教育质量问题。教育理论界甚至有人认为,"退向多元化巨型大学对社会和大学都是一个错误"[2],高等教育规模的扩展所带来的质量问题,在学术上是"劣币驱逐良币",是金本位的打破,是对自治的侵占,将制造对未来社会有威胁的"教育无产阶级"。这些反对意见具有不小的影响,却没有改变高等教育的发展方向。个中原因,正如教育哲学家所说,在高等教育领域中,经验再次被证明比逻辑更有影响[3]。高等教育大众化及普及化不是高等教育自身发展的逻

---

① 博克. 走出象牙塔. 徐小洲、陈军译. 杭州:浙江教育出版社,2001. 译者前言. 3

② T. Ostovich. Dewey, Habermas, and the University in Society. Educational Theory, 1995(4):475

③ 布鲁贝克. 高等教育哲学. 王承绪等译. 杭州:浙江教育出版社,2002. 65

辑要求,而是社会发展和人类自身进步的客观要求①。

对高等教育大扩展的担心,主要在于它可能对传统大学制度、精英教育形成挤压之势,以及它可能导致教育质量的下降。这种担心,从1978年前后在英国到处被模仿的"更多就是更坏"(more is worse)这句流行语中可以得到反映。人们担心,大众化可能会使高等教育成为"失去的乐园"②。法国为了满足二战后经济恢复和发展对各类专门人才的需求,高等教育快速实现大众化,之后,大学设施改善相对缓慢、毕业生就业困难等问题,引起了政府和社会各界的普遍关注,并不可避免地引发了关于高等教育质量的新的危机感。

在日本,大学教育本来很成功,但从20世纪80年代开始,教育体系中最耀眼的部分——日本国立大学,却不断地遭遇各种批评。批评者认为,那些因批评而推出的教育改革,没有产生预期的效果,"学问之府"变成了"休闲地"、"考试和就业之间的缓冲地"。对此,1991年,日本推出了大学设置基准等方面的改正措施。早在1987年,根据临时教育审议会的报告,日本就设立了大学审议会,但直到1997年,才以报告的方式提出大学改革的方针。与以往改革不同的是,目前在阵阵责难声中产生和推进的日本国立大学法人化制度,"实质是在政府和大学之间引进了社会因素,实现举办权、管理权与办学权的有效分离,通过市场因素调节政府与大学之间的关系"③。

学生对高等教育的抱怨,直接源于收取学费,而在年长者必须向年轻人学习的"后喻文化"④时代,学生对高等教育提出了更高的要求,寄望过厚,也更易失望。20世纪80年代以来,学非所用成为常态,后喻文化成为常识。许多求学者都明白,多数人在高等教育阶段学到的大部分知识和技能,到社会上都是无用的,专业对口、学有所用的不到一半人。在美国尤其如此,其大学教育被称为"浪费教育"。即使那些学有所长而且学有所用的幸运儿,

---

① 韩映雄.高等教育质量研究.上海:上海科技教育出版社,2003.2

② 克尔.高等教育不能回避历史.王承绪译.杭州:浙江教育出版社,2001.70

③ 熊庆年.大学法人化趋势与我们的对策.江苏高教,2002(4)

④ 美国人类学家米德(Margaret Mead,1901~1978)将整个人类的文化划分为3种基本类型:前喻文化(晚辈主要向长辈学习),并喻文化(晚辈和长辈的学习都发生在同辈人之间),后喻文化(长辈反过来向晚辈学习)。参见:玛格丽特·米德.文化与承诺.周晓红、周怡译.石家庄:河北人民出版社,1987.序言

也会产生一种极度的无聊感,觉得看透了似的,什么都没意思。这种情况在理工科高年级学生乃至研究生中特别普遍。"他们学到了知识,但找不到生活的意义。大学满足了他们在最初时对自己的期望,可这一期望满足后,他们却感到生活中若有所失。"①

二、自主权和功利性诉求构成实践动力

20 世纪下半叶以来,现实困境使得西方高等教育一直面临着两个方面的巨大压力:一是民众对高等教育的需求持续上升,二是提升教育质量的呼声持续高涨。获得两种压力的平衡已成为世界性的一大难题。各国求解这个难题的过程,带来了高等教育的快速发展和高等教育质量观的转变,掀起了高等教育质量运动,这是质量问题与公众责难在各国的共同反应。推动经济发展、职场变化等呼声,以及高等教育消费者的利益驱动,则成为实践中催生高等教育质量运动的主要力量。

全球高等教育在经历大扩展的同时,也都在努力回应三个同样的问题——财政困境、效率低下和不平等,这可谓全球大学共同面临的"三大症结""三大挑战"和难以彻底解决的核心问题②。其中,财政困境是指大学不能获得与其规模和使命相匹配的充足收入,而效率低下则是指对所获资源的错误分配(可重新配置的资源主要是教师和员工)。如果高等教育的门槛和父母收入、父母受教育程度、性别、语言、种族、居住地等与生俱来的特征紧密相连,就会加剧高等教育的第三个大问题——人与人之间的不平等。成本分担,尤其是过去由纳税人负担的教育经费转向由家长和学生分担的发展趋势,可能会不利于低收入家庭、农村和少数民族家庭学生参与高等教育。欧美各国对贫困生发放助学金和学生贷款等方法,就是为了减少高等教育的不平等。而在解决这些问题的过程中,可能又会遇到两难境地,例如,要鼓励教育从事赢利性活动,则可能使高等教育偏离大学的使命,这就要求加强外力监控的力度;而外力监控过强,又可能带来自主权受损的问题。再如,推进高等教育规模扩展,却不想增加更多的政府投入,可能会使大学人满为患,质量降低等等,因此,大学的变革充满了矛盾。

① 薛涌.谁的大学.昆明:云南人民出版社,2005.4
② 布鲁斯·约翰斯通.全球大学的变革方向.中国教育报,2002-08-10

大学变革过程的矛盾，就是高等教育的现实困境，摆脱困境的努力，则为高等教育质量运动提供了实践动力。这样的动力，主要体现为办学自主权引发高等教育质量运动、现实功用的诉求助长高等教育质量运动两个方面。

（一）办学自主权引发高等教育质量运动

财政困境的出现，使西方各国特别是办学资源主要由政府提供的欧洲各国，不得不考虑让高校向市场要资源，不得不部分地扩大办学自主权。办学自主权的扩大，其必要条件就是加大监控教育质量的力度。如何保障市场中的大学的质量，就这样必然成为实践中必须解决的关键性问题。1985年，荷兰政府在高等教育政策报告书《高等教育：自治与质量》中提出：如果大学能够保证其质量的话，政府将给其更多的自治与更大的制定学位或课程计划的自主权。不少人认为，这份报告拉开了高等教育质量运动的序幕[1]。

同在1985年，联邦德国也因扩大办学自主权的要求而拉开了高等教育质量运动的序幕。当时，联邦德国在高等教育方面存在的问题比较突出的一点，就是学生的质量问题。有研究看到[2]，在20世纪70年代，高等学校的数量上去了，但质量下降了，不能适应社会发展的实际需要。对此，联邦德国1985年11月14日通过的《高等学校总纲法》于11月23日就正式生效。在该法提出的高等教育改革措施中，不仅包括大力支持创办私立大学，而且包括加强高等学校的独立性、扩大高等学校自治权，以促进高等学校的竞争性，力争使一些大学办成名牌大学。这就是说，德国的高等教育质量运动，也是由扩大办学自主权开始的。而且，在高等教育质量运动的推进过程中，办学自主权在德国成为关注的重点。1993年，德国科学审议会《关于高等教育政策的10点意见》提出了财政包干与加强系一级的管理权限等方面的改革建议。建议者认为，为了提高高等学校的竞争力，加强特色化，高等学校应具有更多的自主权和自主实施改革措施的可能性。一应逐步改革高等学校财政拨款制度，使高等学校享有更多的财政支配权；二应加强高等学校内

① 赵慧军、王文举.国内外高校教育教学质量保证体系的建立与应用.首都经济贸易大学学报,2007(6):108～112

② 吴文侃、杨汉清主编.比较教育学.北京：人民教育出版社,1989.317

部的决策和管理能力,特别是加强系一级的管理权限。这些建议在 1998 年修订的《高等教育总法》中得到了确认。

最近 20 多年来,英国政府逐渐加强了对高等教育的控制,英国高校一直在进行着以加强教育与工商业之间的联系为主要内容的高等教育改革,这些改革内容甚至写入牛津大学等校的使命陈述(mission statement)之中①,办学自主权问题进一步凸现。20 世纪 90 年代以后,英国政府通过立法取消了持续近 30 年的高校"双轨制",规定所有的公立高等学院都可以升格为大学(有颁发文凭与学位的权力),办学自主权问题由传统的大学扩展到英国整个高等教育系统。

二战以后,法国顺应国际国内形势的变化,开始修正其集权色彩,逐步增加地方教育行政机关的权限。1968 年,法国议会颁布《高等教育方向指导法》(《富尔法》),在自治、多学科、师生共同参与三原则的基础上,大学获得了新的地位。1981 年,法国社会党执政,新任教育部长萨瓦里(A. Savary)于当年 11 月就约请大学教授让代(M. CL. Jeantet)主持一个委员会,就高等教育改革法案提出建议。经议会批准,1984 年 1 月 26 日颁布了新的高教法——《萨瓦里法》。该法重新确定,公立高等学校的性质是"以科学、文化和职业为特点的公立教育"。新的高教法声称,为克服法国人对文学的偏爱,告诫即将进入社会的大学生会遇到激烈的竞争,并可能几次改变职业,高等学校必须变过去的教学与科研单位为"培训与科研单位"。在这里,对职业培训的强调和外力的强化,使办学自主权问题进一步凸显。正如该法的批评者所看到的,《萨瓦里法》强化了教育部的权力,而缩小了《富尔法》所规定的办学自主权,它所建立的体制更为复杂,过分重视大学以外人士的作用,并把政治带到大学内,不鼓励竞争而有利于平庸之辈。正因为如此,《萨瓦里法》的实施遇到了阻力。不过,到 1985 年大学开学时,在当时的 74 所大学中,还是有 58 所确定了新的法定地位②,使得办学自主权与质量运动的关系更为紧密。

此外,日本及经过剧变的苏联与东欧国家,也纷纷通过立法进行全面的

---

① University's Mission Statement and Strategic Plan. Oxford University Gazette (Supplement 3 to No. 4484),1998－09－30

② 王晓辉.20 世纪法国高等教育发展回眸.高等教育研究,2000(2):92

教育改革,增加高校的自主权。在办学自主权与教育质量运动互为促进这样的改革过程中,高等教育质量运动不只被引发起来,而且得到不断深入的推进。1991 年,联合国教科文组织在香港召开了关于高等教育质量保障国际化的第一次会议,会议期间成立了"高等教育质量保障机构国际网络"①,决定定期出版 QA 杂志,互通信息,交流经验,发现问题,共同解决。国际会议每两年召开一次。截至 2008 年 3 月,高等教育质量保障机构国际网络公布的成员单位有 100 多家,包括中国。1998 年,高等教育质量运动得到联合国教科文组织召开的世界高等教育大会的充分肯定,在每天的报告和讨论中,质量都是热门话题。2001 年 9 月,联合国教科文组织与世界银行、欧盟等联合召开了全球化对高等教育质量影响的国际研讨会。

(二) 现实功用的诉求助长高等教育质量运动

知识经济的出现,使高等教育具有越来越多的现实功用,而国际竞争的压力和各国高校的现实困境,也要求高等教育在国家发展、经济进步、个人就业等方面发挥更多的现实功用。正是各国对高等教育功用的现实诉求,使更多的利益攸关者关注高等教育质量,参与高等学校治理。正是各方利益攸关者的强烈介入,有力地促进了高等教育质量运动的展开和深入。

20 世纪后半叶,西方以及东南亚一些国家的经济发展经历了一个"黄金时期"。当这些国家的经济由持续高速增长转入持续低速增长之时,各国的理论研究者、实践者以及政府官员都认为高等教育还没有完全发挥出对经济的推动作用。经济与科技的发展引起社会结构的变化,这对人才的知识结构、能力结构、综合素质都提出了更高的要求,这种不断提高的要求与高等教育质量之间形成了日益尖锐的矛盾,使高等教育质量成为各方利益相关者关注的焦点。

高等教育巨大的开支与教育资源短缺之间的矛盾,使高等教育投入者更为关注资源投入和使用对高等教育质量的作用,要求提高办学效益。教师要提高工资待遇,学校要增设新的专业、新的校区,购买新的设备,提高教学质量,都需要增加投入,这导致了培养成本的增长。在进入 20 世纪 80 年代以后,西方各国高等教育都遇到了不同程度的经费短缺问题。在最富足

---

① 即 International Network for Quality Assurance Agencies in Higher Education,简称"INQAAHE"。

的国家,大部分高校也总是处于困境的边缘。越来越多的人们对投入高等教育的巨大资金所取得的效益产生了疑问,如何使教育经费发挥最大效益,受到了高等教育内外各方人士的重视。

学生就业压力的增加,入学人数的减少,又使西方高校出现了生源竞争的问题,甚至以学生消费者至上等宣传来吸引学生和家长。为了让高等教育的消费者感觉到巨额投入确有所值,各校不得不通过有保障的质量来争取教育经费、科研合同和更多的生源。进入 20 世纪 90 年代以来,这种情况表现得更为明显。过去 20 多年来,英国的教育质量问题首先由大学提出,由于学生数量增加而政府的经费投入相对减少,大学的质量难以保障,由此提出增加经费投入的要求。但是,大学的呼吁不仅没有使政府增加投入,反而增加了政府和社会对大学是否能够提供好的教育质量的怀疑:每所大学都不能证明自己的教学质量,大学的信息缺乏透明度,而且,不同学校所提供的数据或信息缺乏可比性。政府方面对大学的信任程度日趋下降,据此担负起评估教学质量的责任,还建立了一套评估系统,以便通过评估结果证明自己的投入是有良好绩效的,是值得的①。

20 世纪 80 年代的美国,绝大多数院校推出的产出评估项目(outcomes assessment)都出自外部压力,出自州政府或认证机构等中介组织追求现实功用的需要。同样可以说,欧洲高等教育质量运动的掀起也出自外部压力的刺激:来自政府的外力刺激是多数高校参与高等教育评估或自我评估的必要条件。高等教育质量运动得以普遍深入地在欧美各国展开,依靠两个必要条件:政府治理哲学的变化和政府推进高等教育质量运动的压力。二者作用的结果,使评估型政府(evaluative state)出现了,而评估型政府的出现与其说是学术组织自律的产物,还不如说是调节机制由政府向中介组织的转移。这些中介组织形成与政府并行的另一种官僚机构,奉行着服务市场、服务顾客的道德规范②。

这种服务外部消费者现实功用的道德规范,使高等教育质量运动直接由高等教育的消费者所导引,自然地把现实功用置于教育价值体系的最高

---

① 金顶兵.英国高等教育评估与质量保障机制:经验与启示.教育研究,2005(1)

② Don F. Westerheijden. Where are the quantum jumps in quality assurance. Developments of a decade of research on a heavy particle. Higher Education,1999(2):242

位置。在欧洲,不少人主张,高等学校应该把自己置于服务者的地位,为所有学生提供优质服务;大学就像超市,提供各种各样的高质量的知识产品,等待学生、家长和公司企业等消费者来挑选,来消费。为了强化对教育质量的控制,有关方面不仅加大了对大学的各种各样的评估,还以保障消费者的利益和大学服务的质量等名义,推出了全面质量管理(Total Quality Management,简称 TQM)等举措。对这些举措的宗旨,英国学者 Richard Winter 教授已有清晰的描述,那就是:"对消费者的兴趣、需要、要求和期望承担起责任和义务。"①

服务外部消费者现实功用的道德规范,也使高等教育质量运动成为权益攸关的事情。接受高等教育成为所有人的权利,这使各种利益集团都视自己为高等教育天然的消费者。谈到高等教育质量运动,常常被提及的一个问题是"谁受益"。马丁·特罗看到,这是新管理主义在高等教育领域的运用:从 20 世纪 80 年代初期以来,行政管理者和决策者为了自身的利益,主动出台各种各样的教育政策来平衡权力。Harvey 从另一个角度强调了同样的观点,认为质量保障进程和质量改革运动强化了高等教育问责,进而增加了管理者的权力。而且,管理者权力的增加,还转移到了高等学校内部。而对学者们来说,如果没有参与所在院校的治理,则更像是承受着失去权力的经历,还经常觉得处于失去学术自由的境地。有的时候,"非国家集权体制的灵活性越大,学术机构的自治权越大,并不一定能保持教师和研究人员享有的学术自由也越大。国家集权体制和非国家集权体制,都受到政府官僚机构或者各种政治经济和其他社会力量的监督"②。有学者指出,高等教育质量保障比测量电子的位置和电子的运动还要复杂。对高等教育现状量化得越精确,越不知道高等教育质量通往何方。原因在于,外部评估的委员会等各种评估主体出于自身权力和现实功用的需要,各自只能看到质量的某

① Richard Winter. Work-Based Learning and Quality Assurance in Higher Education. Assessment & Evaluation in Higher Education,1994(3):247~257

② 约翰·范德格拉夫等编. 学术权力. 第 2 版. 王承绪等译. 杭州:浙江教育出版社,2001.182

些方面,这样的评估无助于高等教育质量的提高①。尽管有这些认识,高等教育质量运动还是不以理论家的意志为转移,而是在各种现实功用的驱动之下得到了持续的推进。

三、企业管理理论推进高等教育质量运动

对高等教育质量运动的实践动力,比如办学资源的紧张、自主权扩大与质量保证的争论、生源竞争、教育危机的加深、学生就业压力的加重、科学技术进步对劳动力的新要求、精英教育向大众化教育的转型等等,目前已有大量的研究。笔者以为,系统分析这一运动的理论渊源,也是很有意义的。高等教育质量运动的直接诱因,主要是全面质量管理运动在世界范围内的兴起。在某种程度上可以说,西方高等教育质量运动就是这些理论直接作用的产物。

联合国教科文组织《学会生存》一书早已看到:"最近的各种实验表明,许多工业体系中新的管理程序,都可以实际应用于教育,不仅在全国范围可以这样做(如监督整个教育体系运行的方式),而且在一个教育机构内部也可以这样做。""在当代所有重要的科学和技术学科中,没有一门学科不可以对教育现象的理解和对改进掌握传递知识与培养个性的技术作出新的贡献。"②在这方面,全面质量管理(TQM)理论向教育学的移植,堪称典范。受到来自政府、用人单位、学生及其家长以及高校本身等各方面的压力,各国高等教育界纷纷引入 TQM 的一些原理,保障高等教育的质量。

戴明(William Edwards Deming)、朱兰(Joseph H. Juran,或译为都兰)、克罗斯比(Philip Crosby)等 TQM 理论的奠基者对国际质量管理有着异常重大的影响。他们最为突出的理论贡献有共同之处,如认为对质量保证来说,预防比检验和治疗都重要,质量必须规划。当然也有区别,如戴明和朱兰都将质量责任归于管理者,克罗斯比尽管强调管理规划的重要性,却将质量责任归于生产者(如工人)执行规划的方面,将质量问题明确地归于

---

① Don F. Westerheijden. Where are the quantum jumps in quality assurance. Developments of a decade of research on a heavy particle. Higher Education,1999(2):245~247

② 联合国教科文组织国际教育发展委员会编著.学会生存.北京:教育科学出版社,1996.165

生产者是否第一次就把事情做好,提出要做到规划程序设计的"零缺陷",而戴明和朱兰都认为零缺陷是不可能的。他们的贡献,可以对比归纳如下(见表1-1),以便我们具体分析他们对高等教育质量运动产生的实质性推进作用。

表1-1　质量管理大师戴明、朱兰、克罗斯比的理论贡献要点

理论家	理论贡献要点
戴明	1. 企业管理7种绝症(Out of Crisis):质量改进有7个主要障碍(1982年); 2. 质量责任:大多数的质量问题是管理者而不是工人的责任; 3. 预防胜于治疗:管理重在预先策划,一次把事情做好可降低成本,用救火的办法来管理已行不通了,劣质产品出来才去控制,必然造成浪费; 4. 戴明环(PDCA)作为国际标准组织ISO9000理论基础,管理14要点作为戴明管理哲学之核心,在实践中获得广泛研究和应用。
朱兰	1. "二八法则":质量问题仅20%来自基层操作人员,80%来自领导; 2. "适合用途或目的"的质量观:产品可能达到了规格,却仍不适合其目的; 3. 教育管理的目的:不断地改进工作,以满足教育消费者的目的或需要; 4. 质量规划(Planning for quality)7程序:以顾客需要为核心,要有7步骤。
克罗斯比	1. 质量是免费的(Quality is Free):质量规划所省成本大于所需费用(1979年); 2. 质量规划的目标是零缺陷管理(1957年):通过预防而做到无错误地工作是可能的,及时行动完全可以排除导致质量低劣的因素,质量是生产者的责任; 3. "第一次就把事情做好"是零缺陷管理思想的核心:质量保障就是一开始就把事情做对,一直做对,一直通向产品规格,做到零缺陷; 4. 质量规划的"14步骤":规定了生产标准、程序,是纯预防模式、行动模式,包括了检验,但预防产生质量,而检验不能产生质量,质量要由质量保障系统的程序来维持。

在过去20多年里,西方国家的大企业若考虑推行质量改善计划,差不多都一定会参考这些大师的著作,甚至聘请他们为顾问。全面质量管理带来管理范式的转移,由传统的单向度的注重绩效观,转而强调全方位的注重质量观。这种质量的理念,不仅在企业界得到相当大的回响与应用,而且也引

起教育界的重视,直接影响甚至主导着高等教育质量运动的产生和发展。

正是这些管理理论,使得西方各国高等教育管理由质量控制的传统,转变为质量保障和全面质量管理。其中,最为明显的变化有四个方面。第一,承认管理层对教育质量的主要责任。第二,为追求顾客满意而保障教育质量。第三,注重对质量的预防而不是检查。第四,实施全面质量管理,将高等教育质量运动推向高潮,而不限于质量控制和质量保障。这些变化,从戴明、朱兰、克罗斯比等人提出的管理学说及其对西方教育质量运动的影响之中,可以明显地看出来。

(一)承认管理层对教育质量的主要责任

企业管理之父、美国工程院院士、统计学家戴明博士创造了"出口转内销"的质量管理传奇,因其贡献而被誉为"质量管理大师"、"品质运动与学习型组织两大领域的先知"[①]。戴明提出的企业管理"七种绝症",也切中教育管理的时弊,而他据此提出的管理哲学,则引发了高等教育管理范式的转换,将教育质量的责任主要归于管理阶层。

目前,中国的教育管理学界对戴明的传奇贡献多有介绍。20世纪30年代,戴明就开始研究工业程序中减少浪费等问题。20世纪40年代,戴明已是世界公认的抽样专家,但在美国,没有多少人对他有关质量管理的建议和培训课程真正感兴趣。1947年,戴明接受盟军最高指挥部的征召,赴日本帮助当地的战后重建,具体任务是指导人口普查。在当时的日本,产品紧缺,当"有"和"无"的问题尚未解决时,"好"和"坏"的问题就提不上企业的议事日程,不可能形成质量追求,"made in Japan"甚至就是质量低劣的代名词,质量问题也成为困扰日本企业发展的大问题。

为了打开海外市场,扭转困境,日本决定向美国专家求教。1950年7月10~18日,戴明接受日本科技联盟(JUSE)邀请,在日本四大城市授课,促成管理策略的转变,最终创造了产品质量的奇迹:1955年,日本产品质量的总体水平以比戴明预测更快的速度超过了美国。日本产品在20世纪70年代横扫全球时,美国企业界的影响却日益下降。到20世纪七八十年代,不仅在产品质量上,而且在经济总量上,日本工业最终对美国工业造成了巨大的挑战。而戴明本人,也因此成为日本的质量管理的"教主"。以戴明的名字命

---

① 杨柯."出口转内销"的质量管理传奇:戴明其人其事.管理学家,2008(2)

名的"Deming Award"(戴明质量奖),至今仍是日本质量管理的最高荣誉。戴明在日本享有盛名之时,在美国依然无人过问。然而,到 1980 年,这种状况终于改变了。1980 年 7 月,电视制作人梅森女士制作了电视纪录片《如果日本行,为什么我们不行》(If Japan Can,Why Can't We),并由美国广播公司(NBC)在全美播出。这部电视片赞扬了日本的制造业,演讲的主角却是戴明。一夜之间,戴明成为质量管理的明星,在管理实践领域开创了一个新时代①。以这次公开演讲为标志,西方各国正式进入"全面质量管理"的年代。

在质量管理的认识上,长期存在两个理论误区:一是认为质量是生产者的责任,二是认为高质量必然造成高成本。戴明为澄清这两个误区不遗余力。他立足于一个基本信念,即高质量可以降低成本。1950 年 7 月,戴明在东京对日本最有实力的 21 位企业家(控制着日本 80% 的资本)传授他的管理思想时,强调说:"大多数的质量问题是管理者的责任,不是工人的责任,因为整个愚蠢的生产程序是由管理者制定的,工人被排除在外。""如果能争取一次把事情做好,不造成浪费,就可以降低成本,而毋需加大投入。"②

1982 年,以改变美国的管理风格为目的,戴明出版了《摆脱危机》(Out of Crisis)一书。他指出,迈向质量改进之路的主要障碍有七个方面:第一,管理目标分散,缺乏目的的一致性;第二,强调短期利益、短线思考,缺乏长期的发展策略;第三,用功绩评比和年度考评的方式来评价个人绩效,由此导致短视近利及员工的不良表现;第四,管理人员跳槽(job hopping)、流动过于频繁;第五,只用可见的数字进行管理,无视不知道的或不可能量化的数字,忘记了真正成功的标准是顾客的快乐和满足;最后两点是,企业界支付的医疗费、诉讼费过高。这些问题,被概括为导致质量问题的"七大绝症"(Seven Deadly Diseases)。

这些"绝症",直接挑战转型期西方教育管理和改革的举措。比如第三方面,全力反对绩效评比,直接挑战西方各国的教师考核制度。而第四方

---

① 戴明关于质量管理的理论框架和操作要点,如"管理 14 要点",都是他在日本讲座的结晶。有人估计,日本每 5 个企业的最高领导人,就有 4 人曾听过他的讲座。国际上,有两个质量管理的奖项均以戴明的名字命名,一个在日本,一个在美国。

② 杨柯."出口转内销"的质量管理传奇:戴明其人其事.管理学家,2008(2)

面,关于跳槽问题,尽管是讲管理人员的,却也切中西方国家教师流动率高、学校长期目标难于维系等问题。至于第五种"量化"考评问题,更是长期以来高等教育管理与评价者不得不采用而又屡遭诟病的方式。

为了解决这些问题,戴明逐步形成了一套较为系统的管理哲学与技术,其中,作为国际标准组织 ISO9000 理论基础的"戴明环"(PDCA)①,作为戴明管理哲学之核心的"管理 14 要点"(Deming's 14 Points),如今在高等教育质量保障实践中都得到广泛的研究和应用。

同戴明一样,朱兰相信大部分质量问题都可以追溯到管理决策。依据大量的实际调查和统计分析,朱兰认为,在所发生的质量问题中,追究其原因,只有 20％来自基层操作人员,而恰恰有 80％的质量问题是由于领导责任所引起的。在这里,朱兰具体阐明了质量责任的权重比例问题,这个权重有"二八法则"之称。撒丽斯《全面质量教育》一书把朱兰的这一观点概括为"85/15 法则",即质量问题的责任 85％在管理者,15％在基层。朱兰的基本原则是,组织中 85％的质量问题都是程序设计不良的结果,校正系统通常就意味着校正管理质量。

(二) 为追求顾客满意而保障教育质量

朱兰对质量管理最重要的贡献,是创造了"适合用途或目的"这个质量观②。这个观念的重要性在于,产品可能达到了规格,却仍旧不适合其目的。在大部分情况下,达到规格是质量的必要条件,而不是充分条件。因为,规格可能有缺点,可能不符合顾客的需要,甚至既有缺点又不符合顾客的需要。朱兰据此认为,教育质量管理就是鉴别学生的需求,以及制订满足这些需求的计划和措施。质量不仅要满足明确的需求,也要满足潜在的需求。根据朱兰的理论,教育管理就是不断地改进教育工作,以满足教育消费者的需要。

以朱兰的原则为基础,朱兰协会(Juran Institute)提供质量管理咨询服务,认为质量规划(Planning for quality)通常遵循七个步骤,这就是质量规

27

---

① "戴明环"又叫 PDCA 循环,是 Plan、Do、Check、Action 4 个单词首字母的缩写词,已被视为全面质量管理所应遵循的科学程序。全面质量管理活动,就是按照 PDCA 循环,不停顿地周而复始地运转的过程。

② 即 fitness for use of purpose。见:撒丽斯. 全面质量教育. 何瑞薇译. 上海:华东师范大学出版社,2005.53

划的"七程序"。其中,第一条就是鉴别顾客和目标市场,第二条是发现顾客中潜在的、未满足的需要。换言之,这是以顾客的需要为核心的质量规划程序。在高等教育质量运动中,这种程序奠定了顾客需要在价值等级中所处的核心地位,凸显了消费者需要在高等教育改革中的优先地位。

根据这样的理论,人们讨论教育中的质量时,就必须明确两个最基本的问题:第一,产品是什么。第二,谁是顾客。有人认为,与其将教育视为产品,不如将教育视为服务①。而一旦将教育视为服务,则如我们将要看到的那样,来自顾客或外力对教育的控制自然会步步提升,外力对教育的控制必然代替传统上的自律。这种新的管理范式带给教育观念的变化是全方位的。第一,将教育视为一种服务,这意味着教育的性质有了根本性的变化。第二,将学生、家长和社会视为教育的消费者或顾客,教育的使命就是满足他们的需要。第三,树立服务链意识(Service Chain),从服务的角度看待学校的一切工作,包括对内和对外的工作,形成服务学生和教学第一线的服务链。第四,强调学校内部也要建立一套质量体系,以持续地提高教育质量。

(三)注重对质量的预防而不是检查

戴明在质量管理方面的独特贡献之一,就在于强调了预防胜于治疗的主张。1982 年,他在《摆脱危机》一书中指出,用救火的办法来管理已经行不通了。管理重在预先策划,先行预测,如果不能未雨绸缪,在劣质产品已经出来才去控制,必然造成浪费。

当然,在克罗斯比的管理理论中,质量保证的预防模式得以真正确立。他最为著名的理论贡献体现在他提出的"质量是免费的"(Quality is Free)和"零缺陷管理"(Zero Defects)两个观念之中,而两个观念都以对质量问题的预防为前提。

克罗斯比在 1979 年首次出版的《质量免费》一书中,提出了"质量是免费的"这一观念。他认为,许多企业过低估计了低劣质量的成本。在大部分系统中,存在许多的浪费和无效劳动,在这些系统中,质量改进规划所节约的成本足以支付质量规划所需要的费用。

1957 年,克罗斯比在 Martin Marietta Co 任质量工程师(Quality Engineer)的时候,将"零缺陷管理"视为质量规划的目标。他认为,错误、失败、浪

---

① 撒丽斯.全面质量教育.何瑞薇译.上海:华东师范大学出版社,2005.26

费、拖延等行为,就是导致质量低劣的因素,而只要生产者愿意及时行动,这些因素是完全可以排除的。在西方教育学界,零缺陷管理有着相当多的回应。零缺陷管理意味着所有学生都能够在教育中获得成功,获得潜能的充分发挥。这一见解,与布鲁姆(B. S. Bloom,1913～1999)1968 年出版的掌握学习理论所说的"只要有合适的条件,几乎所有的学生都能学好"那种乐观主义学生观是相通的[1]。根据零缺陷管理,教育质量改进工作的目的就是设计适当的方式,为学生提供学习的条件,以确保零缺陷目标的实现。

当然,零缺陷管理概念是颇受争议的。这个概念似乎相信人们可以做到无错误地工作,似乎相信只存在一个质量标准,那就是完美。而朱兰、戴明等其他许多理论家,都不相信零缺陷管理是一个可以达到的目标。这些理论家认为,工作越接近零缺陷,去除错误就越困难。在服务业中,零缺陷管理的应用比它在制造业中更困难。这个目标在教育系统的阻抗因素也很多。尤其是,常模参照测验使零缺陷的目标成为不可能。而且,西方人普遍相信,犯错误是人的天性。面对这些阻抗因素,克罗斯比强调,零缺陷的含义并不是说错误从不发生,而是说,产品或程序中连可承受的错误也不要注入,一旦注入,则要在第一时间予以去除[2]。这就要求"第一次就把事情做好"[3]。这些争议,已使预防的重要性在克罗斯比的零缺陷管理理论中显露无遗。

与朱兰、戴明的理论所具有的哲学色彩形成对比的是,克罗斯比的质量保障模式是纯预防模式,是行动模式。他相信预防产生质量,而检验不能产生质量。他认为,通过预防而做到无错误地工作是完全可能的。"第一次就

29

---

[1] 针对学业成绩"正态分布"这种流行的传统学生观,1968 年,布鲁姆提出了掌握学习理论(Learning for Mastery),认为不只是精选的而是所有的学生都能够学习好,达到掌握的水平(All students, not just a select group, can learn and learn well)。教师的任务在于为此保证教学质量,为学生提供三项关键的学习条件:第一,清晰地传递学习上的期望;第二,在学生掌握的过程中提供及时反馈;第三,根据学生需要提供足够的时间和帮助。见:James W. Guthrie. Encyclopedia of Education. 2nd edition. MacMillan Reference Books,2002

[2] 原文是:"Zero defects" doesn't mean mistakes never happen, rather that there is no allowable number of errors built into a product or process and that you get it right first time.

[3] 即 Do it right at first time。

把事情做好"是克罗斯比"零缺陷"管理思想的核心,一经提出,就掀起了一个时代至上而下的质量改进运动。他据此提出的质量规划"14 步骤"①,对高等教育质量运动的开展很有影响。

(四)"全面质量管理"将教育质量运动推向高潮

20 世纪 50 年代,TQM 理论被从欧美介绍到日本后,为日本经济的腾飞发挥了重要的推动作用。20 世纪 70 年代后被重新引入欧美,在工商业中得到广泛应用,并被快速推广到教育等领域。当高等教育的质量问题又一次为人们所关注时,TQM 理论作为提高教育质量的新举措而被高等教育界的许多人士所倡导。虽然也有人提出过异议,但是,以强调质量、强调全员参与为主要内容的 TQM 理论还是被越来越多的人所接受。一些高校将全面质量管理理念引入高等教育质量管理,掀起了世界性的高等教育质量运动。

从关于质量的观念形态上看,全面质量管理作为一种新的管理范式(paradigm),其形成大致经历了三个阶段或三种范式,此前两个阶段分别是管理界对质量控制、质量保障的探索②。每个阶段或每种范式,在高等教育质量运动中都有所体现。

最早的质量观念是"质量控制",重视生产结束时检验和筛选有缺陷的产品,致力于去除产品中的问题。这种管理范式被称为"事后历程"(after the event process)。质量控制的主体通常是质量控制员或稽查员等质量专业人员,质量控制采用的最普遍的方法是检验或测试。这种方法在教育领域被广泛使用,以决定教育活动是否"达标"。1949 年,教育评价之父泰勒(Ralph W. Tyler,1902～1994)出版的 Basic Principles of Curriculum and Instruction 影响广泛。该书提出了著名的泰勒原理,而泰勒原理最为有名的 4 个问题,清楚地展示了检验为主的质量控制方法③。其中,第 4 个问题关于教学效果的评价,就是评价目标达成的情况,以校正无效活动。泰勒原理

① 撒丽斯. 全面质量教育. 何瑞薇译. 上海:华东师范大学出版社,2005.55～59
② 撒丽斯. 全面质量教育. 何瑞薇译. 上海:华东师范大学出版社,2005.23
③ 这 4 个问题分别是:(1) What educational purposes should the school seek to attain? (2) What educational experiences can be provided that are likely to attain these purposes? (3) How can these educational experiences be effectively organized? (4) How can we determine whether these purposes are being attained? 参见:James W. Guthrie. Encyclopedia of Education. 2nd edition. MacMillan Reference Books,2002

把教育评价看成对预定教育目标达成情况的检测，因此，通过检测确定目标与表现之间的吻合程度成为教育评价的主要功能。这是质量控制在教育领域的典型范式。后来，管理学界认为，这种质量管理范式可能带来废品和重复作业等相当多的浪费。

针对质量控制存在的浪费问题而提出的质量保障概念，重视生产一开始就预防缺陷的出现，质量被事先设计到程序中，以保障产品按预定的规格生产。质量保障就是生产无缺点、无缺陷产品的方法，它被称为一种"事前及事中的历程"（before and during the event process）。如上所述，按克罗斯比的观点，质量保障就是一开始就把事情做对，且一直做对，一直通向产品规格，做到"零缺陷"。质量保障的主体不再是稽查员等专业人员，而是生产者（如工人）的责任。质量保障的方法虽然包括了检验，但质量是由质量保障系统规定的程序来维持的。这种系统规定了生产依照什么标准，生产如何进行等程序，是预防模式。

全面质量管理吸收了质量保障的概念并加以延伸发展而成，它注重创造质量文化，持续改进质量。每个员工的目标都定位于让顾客欢欣（不只是满意，也不只是超乎顾客的期望）。在全面质量管理关于质量的定义中，顾客是最重要的。1982年，彼得斯与华特曼出版《追求卓越》一书，推广全面质量管理方法。这个方法就是，在顾客有需要的时候，以顾客期望的方式提供顾客想要获得的东西。这自然包括随着潮流的变化，满足顾客变化了的品位、需求与期望。

至此，质量管理三种范式的基本差异可以归纳如下。

表 1-2　质量管理三种范式的差异

范式名称	方法侧重	质量管理目标	质量责任的主体
质量控制	事后检查缺陷	减少浪费	质量控制员或稽查员
质量保障	预防缺陷	按规格零缺陷	生产者
全面质量管理	预防并改进质量	创造质量文化，使顾客欢欣	全体员工

TQM 原理在高等教育领域的运用，确实对西欧各国高等教育质量运动的实践，特别是评估实践产生了影响。评估经验的积累，导致决策者对评估的实际影响产生了兴趣，进而导致这个领域应用研究的增加和决策者资助

的大量论著的出版,尽管其中有些论著出自纯粹的好奇心①。这样,高等教育质量保证工作才逐步演变成为一场全球性的教育管理改革运动。现代经济、科技的飞速发展对高等教育提出了越来越多、越来越高的要求,政府与其他利益团体对提高高等教育质量也有着前所未有的热情。在高等教育作用巨大、经费短缺、面临严峻挑战、质量备受关注的情况下,将高等教育质量保证问题提上议事日程,将全面质量管理理论引入高等教育界,在西方各国都显得顺理成章了。围绕日益凸显的质量问题,西方高等教育领域开展了全面的改革。特别是20世纪80年代中期以后,各国纷纷构建"高等教育质量保障体系",具有相对独立性的高校质量保障外部评估机构也在各国备受青睐。在世界范围内兴起的这些改革措施,自然被称为高等教育质量运动或高等教育质量保障运动。

高等教育质量运动的主要内容,就是力图在高等教育内部相关范围内建立一套完备的质量保障体系,并在校外建立质量评估、认证机构,对校内质量保障体系的运作实施外部检查。在高等教育质量运动中,政府对高等教育的直接控制转变为间接的、"遥远"的控制,一些新的相对独立的中间机构得以形成,如西班牙的大学委员会和社会委员会、法国的国家评估委员会、英国的高等教育质量保障局、瑞典的高等教育质量保障局、芬兰的高等教育评估委员会、丹麦的高等教育评估中心等,虽然名称不尽相同,但是都具有在政府与高等教育之间发挥作用的中介、代理性质,具有相对独立的特点。对此,康内尔早已看到,在大多数国家,高等教育的空前普及及其所带来的问题,导致各种委员会的建立②。像20世纪六七十年代英国的罗宾斯委员会、美国的卡内基教学促进会、西德的科学委员会、日本的中央教育委员会等,都曾发表被许多国家广泛阅读的多种报告,推进了高等教育质量运动的发展。

对这场运动,虽然目前难于定义,但有关研究比较一致地看到,这场运动与高等教育问题、质量、改革、考评、认证、效益、绩效、问责等概念是紧密相连的,也是与外部力量控制高等教育内部事务的努力密切相关的。

---

① Don F. Westerheijden. Where are the quantum jumps in quality assurance. Developments of a decade of research on a heavy particle. Higher Education,1999(2):235

② 康内尔.二十世纪世界教育史.张法琨等译.北京:人民教育出版社,1990.766~767

第二节　高等教育质量运动的基本特征

高等教育质量运动发轫于欧美高等教育发达国家。20 世纪 80 年代以来,西方各国不约而同地兴起了高等教育质量运动,尽管高等教育质量保障活动基本处于"边争论,边保障"的状态,许多基本理论问题并没有达成共识,但在一浪高过一浪的各种社会力量的推动下,这场运动席卷全球,至今不见平息的迹象。由于这场运动复杂的背景和深广的影响,目前尚难以详细考察各国高等教育质量运动的全部特点,在此,仅就实践中的外力(非学术力量)对高等教育控制不断强化的特点作些归纳。

在高等教育质量运动中,许多改革举措都是校外力量强加给高等院校的。法国、德国主要通过政府制定法律条令,英国主要通过教育和科学部制定政策,美国则主要通过市场力量而实现对教学和科研的控制。各国的举措表明,高等教育质量运动已呈现出多方面的特征,主要是质量文化成为不同文化的共同语言,机构建设是质量运动的组织保证,理性批判促使质量运动走向成熟,市场机制引导质量信息广泛传播。

一、质量文化成为不同文化的共同语言

西方各国高等教育使用的语言各不相同,但在高等教育质量运动中却出现了一种"共同语言",那就是质量文化——高等教育质量成为各种文化共同关注的焦点,要求在高校内外都建立和完善全面质量管理体系,在质量保证的每一个环节上,都注重质量文化的培育,做到全员参与、人人在乎质量、事事讲究质量,使得高质量成为教师的教育理想,也成为学生的学习目标。日积月累,质量文化甚至被提升到追求卓越的大学精神的高度。

英国高等教育双轨制从 20 世纪 60 年代中期开始建立到 1991 年取消的过程,就是典型的建立质量文化的过程。从 20 世纪 60 年代中期开始,英国政府积极推动多科技术学院的发展,推行高等教育双轨制,即把高等教育分为大学和大学以外的高等教育机构两类。大学是自治的、获得特许的机构,称为独立自治部分。它们有学位授予权,经费由政府通过大学拨款委员会

拨给。大学以外的高等教育机构,以多科技术学院为主,被称为公共部分。它们由地方教育当局负责管理和提供经费,不具有学位授予权,而是从有权授予学位的大学聘请专家组成全国学位授予委员会(CNAA)授予学位。这样,高等教育质量保障出现了两种体制:大学的体制和其他学校的体制。大学自己负责制定学术标准和保障教育质量,并依靠所谓的"校外考官"(extern examiner)系统去保证学位质量的一致性。其他学校的学术标准和质量保证由全国学位授予委员会负责监督,以保证这些院校的学位和大学的学位具有可比性,质量具有可比性。

英国政府通过对学术标准的影响发展"质量文化"。1983 年 9 月,大学校长委员会(CVCP)①组织雷诺兹(Reynolds)委员会来研究监督大学学术质量与标准的程序和方法问题,并于 1986 年发表《大学学术标准》,确定大学校长委员会对大学的学术标准进行监督。

1987 年,英国政府发布高等教育白皮书,建议大学建立一套统一的学术标准审核体系,并要求全国学位授予委员会加强对多科技术学院和其他学院的质量审查。

1988 年,英国颁布教育改革法案,多科技术学院脱离地方教育当局,由中央直接管理;大学拨款委员会改为大学基金委员会(UFC)②、多科技术学院与其他学院基金委员会(PCFC);宣布将实施根据质量资助经费的政策。为监控教育过程,这个法案还设立了绩效指标。这些指标力图标明教育过程的效率(efficiency),实际上只是提供了学习质量与组织对顾客需求满足程度的一些基本标准。1991 年,英国政府颁布教育和科学部文件《高等教育新框架》,宣布废除高等教育自 20 世纪 60 年代中期开始实施的双轨制,对多科技术学院进行质量评估,将评估合格者升格为大学。这一年,大学校长委员会出版《高等教育的教学标准与卓越》一书,认为"每所大学都应该建立自己的全面质量管理系统",该书的副标题就是"发展质量文化"③。

34

---

① 即 The Committee of Vice-chancellors and Principals of the Universities of the United Kingdom。

② 即 Universities Funding Council。

③ Lewis Elton, Patricia Partington. Teaching Standards and Excellence in Higher Education: Developing a Culture for Quality. Sheffield(England): Committee of Vice-Chancellors and Principals of the Universities of the United Kingdom, 1991. p. 3

法国高等教育的质量文化是在法国高等教育政策频繁波动、学潮交织的广场文化中得以形成的。二战以前，法国在高等教育管理方面实行高度集中的统一管理。如前所述，二战以后，法国顺应国际国内形势的变化，开始修正其集权色彩，逐步增加地方教育行政机关的权限。从 1968 年法国议会颁布《高等教育方向指导法》(《富尔法》)，到 1981 年经议会批准颁布《萨瓦里法》，都为法国高等教育建立以外力控制为主的质量文化奠定了基础。

1989 年 7 月 10 日，法国通过《教育指导法》。该法的颁布迎来了新一轮的大学生数量扩大，从而产生了新的高等教育质量问题。当时，大学设施的改善相对缓慢，教师和学生的比率逐渐下降，高等教育系统仍保持着无筛选入学的大学和竞争严格的大学校两种机构并存的格局。虽然大学校的就业率很高，但只能接纳数量极少的优秀学生。所有持高中会考毕业文凭的青年都可不经任何考试进入大学学习，而昔日以培养研究人员和教师为主的大学，不能为如此众多的青年提供未来职业的保证，并且有近 3/4 的大学生在学习过程中被淘汰。特别是大量的来自中下层的子女，学业上遇到的困难较多，对毕业后的前途深感担忧，最终导致规模巨大的学潮。20 世纪 80 年代初，法国有 110 多万大学生，1995 年增至 200 多万，学生人数翻了一番，但教学设备、体制、方向及劳动市场并没有发生相应的变化，许多大学生毕业即失业，忧心忡忡的学生们期望通过抗议示威来争取比较理想的前途。他们认为，大学之间资源的不平等是成功机遇不平等的基本原因，据此，他们要求政府兑现应当拨给大学的款项，以改善办学条件。1995 年 10 月，秋季新学期刚开学，许多大学新生对学校的现状怒不可遏。里昂大学理学院的学生首先罢课，图卢兹、波尔多、巴黎、奥尔良、图尔等市的大学生纷纷响应，部分教师和高中生也加入到示威游行队伍中[①]。如果说 1968 年的动荡是激进的青年学生对保守过时的教育制度与颓废的社会风气的不满、抗争，那么，20 世纪 90 年代的学生运动所导致的社会动荡，则被一种对生存环境与前景的忧虑、恐惧所笼罩，是为防止现有的物质生活条件进一步恶化而进行的抗争。为了克服这种新的教育质量问题，在教育部的直接组织下，法国大学咨询会议于 1996 年 4 月提出关于大学改革的十大问题。对于那些改革计划，法国执政的多数派表示支持，但批评之声也不少，最终，那次改革随着

---

① 吴军民、齐耀铭.法国青少年的公民意识与公民教育.青年研究，2000(8)：44～45

大选的提前与右派政府的解体而破产。

法国教育政策制订者关注高等教育质量问题,特别重视也感觉压力更大的,却是其中的毕业生就业问题,这从近年来学潮的起因之中即可看出。对失业问题与个人前途的忧虑,成为转型期法国高等教育质量文化的一个鲜明主题。20 世纪 80 年代以来,法国政府加强了与学生团体的对话,学生团体也加强了与国民教育部的联系,这使学生与政府的关系时有改善与缓和。可是,法国人已经习惯上街头去表达他们的愿望,这个民族甚至被称为"广场上的法兰西",青年人更是如此。2006 年,法国政府推出新的劳工法案,引起抗议浪潮,大规模的学潮再度卷起,并很快蔓延到整个法国社会,以至法国最古老的索邦大学所在的巴黎拉丁区遭到军警严密封锁。

有人认为①,与 1968 年"富极无聊"、追求文化和政治理想主义的法国学潮相比,2006 年春天的这场抗议运动完全出于自私自利的动机——受前一年法国少数民族青年大骚乱驱动的新劳工法,旨在改善教育程度低下的下层青年的高失业率,而中产阶级下一代主流却将其看成对自己的莫大威胁。其实,1968 年的风潮是学生们要求政府改革教育体制而引发的,1995 年的学潮是为了改善高等学校的办学条件,而发生在 2006 年的那场学潮,则是学生反对政府改革引发的。前两次是为了获得更多的利益,而 2006 年那次则是为了保住既有的利益。

据学者实地调查,在法国,几乎所有被问及的学者都不怀疑 2006 年由学生运动起始的抗议运动的正常和正当性。其正常与正当性可以归纳为三个方面②:首先,人们大都承认改革就业政策的必要性,但是,政府为什么单单要拿年轻人来开刀? 其次,这个政策的出台,没有听取民意特别是作为重要利益人群体的青年的意见,决策过程少了公民参与这一环节,它的产生程序有问题。最后,十分关键的一点是,这个法案让雇主可以随意解雇职员而"不需要任何解释",这违背了劳动法(企业解雇签约员工需在事前正式通知本人并说明理由),涉及比就业率更大的人权问题。正是这样的正当性,才使得这次学潮以政府的让步而告终。

2007 年 5 月,尼古拉·萨科齐当选法国总统。在来自包括大学生在内

① 于时语.欧洲的改革迷惘.南风窗,2006(8):86
② 陈映芳.广场上的法兰西.读书,2006(8):53~54

的阵阵反对声和学潮风暴中,萨科齐的改革之路面临严峻考验。虽然教育并不是萨科齐赢得大选的关键,但萨科齐上台后立即兑现对大学改革的承诺,决定未来 5 年内增加 50％的大学经费,又在开学之际亲笔致信全国的中小学教师,呼吁重建学校。

法国的教育评估系统及其负载的质量文化在波动中不断完善,并形成了鲜明的特色。一是以整个教育系统为评估对象,把高等教育评价纳入其中,评价内容宽泛。二是依法成立国家评价委员会,直接对总统负责,政府无权干涉,以保证评估的独立性、公正性、客观性和权威性。三是评价方式多样化,包括自评、现场访问、实地考察、问卷调查、座谈会等。四是评价委员会的报告是保密的,但评估结果向社会公开,接受社会监督。

德国的保守文化对质量文化很有影响。针对保守文化,各州政府采取奖金的方式鼓励在质量保障方面作出努力的大学,基金会与雇主更是以外部评价与排行的结果来作为资助大学的参考。所以,在高等教育质量运动中,德国高等教育受到的外力控制也在增强,这一运动还是受到欧洲高等教育一体化进程影响的。由于德国大学在 20 世纪七八十年代以后同样遭受经费紧缺的困扰,大学对质量保障问题的态度直接影响到由政府、基金会和雇主所支持的财政分配。在这种情况下,德国高等教育的质量文化克服保守文化的干扰而获得了越来越多的活动空间。

二、机构建设是质量运动的组织保证

推进高等教育质量运动的机构,包括学校外部的质量保证体系和学校内部的质量保证体系两个方面。不同学校内部的质量保证体系之间差异较大,但一般都建有院校研究室之类的机构。特别值得关注的是,西方各国在高校之外,相继改造或重新成立了外部质量保证机构。如,美国南方院校协会的高校委员会(SACSCOC),美国新英格兰院校协会的高校委员会(NEASCCIHE),英国的高等教育质量保障局(QAA),法国的国家评估委员会(NEC),德国的德国认证委员会(German Accreditation Council),日本的日本大学认证协会(JUAA),澳大利亚的大学质量保证局(AUQA)等,这些机构多为民间组织,是基金会或有限公司,或归属大学团体,或谁也不归属,独立运作。这些外部质量保证机构,一般自称非政府的、非赢利的、非党派的和独立的,尽管独立的程度各不相同。这些机构的建立和完善,业已成为高等教育质量运动顺利推进的必不可少的组织保证。这是高等教育质量运动的又一个显著特点。

当然,这些质量保证机构是逐步建立和完善的,有的国家,特别是英国,高等教育质量保证机构的建立和完善过程还相当长久,其间充满着曲折。1919年,英国建立了大学拨款委员会(UGC)。作为中介组织,它主要是负责向政府提出大学需要经费的建议,把政府划拨的经费切块分给大学。英国政府则通过这个组织向大学提供经费,但不介入大学具体事务。大学教育质量的问题,主要由大学自己负责。

20世纪七八十年代,由于英国经济状况的恶化,政府在压缩高等教育经费的同时,要求高校提高质量和效率,力图通过对高等教育投资机构的改革加强质量控制。1990年,大学校长委员会设立学术监控部(AAU)开展对院校的评估,对大学质量保障制度的运行情况实施监控。为了有效地监督和控制高等教育质量,英国高等教育评估机构几经改革,并于1997年最终成立了高等教育质量保障局(QAA)①。由此,也推进了高等教育质量运动的发展。

1992年,英国大学校长委员会建立了高等教育质量委员会(HEQC),取代学术监控部(AAU),聘请资深学术人员对院校学术标准和质量管理展开同行评估,并将评估结果公开发布,以监控大学质量保障制度的运行情况。同年,公布《继续和高等教育法》,设立英格兰、苏格兰和威尔士高等教育基金委员会,以取代大学基金委员会、多科技术学院与其他基金委员会,同时,撤消了全国学位授予委员会。《继续和高等教育法》要求高等教育基金委员会对其投资的高等教育的质量进行学科层面的评估,为此,英格兰高等教育基金委员会(HEFCE)设立教学质量保障委员会(QAC),开始了教学质量评估工作。

从此,大学校长委员会和高等教育基金委员会建立了各自的高等教育评估体系,形成了两套高等教育质量控制系统。大学校长委员会是在院校层次上进行学术质量和标准的审查,称为学术质量审查。高等教育基金委员会在学科层次上进行教学质量评估,称为学科评估(1993年4月到1995年4月,学科评估的名称就是"教学质量评估")。两个评估机构进行的是不

---

① 即 the Quality Assurance Agency for Higher Education。

同层次的评估,评估的结果也有明显的差异,社会很难辨别不同学校的教学质量,同时,高校应对双重评估,负担很重。

高等教育质量保证机构的建设,保障了高等教育质量运动在改革中持续有序地向前推进,这在英国1997年成立的高等教育质量保障局(QAA)的具体活动中,体现得最为明显。1997年,大学校长委员会和高等教育基金委员会合作,成立了高等教育质量保障局(QAA),取代英格兰高等教育基金委员会的教学质量评估委员会(QAC)和大学校长委员会设立的高等教育质量委员会(HEQC),向英国高校提供质量保证服务。同年7月,QAA发表《迪尔英报告》(The Dearing Report),对高等教育质量局的成立表示肯定,并建议进一步强化其功能。此月开始,还出版了QAA报道评估进展情况的刊物《更高质量》(Higher Quality),每年2~3期,截至2009年3月,该刊12年来已出版29期,公布高等教育质量活动的最新消息和主要结论,各期内容全部免费向全球公开。

高等教育质量保障局的使命与初期活动,为英国高等教育质量保障运动的常规化奠定了坚实的基础。作为独立的团体,QAA由大学和学院的会费支持,与各地高等教育基金委员会等高教投资机构保持合同关系。QAA的使命是通过合理的高等教育资格标准来维护公众的利益,并激励高等教育质量管理的持续提高。QAA成立之后,试图设计一套统一的高等教育质量保证模式,但它认为有必要分别在院校层次和学科层次独立进行评估。因此,QAA继续完成大学校长委员会在院校层次上进行的学术质量审查和英格兰高等教育基金委员会进行的学科评估。院校层次的学术质量审查是对所有高等教育机构进行的质询,确定各校是否具有足够而有效的学术标准和质量管理程序。1991~1997年,大学校长委员会的高等教育质量委员会(HEQC)和其前身AAU已经对英国所有高校进行了一轮审查。QAA于1998~2002年进行了第二轮评估,名为"延续审查"。延续审查的目的是向学生、雇主等保证,高等院校具有有效的手段保障其所有课程项目和学位的质量。

除继续开展院校层面的学术质量审查之外,QAA还继续完成1993年开始进行的学科评估(即在学科层次进行的教学质量评估)。学科评估是英国在全国范围内开展的一次最大和最全面的评估活动,它致力于考核被评估学科的教学质量和学生的学习状况,重点是评估学生的学习状况和学业成绩。直到 2001 年,学科评估才被"院校审查"所取代。

法国在大学进行质量控制与评价是从国家评估委员会开始的。国家评估委员会 1984 年由法兰西共和国总统宣布正式设立,1985 年开始运作。该委员会对法国高等教育机构进行综合性的整体评估,并在此基础上提出建议,以提高其活动的有效性。该委员会由 15 名成员组成,由共和国总统提名。其中,9 名成员是学术机构的代表,其他成员来自大学高级理事会、审计法院和经济与社会理事会等机构。15 名成员的常设秘书处由教育部长提名,负责评估的后勤工作和数据收集过程。委员会应邀进行的评估主要有 3 种:院校制度的评估、学科评估、法国高等教育状况的总体评估。

法国还建立了世界上最早的教育督导制度。20 世纪 50 年代以来,法国教育督导制度在不断接受教育改革挑战的同时,朝着多元化和专业化的方向发展。1964 年,法国设置了地区教育督学,这是在大学区管理层次上出现的新的督导机构。它们与大学区督学一起,协助大学区总长对大学区范围内的教师进行督察评估。1965 年,设立了国家教育行政总督导,将原来分散的国民教育部内各部门的行政总督学统一在一个新的督导机构里。这些机构虽然不必深入课堂听课,但有权过问与教育环境有关的所有问题。此外,国家教育行政总督导还负有从行政和经济的角度对公立大学进行监督的职责。20 世纪七八十年代,法国对教育督导制度进行了改革和调整,如 1980 年法国公共教育总督学正式改名为国家教育总督学,并按专业组织督学工作小组。从 1984 年开始,国家教育行政总督学加强了对高等教育的宏观调研,同时总督学试行向社会招聘。1986 年实行教育管理体制改革后,地区督学开始在教师评估和管理中发挥主要作用,法国总督学则转向宏观评估和调研。

美国有各类院校认证机构近 20 家,其中主要的是 6 个地区的 8 家院校认证机构。这些机构一般得到美国教育部或高等教育认证委员会(CHEA)的认可,有的得到它们的共同认可,成为推进美国高等教育质量运动的组织保证。

澳大利亚政府于 1993~1995 年期间设立了高等教育质量保证委员会,作为校外的质量保证机构,这个机构的评估工作因受到很多批评而中断了。2000 年,澳大利亚教育、培训和青年事务部正式成立澳大利亚大学质量保证局(AUQA),每 5 年负责一次对各自认证的高等学校(self-accredited institutions)和各州的认证机构进行质量审核(quality audit),评价学校所作所为是否与其法定的宗旨与目的相符合。AUQA 不对大学排名或分组,其审核也不与公共教育经费挂钩,但审核报告在网站上发布。全球任何一位上网者,都可以免费获得 AUQA 从 2002 年以来任何一年的年度报告。

三、理性批判促使质量运动走向成熟

高等教育质量运动的绝大多数举措,几乎都会碰到反对的力量和批判的声音,这其中自然也包括运动主体的自我批判。这场运动正是在不断的批判和自我批判过程中,逐步规范化、逐步走向成熟的。

上述澳大利亚高等教育质量保证委员会的中断,及 AUQA 在 2000 年的最终成立并受到好评,可以说是理性批判的产物。英国也是这样,在阵阵批判和抱怨声中,英国高等教育质量运动饱经波折,却最终成立了高等教育质量保障局(QAA),举世闻名,堪称典范。

2001 年,英国高等教育质量保障局作出了一项极为重要的决定,那就是,用"院校审查"代替最有破坏性的管理制度——学科评估和院校评估长期并存带来的一系列问题。QAA 为推进英国高等教育质量运动发挥了重要作用,但也存在很多问题,如学科评估和院校评估两套评估机构合并后没有实质性变化,高等院校应对评估而增加了负担,评估结果缺乏信度等等。这些问题的存在,给 QAA 带来许多批评意见。在各种批评中,对学科评估的批评最为激烈。从 1993 年启动到 2001 年结束,学科评估历时 9 年,共进行了 2904 次实地考察,涵盖了英格兰高等教育基金委员会资助的 62 个学科领域(subject areas),发布 2904 个学科评估报告和 62 个学科领域的综合报告,培训了 98 名评估小组主持人(review chairs)和 5700 多名学科评估专家(subject specialists),被认为是英国高等教育领域中最大的单项人员培训项目[1]。大规模的评估,牵涉很多学术人员,耗费很多精力,评估结果却具有讽刺性,每个学科教学质量的总分数是 24 分,而所有参评的学科,平均得分为 21.6 分,成绩好的学科是 23～24 分,成绩差的也是 20～22 分,结论是大家的教学质量都很好。这不能不引起人们的疑问:花这么多的精力评估教学

---

① QAA. Learning from subject review 1993—2001. The Quality Assurance Agency for Higher Education,2003

质量意义何在。①

面对这样的结果，人们的确不能不怀疑教学评估的信度和效度。2001年1月，华威大学6名经济学教授在给《卫报》的信中指出，教学质量评估"可能是人类发明的最有破坏性和毁灭性的管理制度"。英国谢菲尔德哈莱姆大学教师 David Laughton 收集和分析了《泰晤士报高等教育副刊》(THES)2001年1～8月发表的各方面对学科评估的评论。这些评论认为，评估背离了英国学术文化的核心价值，增加了教育管理的成本负担，评估方法和结果的可靠性值得怀疑。据此，Laughton 对评估的基本前提提出了质疑，认为QAA 想象出的是一种军事化兼科层化的管理模式，那就是，老板告诉下属做什么，怎么做，下属被监督是否这样做了。这种方式作为管理一般事情的方式，已经过时了一个世纪，而作为管理教育事业的方式，它从来就没有什么意义。成功的组织有各种形式、规模和结构，但使得大学院系正常运转的，却是专业自豪感和在同行中表现出众的愿望②。

面对强烈的批评，2001年3月，英国教育大臣宣布，在英格兰即将进行的评估中学科评估将比原定计划减少40%。英格兰高等教育基金委员会、英国大学联合会及 QAA 等机构经过进一步讨论，认为只要高等院校内部质量保障机制能够有效地发挥作用，就没有必要再进行综合性的学科评估；公众的利益可以通过"院校审查"这样一个更加严格的评估体系来保障。

社会各界对评估有效性的怀疑和批评，积极地推进了2002年英国高等教育外部质量保障体制的变革。在2002年7月出版的《更高质量》第10期中，QAA 对高密度评估的必要性也提出了质疑。为此，QAA 开始设计新的院校审查方案，于2002年4月发布了新的院校审查手册草案。QAA 从2003年开始改革评估方法，采用"院校审查"代替延续审查和学科评估，并确定在2003～2005年对英国所有高等院校审查一遍，从2006年起6年循环一次。而且，QAA 还重新定义了自己的使命，明确地表示，QAA 的核心职能是，完善高标准的高等教育资格制度，激励高等教育质量管理的持续改进，

---

① 金顶兵.英国高等教育评估与质量保障机制：经验与启示.教育研究,2005(1)：76～81

② David Laughton. Why was the QAA Approach to Teaching Quality Assessment Rejected by Academics in UK HE. Assessment & Evaluation in Higher Education, 2003 (3)：309～321

从而维护公共利益。这不仅包括维护高质量的高等教育,而且也包括维护一个强大的、自治的、能够对大众化高等教育的挑战以其自己的方式作出回应的高等教育共同体。QAA 认识到,自己不是一个刺探者,而是核心学术价值以及学生和社会利益的共同的保护者①。

院校审查和此前的评估方法有着非常重要的区别。它最显著的特点是认为高等教育质量保障是院校自己的责任,因此,院校审查的重点不是直接评估高等学校的教育质量,而是评估高等学校内部质量保障机制的有效性,其结果分为全面信心、有限信心、没有信心三种。无论属于哪一种结果,都要公开发布。在承认高等教育质量保证属于高校自己的责任这一前提下,用"院校审查"代替"学科评估",实际上使高等院校受外力监控的机会更多,程度更强,在此基础上,承认高等教育自律的重要性。

法国独特的"广场文化",使法国的高等教育质量运动受到了来自实践领域的强烈批判。对于法国的社会、政治、文化和教育,世人有诸多隔膜和不解。"动不动就爱上街游行""浪漫而懒惰"的法国人,不仅招来了外国观察家们苛刻的批评,也让世界各国的老百姓难以理解。不仅学者,当今全世界的媒体受众,多多少少都知道了法国的不同寻常或不可思议之处:它有全世界最好的"从出生到死亡"的福利保障系统,但突然就爆发了一场下层青年的骚乱;法国的工薪劳动者一周只需工作 35 小时(每年还有 5 周带薪休假和 11 天法定节假日),而失业率达到 10%(其中 25 岁以下的失业率高达25%),可是政府的改革努力不仅遭到相关利益群体的强烈反对,甚至引发了全民性社会运动,最后政府只能妥协了事。当世界各国对法国人的选择发出种种质疑时,法国人也在表示不解:就业率比劳动者的基本人权更重要吗? 公民上街游行有什么不正常吗? 人们注意到,面对压力和困境,法国人谈论更多的,却是正义、公民的权利和责任、广场政治的正当性和必要性等另一些问题。有学者认为,这些现象可以被理解为以自由、平等、博爱为核心理念的法兰西精神,理解为它的立国原则。② 法国有它自己的问题与难题,它不能不思变革。但法国政府的每个决策,都可能受到国民的质疑和阻

---

① QAA. Higher Quality 13 (Annual Report 2002—2003). The Quality Assurance Agency,2003(10)

② 陈映芳. 广场上的法兰西. 读书,2006(8):55

击,政治家们必须在与民众对话之后再行其事。

这让我们看到了法国高等教育质量运动不得不面对的深厚的社会政治与民族文化根基,这样的政治与文化,带来了法国教育政策与法规的频繁波动。世人对法国高等教育的政策与行动感到不能理解,与世人对法国社会和法兰西民族性格中深藏的理性精神和理想主义情怀理解不够有关。而正是这样的精神和情怀,指引着法国高等教育质量运动走向成熟。

法国高等教育体制极为独特。法国政府规定,申请副教授和教授职称者必须具有博士学位,还必须分别具有5年和10年以上的教学经历,教授的聘书由总统签发,副教授聘书由教育部长签发。法国政府还规定,大学教师均为国家公务员,其工资由国家财政负担。国家每年张榜公布该年度需聘任的教授、副教授的数量,由众多申请者竞聘。国家教育部设专门的职称评定委员会,对申请者进行评审,排出顺序,供各校聘任。在这种高度集中的权力体制之下,法国高等教育政策的频繁变化、教育质量、毕业生就业压力与学潮风暴等问题备受关注,使得法国高等教育质量运动呈现在波动中成熟的特征。

通过来自实践领域的批判,法国高等教育质量运动沿着欧洲一体化进程、创新体系建设、强化与外部力量的联系等方向而深化。1998年5月25日,巴黎大学创建800周年之际,法国及英国、德国、意大利四国教育部长联合发表声明,表示将加强四国大学学生和教师的交流,促成大学课程和文凭的对等与协调。当时的法国总理若斯潘在巴黎大学创建800周年纪念会上的讲话中,对此表示赞赏。同一个月,法国高等教育改革委员会主席阿达利先生向教育部长阿莱格尔提交了题为"构建欧洲高等教育模式"的报告,提出了法国高等教育面向21世纪的改革思路。这份报告将学生的地位、高等教育为学生就业做准备的功用提到最为重要的高度,要求高等院校"应当保证所有大学生在离开高等教育时都具备具有职业价值的文凭"①。1999年7月12日,法国颁布了《创新与研究法》。该法在科研人员流动、科研机构与企业合作、创新型企业的投资环境和创新型企业的法律保障等四个方面作出明确规定②,成为新的发展方向。

---

① 王晓辉.20世纪法国高等教育发展回眸.高等教育研究,2000(2):94
② 王晓辉.20世纪法国高等教育发展回眸.高等教育研究,2000(2):95~96

基于学者自律的考虑,德国大学对雇主、政府以及社会给予它们有关质量的要求与压力显得极不情愿,德国高等教育质量运动就是在对"保守文化"的强烈批判中展开的。德国大学是学术自由、研究自由的首倡者,对外部评价的作用不是很重视。在德国,教育长期得到尊重,高等教育具有较强的学术性,对社会发展变化的反应较为迟钝。对于数量扩充引起的教育质量下降问题,德国高等教育界的反应不如美国迅速。德国在注重大学质量保障的同时,对"质量"的理解存在很多分歧。德国教育界固有的传统以及对"质量"含义的"争吵不休",使得它们对新的管理哲学(如 TQM)在大学中的应用显得较为保守。在有的德国人看来,对教育来说,平等就是质量,普及就是质量。而且,质量是学术团体义不容辞的责任,德国典型的研究性大学的质量是值得信任的①。

从大学质量外部评价的内容来看,保守文化的作用,使德国高等教育质量运动的侧重点显示着一些独特的个性。外部评价由州教育行政部门在教授资格、科研与科研人员、学位的授予及教学大纲方面制定标准,由民间机构进行评价,州只负责督促大学要具备质量保障的措施,质量保障的责任则完全留给了学校。因为受传统观念的影响,德国的公众对高等教育及其内隐性的质量保证途径是充满信心的。对于大学的质量,公众关注的并不是学校本身,而是其毕业生的质量。在公众眼里或在高等教育界的认识中,研究型大学毕业生的质量确实保持着较高的信度。在大学的教学与科研形式方面,德国采取的是以主讲教授为主的讲座形式,所以德国大学外部评审的主要内容之一,就是对教授资格的评审。作为国家服务人员,教授由大学来选择,其任命权却属于州教育主管部门。拥有教授资格才正式拥有教学的权利,而且,工程技术学院的教授也必须具有研究型大学的博士学位。德国大学外部对科研的评价已趋于制度化:由来自各个学科领域德高望重的专家组成同行小组来评价科研项目计划及单位,并以评价的结果来决定科研资金的分配。

四、市场机制引导质量信息广泛传播

在高等教育质量运动推进过程中,不仅对高等教育质量的专业评价运

---

① 吴文刚、李文兵.美德两国高等教育质量保障运动的比较.高教论坛,2003(2)

用了市场机制，而且，大学排行等公众评价方式，更是对市场机制的直接运用，市场机制已经成为向公众传递办学质量信息的主要渠道。

美国高等教育质量运动，就是在"市场文化"中推进的典型。高等教育质量运动的理论诱因是以全过程质量控制和全员参与为主要内容的全面质量管理理论（TQM）。如前所述，这种理论是以市场为导向的，其奠基者是美国人，但它首先在日本企业界而非欧美企业界得到应用，当然在日本也迟迟未能在大学中得到应用。它在欧美各国企业界得到广泛应用，产生巨大效益之后，在教育界迅速发展，且据此掀起了国际范围内的高等教育质量运动。曾任美国高等教育联合会①副理事长的马尔切斯指出，20 世纪 80 年代，一些学校开始了 TQM 的尝试，在 1991～1992 年，美国教育界掀起了TQM 热潮，1993 年几乎很难找到与尝试 TQM 无关的高校了。②

对社会需求的变化反应敏锐，在课程、专业、教材以及其他方面及时作出调整以适应社会的变化，这是美国高等教育的传统。在美国高教界，有人认为外部干预可能会影响大学的自主办学和学术自由，更多的人却认为，社会需要的也就是高校必须要做的，即社会需要高质量的人才，大学就必须进行教育质量的保证与提高。当然，他们并没有完全忽略学术自由的原则，他们为此强调参与评价的自愿性和评价组织的民间性，并认为这是为了保证大学的自主权和学术自由。美国坚持官方不参与大学质量的外部评价，但是，美国联邦教育管理部门开始行使诸如制订评审原则、对外部评价机构进行评议以及公布具有评审资格机构的名单等权力，以此保证评审机构的权威性。毫无疑问，通过这些权力的行使，美国官方其实在加强对高等学校及其质量的控制（尽管这种控制可能是间接的或微弱的）。在美国，各州的情况差异很大，但一般都开展了高等教育认证（accreditation），只评合格与否，而不评优秀与否。在高等教育质量运动中，美国高等教育受市场控制的范围相当宽。尽管质量认证所作的只是合格评估，但却保证了高等教育质量的底线。

市场机制对高等教育质量信息的传递，在西方各国大学排行及其逐步受到公众重视的过程中，有着明显的体现。大学排行指根据高等教育质量

---

① 即：American Association for Higher Education
② Marchese, Ted. A Time for Ideas. Change, 1993, 25(3):10～13

的划分标准,以某种理念为指导,采用定量为主的方法,对有关高校的质量水平进行综合或单项评估,并排出名次或等级的一种社会评估方式,又称大学排名。

对大学定量评价并排名始于美国,美国是最早发布大学排名的国家。如今的美国,主要有《美国新闻与世界报道周刊》(即 US News & World Report,简称为"美新杂志")、The Gourman Report、Business Week、Money Magazine、Princeton Review's Best 311 Colleges、Research-Doctorate Programs in the United States、Continuity and Change、Science Watch 等推出的定期与不定期的各种排名。

1983 年,美新杂志率先推出全美大学排名,每两年对美国最好的大学进行一次评价和排序,从 1987 年起改为每年一次。随后,英国、加拿大、德国、日本等国也出现了大学排行榜。但是,西方各主要发达国家的大学评价并不以美国的体系和方法为标准,而是针对本国国情,研究出符合本国实际的大学排名。

在英国,《泰晤士报》和《泰晤士高等教育副刊》于 1986 年推出英国大学排名。英国大学排名通常选用的指标为:入学标准、学生与教师的比率、获得哲学博士学位的教师数量、图书馆经费、政府对研究的资助、合同研究、毕业生就业率、研究生占学生总数的百分比、外国留学生占全部学生数量的百分比等。以上指标每年作相应调整。

在德国,《明镜》周刊于 1989 年末首次公布大学排名。《明镜》的方法是先对德国各大学按专业如数学、物理、化学、经济、教育、法学等评分,然后将各专业的得分相加形成总得分,最后按总得分排名。

加拿大《麦克林》杂志自 1991 年起每年都对大学排名。《麦克林》确定的评价指标通常是:学生概况、课堂情况、师资状况、财务状况、图书馆、学校声誉等。《麦克林》将所有被排名的大学分为 3 类:含医学院、博士研究所类大学,综合性大学,四年制大学。评价结果按这 3 类分别排名。

在日本,《钻石周刊》有选择地调查了日本 100 所大学后,于 1993 年公布了日本大学排名。俄罗斯、澳大利亚等国的媒体近来也以各不相同的评价指标发布了本国的大学排名。《亚洲周刊》推出亚太地区最优秀大学的排行榜。国际教师协会曾评出世界十佳大学。

国际间大学的综合评价现在还较少见。但像商学院等专业性的国际或地区最佳排名倒有不少媒体在做,如德国的 MANAGER MAGAZIN 就推出了德语地区的 MBA 和商学院排名,《商业周刊》《金钱》《金融时报》等也经常进行商学院和 MBA 的国际排名。

第三节　高等教育质量运动的深刻影响

随着高等教育质量运动的推进,考评似乎成为一些高校保证质量的法宝,考评文化也趋于繁荣和成熟。高等教育质量运动的核心产物,就是各种评估形成的考评文化。考评文化的巨大力量,集中展示了社会对高等教育质量的热切关注,显示了高等教育质量运动的深刻影响。

1980 年以来,对大学的评价越来越多,对教授的考核不断增加,大学内外出现了市场型评价、第三者评价、测定型评价等多种评价形式并存的局面,考评文化在全球快速拓展。从大学自治的角度或教学自由的原则来看,大学评价是一种外在不当力量的介入,在大学内部反对评价的呼声很高,"这在美国、欧洲乃至日本都普遍存在"①。然而,实践的脚步却不以反对者的意愿为转移。

1998 年 10 月,世界高等教育大会通过了《世界高等教育宣言》《高等教育改革与发展的优先行动框架》两个重要文件,高等教育质量评估在这两个重要文件中都得到充分的肯定。前一个文件第三部分首先讲的就是质量评估,强调如下方面。第一,校内评估与校外评审对于教育质量至关重要;第二,校外评审由独立的专家组主持,公开进行;第三,如果可能,邀请国际专家参与;第四,建立独立的全国性评估机构;第五,采用获得国际承认的、具有国际可比性的国际质量标准;第六,高等教育利益攸关者均应参与院校评估。后一个文件则提出,确保高等教育达到具有国际声望的高质量,使社会绩效责任和校内外评估正常运作,应定为高等学校予以优先考虑的行动。这些要求及其获得公认,标志着考评文化在西方乃至在全球高等教育界的成熟。

---

① 李守福.论大学评价的价值取向.比较教育研究,2005(12):59

无疑,高等教育质量运动打造了全球范围的考评文化,这种文化带来的最为明显的后果,就是它对西方高校的教学、科研、服务等学术活动越来越强大的影响。

一、大学排行成为传递质量信息的重要渠道

作为高等教育质量运动的产物,大学排名一经出现,便以社会评估特有的影响力广泛地影响着公众对高等教育质量的关注,对高等教育质量运动起到了推波助澜的作用,它也因此遭遇到广泛的争议甚至怀疑。怀疑的主要原因,一是每种排名所用的指标有所不同,二是相同的指标在不同的排名中被分配的权重往往也不相同。尽管如此,强烈的争议本身就说明,人们越来越在乎排名的结果了。在阵阵争议声中,大学排名越来越变成一股影响西方国家高等学校的巨大潮流。英格兰高等教育拨款委员会(Higher Education Funding Council for England,即 HEFCE)这样的官方机构,也不得不专门考察研究《泰晤士报》《星期日晤士报》《卫报》等各大媒体的大学排行榜,以期这些排名结果对今后的拨款具有参考价值[1]。

笔者以"Guide to College"为题,到 Amazon. com 网页检索,竟有 12671 条结果。五花八门的大学排名或指南对大学或介绍或排行,如《彼德生指南》(Peterson's Guide)、《普林斯顿评论》(Princeton Review)、《商业周刊》(Business Week)、《费斯克大学指南》(The Fiske Guide to Colleges)、《巴伦美国大学简介》(Barron's Profile of American Colleges)等,这些出版物的业务,不仅是一桩桩一本万利的生意,而且成为高等教育质量运动具有强大影响力的表现。美新杂志的大学排行,就是持续时间长、影响力较大、最为知名的一种。

在教育评价领域,排名原本不过是公众评价的一种方式,并不具有同行评议的权威性,更不可能有专业评价那种信度、效度。但如今,大学排名已开发成一个巨大的产业。研究者已看到,它的火爆程度,绝不亚于《福布斯》杂志为公司排名、《人物》杂志评选50个最漂亮的人、《体育画报》每年一期的泳装美女等商业化排名成功的先例。美新杂志每年的排名专号要超过正常发行量的40%,再加上出版每年一册的大学指南和美新杂志排名网页800

---

① Donald MacLeod. Funding council to investigate university league tables. The Guardian (Unlimited),2007－04－19

多万的年点击率,这份杂志实在是财源滚滚,商机无限。①

1983年,美新杂志第一次推出大学排名时,根本没有当成件大事来办。杂志只是粗略地将大学分为全国性大学和地区性大学,然后向大学校长们发出问卷,让他们选出他们心目中的5所最佳大学。这种以名声为依据的排名,被当时斯坦福大学校长唐纳德·肯尼迪讥讽为大学的选美比赛,与质量高下毫不相干。可出乎意料的是,那期杂志的销量好得出奇。于是,美新杂志欲罢不能,于1985、1987两年都推出了大学排行榜。

1988年,美新杂志终于认识到大学排名背后所蕴藏的无限商机。杂志老板朱克曼将华盛顿赫赫有名的记者麦尔·艾尔芬从《新闻周刊》请到美新杂志主持大学排名,开始对大学排名进行"科学化"的包装:设定若干个指标,使美新杂志的大学排行榜后面,跟着密密麻麻的统计数据,看上去比许多科学数据还要复杂,学生家长似乎找不到什么理由不相信它。《费斯克大学指南》对大学的学术、社交和生活质量等3方面进行5颗星级的评定;《巴伦美国大学简介》根据新生入学成绩将大学分为录取最严格、相当严格、不严格和开门录取4个等级,这类定性式的指标只是根据某个方面的状况将大学进行归类,显得没有什么神秘性。而美新杂志将排名包装成"科学"后,一般人就不那么容易看出它的不科学了。美新杂志参考卡内基高等教育机构分类标准,将高等教育机构由10类简化为5类排序(不同的年份分类略有变化)。它们是:全国性大学或学院,全国性文理学院或大学,地区性大学,地区性文理学院或大学及专业学院。其中,对美国的全国性大学或学院及全国性文理学院或大学的评价和排序的评价指标体系分为一级指标和二级指标。一级指标共7项,包括学术声誉、学生保持率、教授资源、学生选择、经费资源、校友赠予和毕业率等。二级指标共18项,包括学术声誉、毕业率排序、新生保持率、预期毕业率、实际毕业率、预期毕业率与实际毕业率之间的差值、教授资源排序、低于20人上课小班的比例、50人及多于50人上课大班的比例、生师比、全职教授的比例、选择性排序、新生SAT/ACT成绩、新生在高中的学业成绩居班上前10名的比例、录取率、经费资源排序、校友赠予排序和校友赠予所占比例等。

对于如此这般的排名,大学的教授和管理人员只把它当做茶余饭后的

---

① 程星.细读美国大学.北京:商务印书馆,2004.101

笑料而已，他们以为，大众早晚也会明白其中的荒唐。但没过多久他们就笑不出来了。他们根本没有料到，大众会如此看重美新杂志的排名。由于它的调查过程显得"科学严谨"，因此，每到杂志出版当年的大学排行榜之时，望子成龙的家长们总会把杂志抢购一空。

如今，对于排行榜，一般的大学都是不敢不加理睬的。一方面，对美新杂志给它排定的名次满意的大学，往往会在网页的首页用最大号字体写出：今年美新杂志排名第 X 名！而另一方面，1988 年以来美新杂志大学排名的成功，却给许多大学校长带来焦虑。每年夏天，许多大学校长和管理人员就像等待高考发榜的高中生那样，紧张地期待着 9 月份公布的排行榜。排行榜扰乱了学校发展的整体规划，校长们却不得不被它牵着鼻子走，对这个排行榜恨得咬牙切齿，也不敢对其要求有任何违抗，以免生源与排名之间出现恶性循环。因为，这个排行榜左右着无数考生的视线，当一所学校的排名有所下降，它秋季收到的申请就会急剧下降，而生源下降的直接结果就是新生质量下降，由此又直接影响到次年排名的升降。新生质量是美新杂志为大学排名的一项重要指标，占到排名综合指标 15％的权重。有趣的是，美新杂志大学排名所采用的数据，绝大多数是学校自己提供的（尽管也从教育部公布的数据中获益）。为了满足美新杂志排名的数据要求，许多大学不得不花高薪聘用既懂教育学又能做教育统计分析的专门人才，主持其院校研究室（office of institutional research）的工作，并为之配备研究助理。这个办公室每年的运作经费足以雇用 2～3 名终身教授。1999 年，霍巴与威廉史密斯学院（Hobart and William Smith College）开除第一副院长，就是因为她没有及时将新的数据提供给美新杂志，从而导致该学院的排名下滑。为了应付排名，有的校长每年都要找院校研究室召开数次专门会议，让办公室全体同仁倾力以赴，投入攻关。尽管在报表中不撒谎，尽管基本没有越出道德底线（这可能与美国社会生活中较为普遍的诚信原则和诚信机制有关），但却费尽心机在数据上下功夫。具体如何操作，近乎商业机密，几乎可以申请专利①。

二、办学活动日益由大学评价主导

对高等学校展开的各种评估（价），作为高等教育质量运动的重要活动，

① 程星. 细读美国大学. 北京：商务印书馆，2004. 101～107

这些年在西方各国都很盛行。如果说大学排行还只是专业人士并不相信的"公众评价",那么,高等教育质量运动中的许多评估,则是由不得专业人士不相信的专业性工作了。许多评估直指高校内部的具体活动,对大学的影响不只是导向,而是更为直接地左右着高等教育的管理者和教育者的活动。

对大学的评价并不是一种新生事物。从大学发展的历史来考察,可以说大学评价活动是伴随着大学的产生而产生、伴随着大学的发展而发展的。李守福先生根据大学经历的发展阶段,将大学评价的发展作了相应的阶段划分①,我们能从中看到大学评价在转型期前后的不同影响和不同特点。

(一)大学评价早期发展的单一性,初具影响

大学评价的第一阶段,以通过资格认定、获得大学设置权为主要特征。在欧洲中世纪大学产生之初,大学一词的拉丁语义是"行会""社团""公会"的意思,即教师或学生组成的社团。从这个意义上讲,大学和其他社团的性质没什么区别。大学作为社团,其成立也首先需要获得国王或者教会的认可。在那个知识和科学成为宗教奴仆的黑暗时代,大学为了生存与发展,就不得不求助于国王或教会,而国王和教会以及地方割据从发展自身势力的目的出发,也需要对大学予以扶持。大学在申请资格认证之际,必须努力证明自身的活动是符合认可条件的,有时候国王或教会还会派人到大学进行实地考察。大学获得这种特许权,就标志着具有了相应的办学凭证和条件,具有了授予教授的资格,进而赢得了自身生存与发展的外在条件。可以说,这种认可或者执照获得的本身,就是一种最古老的资格认定型的评价活动。这一阶段的评价,其主体是权力机关,标准是绝对的,目的是维持大学的设置标准。

大学评价的第二个发展阶段,以拒绝外部评价为主要特征。此阶段在近代大学产生之后,对此欧洲大陆和美国又有截然不同的表现。近代大学出现的标志是柏林大学的创立及其所倡导的"学术自由"和"大学自治"理念,认为学术研究和教学活动质量的提高是大学自身的事情,为此大学应该享有自治权。换言之,大学只有获得了自治权,才能保障和促进科研与教学质量的提高。所以,近代大学的理念是拒绝外部评价的。但实际上,在当时的德国,国家对大学教师的聘用、讲座的设置等方面,都拥有相当大的权力。

---

① 李守福.论大学评价的价值取向.比较教育研究,2005(12)

特别是到 19 世纪后期,德国政府加强了对大学和教师信息的收集,分析大学的效益,以确定投资的具体对象和额度。所以,尽管当时还没有出现大学评价这个术语,但是大学评价确实是在隐蔽而实实在在地进行着。评价的主体依然是政府,尺度则是相对的,目的是提高办学效益。

在美国,国家和大学的关系与德国不同。根据美国宪法,教育的管理权在州政府。随着资本主义市场经济的发展,州与州之间的人际交流日益频繁,规模也越来越大。在这种形势下,各州之间迫切需要建立一种衡量教育质量水平的共同标准。于是,大学逐渐结成了一种跨州的全国性的团体组织,开始实行一种资格认定制度,即对加盟该团体的大学质量水平进行必要的审查,只有达到相应标准,才能获得会员资格。但在其后的发展过程中,这种制度逐渐走向以内在标准取代外在标准,与判定合格与否相比,它更加注重大学内部改革的道路。这种评价制度的特征之一,是评价主体乃大学自治组织而非政府;特征之二,是在评价标准、目的的设定过程中将着眼点放在大学的改革发展上。评价标准明确、评价结果公开、评价定期进行,这些特点使得美国这种资格认可型的大学评价活动逐渐成为了大学自我完善的必要程序,同时由于能和外部评价有机地结合起来,又使其成为推动大学教育改革的一种手段。

(二)转型期大学评价呈现多样性,影响深广

20 世纪 80 年代以后,大学评价活动已经进入了第三阶段,以评价形式的多样化为特征。从大学评价的主体看,有以政府、大学团体组织为主体的评价,也有以第三者为主体的评价。在评价的目的上,有以赢利为目的的评价,也有以教育资源配置或者促进大学改革以提高办学效益为目的的评价,将评价作为提高整个高等教育乃至各校教学科研质量手段的倾向十分明显。在评价指标体系方面,不仅重视对大学教育目标达成度的评价,而且还要审视教育目的自身的合理性。各种各样的评价的产生与存在,已使西方大学处于评价的包围之中。

市场型评价、第三者评价和测定型评价,都能体现评价形式的多样性。随着社会、家庭对大学信息需求量的增大,传媒捕捉到这个商机,开始有针对性地向社会提供大学的有关信息,其中就包含着对大学的评价,这属于市场型评价。许多国家都出版了面向广大考生的介绍大学的出版物。如前所述,《美国新闻与世界报道》、《新闻周刊》、德国的 Stern 特辑、日本的《钻石周

刊》、《亚洲周刊》等，大多都包含对大学的评价。第三者评价既不是政府直接对大学进行的行政型评价，也不是由大学团体组织进行的资格认定型评价，而是由相对独立于政府和大学之外的"第三者"作为主体进行的评价。这种评价机构的评价活动虽然不受政府的直接干预或者领导，但大多是依据政府有关政策设置的，其活动经费也大都是靠公共资源支撑。例如英国的高等教育质量保障局，法国在1984年根据修改后的《高等教育法》成立的大学评估委员会（NEC），德国则在1998年修改联邦大学大纲法中明文规定，实施大学评价，结果公开，并设置了相应的机构。同市场型评价、第三者评价这两种对大学整体进行的评价相比，测定型评价更注重教育活动实际上对学生产生了怎样的影响，并对此加以测定。这种评价模式在美国比较流行，代表之一就是政府对大学教育目标实现度进行评定，并将评定结果同补助金制度结合起来。

当然，大学评价远不止以上三种。比如，以测定大学教育效果为中心的大学自我改革运动中的评价，也在美国开展起来。而且，随着时间的变化，各国开展的评价类型也在变化。这在日本较为典型。有研究看到①，高等教育的大众化、普及化和消费主义倾向，已使日本的大学评价呈现繁荣之势。日本的大学评价，在战后很长一段时间里，主要由政府对新增设大学（或院系、专业）实施审批调查，或不定期核查，并未形成专门的制度。它作为一个重大课题受到重视始于20世纪80年代。高等教育大众化之后，尤其是近30年来，社会各界对大学及其教师的评头论足更是特别多，也特别严厉。一些经济情报类书刊、广播媒体、经营高考补习的从业者，更是常把大学录取分数线、毕业生就业率等作为标准来对全国大学进行排名。1986年4月，日本总理大臣的教育顾问机构——临时教育审议会，正式要求各大学在教学研究和对社会贡献等方面，必须不断地进行自我检查和评估，同时，还要求一些大学团体发展各大学成员之间相互评价。1989年，大学审议会应运而生，并于1991年2月发表了题为《关于大学教育的改善》的改革方案，重点谈到建立大学评价制度的问题，并提出参考美国的大学质量评价制度的建设性意见。

1991年6月，大学评价在日本被纳入制度化轨道，并大规模地付诸实

---

① 丁妍.日本大学评价制度建立的背景、现状及问题的研究.复旦教育论坛,2003(5)

施。当时,文部省全面修订了 1956 年制定的大学设置基准。这次修订被认为是战后日本仿效美国模式建立新制大学以来,最具有划时代意义的一次大学改革。

1999 年,日本文部省对大学设置基准再次加以修订。与 1991 年颁布的大学设置基准比较,此次修订进一步强化了对大学的评估要求,要求所有大学必须执行大学自我评价,公开自我评价结果。而且,对大学自我评价的结果,要求尽可能再由第三者进行检验。为了加强控制,大学审议会还建议设立"第三者评价机关"。2000 年 3 月,日本国会正式通过了批准设立"第三者评价机关"的议案。该组织的正式运作,标志着大学评价在日本的制度化。至此,日本大学评价在政策层面大致经历了五个阶段的变化,即尽力实施自我评价、必须实施自我评价、必须公开自我评价结果、尽力接受第三者评价、必须接受第三者评价[1]。

三、市场和准市场共同强化高校的考评文化

高等教育质量运动的深刻影响还表现为,它通过市场、准市场等多种方式打造的考评文化几乎对高等教育的所有方面都产生了影响。

在欧洲,1992 年欧盟市场的统一掀起了进一步整合社会行动的浪潮,市场对非市场力量的依赖很强烈。这种情况也反映在教育哲学中。直到 1996 年,市场影响在欧洲仍然是相对弱小的因素,各国政府也不喜欢高等教育市场化及其对高等教育质量、高等教育地位的潜在影响等理念。那时,市场机制不是控制欧洲高等教育的主要因素,而仅仅是在资助基于大学的科研项目时得以体现。同时,欧洲还没有意识到公众信任对于大学生活的重要性,政府和院校都不认为公众信任应该对政策和行动产生直接的影响。因而,有关公众信任的讨论很少。这显然和美国不同。在美国,1996 年,公众信任问题的讨论仍然是院校生活和院校自治的中心议题,人们花费大量的时间、精力在思考如何创建和保持社会系统的信任机制。有学者看到,高等院校失去了社会的信任是要付出代价的,而且,没有什么比这种代价更能威胁美

55

---

[1] 丁妍.日本大学评价制度建立的背景、现状及问题的研究.复旦教育论坛,2003(5)

国的教育者了①。

1998 年,欧洲高等教育区②的观念在"索邦宣言"(Sorbonne Declaration)中还没有确定,但在 1999 年的"博洛尼亚宣言"中③,却被 29 个国家所认可,它微妙地平衡了市场与非市场力量的关系。这种情况以英国为典型。英国政府把高等教育交付给"准市场"而不是市场。在准市场机制中,消费者的选择和生产者的竞争被引入国家资助过程中,高等教育主要出售两种产品:一是学生所需要的学位课程,二是企业政策制定者和社会部门所需要的研究成果。准市场的本意是要抵消商业市场的压力,但其目的在于降低成本,增加收益,就像真正的市场对生产的要求那样。

随之而来的,是一种"新管理主义"或"新泰罗主义"的考评文化。"20 世纪 80 年代,我们见证了这种现象极其快速的拓展,这就是众所周知的'考核社会'或'考核爆炸',其目的旨在加强国家资助的组织如医院、中小学和大学的透明度和责任制。"④从制度本身来看,以考核为基础的制度取代以信任为基础的制度,是现代大学制度建设的进步,有助于作为准市场的大学体制的重构。当大学自治和学者自律的机制遭遇破坏时,惯常的办法也是用外部的规章制度和业绩考核来重建公众对大学的信任。对教授权威的质疑,就有理由让教授们的行为暴露于考评文化之中。到 20 世纪 90 年代初期,英国的大学经历了名副其实的全方位监督、审核与评估。随着欧洲一体化的形成,新的考核文化在经济和社会发展中逐步获得了中心位置。

公共资金的准市场分配机制,很容易与"私人"市场相应的私人资金的分配相结合。私人资金包括两个方面,与上述高等教育出售的两种主要产品相对应:一是学生购买学位及其课程的资金,学生的选择决定学校能否获得学费收入;二是私人部门购买研究成果的资金,这些部门的选择决定大学的研究能否获得相应的赞助。以前,大学从私人(部门)获取资源依靠市场竞争的能力,而如今,准市场与市场两种机制的结合,将政府对大学的资助

① Martin Trow. Trust, Markets and Accountability in Higher Education: A Comparative Perspective. Higher Education Policy, 1996(4):309~324

② 即 European Higher Education Area。

③ 即 The Bologna Declaration, 全称"Joint Declaration of the European Ministers of Education Convened in Bologna on 19 June 1999"。

④ 贝尔特等.重围之下的大学.大学(研究与评价),2007(2):70

也交付市场来运行,大学获取公共资源也得依靠市场竞争能力了,市场竞争能力对大学获取资金的机会变得空前重要起来。作为生产者的大学,就必须想方设法在考评中获得好的成绩,以吸引那些作为消费者的学生和赞助者。不难看出,对于考评文化的形成来说,准市场机制与市场机制具有同等的效果。

在很多时候,高等教育质量运动都是以评价、评估、排名等方式展开的,在提高办学效益等名义之下,目前各国通行的做法,就是加强对学校和教师的评估。学生评教的逐步采用,就表现出市场因素和非市场因素对考评文化的强化,也是教学过程这种非市场领域对市场方式的利用。评估课程实施的效果有很多方式,最经常使用的就是学生评教。尽管具体操作存在较多的校际差异,但通常都是在学期结束的时候进行。有的大学要求学生必须完成对教师的评价,否则就拿不到学分。

考评文化在欧洲的重要标志,就是"评估型政府"的出现。20 世纪 80 年代以来,高等教育面临的各种问题与挑战,使欧洲各国政府重新审视政府在高等教育领域的角色与作用,重新思考政府与高等教育的关系,并通过改革逐步转变政府对高等教育的管治模式,政府逐渐转变为"评估型政府"。评估型政府的出现,使考评文化在高等教育质量运动中具有了核心的地位。早期采用的评估形式是策略性的,由政府制定长期目标,分配资源,然后进入评估过程以衡量是否达到目标,如果没有达到,则要找出原因并改进措施。这个过程通过修正目标为随后的改革提供运行的框架,以弥补在一个稳定的政府中可能出现的明显的制度性缺陷。而在评估型政府中,评估的重点从关注过程到关注结果,从关注输入到关注输出。这代表着一种转换,即从传统的政府对投入的控制和监督到政府对产出的监督和控制。这种转换意味着政府从机构的所有者或者财政提供者转变为服务的购买者,意味着政府通过扩大机构在投入以及资源使用方面的决定权将问责与控制结合起来,也意味着通过外部合同、服务提供者之间的竞争,来鼓励高等学校对教育结果负责。研究者看到,这种关注重点的转换,标志着政府、市场与高等教育之间关系的重大变化①:对教育"产出"的关注取代了过去人们对教育

57

---

① 蒲蕊、王乐夫.对西欧高等教育改革中"评估型政府"的思考.中山大学学报(社会科学版),2006(1)

"输入"相关的办学质量与社会平等、公平的强烈关注。这种关注重点的转换,实现了依据市场需要而非个人需求对高等教育目的的重新界定。通过公共政策对大学活动的规范,市场与非市场力量通过考评文化聚合到高等教育内部,成为控制大学的强有力的工具。

评估型政府不仅鼓励高校自我评估,鼓励高校参与外部评估,而且,通过改革原有的评估机构、创建新的官方的或非官方的评估机构等方式,建立和完善了外部评估体系。在法国,根据 1984 年颁布的《萨瓦里法》设立的国家评估委员会于 1985 年开始运行。这是一个由政府开设但相对独立的国家行政权力机构,它自己管辖自己,外部对它没有正规的监督系统。学校不支付审核和评价费用,其运行费用依法由国家财政预算和教育部支付。它一方面独立于政府,评估报告每两年直接呈送总统一次,保持非党派的性质;另一方面也独立于评估对象——高等院校,每年公布对学校进行的审核和评价结果。

评估型政府的形成与发展必然影响到大学的各个方面,要求大学开发出新的回应市场的方式,这使考评文化对大学内部权力的影响得到了加强。学者迪尔(David Dill)的分析表明①,这种影响最明显的表现是,各系学科层次上的评价体系也反映出政府要求的外部评估,包括被要求的自我评估和同行评价,以及评估结果与资源分配相联系等外部要求。这种影响还表现为外力对大学内部权力结构的改变。有学者从两个方面分析了评估型政府的出现对大学内部权力的影响②。一方面,管理大学事务的权力从学术权限上分离。也就是说,所有"被影响的团体"(affected group)都被视为管理大学事务的平等参与者,所有的职能团体(functional group)包括教授会在内,都被视为代表各自利益的平等的利益团体。对此,我国有学者指出,这意味着外部利益集团对大学事务的参与权得到扩大③,高等教育利益相关者的数量显著增加。另一方面,大学内部的学术权力与行政权力之间的关系发生

---

① David D. Dill. Evaluating the evaluative state: implications for research in higher education. European Journal of education,1998(3)

② Ivar Bleklie. Justifying the evaluative state: new public management ideals in higher education. European Journal of education,1998(3)

③ 蒲蕊、王乐夫. 对西欧高等教育改革中"评估型政府"的思考. 中山大学学报(社科版),2006(1)

了变化,呈现出权力向管理层集中的趋势。以往属于学者共同决策的权力归属于行政阶层。1997年英国的一项调查显示,大学内部人员尤其是一线教师认为,当时的质量保障体制适应了外部对责任和效率的需求,而对于教师和学生经验的提高并没有多大的帮助①。

四、考评文化左右教师的行动

在高等教育质量运动中,考评文化既是信任的创造者,又是信任的毁灭者,强大的考评文化在客观上左右着相当一部分教师的行动。对专业人才而言,太多的考评本身就是对其职业信任度的侵蚀。负责监督彼此工作的专家之间的敌对、猜疑和不合作,是同行评估过程中存在的主要问题,而同事之间信任的衰退,在学术界比在其他行业有更多的害处,因为这使大学的学术领域面临太大的压力。学者们更繁忙了,但学术工作却越来越少了,为接受评估、填报各种表格,减少了他们花在工作上的时间。考核文化使学者们面临许多新的压力:比同行们发表更多的文章;必须有更多的新发现;为越来越少的工作机会和研究经费而竞争,为了寻求利益,他们不得不为一些不必要的竞争浪费时间和精力;他们的时间要更多地用于出新成果,而不是引用和确认其他人的成果;他们忙于追求的目标,被局限于评估所需要的指标上,窄化了他们本应完成的任务。

考评文化对教师日常行为的不良影响,是它受到批评的关键原因。有学者发现,评估已经不再是质量保证的机制,像英国的"研究评估",很大程度上就成了一种象征性的权力。它不仅影响教师的学术声望,更重要的是影响人员的雇用机制和教师待遇。研究生教育中的科研产出成为唯一的绩效指标,而忽略了导师和研究生在其他方面的优秀表现,由此造成导师和研究生之间的紧张关系以及地位分等。这种评估甚至是职业与个人的"侮辱机制",通过扩大人员之间的等级,高校的教师被贴上了教学型或研究型之类不同等级的标签②。

---

① Jethro Newton. An evaluation of the impact of external quality monitoring on a higher education college (1993—1998). Assessment & Evaluation in higher education, 1999(2):211

② Mary Henkel. The modernisation of research evaluation: the case of the UK. Higher Education, 1999(1):105~122

考评文化的强化给教师行为带来的变化很多,初步归纳,至少可以看到行为动机发生了变化、专门研究评估中取得高分的策略、根据评估标准改变行动策略、根据评估需要发表研究成果四个方面。第一,行为动机发生了变化,许多教师为评估而开展研究。不少人看到,考评文化产生的是"强迫式"创造,教师的研究动力来自于对评估结果的担忧,而不是对学问的好奇①。在美国,联邦政府以经济手段干预教育质量,实际上使教育失去了更多的自由。政府拨给学术研究补助款的做法更具工具性:研究生被看做工具而不具有内在价值②,被资助师生的行为更多地受制于政府的动机。第二,教师精力分散,甚至专门研究评估中取得高分的策略。将拨款与评估结果挂钩,势必将研究者的兴趣和注意力限制在能够得高分的领域,这实际上"妨碍了学术自由,且带有竞争的、敌对的和惩罚的色彩"③。在这种情况下,英国一些大学里出现了"研究管理办公室"(research management service)之类的组织,这种办公室的主要任务之一,就是制定取得评估高分的策略。第三,根据评估标准改变行动策略。剑桥大学的 Lawrence 教授看到④,西方社会"科学的不当评价"给科学行为带来的不良转变相当多,科研人员为迎合评价标准而改变研究策略,避免承担太多的风险,因为长期进行新事物的研究有利于产出创新成果,却不利于获得持续性的经费资助。而且,研究活动的开展方式、论文署名方式,以及研究成果的展示方式,都发生了明显的变化。根据评估标准的需要,要么夸大成果,分解为多篇论文发表,要么压缩不该压缩的,以进入"名牌"刊物发表。为了利益最大化,课题成员和署名者变得过于庞大。第四,根据评估需要发表研究成果。在一项对杂志编辑进行的调查中,塔里布发现,将一项研究成果分部分发表已经成为一种普遍的现象,还出现了在同一杂志上以稍微不同的形式发表同一成果的情况⑤。

① Louise Morley. Quality and Power in Higher Education. Philadephia:Society for research into higher education & open University Press,2003. 25~28

② 阿特巴赫. 21 世纪美国高等教育. 北京:北京师范大学出版社,2005.404

③ Lewis Elton. The UK Research Assessment Exercise:Unintended Consequences. Higher Education Quarterly,2000(3):274~283

④ Peter A. Lawrence.科学的不当评价.科学观察,2008(2):2~3

⑤ A. Talib. The RAE and Publications:A Review of Journal Editors. Higher Education Review,2000(1):32~46

第四节 高等教育质量运动面临的问题

高等教育质量运动及与之相伴的考评文化的兴起,有其必然性:随着高等教育大规模的扩展,质量的可信度受到越来越多的关注,需要评估和保证。政府放权,让高等学校享有更大的自治权,则要求建立或加强评估制度,以评审高校的绩效责任。高等教育的高投入,使国家、纳税人和消费者关心其投入的回报质量。经济发展的全球化趋势,还带动了跨国教育的发展,开辟了跨国教育评估的新领域。高等教育内部,则为了证明自己的绩效而主动或被动地卷入考评文化强大的潮流之中。

自然,这场运动也带来了不少理论困惑,包括高等教育质量概念的泛化、质量运动本身的效率主义倾向等有待深入研究的现实问题。

一、高等教育质量概念的泛化

高等教育质量的定义或描述存在不少混乱,概念存在泛化倾向。这主要表现为:不同利益主体对高等教育质量概念有不同理解,"全面质量"涉及的概念过于繁杂,对质量的关注过分突出了消费者的地位。

（一）不同利益主体对高等教育质量概念有不同理解

以 Harvey 和 Green 等西方学者 1993 年的描述为起点[1],至少可以找出 5 种关于高等教育质量及其标准的界定,即以"卓越"为质量的依据(quality as excellence)、以符合"标准"为质量的依据(quality as conformity to standard)、以"目标"为质量的依据(quality as fitness for purpose)、以"赚钱"为质量的依据(quality as value for money)、"变化"的质量观(quality as transformation)。如果说对高等教育质量存在所谓的共识,那就是第 3 种,即以"目标"为质量的依据。这种依据存在于国际标准组织 ISO 关于质量的典型定义之中,它以顾客为导向,因此,也是以高校内外的利益攸关者或利益集团

---

① Lee Harvey, Diana Green. Defining Quality. Assessment & Evaluation in Higher Education, 1993(1):9~34

为导向的。

对这种变化的质量观达成的所谓的共识,完全可以看做后现代的高等教育质量观(post-modern conception of quality)。根据这种质量观,"有多少利益攸关者,就有多少高等教育质量的定义……这些利益攸关者各不相同,他们的目标或宗旨更是千差万别"①。在这种情况下,质量就是一种与能满足或超过期望的产品、服务、人员、过程和环境相联系的变动的状态,被称为质量的东西,随着时间的迁移和环境的变化可以而且必须得到改变。

《世界高等教育宣言》第 11 条"质量评估"(qualitative evaluation)指出,高等教育的质量是一个多层面的(multidimensional)概念,包括高等教育的所有功能和活动,如教学与学术计划、研究与学术成就、教学人员、学生、校舍、设施设备、社会服务和学术环境等,还包括国际交往工作,如知识交流、相互联网、教师和学生流动、国际研究项目等,当然要注意本国的具体情况和本民族的文化价值。正因为如此,对质量概念表示出的困惑确实不少。高等教育质量成为中外学者公认的一个难以定义的概念。

高等教育质量概念变得如此模糊,在这种情况下,质量管理和评估的技术无论多么高明,也难以为保证质量提供多少帮助。道理似乎再简单不过了:要保障的对象都不明确,还谈什么保障呢。

(二)"全面质量"涉及的概念过于繁杂

随着全面质量管理理论在西方高等教育中的广泛运用,越来越多的学者不再单纯从一个方面来考虑高等教育质量,而是把它放到"全面质量"的背景下来理解。全面质量概念把"质量"视为贯穿于整个产品生产过程的术语。它本来是应用于商业和军事领域的一个概念,20 世纪 80 年代末 90 年代初,这种理论开始被普遍地应用到高等教育领域。按照国际标准组织(ISO)的定义,全面质量管理指以质量为中心,以全员参与为基础,通过让顾客满意而实现本组织及其成员的收益,从而达到长期成功的管理。这种管理是一种哲学体系,依此建立的管理制度可以直接有效地达到组织目标,从

---

① Don F. Westerheijden. Where are the quantum jumps in quality assurance? Developments of a decade of research on a heavy particle. Higher Education,1999(2):235~236

而保障顾客的满意和投资人利益的最大化①。

全面质量管理中的质量是作为一个整体的概念体系而存在的,顾客成为其中的关键词,但它所涉及的概念极为宽泛、繁杂②,诸如质量体系(Quality System)、质量方针(Quality Policy)、质量手册(Quality Manual)、质量控制(Quality Control)、质量保障(Quality Assurance)、质量审核(Quality Audit)、质量评估(Quality Assessment)等。在这些概念中,顾客、服务对象等用语特别引人注目。目前关于高等教育质量的观念,实际上就是商品服务领域质量概念的直接移植。根据学者们的概括③,有关高等教育的这类质量观可以划归"需要论质量观"之列,它与"阶段论质量观""适应论质量观""目标论质量观""全面质量观""产品质量观"一并构成了有关高等教育质量的6种主要观点。在"需要论质量观"中,有学者认为,质量就是顾客所感知的消费品或服务的优良程度,关心质量就必然关心顾客需要什么、何时需要、以什么方式获得其需要、如何高效地生产和经营等问题④。也有学者认为,质量不仅仅指产品和服务,而且包括这种服务是如何被生产出来的,包括过程、环境和人员等因素,追求质量,就是追求对消费者期望与需要的满足或超额满足。这些因素,就是质量的最为一般的内涵⑤。

(三)对质量的关注,过分突出了消费者的地位

1980年以前,有关教育中的全面质量运动的文献并不多见;但1980年以后,全面质量管理概念至少在英国的后中等教育阶段(post-16 education)已经得到正式认可。对全面质量管理的倡议,美国比英国早,但从1990年开始,两国对它的兴趣都大为增加。近年来,对教育质量的关注步步升级,许多与质量有关的想法在高等教育中都已得到完善和发展,质量的观念在学校内部也逐渐被研究和实行。为探明这种现象的原因,美国学者撒丽斯

---

①施晓光.西方高等教育全面质量管理体系及对我国的启示.比较教育研究,2002(2):34

②施晓光.西方高等教育全面质量管理体系及对我国的启示.比较教育研究,2002(2):32~37

③韩映雄.高等教育质量研究.上海:上海科技教育出版社,2003.13~26

④洛丝特.全面质量管理.李晓光等译.北京:中国人民大学出版社,1999.8

⑤David L. Goetsch & Stanley Davis. Introduction to Total Quality:Quality, Competitiveness. London:Prentice Hall International,INC,1994.2~4

(Edward Sallis)首先考察了质量运动的起源,绘制出质量发展年表(见表1-3),并提出了"质量四要"的概念。

表1-3 质量发展年表

1900 年以前	质量是手工艺不可缺的因素
1900～1920 年	质量由领班控制
1920～1940 年	以检查为基础的质量控制
1940～1960 年	统计程序控制
1960～1980 年	质量保证/全面质量控制(质检部门)
1980～1990 年	全面质量管理
1990 年至今	全面质量管理,不断改进的文化,全组织的质量管理

(资料来源:撒丽斯.全面质量教育.何瑞薇译.上海:华东师范大学出版社,2005.10)

通过考察,撒丽斯提出,对质量的关注步步升级,是四个要素在起作用。而其中首要的,也是教育讨论中少数争论不多的领域——道德的必要条件,即教育服务业与顾客的关系,其前提是教育服务业的顾客与客户(学生、家长、社区等等)应该得到最好的教育质量①,其次才是另外的"三要":专业的必要条件(教育者专业角色决定必须提供最高水准的教学)、竞争的必要条件(注册人数减少,在新的教育市场中,教育者必须努力促进产品、服务与传递机制的质量,以面对竞争的挑战)和得到社区信任的必要条件(教育必须符合政治的要求,向社区公开展示课程、学习、毕业生等产品与服务的高水准)。缺少任何一个条件,教育机构的生存与信誉就会出现危机。而这四个要素中,贯穿每一个要素的核心因素,就是教育服务与教育消费者的关系,教育必须满足顾客的愿望,满足外部利益集团的要求。这使消费者地位过于凸显,学术质量退居次等地位。

二、高等教育质量运动的效率主义倾向

在西方各国追求良治的过程中,追求效率成为包括高等教育在内的整个公共领域改革的一个共同特点。高等教育质量运动的产生和发展,都与对办学效率的强调和追求有关。目前支撑高等教育各种评价活动的重要依

① 撒丽斯.全面质量教育.何瑞薇译.上海:华东师范大学出版社,2005.4～5

据,正是以效率为导向的绩效指标。学校为了获得必要的教育资源,提高办学效率,也为了获得社会的认可,往往在自身发展的价值取向与社会和政府的有关机构编制的绩效指标之间寻求统一之路。从获取或分配教育资源的角度看,评估也许是必要的;但从评估的实际效果分析,给大学施行强大的外力干预,还有商榷的必要。学者迪尔从两个方面对以成绩和结果为目标的评估所带来的浪费和无效进行了分析,有以下发现:第一,公共机构在对评估机构的管理中不一定代表公共利益;第二,大规模的外部评估需要大量的人力和财力,且不一定达到预期效果。①

考评文化制造的效率主义对高等教育的强烈介入,在理论方面主要是以新公共管理(New Public Management)的效率主张为依据的。而在后现代哲学中,效率理论早已受到理论家们多方面的质疑和批判。波德里亚(Jean Baudrilltard,1929~2007年)看到,在不断攀升的财富统计方面,大众消费时代对效率的追求,导致了"为增长而增长"的荒诞现象,创造了西方社会最不寻常的"集体性欺骗"。数字原本是最能代表精确和真实性的符号,但为了评估统计的需要,这种符号的精确性和真实性都被解构了,许多时候,冷冰冰的数字不再可靠。这种集体性欺骗,主要有三种表现②。一是应该统计的不统计,如妇女的家务、研究、文化等只字不提。二是只统计可以计算的。一些不相干的东西也被计算进去,唯一的原因是它们是看得见摸得着的。三是用不可加的数字做加法。把一切有害的东西和积极的因素全都加起来,如上下班的交通费竟作为消费支出来入账。经过数字化处理后,任何生产出来的东西都是神圣的、积极的,任何摸得着的东西都是积极的。积极的和消极的混加在一起,本来是不合常情的,但这却是效率主义考评文化的逻辑。

事实上,效率理论并没有带来多少效率。"3E"导向③自身有无法克服的局限性。尽管新公共管理有不少新特征,而且已经替代了传统公共行政,但以管理效率为首要价值目标,仍然是新公共管理与传统公共行政的共性。用登哈特的话来说,传统公共行政是利用控制来实现效率,而新公共管理是

---

① 蒲蕊、王乐夫.对西欧高等教育改革中"评估型政府"的思考.中山大学学报(社会科学版),2006(1)

② 波德里亚.消费社会.刘成富,全志刚译.南京:南京大学出版社,2001.22~30

③ "3E"指 Economy(节约)、Efficiency(效率)、Effectiveness(效力)

利用激励来实现效率①。在理论来源方面，支持新公共管理的"理性选择""成本/收益""委托/代理"等理论，只是对传统公共行政的理论资源的再挖掘。这些本质上属于经济学"家族成员"的理论流派，无不把经济效率预设为最高甚至唯一的价值选择，其实都不过是"利润挂帅、效率第一"。②

登哈特等人主张用基于公民权、民主和公共利益至上的"新公共服务"模式代替新公共管理③，以凸显公共治理对公民权、公益、公平、公正等公共价值的正当追求。在 2003 年出版的《新公共服务：服务，而不是掌舵》(The New Public Service：Serving，Not Steering)一书中，登哈特夫妇为"新公共服务"建立了一个颇有说服力的论点，即：公务员必须从民主治理理论而不是从私营部门管理理论中获得启示，政府应服务于公民而不是顾客。这样的论点，是很具有针对性的。

为了效率而强调管理文化，对学校教育的负面影响会比对其他领域的影响更大。这是学校自身的特点所决定的，在学校中提倡管理文化，容易产生负向的激励功能，使更多教师将更多的时间、精力与智慧配置到学校管理上来④。在学校中过度强调评估与管理文化，未必带来高效率，这在美国的"宪章学校(Charter School，又译特许学校)运动"中，有明显的体现。联邦政府认为，每一个州都应该给家长为其子女选择合理的公立学校的权力。为此，联邦政府拨出专款资助创办宪章学校，宪章学校因此成为 20 世纪 90 年代以来美国教育改革中的热门话题，备受政府和社会民众的关注。与学校自主相联系的是宪章学校的绩效责任(accountability)，即宪章学校在获得相当程度自治的同时，必须对提高教学质量和学业成绩负责，必须接受监控(monitoring)。所有的宪章学校都有报告称它们提高了学生的学业成绩，但家长们认为，"宪章学校只不过是以另一种方式为我们提供了坏的教育"⑤。

---

① 珍妮特·登哈特、罗伯特·登哈特.新公共服务.丁煌译.北京：中国人民大学出版社，2004.157～158

② 郭正林.走出公共管理的效率主义泥淖.社会科学报，2006—05—11(4)

③ 珍妮特·登哈特、罗伯特·登哈特.新公共服务.丁煌译.北京：中国人民大学出版社，2004.165

④ 周彬.年级组：要管理效率还是教学效率.教育科学研究，2005(10)：18

⑤ Joel Spring. American Education. 7th ed. New York：McGraw-Hill Inc，1996. preface

在高等教育领域,情况与此相似。如博克所说,如果鼓励真的创新,需要多一些的不是效率,而是闲散,对教学和科研而言,效率并不是有益的导向①。为效率而评估固然有必要,但教育质量毕竟不是靠评估就能保证的。过重的市场压力与准市场力量能否保障教师自律和教育质量,大有疑问,且考核文化的局限性时常暴露。剑桥大学的 Patrick Baert 研究了准市场机制的实际效果,指出,尽管目前无法断言它是否导致整体上教育质量的下降,但对许多学者来说,新的考核制度现在感觉是比"私有化"更糟糕的命运②。

---

① Derek Curtis Bok. Universities in the Marketplace: The Commercialization of Higher Education. Princeton: Princeton University Press, 2003. p. 31

② 贝尔特等. 重围之下的大学. 大学(研究与评价),2007(2):73

第二章

从自律为主转向共同治理

从高等教育质量运动中,我们已经看到外部力量对高等教育形成的控制之势。本章将从自律传统与教授权威的变化过程中,特别是问责制(accountability,也译社会公责)等具体的治理机制中,探讨西方高等教育从自律为主向共同治理的转型。这种转型,其实也是高等教育质量运动的必然产物:在高等教育质量成为众矢之的或众望所归的情况下,有关各方共同治理高等教育,这是难以回避的方向。

第一节　教授权威与自律机制的弱化

传统上,西方大学被视为自律的学术共同体,大学治理遵循学术自治(academic autonomy)、学术自由(academic freedom)、学术中立(academic neutrality)的"3A"原则。这些原则,就是高等教育的自律传统和自律机制的基本内容。1980 年,斯坦福大学鲍得里奇(J. V. Baldridge)教授在与人合著的《决策与有效的领导》一书中,总结了他对美国高等教育组织及管理进行长期研究的成果,发现学院和大学正在变成易受环境影响的组织。特别是 20 世纪 70 年代以来,大学的学术自由、自治与中立原则已受到了一些强大的外部力量的影响,各种相互冲突的期望、需求及数十种利益集团的压力,已明显影响到学院的决策和多方面的管理①。在这种情况下,大学治理方式逐渐由传统的"3A"制度转变为如今的"4A"制度。这"4A",即传统的

---

① 陈学飞主编. 美国、德国、法国、日本当代高等教育思想研究. 上海:上海教育出版社,1998.75

"3A"原则,加上已在西方各国成为时尚的问责制。

本节的探讨表明,教授权威是"3A"原则的集中体现,教授权威的解构,便集中体现出以"3A"原则为主要内容的高等教育自律机制受到的巨大冲击,体现出教授权威和高等教育自律机制的弱化。

一、教授权威和"3A"原则的建构

对自律原则的遵从,使得西方大学素有教授至上的传统。作为一种学术组织,从古典大学到现代大学,教授权威和"3A"原则始终是存在的。克拉克等人在研究教授权力时看到,虽然个人化权力总是具有被滥用的可能性,但没有这种权力,高等教育系统显然不能有效地运转,因为无法保证个人在研究时的创造自由和个人的教学自由。"如果个人的权力并不存在,就必须制造出个人的权力。"①正因为教授至上对学术研究和大学本身的发展具有如此关键的作用,西方大学才建立了相关制度对教授的这些权力加以保护。欧洲大学的讲座制(chair system)、美国等地的终身教职制(tenure),就是这种保护措施的典范。

(一)讲座制的确立

靠个人来推动变革,这在一定程度上就是讲座制的理论基础——经过仔细的甄选,最有才干的学者被赋予极大的权力,整个系统的活动内容和范围都取决于这种个人的权力。据此生成的讲座制,使资深教授的权威几乎达到极致。

19世纪初期,洪堡等人创办的柏林大学,使资深教授的个人权力有了制度化的保障。柏林大学推行讲座制的初衷,就是给资深教授更充分的教学与研究自由。讲座教授是他们所在学科领域开设的讲座的唯一负责人,从学生的录取、课程的设置,到人员的招聘和经费的管理,主要权力都由讲座教授独立掌控。除了提供充足的经费和必要的设备,以及选任适当的人员之外,大学本身对讲座教授没有直接的行政管辖权,没有其他的义务与权利②。研究所附属于大学,但却是独立的实体,有自己的全套设备、科学人员与辅助人员,研究所内部实行科层组织,研究所中的其他教师和学生在讲座

---

① 克拉克.高等教育系统.王承绪等译.杭州:杭州大学出版社,1994.125
② 波丢.人:学术者.王作虹译.贵阳:贵州人民出版社,2006.142

教授的指导下开展活动①。

（二）终身教职的制度化

就保障教授权力而言，终身教职制与讲座制可谓殊途同归。进入 20 世纪以来，美国大学通过建立终身教职制为教授至上提供了制度性保障。美国斯坦福大学第 8 任校长肯尼迪（Donald Kennedy）认为，终身教职不是一项古老的制度，它最早出现于 20 世纪初的威斯康星大学。那时，教师想要表达异端观点而又不遭政治报复，终身教职就被认为是必不可少的②。但事实上是威斯康星大学和斯坦福大学两所大学发生的不同事件，分别从正反两个方面促成了终身教职制度的产生。据威斯康星大学的校史介绍，1894 年，威斯康星大学经济学教授理查德·伊利（Richard Ely）因为在课堂上讨论社会主义和工人运动而受到指责。学校评议会对伊利的行为进行审查，不仅否定了对伊利的指责，而且把这个事件上升到捍卫学术自由的高度。审查报告中有一段第 8 任校长查尔斯·亚当斯（Charles K. Adams）的论断：无论其他地方有什么阻碍研究的限制，我们确信，我们伟大的威斯康星州立大学应该永远鼓励持续不断地、无所畏惧地仔细考察和认真筛选，只有这样才能发现真理。这段论述被认为阐述了大学存在的理由，因此被视为威斯康星大学历史上最重要的论断而铭刻在学校一幢大楼的外墙上。这就是威斯康星大学最早实行终身教职的起因③。

对教授终身制的制度化起了关键作用的，还有 19 世纪末斯坦福大学发生的压制学术自由的事件。当时，该校激进的爱德华·罗斯（Edward Ross）教授提出，那时社会最主要的交通工具—— 铁路系统应当交给政府来管理，而不能由私营企业来把持。而勒兰德·斯坦福生前正是通过铁路建设发家的，他过世后，他的遗孀成为斯坦福大学校董会的董事长。结果，1900 年罗斯被解雇，后转到威斯康星大学任教。斯坦福大学的另外几名教授愤而辞职，以示声援。这一事件，被学者们视为对学术自由的侵犯。据研究，这样的事情在当时虽不普遍，却也并不罕见④。为了防微杜渐，美国高校遂决定采取德国大学的方式，保证教授的教学自由、研究自由不受非学术力量的干

① 戴维. 科学家在社会中的角色. 赵佳苓译. 成都：四川人民出版社，1988. 212
② 肯尼迪. 学术责任. 阎凤桥等译. 北京：新华出版社，2002. 164
③ 刘北成. 以职业安全保障学术自由. 美国研究，2003(4)：98～110
④ 程星. 细读美国大学. 北京：商务印书馆，2004. 68

扰。建立教职终身制的最初宗旨,正是保护教授的学术自由,使得教授的职业安全不会因为他们在研究与教学过程中传播有争议的思想和言论而受到威胁。经过长期的酝酿,1915 年,思想史研究的开创者、约翰·霍普金斯大学教授洛夫乔伊(Arthur Lovejoy)与教育哲学家杜威,在哥伦比亚大学召开了一次会议,在会上建立了保护高等教育利益、捍卫学术职业标准与增进学术理想的组织——美国大学教授协会(AAUP)①,杜威担任第一任会长。会上还发表了《原则宣言》,明确阐述了美国大学的学术自由原则:教师享有独立的、不受干涉的学术和教育职能。宣言提出,虽然大学教授是由大学董事会任命的,但是他们绝不是董事会的雇员,正如联邦法官是由总统任命的,但是他们并不因此成为总统的雇员。学者一旦被委任,任命机构都没有权力和道德权利对他们的职业功能加以干涉。"对于一个文明共同体来说,大学是一个伟大而不可或缺的高级活动机构。在它的运作中,董事会占据着一种极其荣耀的、根本性的地位,而教师拥有一种独立的地位,却负有同样的责任,在纯科学问题和教育问题上,则负有首要的责任。"宣言还特别强调了学术自由的意义:"如果教育是社会结构之基,如果科学知识进步是文明之本,那么,为了吸引具有最好的能力、健全的学识、坚强独立人格的人加入学者的职业,就没有什么比提高学者职业的尊严更重要的了。"②

71

　　1925 年,美国大学教授协会发表了一份关于学术自由与终身教职的声明。1934～1940 年,美国大学教授协会的代表与美国大学协会的代表为此举行了一系列联席会议。声明首先阐释了大学的理念与学术自由的关系:建立大学是为了公益,而非教师个人或学校机构的私利。这种公益的实现取决于能否自由地探讨和展示真理。因此,研究和教学自由即学术自由是十分必要的。声明认为,为了实现大学的理念,一要确保教学和研究以及校外活动的自由,二要提供经济保障,以确保大学教职能够吸引有才华的人士,而终身教职正是可以一箭双雕的最佳手段。最终,这份声明被双方一致通过,并成为著名的《1940 年学术自由与终身教职的原则声明》。声明规定了终身教职的基本含义:一个全职教师在试用期履行了合同,那么,期满之后就应该获得终身教职;所谓终身教职,是指直到退休为止不得随意被解除

---

　　① 即 The Association of American University Professors,学术界通常简称为 AAUP。
　　② 刘北成.以职业安全保障学术自由.美国研究,2003(4)

的教职,除非遇到两种情况,即严重的财政困难或其他充足的理由。在第二种情况下,必须遵循严格的程序,包括受到指控的教师必须有机会在自己选择的顾问的陪同下,在所有作出决定的机构面前直接听取指控和进行自我辩护。声明还规定,试用期不得超过 7 年;在一所学校试用超过 3 年而转到另一所学校后,其试用期不得超过 4 年;试用期满后如不再续约,学校必须提前一年通知教师本人。1941 年,美国大学教授协会与美国大学协会在声明上正式签字。此后 60 年内,有 180 多个学会和教师协会在声明上签字。终身教职成为美国大学的一个常规性制度,使美国的大学教师获得一种最重要的制度保障。60 多年来,这项制度的细节有所修正,但是基本制度始终没有动摇,反而得到强化。

根据终身教职制,在助理教授任职的第 6 年,一般系科开始对其科研、教学和参与管理等情况组织评定,然后从系科到学院到学校一级一级地往上报,直到校董事会最后认定。一旦教授被授予终身教职,学校必须有正当的理由如刑事犯罪等,并经过冗长的行政程序,才能将教授开除。而且,在 1994 年的一个判例中,根据国会在 1987 年通过的《雇佣中的年龄歧视法》的补充案规定,判定高校不得强迫教授退休,这使得退休的决定权也被教师个人所掌握。这是美国终身教职制自产生以来出现的最为突出的变化,它使资深教授成为无冕之王。

1919 年,英国大学教师联合会(the Association of University Teachers,简称 AUT)成立,其主要的任务,也是维护大学教师的学术自由。该会从 1920 年起,就致力于把终身聘任制推广到所有的大学教师之中。在各方努力下,从 1950 年开始,英国几乎所有的大学讲师都有了终身聘任的职位,直到 1988 年《教育改革法案》实施后,这种体制才开始变化。英国大学开始越来越多地采用了 3 年或 5 年的合同制聘任,这是英国所谓的大学教师的"临时工化"(casualization of academic staff)。不过这种 3 年或 5 年的合同工又分两种,一类是不转终身制的,另一类则是可以转终身制的。到 1993 年,全英国 11 万多名大学教师中,终身制的仍然占有 60%,合同制的占 39%,临时工为 1%①。

正是讲座制或终身教授制这样一些制度,使得教授不必在意公司、政府

---

① 甘阳.大学改革的合法性与合理性.21 世纪经济报道,2003－06－16

方面的影响,尽可能保持自己的独立人格,在教学上也可以有很大的自主权。终身教授制的建立,最初就是为了防范企业家、慈善家和社会其他势力通过对大学的捐助等方式,去干涉甚至控制大学教授的思想自由、教学自由和学术活动的自由。实际上,终身教授制作为一项以经济安全、职业安全来保障学术自由的制度,在很大程度上维护了高等教育治理的"3A"传统。

(三)教授权威集中体现为"3A"原则

西方大学遵循的学术自由、学术自治和学术中立这"3A"原则,体现出高等教育以自律为主的悠久历史,也体现出大学教授享有的至上权威。

学术自治指高等学校对自己的内部事务有最后的决定权。著名高等教育专家埃里克·阿什比曾指出,大学自治的六个要素应该包括以下几条。① 第一,排除非学术干扰的自由。第二,按大学认为适合的方式分配经费的自由。第三,聘用教师并决定其工作条件的自由。第四,选择学生的自由。第五,设置课程的自由。第六,制定评价标准并决定评价方法的自由。据此,大学自治似乎包含了所有与大学管理相关的自我管理权力。大学完全可以无视大学之外机构的权利和利益需求,为学术而学术无可厚非。

根据《不列颠百科全书》中的解释,学术自由指教师和学生不受法律、学校各种规定的限制或公众压力的不合理干扰而进行讲课、学习、探求知识及研究的自由。就教师而言,学术自由的基本要素包括:可探讨任何引起他们求知兴趣的课题;可向学生、同事和他人发表他们的各种发现;可出版他们收集的资料和得出的结论,而不受限制和审查;可用他们认为适当的符合业务要求的方式进行教学。对学生而言,学术自由的基本内容包括:可自由地学习感兴趣的学科;可形成他们自己的论断和发表他们的意见。② 当然,这是作为一种学术价值观、一种理念的学术自由,现实中的学术自由从来没有也不可能完全不受外力所干涉,不受法律和规章的约束。

大学教授为保障学术自由,争取实行雇用合同制,便在学术自由的原则之后补充了学术中立的条款,这意味着教授们的自由以校园和学术圈为界。学术中立指在党派政治和校外公众的争论中,学校确保中立(value free,即

---

① Burton R. Clark, etc. Encyclopedia of Higher Education. Oxford, England, Tarrytown, N. Y: Pergamon Press, 1992. p.1388

② 不列颠百科全书(国际中文版).中国大百科全书出版社,2001.38

价值无涉），它要求处理好政府、社会与高校的关系。

高等教育的"3A"传统和自律机制在美国大学教授协会最初发表的一系列原则声明中有着充分体现。AAUP 就是一个旨在组织全体教授成员共同致力于保护高等院校中的学术自由和终身教职制的民间社团组织，其成立宗旨就是维护高等教育的自律机制，因而在高等教育系统内外都产生了极大的影响。其他许多类似组织，如美国学院联合会（AAC）、美国大学联合会（AAU）、全国教育协会（NEA）、美国民权同盟（ACLU），以及美国教师联盟（AFT）等，在各自有关学术自由的原则声明中，都参照甚至一字不漏地引用了 AAUP 的有关观点。

二、自律机制的弱化主要表现为对教授权威的解构

对教授权威的正式解构，在 20 世纪中期就已经开始了。在 20 世纪西方大学中，理性主义发展到顶峰进而出现了对理性的拒斥，价值相对主义得以盛行，由此导致空前的反智风潮，形成人类思想和创造力的封闭之势，进而，高深学问不再是多数大学坚持的哲学，高深学问出现了危机。这便对教授的权威形成解构之力，形成贬抑之势。

（一）麦卡锡时期教授权威受到政治运动的冲击

高等教育的"3A"原则和教授权威经历了 20 世纪 30 年代经济大萧条的挑战，经受了两次世界大战的冲击。20 世纪 70 年代财政危机时期，纽约州立大学撤销了某些专业课程之后，解雇了几名教授，美国大学教授协会就此向行政部门提出责难，而法庭却支持解雇行为。如今，在大多数高等学校，终身教职制都不是坚不可摧的①，这与 1950 年前后教授权威饱尝的麦卡锡主义（McCarthyism）的折磨不无关联。那时，几乎每个州都对所有的教师实行忠诚宣誓制度。由于 AAUP 在很大程度上是高等教育自律机制的化身，因而 AAUP 所受到的冲击成为高等教育自律机制和教授权威遭遇解构的缩影。在 1949 年华盛顿大学开除 3 位教授、加利福尼亚州立大学忠诚宣誓两个案件中，美国大学教授协会的姑息、拖延和失败，就显示了 3A 原则的软弱

① 阿特巴赫. 比较高等教育. 人民教育出版社教育室译. 北京：人民教育出版社，2001.114

和无能①。而这两个案例,正是麦卡锡时代发生的冲击教授权威的典型。

麦卡锡主义的兴起,标志着美国社会解构教授权威的正式开始。在1951～1954年期间,参议员麦卡锡(J. R. McCarthy)一度操纵美国参议院常设调查小组委员会,搜集名单,非法审讯、迫害具有批判倾向的民主人士②。本来,在美国做一名共产党员是合法的,那时,美国有些州却要求大学教授宣誓表明自己从未做过共产党员。任何不从众随流的人,都可能被断定为有问题。20世纪60年代政治和社会过于频繁的波动,使教师和学校行政管理人员变得小心翼翼起来,教师们都退缩到危险性小的认知领域中去了,这使教育已逐渐变为一种几乎完全是认知性的考试③。众议院非美活动委员会(HUAC)以及各州相应的非美活动调查机构中的麦卡锡主义分子,与联邦调查局(FBI)甚至中央情报局(CIA)等秘密勾结,又与高等教育界内的代理人遥相呼应,开始在几乎所有高等院校中掀起清除共产党人教师的浪潮。

这种在大学中清除共产党人的借口,对AAUP所一贯坚持和捍卫的学术自由原则构成了严重威胁。在麦卡锡时代,反共不只是一场学术领域内部的辩论或争权夺利的运动,AAUP是为学术原则而成立的,一旦卷入政治斗争,它生存的合法性自然成为一个严峻的问题。短短的几年时间,在麦卡锡主义面前,AAUP偃旗息鼓,其活动几乎销声匿迹,彻底丧失了其原有的活力、效率和斗争精神。AAUP遭遇的这场悲剧说明,3A原则本身具有无法克服的、有时甚至是致命的脆弱性。

(二)反智主义制造"不求治学的学校",冲击教授权威

早在1936年,教育哲学流派纷呈的时代,西方大学就已面临着反智主义(anti-intellectualism)的困扰。这一年,永恒主义教育哲学的著名代表赫钦

---

① 王国均、徐辉.麦卡锡主义时代美国大学教授协会生存哲学的动因分析.高等教育(人大复印资料),2001(10)

② 1950年2月9日,麦卡锡当众展示了一份自称列有205名共产党人名字的名单,并声称,名单上的人至今仍在美国国务院内左右美国的外交政策。这突如其来的消息,使麦卡锡一鸣惊人,并在随后的4年里借反共的名义演出了一部荒诞的政治闹剧。尽管麦卡锡极尽危言耸听、歪曲夸大事实、人格诋毁和无赖政治之能事,却没有挖出一名真正的潜藏在美国政府中的共产党人。

③ 布卢姆.教育目标分类学(第二分册).施良方等译.上海:华东师大出版社,1989.

斯出版了《美国高等教育》一书,这本名著将反智主义作为当时美国高等教育面临的三大困境之一①。1953年,历史学教授、要素主义著名代表贝斯特(Arthur Bestor)在《教育的荒地》中就已看到,反智主义教育造成了学校学术水准的下降,使公众不信任学校教育的成果。反智主义教育不仅使学校不对学生进行科学与学术的训练,而且还威胁着自由本身②,直逼大学教授的学术自由、地位与尊严。

所谓"反智主义",又被称为反理智主义、反智识主义或反智论。它不是一套思想理论,而是存在于文化或思想中的一种态度。简单地说,反智主义就是反对学生学习没有实用价值的象牙塔学问的一种倾向③。从反智主义所反的对象看,包括两个方面:一是否定或怀疑智性(intellect)、知识的作用,认为智性或知识对于人生没有什么益处,反而可能是有害的;二是对知识分子的怀疑和鄙视。从反智主义的主体上看,至少存在过两种"反智主义"。以20世纪60年代的美国为例,一是中西部和南部落后地区的前技术时代的"反智主义"(如滋生了前一个时代的麦卡锡主义和政治浪漫主义);另一种是东西海岸发达地区的后技术时代的反智主义,它是知识分子的一种反智主义(滋生了20世纪60年代的青年反叛运动和70年代的性解放)。从某种意义上说,20世纪60年代的青年知识分子运动,可以说是对麦卡锡主义所代表的那种带有封闭色彩的小城镇传统主义的反叛④。

传统认为,理智的教育或理性训练对于人性的发展具有极其重要的意义。赫钦斯指出,发展人的理性的教育就是最好的教育,它是获得幸福的最好手段,是培养公民的最好办法,甚至是最好的职业教育⑤。然而,赫钦斯所看到的困境,到20世纪末期不但没有改变,反而加强了。人们看到,反智主义的真理观是相对主义的,相对主义在高校的盛行就反映出反智主义的影响。1987年,芝加哥大学教授艾伦·布鲁姆指出:"有一件事情教授们必须绝对明确——几乎每个学生进入大学时都相信,或者自称他们相信,真理是

---

① 另外还有专业主义和孤立主义两个困境。见:赫钦斯.美国高等教育.汪利兵译.杭州:浙江教育出版社,2001.32

② 陆有铨.现代西方教育哲学.郑州:河南教育出版社,1993.101

③ 雷思温.反智主义与社会精英.南方都市报,2005—11—21

④ 张赐琪.苏珊·桑塔格:一个批判型知识分子.文汇报,2006—03—19

⑤ 陆有铨.现代西方教育哲学.郑州:河南教育出版社,1993.179

相对的。"①在美国古典学界畅销一时的《谁杀死了荷马》一书中②,作者谈到,在为学生们讲授古希腊经典时,学生们总免不了要问:为什么要花这么多时间与精力学习那些死去的知识。

在西方历史上,崇智和反智从来都是并行不悖的两条思想路径。反智倾向古已有之,它与精英教育的矛盾也一直存在,尤以近 20 年为甚。高等教育以培养精英人才还是一般人才为目标,是西方高等教育哲学长期争论的话题,不少人时常为高等教育是精英教育还是大众教育所困惑。教育哲学家和大学存在某种本能的反大众化的力量,因此,培育英才始终是西方高等教育所追求的最主要的理想。但是,1862 年《莫里尔法案》的颁布,英才模式首先在美国开始动摇,反智主义的理由得到强化。

在 19 世纪下半期,美国高等教育的社会地位就已跌到了历史的最低点。在 20 世纪 70 年代,美国人口增加了 23%,而在最顶尖的 20 所大学中的学生数目只增长了 3.5%。1885 年,美国的国会议员中有大学学历的不到 1/4,而 10 年前还有 38%。在过去,进大学接受古典训练、培养上流社会的趣味,是获得令人尊重的社会地位的重要渠道,但是,工业化的展开和城市的崛起,给年轻人提供了迅速致富的途径。大学里那些文雅的修身之道,与物欲横流的现实格格不入。结果,很多人瞧不起大学生,被大学录取的学生甚至会受到同伴的嘲笑。1889 年,一个银行家宣布不雇佣任何一个大学生。安德鲁·卡耐基(Andrew Carnegie)嘲笑大学生们在那里学习已经死去的语言,就好像是在适应另一个星球上的生活③。

历史学家霍夫斯塔特(Hofstadter Richard)的代表作《美国社会生活中的反智主义》④对美国社会中知识分子和美国社会之间持续的紧张状况作了历史的和分析性的解释,认为对理智和知识分子的绝对排斥是罕见的,但反智主义的阴影始终徘徊于一些美国人的脑海中,蠢蠢欲动,它不但影响着学生们的价值选择,也在不断改变学者们从事学术的心态与目标。反智主义

---

① 布鲁姆.走向封闭的美国精神.缪青,宋丽娜等译.北京:中国社会科学出版社,1994.17

② Who Killed Homer? The Demise of Classical Education and the Recovery of Greek Wisdom

③ 薛涌.谁的大学.昆明:云南人民出版社,2005.258

④ 即 Anti Intellectualism in American Life。

在美国被空前激发的主要因素是大众文化的主导。有人看到,专家身份既可以提供让思想产生影响的机会,也可以提供把创造性思想变成赚钱的配方的诱惑①。

当然,反智主义并非美国人的"专利"。反智主义是一种全球化现象,它影响之下的实用和功利教育在许多时候占据了西方大学的主流。法国和德国高等教育中的职业技术方向都在不断发展,法国甚至设置了职业学士学位②。有人注意到③,如今反智主义对教授权威的传统确实构成很大的威胁。反智倾向的流行,使许多人对理论的兴趣锐减,对伟大著作反复阅读的兴趣或对伟大作者的信赖已然消失,缺乏对经典的真正热爱,缺少对伟大作品的渴望,缺乏对伟大作品的真正体味。拒绝神话、躲避崇高的社会现实,不仅导致生活基调的庸俗化,而且也导致教授时代的沦丧。雄厚的反智实力,使象牙塔快速地倾斜。一些人轻视理论,一些人厌恶理论,一些人怕讲理论。没有了对理论的兴趣与追求,也就不会有高深学问的社会基础,剩下的只是一些"不求治学的学校"④。

（三）知识的后现代状态敲响"教授时代的丧钟"

自律机制的基础是知识的权力——知识本身即目的,对高深学问的追求本身就有价值。高深知识本身可以证明自己的合法性。教育哲学家布鲁贝克认为,认识论和政治论两种高等教育哲学交替地在美国的高等学府中占据统治地位⑤,但对高深学问这一高等教育存在的基础或依据,这两种教育哲学都是坚信的。有时候,认识论的高等教育哲学颇为令人鼓舞。1987年,布鲁姆出版了在美国知识界和教育界引起巨大反响的新著《走向封闭的美国精神》⑥,主张大学的活动只有一条简单的规则,即必须向学生提供他们在其他地方学不到的东西。在布鲁姆看来,知识即目的,追求知识的人要有

① 林杰.高等教育研究经典阅读(下).中华读书报,2005－02－23

② 邢克超.地方化与职业化.比较教育研究,2005(7)

③ 雷思温.反智主义与社会精英.南方都市报,2005－11－21

④ 在此借用斯坦福大学 David Labaree 教授曾经的书名,即 How to succeed in school without really learning.

⑤ 布鲁贝克.高等教育哲学.郑继伟等译.杭州:浙江教育出版社,1987.14

⑥ The Closing of the American Mind: How Higher Education has Failed Democracy and Impoverished the Souls of Today's Students

能力和理智,而唯一真正能够解决问题的方案,也就是那个几乎普遍为人们所拒斥的方法,即阅览经过挑选的文学、历史、哲学、科学方面的经典名著①。这样的呼唤,其实是要重振认识论的高等教育哲学。布鲁姆指出,高等教育面临的问题是如此重大,问题的渊源又是如此深远,以致要真正理解和把握它们,就比以往任何时候都更需要哲学。如果没有丧失对哲学的种种期望,那么就会看到,它所面临的挑战恰恰是使它繁荣发展的极好契机。

尽管如此,在这两种教育哲学交锋的整体历程中,政治论的高等教育哲学还是逐步占据了主要的地位,使"知识本身就是目的"这个命题受到怀疑。克隆人的危险,生物技术与基因研究的禁区等现象,使传统上"科学研究无禁区"这一理念显得不再是不可动摇的金科玉律。消费社会对知识和知识价值进行了反复的区分,更使高深学问在世人心中濒临非合法化的险境。法国思想家、后现代哲学家利奥塔尔(Lyotard)的研究,则从理论层面展示了知识所处的这种状态。

利奥塔尔看到,在后现代社会,知识本身无法证明自己是否合法,知识的合法化必须求助于精神辩证法、意义阐释学、主体的解放、财富的增长等某个"大叙事"②。简单地说,知识本身的价值已经变得不能确定,知识的价值只能存在于社会的需要之中。高等教育探究的高深知识(高深学问)也是这样,它自身无法证明其存在是否合法,其合法化理由只能存在于社会的需要中。如果社会并不需要高深学问,那么,有关高深学问的学科、知识、课程就必然边缘化。利奥塔尔的精彩表述可以概括为:从知识的合法化状态到非合法化状态,我们渐渐地听到了教师时代丧钟的敲击,这也意味着象牙塔学问或高深学问"非合法化状态"的迅速形成。

利奥塔尔还具体地考察了历史上关于知识及其机构合法化的非常重要的两大发展方向:法国的偏重于政治与德国的偏重于哲学。这两个方向,其实也代表了布鲁贝克教授早已发现的、20世纪使高等教育合法存在的两种

79

① 布鲁姆.走向封闭的美国精神.缪青、宋丽娜等译.北京:中国社会科学出版社1994.366~413

② 利奥塔尔.后现代状态.车槿山译.北京:生活·读书·新知三联书店,1997.2."大叙事"即英文的"grand narrative",又译为元叙事。参见:陈剑华."教授时代"的丧钟和"教授万岁".比较教育研究,1999(3):30

主要的高等教育哲学——基于政治论的或基于认识论的高等教育哲学①。

在法国的方向中，"合法化叙事的主体是人类，人类是自由的英雄。全体民众都有科学权。现在社会主体之所以还不是科学知识的主体，是因为受到神甫和暴君的阻碍"②。这一叙事主要被拿破仑用来指导初等教育政策。对于大学和学院，它似乎没有好处。19世纪初，拿破仑建立帝国大学制，目的是为了提高行政工作能力和职业能力，这对国家的稳定来说是必不可少的，它使法国高等教育成为中央集权管理的典型模式，并"影响到欧洲以外其他国家高等教育的近代化过程"③。

在德国的方向中，知识与知识机构的合法化程序体现在洪堡的教育哲学之中，它对知识合法化问题的解决作出了特别生动的描述。利奥塔尔注意到洪堡的两类信念。第一类仅属于真理标准的范围。这类信念是，科学服从自己特有的原则，科学机构自我生存并且不断地自我更新，也没有任何确定的目的。第二类支配着伦理、社会和政治的实践。这类信念则是，大学应该把自己的材料即科学，用于民族精神的塑造和道德的培养。这两种性质并不相同的信念使教育大臣洪堡"面临重大的冲突"，他必须使关于真理标准与公正标准的两类话语达到统一，也就是说，他的教育计划不仅要让个人获得知识，而且还要为知识和社会建构充分合法的主体。为此，洪堡求助于由本原、理想和观念"三重愿望"构成的一个"精神"，即：一切都来自一个本原（与之对应的是科学活动），一切都归于一个理想（它支配伦理和社会的实践），而本原和理想合为一个观念（它保证科学中对真实原因的研究必然符合道德和政治生活中对公正目标的追求）。"合法的主体在最后这种综合中建立起来了。"④可见，知识和大学教授首先从自身找到了合法性，它服务于理性的国家，而国家是否理性，是由大学教授凭其高深知识来评判的，科学家和教授们只有认为国家的政治是公正的，他们才可能服从国家。

根据洪堡关于知识之合法性的信念，大学的基本组织原则有两条，一是自由，二是宁静。他说："自由是必需的，宁静是有益的；大学全部的外在组

---

① 布鲁贝克.高等教育哲学.郑继伟等译.杭州：浙江教育出版社，1987.12
② 利奥塔尔.后现代状态.车槿山译.北京：生活·读书·新知三联书店，1997.67
③ 黄福涛.外国高等教育史话·三.教育史研究，1997(3)
④ 利奥塔尔.后现代状态.车槿山译.北京：生活·读书·新知三联书店，1997.69～

织即以这两点为依据。"①当时,德国的口号是"国家服务于教育,教育服务于理性的国家"②,洪堡则坚持认为,大学应该摆脱国家政治与经济的干扰,应该把自由视为教育的"第一个而且是不可缺少的条件",从而使大学具有"学习自由和教学自由"等独立性。这种自由探索的教育理想直逼资产阶级功利主义的浮躁行为。当时,一些单科学校培养出一批能解决实际问题的人才,受到社会的欢迎。这种情况给大学的宁静带来很大的冲击,不少有影响的意见都要求改大学为单科性高等教育机构。对此,洪堡从"懂得做人"的角度提出了独到的批判意见。他认为,不管怎样,一个人首先应当具有人性,大学师生都应该首先"懂得如何做人,具有相当的处世哲学知识"③。的确,自由才能创新,宁静才能致远,自由与宁静确实是做好学问的重要前提。他的意见获得当时的学者们的高度认同,并认为这是他们正在寻找的理想。

从这种理想中,我们能够清楚地看到教授们至高无上的权威,正是知识与拥有知识的教授们,才能说出什么是理性的国家,什么是公正的社会。在利奥塔尔看来,这种使柏林大学的创建合法化的哲学,既是这所大学的发展动力,也是当代知识的发展动力。也许正因为如此,在 19 世纪和 20 世纪,许多国家都曾把这种大学组织作为建立或改革高等教育的模式。

可是,随着"后现代"的到来,随着"对元叙事的怀疑",知识和教授的合法化地位也开始动摇了。至少在 20 年以前,利奥塔尔就看到知识以及拥有知识的教授们的非合法化状态。他指出:"非合法化和性能优势都敲响了教师时代的丧钟。对传递确定的知识而言,教师并不比存储网络更有能力;对想象新的招数或新的游戏而言,教师也并不比跨学科集体更有能力。"④所谓"性能优势",类似于通常所说的效率优势,还有性能优化原则、性能标准或效率理论等类似的表述,指为了获得性能而减少输入,增加输出,将效率置于首要地位,甚至为了效率可以牺牲一切。本来,这主要是科学技术在应用过程中遵循的标准,不幸的是,它慢慢地成为社会各个领域的运行原则,甚至冲击着真、善、美、正义、公平等伦理原则。

按照效率理论,教授至上的知识基础不复存在。因为,高深知识和拥有

---

① 肖海涛.大学的理念.武汉:华中科技大学出版社,2001.62
② 李工真.德意志道路.武汉:武汉大学出版社,1997.51
③ 赵祥麟主编.外国教育家评传·2.上海:上海教育出版社,1992.23
④ 利奥塔尔.后现代状态.车槿山译.北京:生活·读书·新知三联书店,1997.111

这种知识的教授,可能不如其他知识和其他职业群体有实际的作用,教育本身可能不如职业训练有作用。20世纪50年代,赫钦斯在《民主社会中教育上的冲突》一书里已经论及,教育系统无法像工业部门那样给学生从事某一工种带来良好的训练。在美国,欧洲式的技工学校实际上是不存在的。职业训练是在同一所学校里和其他类型的训练同时进行的。由于职业教学比较容易,又由于职业训练容易引起学生直接的兴趣,所以,职业教学大有把其他教学排除出课程体系的倾向。赫钦斯等人还了解到,在战争年代,飞机公司能在几星期内培养出飞行技工,比学校在几年内培养出的更好。因为,在学校里必然是过了时的教师,用过了时的机械来训练学生。所以,在赫钦斯看来,美国大学强调职业训练的结果是培养出一些质量差的、不像受过教育的技工①。对职业训练来说,大学的确不如公司有效率,教授没有任何意义上的效率优势。

高深知识基础的丧失有两种倾向:教育成为投资机构,教育进入市场。教育既然进入市场,知识成为商品,那么,在激烈竞争和知识爆炸的年代,一个重要的问题就是,什么样的知识最有价值。对这个问题的理解和回答,成了20世纪中期以后美国教育改革的一条重要线索。20世纪五六十年代,美国几乎同时出现两种教育思潮:一是以布鲁纳和斯瓦布为代表的学科结构运动,认为最有价值的知识是学科的基本结构,即该学科的基本原理、概念和范畴;一是以斯金纳为代表的新行为主义教育理论,认为最有价值的是行为的能力,所谓学习,就是行为的改变。但两种教育思潮的目的可谓殊途同归,力图解决的基本问题都是教学效率问题,即怎样才能教得更多、更快、更透彻②。

在后现代社会,知识改变了地位,知识为了出售而被生产,为了在新的生产中增殖而被消费,知识的目的只是为了交换。于是,关于知识的划分也不再是"有知识"与"无知识",而是同区分货币一样,将知识划分为"用于支付的知识"(维持日常生活,用于交换以恢复劳动力等消费的知识)和"用于投资的知识"(优化程序性能而用于信贷的知识)。这两类其实是一类,那就

---

① 华东师范大学教育系等编译.现代西方资产阶级教育思想流派论著选.北京:人民教育出版社,1980.216
② 陆有铨.现代西方教育哲学.郑州:河南教育出版社,1993.273

是可能交换的知识。这种知识多为实证主义的知识或科学的知识,它相对比较容易应用在有关的技术之中,适合转化成社会系统不可缺少的生产力。

实证的或科学的知识并不是全部的知识,它曾经是多余的,总是处在与另一类知识的竞争和冲突中。另一类知识被利奥塔尔称为"叙述性知识",是一种"批判的、反思的或阐释的知识,它直接或间接地审视价值与目标,抵制任何'回收'"①。这种知识,与克拉克所说的"高深知识"雷同。高深知识指"在很大程度上构成各民族中比较深奥的那部分文化的高深思想和有关技能"②,但它在后现代社会里却是无法归类的或无用的知识。于是,教授的知识优势面临失去理论根据的危险,讲座制、终身教职制等保障教授权威的制度,因此就受到越来越多的怀疑。

由于没有找到自己的合法性,科学沦为意识形态或权力的工具,而且,如尼采发现的,"过去的'院系'分裂为形形色色的研究所和基金会,大学丧失了自己的思辩合法化功能,被剥夺了研究的责任……仅满足于传递那些被认为可靠的知识,通过教学保障教师的复制,而不是学者的复制"③。教授的权威与责任,就这样随着大叙事而被"合法化"地剥夺了,而且似乎并未引起世人的怀念。从此,需要高等教育培养的不是各种理想,而是各种能力,"多少医生、多少某专业的教师、多少工程师、多少管理人员等等。知识的传递似乎不再是为了培养能够在解放之路上引导民族的精英,而是为了向系统提供能够在体制所需的语用学岗位上恰如其分地担任角色的游戏者"④。这种情况在西方各国都很明显。"一个刚入学的聪明儿童,越来越不被看做是一个未来的诗人、画家、音乐家、评论家、宗教领袖、哲学家、小说家,甚或是政治家。人们首先想到的是把他培养成一个物理学家、技师、工程师等。人们把生产和创造看成就是制造大机器和创造新技术。"⑤

教授们丧失了教学上的优势,这还在其次。毕竟,技术不管怎么进步,学校永远不会消失,教授的职业也永远不会消失。拥有高深学问的教授们

83

---

① 利奥塔尔.后现代状态.车槿山译.北京:生活·读书·新知三联书店,1997.26
② 克拉克.高等教育系统.王承绪等译.杭州:杭州大学出版社,1994.11
③ 利奥塔尔.后现代状态.车槿山译.北京:生活·读书·新知三联书店,1997.83
④ 利奥塔尔.后现代状态.车槿山译.北京:生活·读书·新知三联书店,1997.104
⑤ 罗伯特·梅逊.西方当代教育理论.陆有铨译.北京:文化教育出版社,1984.13~

放弃其主导作用、道德良心,以及反省与引导社会的兴趣,不去引导社会,引导学生,而是必须"适应"社会,随波逐流,这才是教授自律面临的主要疑点,这才是"教授时代的丧钟"令人忧心的深层原因。

三、教授职业的吸引力在下降

教授控制着作为现代社会重要机构之一的大学,课程、学位要求、入学标准和大学的其他重要的智力功能,绝大部分都是由教授们决定的。而且,作为对高等教育的理想化的虚构,学院和大学被看做真理和学问的堡垒,表面上不受政治斗争的影响。但是,财政的压力对教师所应承担的责任提出了越来越多的要求;大学教授传统上享有的至高无上的地位,被媒介以无情批评等各种方式给贬低了。可以说,大学教授这一职业的"黄金时期"已经结束了①。同时,一些教授的行为失范,更使教授权威受到质疑,而"对学术界精英权威的质疑就是让他们暴露于考核文化下"②,考核文化加强了对大学的控制和干预,像人才培养质量这样极为专业的领域,也得依靠外力的推进,通过投放数以亿计的资金,投入难以计数的人力物力构建质量保证机制,来取得公众的信任。很多时候,大学宁愿将教学效果、办学效益之类,交给受教育者或外力去定夺。这在事实上敲响了"教授时代的丧钟"。

教授职业的黄金时期既已结束,大学教授至高无上的权威本身,在很多时候,特别是在涉及劳资矛盾的时候,就会给他们带来尴尬,使他们有苦无处说。在美国几乎所有行业中,劳资矛盾都是由工会来协调。但1980年美国最高法院在裁决一场涉及大学的劳资纠纷(NLRB VS. Yeshiva University)时表态说,大学教授属于"资方",而非劳方,因为他们在高校的日常管理和运作过程中拥有对重大问题的决定权,还直接参与新教授的招聘、录用、提升等管理过程,所以,按照《国家劳工关系法》的规定,大学教授没有资格享受集体谈判交涉的权利。这项裁决,从根本上否决了私立高校教授加入工会、与校方进行集体谈判交涉的可能性,虽然公立高校的教授仍然保留通过工会与州议会谈判交涉的某些权利。

---

① 阿特巴赫.比较高等教育.人民教育出版社教育室译.北京:人民教育出版社,2001.103
② 贝尔特等.重围之下的大学.大学(研究与评价),2007(2):71

在美国的高校里,秘书、清洁工、食堂职工可以在一个学年中最紧张的时候宣布罢工,让忙于考试的学生吃不上饭,毕业班的学生毕不了业,校园里垃圾成堆没人收拾。为了维持正常的教学秩序,校方一般答应增加其工资等要求。这些权利,教授们却没有。很多年轻教授的工资还不如资格稍老的秘书,但因为教授是学校的"管理阶层",没有组织、参与工会的权利,也没有人为他们到校董会和州政府去争取工资或福利待遇。当教授的工资处于零增长或负增长时,从来没听说过哪个校区的教授举行罢工示威。"非不为也,是不能也。其中尴尬,非情境中人,难以体会。"①

近年来,大学教师临时工化的现象和收入的负增长趋势,则是教授地位被解构的必然结果。对于大学教师临时工化的现象,1951 年成立的加拿大大学教师协会(CAUT)不仅发表了反对意见,而且参加了美国、墨西哥有关机构的"职业公平周"活动②。美国大学教授联合会(AAUP)发布的"美国大学教师收入报告(2005～2006 年)"表明,2005～2006 年,教授们的平均工资增长幅度连续第二年低于通货膨胀率,而大学校长的薪酬收入在过去的十年中获得了快速的增长。1995～2005 年,单一院校首席执行校长的薪水中值提高了近 29 个百分点,全职教师的薪水增长却只有 9 个百分点。而且,高校管理人员的薪水增长中值在 2005～2006 年度达到了 3.5 个百分点,连续9 年增长率超过了通货膨胀率,与教师们的薪水负增长形成明显的反差。这说明,高校教师收入贬值的原因不在于学校收入的下降,而在于不恰当不均衡的分配导致教师收入增长不力③。与其他人员的经济收入相比,教授贬值的情况更为明显。据 Knight Commission 报道,2001 年,年薪高于 100 万美元的足球教练和篮球教练超过 30 位,这种收入是多数大学校长年薪的好几倍④。

德国高校传统管理模式的基本特征是国家控制下的教授自律,自律的范围局限在学术性事务上,且主要由教席教授全权处理。而且,早在 20 世纪60 年代德国"团体大学"改革的过程中,教席教授在高校自我管理中的垄断

---

① 程星.细读美国大学.北京:商务印书馆,2004.73

② Fair Employment Week, 即 10 月 22～26 日

③ 杨长青、赵丹龄译.高等教育的贬值.清华大学教育研究,2007(3):77～82

④ Derek Curtis Bok. Universities in the Marketplace: The Commercialization of Higher Education. Princeton: Princeton University Press, 2003. p.38

地位就在一定程度上被动摇了。1967～1968 年,在政府和社会要求高校"敞开校门"的同时,高校助教与大学生高举"民主"的大旗,要求取消大学教授的特权。虽然这些要求遭到了社会保守势力特别是大学教授的质疑,但改革之声却是那个时代的最强音,高等学校的改革确实也是按照改革者的意愿向前推进的。校内管理体制民主化改革成为"改革十年"的主要方向,民主化进程改变着传统德国大学的基本结构。由高校四方人员(教授、学术性科学助手、大学生、高校其他辅助人员)构成的"团体大学"逐渐取代了传统的以正教授特权为特征的"教授大学",并在 1969 年颁布的联邦德国第一部《高等教育总法》中得以确认。1969 年,联邦教育与科学部成立,依据联邦德国《基本法》的修改,联邦分担了高校基本建设费用。到 1976 年,联邦政府不仅获得了扩建与新建高校及其附属医院的共同任务(此后分担高校基本建设费的 50％),而且还获得了《高等教育总法》的立法权、教育规划的参与权、向大学生提供学习资助的专项权等多项权力①。在 20 世纪六七十年代高等教育改革的十年中,教育讨论的主题词是"危机""扩展""机会均等""民主化"。20 世纪 70 年代中期以及 80 年代初期,基督教民主联盟和基督教社会联盟上台执政,则使教育政策的重心由机会均等转向竞争与差异化。1985 年以来,追求效率与倡导竞争成为德国高等教育转型的主旋律。特别是 20 世纪 90 年代中期以后,教育讨论的主要问题已经变为教育管理范式的转换,人们主要从成本、效益、成果以及价值的视角来检讨高等教育活动,教授权威让位于经济范式或市场机制为主的共同治理。

在英国,尽管大学教师承担的责任已经达到了"最高"的限度,但地位却在下降。1989 年以后担任教师的人不再享有终身职位,同时还得定期接受评议②。对这些教授来说,要想拥有传统上的教授权威更没有多少依据和保障了。

教授至上的权威在西方大学发展史上创造过辉煌的业绩,也给大学和大学教授头上添加了无上荣耀的光环。但是,反智主义等因素直扫教授至上的基础,促使各方共治高等教育的愿望越来越强烈。其重要标志,就是高等教育问责制成为风尚,成为共治高等教育的集中体现。

---

① 周丽华. 与洪堡告别. 中外教育分析报告,2006－09－25
② 阿特巴赫. 比较高等教育. 人民教育出版社教育室译. 北京:人民教育出版社,2001.

第二节　问责制是共治高等教育的集中体现

纵向地看,控制大学的主要力量经历了神权制、贵族制、能力主义、民主制四种模式或四个阶段。第一种是以中世纪大学为代表的神权制,如以神权为中心的巴黎大学。这时的高等教育是由神职人员(教会的权威)控制知识为主的。第二种是以近代牛津、剑桥为代表的贵族制。这个时代的高等教育以贵族支配为主。第三种是能力主义时代。这时的高等教育由学问优异者支配为主,像19世纪以后德国大学的发展就处于能力主义时代。第四种是民主制时代。教师和学生都有支配权,共同管理运营高等教育,以20世纪以来美国高等教育大众化发展为典型,可以说其间高等教育处于"共治"的时代。这种高等教育主要控制力量的变化,被英国教育社会学家哈尔西(A. H. Halsey)称为大学支配结构的四个阶段,日本的藤田英典借用这种支配结构分类的方法,分析了知识性精英的内涵,相应地提出了英才的四种类型,并认为日本社会所需要的英才教育,应该致力于培养能力主义式精英和民主主义制精英①。

笔者以为,这四种模式的变化,大致上也反映了西方高等教育由"3A"向"4A"的变化,也就是由内部自治为主向外力控制为主、多种力量"共治"变化的状态。这就是说,在大学支配结构的神权制、贵族制、能力主义时代,高等教育的治理和控制主要是大学内部的力量在起作用,不管是纽曼理想化的大学即"居住僧侣的村庄",还是弗莱克斯纳描述的大学即"知识分子垄断的城镇",或者是中世纪知识分子垄断的大学②,都是由高等教育内部力量在控制,甚至垄断。

可是,在大学支配结构的民主制时代,自律机制的垄断作用已经被打

---

① 藤田英典.走出教育改革的误区.张琼华,许敏译.北京:人民教育出版社,2001.69
② 据法国学者勒戈夫研究,大学是为知识分子而产生的。知识分子是"以思想和传授其思想为职业的人",这些人可能是当时的专业人士——"教士"。虽然有的大学由皇帝、国王或地方行政长官颁发特许状而正式设置,但许多大学都是因著名知识分子讲学的吸引力而自然形成的。详见拙作《大学的精神状况》第206页。

破,所有利益相关者都在努力控制高等教育,"曾经是大学之存在的核心的道德标准,如今是专业团体和校外董事会对大学的加强,而不再是大学本身所具备的"①。教授权威下降,自律机制弱化,传统上一直以自律为主的西方高等教育有了更多的来自外部的控制力量,各种利益攸关者都努力干预和控制高等教育的各种活动,包括高等学校内部的学术活动。到 21 世纪初,单是影响高等教育立法的组织机构,在美国就已接近 50 个,包括美国大学教授协会、美国大学董事会联合会、教育通讯技术协会等②。在高等教育治理活动中,一方面出现了政府失灵、市场失控、教师行为失范之类的现象;另一方面,当代高等教育日益成为社会的中心,高等教育由纯公共产品成为准公共产品,这使大学治理的权力格局发生了深刻的变化,社会各方共同治理的愿望有了客观基础、理论支持和组织保障③,在这种情况下,传统上自律机制逐步为共治观念所取代,自律活动逐步为种种共治行为所取代。这种变化最为集中的体现,就是高等教育问责制的兴起与流行。

一、问责制的基本含义

问责制的定义尚不统一,不同地方问责的方式和内容也有差异,但简单地说,问责制指转型期西方各国治理高等教育的一项重要制度,其基本含义就是资源使用者向资源供给人提交报告的义务或职责。这样的制度,在传统上以自律机制为主的西方高等教育治理格局中是难以想象的。根据问责制,资源使用人有义务就资源如何使用以及使用的效果如何,向他人作出解释,回答有关问题,并表明资源使用的正当性。

具体地说,问责制涉及的基本问题不外乎谁负责任,负什么责任,对谁负责,通过什么方式负责,履行责任的效果如何④。这就是说,问责制涉及的要素,就如同高等教育的"责任"一样,主要是责任主体、责任内容或责任范

---

① 弗兰克·罗德斯.创造未来.王晓阳等译.北京:清华大学出版社,2007.41

② 姚云.美国高等教育法治研究.太原:山西教育出版社,2004.122~124

③ 熊庆年编著.高等教育管理引论.上海:复旦大学出版社,2007.89~95

④ Martin Trow. The Decline of Diversity, Autonomy and Trust in Post-War British Higher Education: An American Perspective. Perspectives: Policy and Practice in Higher Education, 2005(1):309~324

围、责任对象、责任方式和责任效果五个方面①。这些要素，可以从问责制的六方面含义中得以体现：第一，必须向外界展示组织使用权力的正当性；第二，必须表明为完成投资方所确定的目标和要求而努力的情况；第三，必须提供绩效报告；第四，以公共事业部门盛行的效率和效能为其资源使用状况与成果创造情况的衡定标准；第五，必须保证课程和各种服务的质量；第六，必须满足公共利益的需求②。

　　问责制的这些含义表明，问责的主要内容是教育质量，包括对教育质量的自我评价、招生人数和毕业率、在校生与毕业生追踪分析、毕业生就业率和继续升学率、社会和用人单位对毕业生的评价等。像佛罗里达州教育委员会发布的州立大学系统的 2001 年度责任报告，长达 50 多页，分教学、科研、社会服务三个大类，包括首次入学学生毕业率、巩固率、资格证书考试一次通过率、在本州就业的毕业生毕业后 1 年和 5 年时薪酬达到 22000 美元的比例、授予的各类学位数目、教师人均科研论文数、外部科研经费的教师均值等，共计 25 个小项，细致而且繁琐，试图囊括教育质量的主要因素。

　　当然，问责制在不同的语境下有不同的含义，不同国家对高等教育问责的方式与具体举措也存在许多的差异。美国联邦政府在问责制中就不是主角，正式的问责（formal accountability）主要通过"认证"（accreditation）而完成。英国的情况正好相反，正式的问责直接而强烈，财政资助与科研评估的结果直接挂钩，与教学质量的外部评估直接挂钩，还与各种绩效报告以及政府委派（mandated）而名声已经不好的各种机构的问责挂钩。英国高等教育的问责由问责者、负责者和责任内容三个要素组成。也就是说，英国高等教育的问责包括谁来问责、谁来负责和负什么责任三大要素。其中，问责者指高等教育机构的利益相关者。一般说来，英国高等教育的问责者包括政府委托人或机构、基金组织、中介组织、与学生相关的组织、与雇主相关的组织、赞助机构、行业组织、与教师相关的组织、工商业界等。2000 年，英国高

----

① 笔者认为，高等教育的责任就是高等学校分内应做的事。它涉及责任主体（谁负责任）、责任对象（对谁负责任）、责任范围（负什么责任）和责任方式（怎样负责任）等要素。参见拙作：《大学的精神状况》，第 92 页。

② Joseph C. Burke (Editor). Achieving Accountability in Higher Education: Balancing Public, Academic, and Market Demands. San Francisco: Jossey-Bass Publishers, 2005. pp. 5~14

等教育基金会(HEFCE)委托一家管理咨询公司(PA Consulting Group)推出的报告 Better accountability for higher education 中,涉及的利益相关机构就有中央政府、基金组织、其他组织与机构 3 类 18 家之多①。英国高等教育问责制中的负责者,就是高等学校本身,而责任内容就是众多的问责者的利益诉求。随着问责者数量的不断增加,问责者、负责者和责任内容包含的诸多要素相互作用,已使外部力量对英国高等教育内部治理的干预范围越来越宽,干预程度越来越深。

二、问责制的流行及其诱发因素

开始于 20 世纪 60 年代的问责制在 20 世纪 80 年代中后期获得大发展,成为转型期多数发达国家教育改革的一项重要内容,并在西方各国逐步流行起来,这是多种因素共同作用的产物。

(一) 问责制的流行

自 20 世纪中期开始,美国联邦政府涉入高等教育认证,一直利用认证形式对高等教育实行正式的问责。在 20 世纪 80 年代中期,公众要求公开同行评估的过程,这使高等教育问责运动成为全美范围的重要潮流。尽管具体的认证方式方法由专业人士决定,但评估的政策由政府制定。满足校外各种力量通过政府而对高等教育提出的要求,并证明自己有效地满足了这些要求,自然成为高等教育不可回避的社会责任。

进入 21 世纪,美国政府和社会对高等教育的投入力度明显变小,州政府更多地把高等教育的投资向市场转移和引导,高等教育越来越被市场而非政府操纵。高等学校在强调效益、压缩开支的同时,还必须在"生源竞争"中取得优势,必须向校外有效地"述职"。研究发现,问责制作为含义复杂而又无法回避的焦点话题,近年来已成为美国高等教育领域使用最为频繁的一个词②。

如今,对问责制的青睐已是西方各国的共同追求。2002 年 9 月 15～18日,经济合作与发展组织(OECD)2002 年度高等教育学术研讨会在巴黎召

---

① PA Consulting Group. Better Accountability for Higher Education,2000—06—12
② 冯遵永、刘莉莉.美国高校社会公责制的嬗变及探析.复旦教育论坛,2006(1):75

开,"问责与激励"成为大会的主题①。出席研讨会的包括 OECD 拥有的 30 个成员国和 2 个非成员国的校长协会主席、大学校长、研究机构专家,共 320 人。研讨会规模如此之大,主题如此集中,这在一定程度说明了世界各国对高等教育问责制、绩效等问题的广泛关注。

(二)问责制的诱发因素

问责制之所以受到广泛的关注并成为各国治理高等教育的时尚,自有其复杂而深刻的政治、经济和社会文化背景。传统上,大学自治允许大学按照自己的方式合理地安排大学的经费,而转型期以来,各国政府面临的财政压力,大大增加了高校说明其绩效的压力,这甚至就是高等教育问责制得以广泛流行的导火线。

20 世纪 90 年代,美国许多大学都出现了财政赤字。1991 年,哈佛大学有 4200 万美元的财政赤字。20 世纪 80 年代以后十余年的时间,耶鲁大学累积赤字就达 10 亿美元②。1990 年,美国问责监管委员会开始对大学和学院是否适当地使用了联邦政府赞助的科研项目经费这个问题展开调查。斯坦福大学在这次调查中爆出丑闻。1991 年,联邦政府和斯坦福大学关于非直接经费开支和 20 世纪 80 年代以来联邦政府所拨的研究经费支出不当的争论,成为中学后教育及非盈利机构进入问责时代的导火线。从此,人们对大学和学院的信任程度大为降低,高等学校卷入被问责的浪潮。

在日本,1981 年开始的"行政改革"导致了教育总体预算的大幅度削减。从大学财政情况看,国立大学的政府经费投入占学校总体收入的比例从 1964 年的 82.7% 降到 1999 年的 56.8%,而私立大学的政府补助金比例也从 1980 年的 29.5% 降到 1997 年的 12.1%③。在近年来大学法人化改革步伐加快的情况下,政府资金下滑的倾向更加明显,促使政府在大学预算的配置上不得不采取"重点项目中心主义"政策,即对成果卓著、社会信誉良好的大学在预算、补助金上实行优先配置。在这种情况下,日本政府频频出台和实施大学评价政策,以评估为投资的凭据或问责的依据。

大学需要的巨额资金来自学生所交的学杂费、企业和社会团体提供的

---

① Incentives and Accountability: Instruments of Change in Higher Education

② George Roche. The Fall of the Ivory Tower. Washington DC: Regnery Publishing Inc, 1994. p.7

③ 丁妍. 日本大学评价制度建立的背景、现状及问题的研究. 复旦教育论坛, 2003(5)

资金援助,还有很大一部分来自政府的教育预算。一旦政府、大众有要求,大学就必须对其资金配置情况以及相应的教研成果作出明确的说明。政府削减公共开支,企业和社会人士对大学管理的不信任,学费的不断上涨,学校的变革不尽人意,诸多的因素为各个国家教育问责制设置了一个共同的、首要的目标,那就是通过缩小公共部门的规模、采取公司化和私营化的策略等途径节省财政开支,从积极预防的角度实现基本的管理目标。因此,许多大学不得不自觉地进行检查评估,公开必要的数据和资料,以便使民众满意。

有研究看到,过去 40 年来,同美国政府的形象一样,包括大学在内的美国所有学术组织的信誉都处于直线下降状态①。商业行为有损大学在公众眼里的形象,原因在于,不管社会如何变化,有些机构的公益性是必不可少的。像高级法院、军队一样,大学在传统上不是忠实于一己之私利,而是忠实于真理和理解。当大学和专业学院在实质上成为追名逐利的机构时,学生和家长们就会表现出更多的愤恨。"大学越变越富裕,大学因此也越来越容易激起公众的嫉恨,而不是产生越来越好的影响。大学校园越变越宽大,大学对土地的要求越来越多,这时,大学在周围社区激起的敌意也会越来越强烈。在这样的紧张状态中,争强好胜的商业主义迹象,以及常常因此出现的各种流言蜚语和倒霉运气,极为容易点燃对大学强烈的不赞成和不信任之火。"这样,"信任衰落了,政府干涉大学的危险自然增长起来"②。与过去相比,目前美国官方对大学事务的干涉的确更多了。为了加强责任机制,官方要求大学对有关各方反应及时,还要实行问责制。

问责制是以绩效为基础的教育资源配置方式,而以绩效为基础配置教育资源,其实是一种恩威并施的策略。在 OECD 国家,几乎 80％的高等教育经费来自公共财政。面对高等教育经费过度依赖于公共财政、办学经费严重不足等问题,各国政府纷纷引进市场化改革,恩威并施,以减轻高校对公共经费的依赖。当论及国家政策对院校行为的影响时,政府控制手段中的

---

① Derek Curtis Bok. Universities in the Marketplace：The Commercialization of Higher Education. Princeton：Princeton University Press，2003. p. 115

② Derek Curtis Bok. Universities in the Marketplace：The Commercialization of Higher Education. Princeton：Princeton University Press，2003. p. 116

拨款机制和评价机制常常被喻为"胡萝卜加大棒"①。西方各国政府对高等教育的控制,既采用激励政策(胡萝卜),提供激励因素,又采用命令与惩罚(大棒)手段。OECD 各国都坚持的基本观点是,胡萝卜与大棒手段并举仍然有效,国家将继续使用,并在两者之间寻找平衡②。结果,问责制成为恩威并施的一种基本的平衡器。

由此看来,削减公共投入、上涨学费、高等教育市场化、商业化潮流使高等教育有失公众信任等因素共同打造的强大压力,正是西方高等教育问责制得以广泛流行的现实诱因。20 世纪 90 年代中后期以来,德国高等教育的政策基础遇到了新的挑战。这些挑战,就很好地展示了德国高等教育问责制的具体诱因。第一,在观念方面,德国的传统是国办高校,但 20 世纪 90 年代前后,政府在经济上无条件支持高等教育的传统观念发生了动摇。第二,在客观上,自 20 世纪 90 年代以来,德国经济的平均年增长率长期徘徊在 1%～2%,政府支持高等教育的财政能力下降,这给国家投入为主体的高等教育运行机制带来了负面影响。第三,当国家财政陷入困境之时,席卷欧美发达国家的以市场化为取向的"新公共管理"运动也波及德国。"新公共管理"是"管理主义"在公共部门的运用。它对管理持有的基本理念是管理的自由化和市场化,它强调自由化,认为政府只有从长期形成的繁文缛节中解放出来,"让管理者来管理",才能提高公共管理的效率。新公共管理理论还强调市场化,将竞争看做改进业绩的法宝,并坚持私营部门管理技术的普适性③。在它的影响下,德国政府也对高校提出了效率的要求,并希望通过分权、放松规制、委托等私营机构运用的管理技术改善高校管理,提高办学效率。

三、问责制对高等教育的深刻影响

问责制对西方高等教育的影响不仅广泛,而且深刻。这主要表现为四个方面:问责制使高等教育正在"失去朋友",使松绑的高校依然处于政府的控制之下,使高等教育受到更多的"外部控制",为高等教育资源配置找到了

① 亦即"恩威并施"(carrot-and-stick),比喻激励良好行为,惩罚不良行为的举措。
② 谢仁业、房欲飞.激励与责任:高等教育变化中的制度结构.复旦教育论坛,2003(1):49
③ 黄小勇.现代化进程中的官僚制.哈尔滨:黑龙江人民出版社,2003.220～221

以绩效评估为依据的激励机制。这些影响,对西方社会共同治理高等教育起到了重要作用。

（一）问责制使高等教育正在"失去朋友"

在问责制广泛流行的环境中,西方高等教育有了越来越多的利益攸关者,这些利益攸关者总是习惯于追问高校为他们做了什么,而不是像朋友那样,常问自己为高校做了什么。这就是说,问责制使高等教育正在"失去朋友"。

面对越来越多的问责者,高等院校不仅要向上级机构和资助者汇报其资源运用情况,证明其办学效果,还必须接受各种各样的外部评审。外部评审的日益盛行,在英国高等教育问责制中表现极为典型。不同问责者的利益诉求并不一致,他们要求大学进行解释或说明的事务也不一样,这给高校带来了沉重的财政负担,也给大学员工带来了额外的工作负担。为了减轻负担,处理好问责者的利益诉求与负责者的负担之间的矛盾,2000 年,PA 管理咨询公司推出的 Better accountability for higher education 报告中,归纳出有效问责的"四项基本原则"。第一,权衡轻重（Measure What Matters）。这要求问责者根据可能的产品和成果确定问责要求。第二,理清关系（Clarify Relationships）。这要求问责者与负责者之间的问责安排以某种清楚的既定关系为基础,事先对问责的要求作出条理分明、前后一致的陈述。第三,寻求共同利益（Seek Mutual Benefits）。这要求问责安排带来问责者和负责者双方利益的最大化。第四,增加价值（Add Value）。这要求问责安排使负责者增加的投入最小化,并使这种投入真正地收到增值效果①。四年后,英国高等教育基金会再一次委托 PA 管理咨询公司对实施这四项基本原则的高等学校进行调查,结果认为,这些原则在减轻高等学校负担方面成效显著。

英国的大学也有自治的传统,但英国政坛的波动深刻地影响着高等教育政策的制定。英国教育大臣更换相当频繁,从二战后到 1999 年,就有 20 多人担任过教育大臣,平均任职时间只有两年半②。这其实加剧了外力对高

---

① PA Consulting Group. Better Accountability for Higher Education，2000－06－12

② Clyde Chitty, John Dunford. State Schools：New Labour and the Conservative Legacy. London：Woburn Press，1999. p. 155

等教育的控制。特罗的研究看到①,二战以来,特别是 1980 年撒切尔革新开始,英国高等教育面临着多样性、学术自治和公信力的衰弱。为缓解财政压力,对公共部门采取了削减财政支出,推行市场化、私有化等改革措施,这些举措对公立高校的直接影响,就是经费削减。在学生总数大量增加的情况下,20 年内,大学经费削减过半,却没有给任何政党带来政治上的惩罚。大学不得不通过与工商业合作、转让科研成果、留学生交纳全额学费等多种渠道获得办学经费。撒切尔及其政府坚信"英国衰落"论,并将衰落归因于教育。在他们看来,当时的大学只是一种自私自利(self-serving)、反动而舒适的场所,大学不关注社会问题的解决和经济竞争力的提升。据此,政府要求对大学进行彻底改革,使之变得更有效率、更有影响和更有责任心。这对当时的英国大学来说,可能面临的外力控制模式有两种,一种是以大臣 Keith Joseph 为代表所主张的市场机制,另一种是以大学基金委员会首席执行官 Swinnerton-Dyer 为代表所主张的中央政府管理与控制机制。结果,这两种控制模式都被纳入了撒切尔政策的视野之中。尽管后者在争论中最终占了优势,英国政府的目标更多指向高等教育上的"公正",但实际使高等教育经受着政府和市场的双重控制。在这种情况下,全社会越来越多的利益攸关者要求高等学校就资金使用情况、教育质量、办学效益等方面作出汇报、解释、证明,即要求对高等学校实施问责制。特罗认为,"没有朋友"成为英国大学的奇异现象。过去几十年,英国大学需要朋友,最终找到的却只是利益攸关者。在特罗看来,"friends"(朋友)与"stakeholders"(利益攸关者)是很不相同的,前者常常思考的问题是"我们能够为你做什么",而后者常常问的是"你能为我做什么"②。

问责制给西方高等教育带来的,正是越来越多的利益攸关者。西方高等学校听到的越来越多的声音,不是"我能为你做什么",而是"你能为我做什么"之类的问责。

---

① Martin Trow. The Decline of Diversity, Autonomy and Trust in Post-War British Higher Education:An American Perspective. Perspectives:Policy and Practice in Higher Education,2005(1):7～11

② Martin Trow. The Decline of Diversity, Autonomy and Trust in Post-War British Higher Education:An American Perspective. Perspectives:Policy and Practice in Higher Education,2005(1):7～11

（二）问责制使松绑的高校依然处于政府的控制之下

为了实现对高等教育的问责，欧洲教育质量运动中出现了所谓的评估型政府，以市场或准市场机制加强了政府对高校的控制。政府方面认为，评估型政府的出现赋予了高等教育新的自由和灵活性。学者们则认为，评估型政府没有导致政府作用的衰退，而是成功地使政府从没完没了的琐碎小事上撤退出来①。有的学者甚至认为，评估型政府是对高等教育学术自主的损害。他们看到，在这种评估型政府的新哲学中，大学可以享受自主，大学有了更多的自由，但这只是按照政府所希望的去行动的自由。通过财政上的控制、产出测量和鉴定等手段，政府实现了它所制定的高等教育预期目标。在自我调节、灵活性以及自由的伪装下，政府成功地消灭了学术自主②。

1998 年 8 月，德国第 4 次修订联邦《高等教育总法》，修订的重点是以绩效为导向的高校财政改革、学习结构改革、质量控制，以及组织制度的"去控制"。在这次修订中，立法者在删除大量条款给高校松绑的同时，增加了一系列取法于美国高校的做法。在专业设置的授权、自主招生权等方面表现为国家和政府放权给高校和市场，但"松绑的高校依然处于国家的控制之下"③。虽然高校与国家之间形成了新的战略伙伴关系，但作为高校拥有者和财政资助者的政府和议会仍然对高校重要的战略性决定具有最终决定权。不仅如此，高校还必须证明自己对社会的责任，必须面临被外界问责的压力。

问责制往往声称要提高学校自我负责的能力，加强高校的自主性，即加强自治。这主要是政治家和国家提出来的主张，竞争、效率、自治以及由此进行的高校内部管理体制改革，只是作为政府促进高校发展的一种手段。因此，其中所谓的"自治"，是国家许可范围下的高校自我管理权的扩大，是

① Guy Neave. On the Cultivation of Quality, Efficiency and Enterprise: An Verview of Recent Trends in Higher Education in Western Europe, 1986—1988. European Journal of education, 1988(1/2)

② Seamus O'Buachalla. Self-regulation and the Emergence of the Evaluate State: Trends in Irish Higher Education Policy, 1987—1992. European Journal of education, 1992(1/2)

③ 周丽华. 德国高等教育管理体制改革的新思维. 华南师范大学学报(社科版),2006(4)

一种能够快速、灵活地应对环境变化的能力，而不是传统意义上的自律。在德国 1998 年《高等教育总法》推进的改革中，有关自治的讨论，不再拘泥于国家与高校关系中国家的角色以及由此而来的高校如何抵御外来干扰、保障学术自我管理不受侵害的问题，而是更加关心高校管理如何专业化以及如何提高管理效率的问题。

效率来自竞争，竞争需要自治，自治的关键是提高高校的领导与责任能力，自治必须加强监督，这就是 1998 年以来德国高校改革的基本思路。这种思路在实践上的必然后果就是，自治的高校，不仅接受国家的监督，同时也接受社会的监督。在这次改革中，出现的一个新生事物即有校外人士主要是政界、经济界及社会人士参加的高校理事会。尽管高校理事会的主要职责是监督与建议，但它的出现，至少带来一种观念的变化，那就是，作为公共财政支持的事业，高校不仅要承担社会责任，而且必须接受社会的监督①。

根据法国 1989 年的《教育指导法》，法国中央和地方教育管理机构对高校的干预都在扩展。地方教育管理机构（Regional Education Councils）的权限就已正式扩展到高等教育系统之中，地方教育总长（Chief Education Officer）作为大学的副校长被要求就所管地区的高等教育状况提供年度报告。

（三）问责制使高等教育受到更多的"外部控制"

美国高等教育问责制的产生和发展表明，它本身就是外部干预高等教育治理的产物，它本身就意味着高等教育从自律向共治的转向，意味着外力干预的加强。这其中最值得关注的变化，在于评估标准由学术内部目的向非学术目的转移。联邦和州政府、社会公众、捐赠团体、学生家长等外部利益群体提出越来越多的要求和指责，从追问大学系统的效率，到要求提高教育质量，满足外部公共利益和市场需求等等，就像政府制定公共政策的情况一样，新的目标总是在不断增加，但是以前的目标却很少被丢掉②。高等学校尽管还拥有自治的权力，却觉得教育的效力正在被来自外部世界的各种

---

① 周丽华.德国高等教育管理体制改革的新思维.华南师范大学学报（社科版），2006（4）

② Joseph C. Burke(Editor). Achieving Accountability in Higher Education：Balancing Public, Academic, and Market Demands. San Francisco：Jossey-Bass Publishers, 2005. p. 4

利益群体所侵蚀,觉得不断变化的外部目标正日益入驻高等教育组织目标的核心。

高等教育对知识经济和信息社会的迟滞应变,公共投入的进一步减少,这些情况与美国"政府重构"政策的诱因相似①,已经使问责制的目的由高校的自我完善转换为外部要求,其核心指标已经变为社会各界对产出(output)和成果(outcome)的追问。于是,政府政策的制定者和非传统的高等教育机构取代了大学教授而成为高等教育实施问责制的代言人②。也就是说,20世纪90年代以来,传统的自律机制进一步向共治转换。有两类机构值得关注,一是由各州政府组织的高等教育委员会;二是由各州的立法机构指定一批学校外部人士组成的董事会。不论公立大学还是私立大学,都有这种由各州立法部门工作人员、牧师和熟悉高校管理的市民代表组成的董事会,其主要职责是对学校大型建设项目的必要性、资金投入等经济问题及学校发展的其他重大问题进行审议和监督。

有研究者指出,问责的出现已经在某种程度上危及传统上大学自治的合法地位。就目前的问责状况来看,确认大学存在的合法性和合理性的权力已经逐步转向大学之外的权力系统。这意味着,大学已逐步被纳入外在权力系统中,而且逐步转化为被外在权力系统所掌控的组织机构③。外部利益集团甚至要求决定高等教育质量的定义。随着问责运动的进一步深化,高等教育质量的定义和管理已不再被认为是高等教育专家的独控领域,高等教育各种利益攸关者包括雇主、学生等都被赋予定义教育质量的权力。在部分专业认证领域(如华盛顿协议的工程教育认证),各种利益攸关者直接参与评估,已成为鲜明特征。而且,公众对于认证机构提供的信息仍然不够满意,认为这些信息只简单说明了认证通过与否的结果,没有提及院校或专业的具体长处和弱点④。

自治成分的增加,必然要求监督力量的强化。加拿大要求增加高等院

---

① "政府重构"关注的焦点是组织行为的效果,以及组织对于顾客的服务。

② 冯遵永、刘莉莉.美国高校社会公责制的嬗变及探析.复旦教育论坛,2006(1):77

③ 韩延伦、孙承毅.大学自治的历史解读及其文化价值论析.内蒙古师大学报(教科版),2006(7):46～49

④ 熊耕.美国高等教育认证制度面临的问题与挑战.比较教育研究,2006(1):75

校的自治成分,其实就是要求高等学校自主自觉、积极认真地承担更多的社会责任。自治成分增加,并没有改变加拿大高等教育受外力控制越来越多、越来越强大的整体特征。这表现为以下方面。第一,因为公共机构要求大学承担更多的责任,并且注重效率,所以政府对过去由大学自己决定的事务干预也越来越多。第二,大学和经济界的联系日益加强。第三,包括大学在内的公共机构越来越多地引入市场规则和机制。第四,以学院的决策权和其次级单位(如系)以及教职工个体自治权的丧失为代价,来加强大学的集权管理。第五,大学功能日益商业化,商业化越来越对大学的教学功能产生影响。特别在职业和技术教育领域,大学计划或课程顾问委员会中来自工业界和商业界的外部成员的人数及其影响均有所增加①。

(四)问责制使高等教育资源配置以绩效评估为依据

高等教育资源的配置有多种方式,但近年来西方高等教育问责制的流行,却使高等教育资源配置方式出现了一种特别趋同的倾向,那就是,为了满足外部问责的要求,各国高等教育资源分配方式出现了一个极大的转折,纷纷采用以绩效为基础的资源分配政策。政策制定者一般能够通过三种方式实现高等教育问责制的要求,即绩效拨款(performance funding)、绩效预算(performance budgeting)和绩效报告(performance reporting),而每一种方式都是以绩效为基础的(Performance-based)。作为问责制的一种结果,以绩效为基础的资源配置方式已在西方各国乃至全球范围得到广泛的应用。其中,以美国 15 个州实施的绩效拨款和 20 个州运行的绩效预算项目②、1999 年以来英国政府使用的绩效报告方案、2000 年以来德国 14 个州实施的绩效拨款项目最受关注③。

美国政府分配的主要目标,20 世纪 50 年代集中于为高等教育提供充足

---

① 李素敏、舒尔茨.加拿大高等教育的量变、质变及其特征.高等教育研究.2005 (12):106

② Joseph C. Burke. The New Accountability for Public Higher Education: From Regulation to Results, Research in University Evaluation. The Journal of University Evaluation of National Institution for Academic, 2003(3)

③ Dominic Orr, Michael Jaeger, Astrid Schwarzenberge. Performance-based funding as an instrument of competition in German higher education. Journal of Higher Education Policy & Management, 2007(1):3~23

的办学资源,20 世纪 60 年代集中于保持投入的增长,20 世纪 70 年代表现为追求高等教育资源再分配的公平,20 世纪 80 年代侧重于稳定的预算和教育质量的保障,到 20 世纪 90 年代,预算的稳定固然是公共高等教育资源分配的目的,但满足外部问责的要求已经成为首要的追求。20 世纪 70 年代末期开始,各国政府才开始在高等教育领域实施以绩效为基础的资源分配或以绩效指标为基础的财政预算,而 20 世纪 90 年代以后,美国各州政府普遍开始采纳绩效拨款和绩效预算①。另据研究,到 2002 年,美国有近 90% 的州运行着某种形式的绩效报告,这比两年前增长了 50%②。这也反映了高等教育治理目标由内部需要向外部要求的变化。

对于高校财政,德国《高等教育总法》1998 年修订时特别增加了新内容,确定建立以绩效为导向的高等学校财政拨款制度,即国家高等学校财政以其研究、教学及促进科学后备人才方面所取得的业绩为导向,同时也考虑高等学校在实现平等任务方面所取得的进步。其要旨就是引入以高校绩效为基础的政府拨款模式,将高校的教学与科研业绩、学生的培养质量作为政府拨款的变量指标,从而增加拨款的弹性。根据这种要求,传统大学中对高校教师那种学术职业所养成的自我约束、自我成熟的信任体系和自律机制已逐渐消失,取而代之的必然是多种多样的评估和激励制度。

评估是以绩效为取向的国家高等教育财政拨款和高校内部资金分配的基础。因此,德国 1998 年修订的《高等教育总法》的另一重要目标是建立高等学校业绩的评估制度。在将高等学校的教学和科研以及培养人才的质量作为政府拨款的基本参照指标的同时,德国《高等教育总法》第 6 条明确规定,高等学校必须接受有关研究、教学、科学后备力量的支持以及男女平等机会的保障等方面工作的定期评估,大学生必须参与教学质量评估,这些评估的结果应正式公布。2000 年联邦教育与研究部建议改革高校教师工资与人事制度。它认为教授生活过于养尊处优,在聘任教授及确定教授工资时,缺少对绩效的考虑。为此,《21 世纪德国高等学校服务法》提出了高等学校

---

① Serban, Andreea M. Precursors of Performance Funding. New Directions for Institutional Research,1998(1):15～24

② Joseph C. Burke, Henrik Minassians. The Preferred "No Cost" Accountability Program. The Sixth Annual Report,2002

教师工资与人事制度的改革方案,引入绩效导向和具有竞争力的工资制度。这些举措,使评估和绩效导向的分配机制一步一步地在德国高等教育系统中得到了强化。

从 1986 年开始,法国高等教育在资助机制、与地方协调发展的能力、赋予大学在教学与科研领域采取主动行动的自由等方面,经历了非常重要的变革①,那就是,这一年建立了法国全国评估委员会(NEC),加强对高等学校办学情况的评估。这使对高校教学功能进行评价的主要评估系统,由原有的隶属于法国国家科学研究中心(CNRS)的评估系统变成了两个评估系统。法国全国教育评估委员会要向总统提供关于高等教育状况的年度报告,其主要任务就是向高校提供全面的评估结果,以使高校能够制定出有关未来发展战略的计划。

高等教育资源配置以绩效为基础,要求在高等院校的实际表现与资源配置之间建立直接的联系,其优势在于,它将资源分配同高校的产生与高等教育结果相联系,而不是同大学的投入与生产过程相联系,这更有利于外部问责主体通过资源配置来控制高校的内部活动,更有利于外部利益相关者(通过政府)改变高等教育的目标与行为。多数以绩效为基础的资源配置项目都追求双重目标:在达到外部问责要求的同时,提高高校内部资源使用的效率。但显然,外部要求的效率,才是必须得到满足的,否则,绩效难以显示,而要获取外部资源,就会失去绩效依据。

在普遍问责的现实中,为了获得外部资源,高等学校必须努力争取公共资源并证明学校对资源的使用是有成效的,这就必然面临被外力"格式化"的危险。这使西方高等教育面临的中心问题是,如何治理高等学校才能形成院校个性,避免高等教育的过分趋同化。20 世纪末,英国有 40 多所大学在赤字状态下运行,而外部经费来源因基于绩效而变得公式化。院校如何自我定位,成为不能不探讨的问题,而这与西方多种力量共治高等教育的深层次原因有关。

101

---

①范富格特.国际高等教育政策比较研究.王承绪等译.杭州:浙江教育出版社,2001.163

第三节　西方共治高等教育的深层原因

　　一般说来,西方大学的教授们是很珍视他们的至上权威的,他们常常能够严于自律。"教授就是大学"这一观念为人称道,其基础与前提就是教授自律的大学传统。欧洲近代大学的水准,正是教授自律的产物。在近代大学的开创者洪堡看来,大学就是一种由自我管理的专业人员组成的团体,这种团体与外部世界存在着清晰的界限,它自身负责,自行监督,对市场力量具有免疫力;讲师和教授们作为自由知识分子而发挥作用,可以摆脱具体利益的束缚;学者的知识活动指向社会的核心活动,如教化和自我教化,知识本身就具有价值。这些活动可能给社会提供有实际意义的副产品,但副产品的出现却是无法预期的①。问题是,近年来,面对多方面的压力,洪堡的大学理念在各国都受到市场力量和准市场力量的挑战,以学术为业的口号在大学失去了吸引力,西方社会对自律的传统往往抱有越来越多的不信任。甚至,在德国,也出现了被称为"洪堡综合症"的矛盾②:战后德国力图以"洪堡精神为体,美国模式为用",走上了一条自相矛盾的道路。一方面,它采用一种实用主义的现代化方式使德国高等教育的结构与内容越来越接近美、英等国家;另一方面,却又固守传统的大学理念,视传统意识为不可更改、不可触犯的金科玉律,体用对峙的局面由此形成,自律传统也日益面临向共同治理的转型。

　　那么,是什么原因导致西方高等教育治理由自律向共治转型的呢?

　　直观地看,管理技术的发达,便于管理者采用一些新的监督手段或者政策杠杆如成绩表、质量指标、标准框架,促使学术机构履行由政府和企业制定的目标。如通过立法对大学重新定位,控制课程内容、学生录取、内部管理等方面的各种努力和尝试,为各国高等教育实现由自律向共治的转型提供了客观的便利。

---

　　① 贝尔特等.重围之下的大学.大学(研究与评价),2007(2):67
　　② 周丽华.与洪堡告别.中外教育分析报告,2006—09—25

在上一节探讨问责制的诱发因素时,我们已经看到,学费上涨、高校的财政困境等因素,导致问责制的产生和加强。在一定程度上,催生问责制的这些因素,也是导致共治高等教育的现实原因。但是,进一步分析可以发现,共治高等教育还有许多深层次的原因。

一、利益驱动:政治或经济利益驱动的"共治"实践

在高等教育大众化、普及化的过程中,高等教育日益成为西方社会的中心,各种社会主体都对高等教育提出各自的利益要求,这使高等教育权力格局发生显著的变化,非学术主体对高等教育的治理空间日益拓展。同时,高等教育对外部世界的依赖程度也越来越大,高等教育的自主性和自律机制受到越来越多的挑战。在这种情况下,由传统的自律向共治的转型成为高等教育发展过程中的必然现象。共治尽管不是一种模式,但它代表一种理想,一种方向①。

具体地说,从自律转向共治的直接原因主要来自两个方面,欧洲以政治需要为主,美国以经济发展为主,尽管欧美的最终目标都是提升国家竞争力。欧洲大陆国家主要从历史、政治方面来实践对高等教育的共治,将高等教育政策和改革作为社会政治革新和民主化进程的一部分,倡导中央政府权力下放,并通过"共同掌权"(collective authority)来代替中央集权。以法国高等教育改革为例,虽然也受到市场导向和市场驱动理念的影响,市场的角色给高校提供某种自由活动的空间,但是,法国高等教育改革的最初行动并不是削减财政支出的产物,而是政治决策的产物②,坚持教育机会均等的原则,追求教育分权。法国 1984 年《高等教育指导法》还将"外部利益集团"对大学事务的参与作为一条原则来实施,存在着明显的权力下放和共同治理的倾向。

英美等主要从经济的、技术的角度来实践对高等教育的共治,将大学作为整个社会再造工程的一个因素。它一方面直接要求通过解除管制、用市场取代政府对高等教育的管理来缩小政府的权力范围,另一方面也强调增

103

---

① 熊庆年编著.高等教育管理引论.上海:复旦大学出版社,2007.101
② 蒲蕊、王乐夫.对西欧高等教育改革中"评估型政府"的思考.中山大学学报(社会科学版),2006(1)

加控制和监督高等教育的力量。与法国、西班牙等中央集权传统的国家不同,英国高等教育管理改革的一个重要动因是削减政府的财政支出。1979年保守党上台执政,这个政府的施政纲领可概括为"市场""节约、效率和效益""花钱值得""私有化"和"减少政府预算"。结果,"少花钱、多办事"成为英国高等教育政策的重要特征,政府对高校的拨款大幅度减少。20世纪80年代初两个对高等教育改革产生重要影响的报告——《大学效率研究管理委员会报告》《优秀的管理实践》,都表明英国政府正致力于使公共部门的各种组织在使用"公共资金"和服务设施方面取得更高效率。

面对当今社会存在的诸多利益诉求,欧美各国无不把加强和改革大学教育作为政府工作的重要内容。在工程教育改革过程中,这种情况特别引人注目。在法国,工程教育一直由综合性大学和工程师学校承担。工程师学校不仅划归国家,还隶属于技术性部门,享受政府全额拨款。这既是政治的需要,也是经济利益的诉求。近年来,美国更是这样,几乎每年都要出台有关工程教育改革的各种报告,并直接将工程教育质量和水平与国家安全联系起来。2001年,美国工程院发起"2020工程师"计划,组织企业、大学和研究院所的专家,对未来工程技术发展趋势与挑战以及未来工程师的属性和社会期望进行研究,并于2004年底发表《2020的工程师:新世纪工程的愿景》。2005年夏季,又发表了《培养2020的工程师:为新世纪变革工程教育》,前者是对未来的预测,后者是应对未来挑战培养未来工程师的举措[1]。这两份报告引起了强烈反响。2007年9月20日,哈佛大学将1996年设立的工程与应用科学系升级为"工程与应用科学学院",这是自从71年前肯尼迪政府学院创立后,哈佛大学新成立的第一所研究生学院。哈佛本来有一个工学院,那就是成立于1847年的劳伦斯科学学院(Lawrence Scientific School),由于哈佛认为工程学科实用性的目标与大学更宽泛的目标不相容,故于1906年解散了这个学院。至于哈佛重新成立工学院的意义,麻省理工学院前任校长Charles Vest说得很清楚:这所新的学院是在需求巨大和机会

---

① 分别参见:1. National Academy of Engineering, The Engineer of 2020:Visions of Engineering in the New Century, Washington, DC:The National Academies Press, 2004. 2. National Academy of Engineering, Educating the Engineer of 2020:Adapting Engineering Education to the New Century, Washington, DC:The National Academies Press,2005

难得的背景下成立的。在今后几年里,美国正面临着全球化经济和信息技术革命带来的更激烈的国际竞争。美国唯一的对策就是努力地工作,更好地创新,以保持美国作为国际领袖(international leader)的地位。

有些大学的行动比哈佛更早。2004 年 4 月 9 日,美国普度大学(Purdue University)董事会决定创建一个全新的学术部门——工程教育学系(Department of Engineering Education),这是美国大学中设置的第一个工程教育学系。紧随其后,2004 年 4 月 12 日,弗吉尼亚理工大学(Virginia Tech)工程基础部也宣布更名为工程教育学系,并公布了包括提供工程教育研究生课程在内的一系列改革措施。而美国其他的大学,如麻省理工学院、犹他州立大学、纽约州立大学等,也纷纷行动起来,研究如何进行改革以应对美国社会和工程教育面临的新挑战。

由此可见,西方高等教育所有这些变革,主要来自于大学之外,所有这些计划和项目,几乎都有外界利益诉求的推动,特别是政府、产业界和商业界的推动。离开了它们的推动,如此频繁、如此大规模地干预高等教育,是难以想象的①。

二、现实基础:自律机制有失信任

1987 年秋,印度学者乔汉在《2001 年的教育挑战:复杂性与两难性》一文中强调,"任何人都不可能否认教育在社会文化变迁中所起的作用",至于高等教育,更是"人类生存的一个至关重要的因素"②。这一看法,基本上能代表当时大多数国家、个人和教育研究者的观点。在一些西方人士看来,质疑教育的重要性就好比批判祖国和家庭,教育的重要性神圣而不容怀疑。如要素主义教育哲学家贝斯特所说,他们国家和学校制度的创始人(像杰斐逊总统等)在教育目的的认识上并不混乱,他们认识到,普及的、免费的、公共的教育是民主信条的一部分,教育就是愚蠢的反面,对一个民主的社会非常重要的那种教育,就是目的在于使人民"得到启迪"和"赋予人民的判断

105

① 郭玉贵.全球化背景下美国教育政策的战略调整.中国高等教育评估,2005(4):3~10

② 瞿葆奎主编.国际教育展望.北京:人民教育出版社,1993.267、268

力"的那种教育①。这些观念,反映了西方人士对教育的重要性和自律机制的坚定信念。

但总的来看,西方社会还是越来越怀疑高等教育自律机制的可靠性了。早在中世纪,大学教师不能自律的事件就时有发生。14～15 世纪期间,随着中世纪的没落,饥荒、瘟疫和战争等一系列事件,使城市各阶级之间产生了分化,社会关系发生了巨大的变化。人们只要以官吏或廷臣身份为政治、经济"服务",就能获得财富、权力和荣誉。在这一背景上,中世纪的知识分子退出了舞台。大学教师通过自我否定而使中世纪知识分子逐步消失,以至于学界多认为"知识分子是一个近代的概念"。那时,大学成员多数都转变成依靠封建领主或资本主义的收入方式为生的特权阶层,在衣着、住房和各种庆典上,都搞起了"贵族的象征"。大学成员把以前的荣誉标志变成了摇钱树,越来越贪婪地要求大学生为听课付钱。从此,能上大学的只是那些得到庇护并紧紧依附于庇护者的人,或把求知置于次要地位的流浪汉,而曾经是各个学院的活力之所在的贫困大学生就逐渐被拒之门外了②。于是,恩格斯曾经称赞过的,大学促进普通教育之"普及"的巨大社会功能成为了历史。

高等教育的自律机制逐步失去信任,这使 16～18 世纪的西方大学滑入了"冰河期",教育质量下降,社会不再信任大学。"1500～1600 年期间大学经历了一次社会职能的变化。它们由从事特定专业的训练的机构转变为起社会统治的工具作用的机构。"③在大学发展的"冰河期",穷人子弟与大学无缘,绅士贵族子弟也不再大量入学,大学逐渐沦为社会分裂与仇恨的反映,而不再提供西方世界普遍的理智遗产(intellectual heritage)。"这种状态一直持续到 17 世纪的中叶。"④在这种情况下,尽管社会上人口数量在成倍地增长,大学生人数却在"日益减少"。到 1685 年,牛津等著名大学竟然"因缺少学生而濒于死亡"。1793 年 9 月 15 日,法国资产阶级的国民公会颁布了一项法令,以大学被贵族习气所玷污为由,宣布取消大学。同年,法国旧制

① 华东师范大学教育系等编译.现代西方资产阶级教育思想流派论著选.北京:人民教育出版社,1980.170～172

② 勒戈夫著.中世纪的知识分子.张弘译.北京:商务印书馆,1996.107、110、108

③ 王承绪等编译.高等教育新论.杭州:浙江教育出版社,1988.30

④ A. S. Knowles. The International Encyclopedia of Higher Education, vol. 5, Jossey-Bass Publishers, 1978:pp. 2030～2032

时期的所有大学和学院关闭。此后,以工程技术和工商管理为基本专业的大学校获得了较大的发展。直到 1896 年 7 月 10 日法国颁布了一项法令,才恢复了大学的合法地位①,而此时的大学早已破败衰微。"我们的学院变得越来越死气沉沉了,学校门可罗雀,酒店却人满为患。"学生走向了堕落,讲课与辩论的风采成为明日黄花,人文主义衰退变成烦琐的经院哲学②。当时,在许多贵族和绅士眼中,甚至牛津大学里也只有懒散、无知、粗鲁和堕落。

直到 19 世纪初,大学的声誉、生源和元气才开始有所恢复。在洪堡等人的努力下,大学教师建构了以学术为业的自律机制,近代大学才有了自己的理想和典范。但是,在资本主义市场经济条件下,历史的影响尚未肃清,新的问题使大学的信任危机依然存在。洪堡的继任者、普鲁士教育部长奥尔泰斯坦(V. Alternstein,1817~1840 年任普鲁士教育部长)就表示,作为国家公务员的大学教授无权对政治或国家发表独立见解,更不得提出批评和指责。普鲁士一位内阁大臣也宣称,用教授们有限的了解来判断国家首脑的行动,对臣民是不适当的③。1848 年德国资产阶级革命失败前后,德国几任教育部长都表示厌恶"全面教育",不信任教师,这使高等教育和社会生活的其他方面一样,呈现出停滞不前的状态④。1789 年法国大革命胜利后,出于发展经济的现实需要,政府各部门直接管理专门学院,直接规定入学条件、专业方向、课程内容、人才规格和学位授予的办法。英国国会从 1863 年开始,几乎每年都要针对传统大学出台法案,以此控制高等教育。德国政府通过制定种种章程,任命教授与管理人员,控制大学的财政来源、建立各种国家考试制度等手段,越来越多地介入大学内部事务。

转型期学术腐败格外引人关注,加剧了社会对大学的不信任。美国普林斯顿大学历史系有个助教写了一本书,颇受好评。一位史学专家发现其

---

① 1896 年 7 月 10 日,法国出台了一项几乎不公开然而很重要的法令。该法令给大学命名,赋予大学以世俗性质和某些财政自主权,还赋予大学以教学自由、知识传授和道德教育的独立性。没有这些独立和自由,法国可能比其他国家更难有真正的科学和研究生存。见:张人杰选编.法国教育改革.北京:人民教育出版社,1994.54

② 王承绪等编译.高等教育新论.杭州:浙江教育出版社,1988.31

③ 滕大春主编.外国近代教育史.北京:人民教育出版社,1989.194

④ 滕大春主编.外国教育通史(第 3 卷).济南:山东教育出版社,1990.241~242

书中史料多有严重错误,而其严重性在于臆造证据以凑己说。此事引起美国史学界多年未有的轩然大波,结果是那个助教被逐出了史学界①。耶鲁大学、哈佛大学和哥伦比亚大学等名牌学府都曾先后受到过学术腐败牵连。人们不断呼吁,要道德的力量,也要惩戒的鞭子。整治"学术腐败"之风,不但要有道德上的谴责,更应有制度上的预防和约束,比如科研监督机制和法律。2005 年 10 月 26 日,麻省理工学院副教授范·帕里耶斯在承认了自己的学术造假行为后,被校方正式开除。从 2001 年起,韩国首尔大学教授黄禹锡利用政府和投资企业对他的信任,先后侵占和挪用经费近 300 万美元,其学术欺诈轰动全球。2006 年,就在黄禹锡事件曝光后不久,日本的东京大学也爆出类似丑闻。教授抄袭剽窃、论文造假之类现象频频曝光,人们对自律机制的信任不能不下降。

德高为师,教师不能自律,就无法保证起码的教育质量,结果是高等教育失信于社会,甚至使有关高等教育巨大作用的主张疑点倍增。2003 年,《教育为何是无用的》一书以"对教育的敌视是历史和当代美国生活中的一个极为复杂的现象"这一推论为线索,对近几十年来在思想家当中流行的、敌视无用性知识的观点作了梳理,最让人触目惊心的,就是书中透露出的对大学教育和教授们的不信任。该书观点偏激,对现实教育系统表示了非理性的不信任,是反智主义的重要表现。照该书所说,教育几乎一无是处了,耗资巨大的当代大学,更没有了存在的理由。可见,大学知识论基础失去信任,特别是反智主义的兴起,为共治提供了现实依据。

20 世纪中后期出现的世界性教育危机原因很多,但教师自律不够是关键因素。教授自律机制的缺乏,正在加剧高等教育的"信任性危机"(crisis of confidence),包括社会对高等学校缺乏信任和高等学校自信不足两个方面。1995 年秋,美国《教育理论》杂志上有文章指出:"高等教育出现了信任性危机,这种危机伴随我们至少一代人之久了。"②这种危机作为世界高等教育面临的一个普遍性问题,在转型期表现特别明显。人们强烈地意识到,美国高等教育的精神正在遭到扼杀,实在是"危机四伏、四面楚歌"③。

---

① 刘新彦."管涌"之祸.自然辩证法通讯,2000(2):12

② Steven T. Ostovich. Dewey, Habermas, and the University in Society. Educational Theory, 1995(4):465

③ 施晓光.美国大学思想论纲.北京:北京师范大学出版社,2001.159

一方面,高等教育的功能在扩展。如果说中世纪大学只是城镇中无法归类的社团,19 世纪的大学只是远离社会的象牙之塔,那么,多元化巨型大学几乎就是社会本身,它与社会的界限已经相当模糊了;如果说纽曼理想化的大学只是僧侣居住的村庄,弗莱克斯纳描述的大学只是一个由知识分子垄断的城镇,那么,多元化巨型大学就是一个五光十色的大都市,简直让人摸不透什么是高等教育了。这种高等教育显示出多元化的功用(uses),同时又不可避免地被人们所误用(misuses)。

另一方面,对学校具有无限信仰的美国人,在 20 世纪陷入困惑,怀疑高等教育的成果,漫画家们在报纸上把戴着学士帽、穿着学士服的毕业生描绘成"愚蠢和无能的公认的象征"。20 世纪 30 年代的美国就流传过一个故事,折射出当时人们对大学教授的不满意。故事说的是,根据三个儿子的长相与言辞,家长分别为他们作了职业设计。大儿子长相好,能说会道,送去参军,准备当军官。二儿子长相一般,能说会道,送去经商,准备当企业家。三儿子长相差,不善言辞,送去读书,准备当教授。如果自律机制力量不够,就必然给高等教育治理留下问题或污点,正是在这些污点的积累过程中,教授形象和自律机制才逐步失去信任的。

以前,时常听说某某大学教授学历很低而名声极大,或有些教授非常有名却从来没有得过博士学位之类的故事,在 20 世纪五六十年代,这样的故事还在发生。有人到大学去应聘,被问是什么学历,他说最高学历是学士,人家说那不行,你应该读一个博士。他就讲,他的水平已经远远超过任何一所大学的博士的水平。结果,他被破格聘为大学教授。但是,如今这种情况很难发生了。对自律机制的怀疑,使西方大学引进新教员的工作增加了难度,出台了许多严格的规定,包括近乎苛刻的选录程序。要进入研究型大学任教,即使担任资历最浅的教员,也要具备博士学位。其重要原因,就在于自律传统本身的危机。在知识体系高度复杂化、专门化的情况下,传统的自律机制的确是不太可靠的了,这为共同治理高等教育提供了现实的基础。

三、教育分权:更多力量试图治理高等教育

在世界范围内对高等教育强化的外力控制,不仅是现实利益驱动的产物,而且也是教育管理哲学出现转型的必然产物。如果说新自由主义为市场控制高等教育提供了理论支持,那么,新公共管理的权力分散论,则为更

多力量向高等教育治理领域渗透打开了方便之门。

新自由主义的主张对政府、教育等公共领域产生了重要影响，在反对国家干预的过程中为市场控制高等教育提供了理论基础。哈耶克（F. A. Hayek）曾经指出，任何人都不可能获得关于所有人需求的完整信息。为了对无数分散的信息作出及时响应，经济活动者的自由选择和自由竞争必须不受干预。因此，市场是传递和整理无数信息以及合理配置资源的有效机制，市场比任何由人所精心设计的机制都来得有效。哈耶克将政府的必要性定位于采取积极行动，维护竞争性市场的正常运转①。新自由主义的另一代表人物弗里德曼同样认为，尽管政府是必要的，但是必须限制政府的作用，经济稳定和增长所迫切需要的是减少而不是增加政府干预②。在新自由主义的引导下，从 20 世纪 70 年代开始，传统的公共行政遭受到新的外部环境越来越严峻的挑战，在这个过程中，高校获得了更多的办学自主权，但却必须承担更多的社会责任，接受更多方面的监督，接受问责和共治。

基于这样的背景，以效率为主导的新公共管理于 1980 年前后在英美两国应运而生，并迅速扩展到西方各国。新公共管理在传统的行政架构中强调企业化的管理，加强竞争和市场导向，采纳私人企业的管理方法来改善行政绩效，其核心是权力的分散化，通过将权力和责任降低到最低一级政府部门来降低行政成本。在实践领域，随着新公共管理模式的实践，各国政府的职能确实在转变，在由"统治"（government）转向"治理"（governance）。"治理"一词，原意是控制、引导、操纵，它长期与"统治"一词交互使用。但 20 世纪 90 年代以来，治理被赋予了更为广泛的涵义，它指在一个既定的范围内运用权威维持秩序，以满足公众的需要。治理的目标定位于良治③，致力于在各种不同的制度关系中运用权力去引导、控制和规范公民的各种活动，从而最大限度地增进公共利益。

良治试图对传统的公共行政模式进行全面清算和否定，它追求的各种要素，如合法性（legitimacy）、透明性（transparency）、问责制（accountability）、法治（rule of law）、效益（effectiveness）、回应（responsiveness）等，都散

---

① Hayek. The Road to Serfdom. Chicago：University of Chicago Press，1944. p. 83
② Milton Friedman and Rose Friedman. Free to Choose：A Personal Statement. New York：Harcourt Brace Jovanovich，1980. 190～192
③ 即 good governance，又译为"善治"。

发着诱人的光彩。它关于减少政府干预、发挥市场作用、分权、效率、效益、质量、问责与评估等概念备受重视,几乎成为所有变革者声称的价值选择。在理论层面,追求良治是没有多少问题的,公共利益最大化是多数人的共同心愿。然而,在事实上,几乎所有的新公共管理变革都成了"效率主义的俘虏",公共管理的多元价值似乎都可以置换成经济效果或管理效率。"这就是西方公共管理多样化改革的'共性'。"①

　　这种效率主义的共性,是以市场为导向的政府改革方案的必然选择。无论英国的"新公共管理运动",还是美国的"政府再造工程",都是自由市场导向的改革,都把经济效益而不是公共利益列为首要的价值目标。在英国,新右翼保守主义的撒切尔内阁为压缩政府规模,减少公共支出,以私营部门的管理技术改造公共部门,根据绩效指标(performance indicator)对管理目标完成情况进行测量和评估,由此产生了所谓的"3E"导向②。"3E"导向的核心价值选择就是经济方面的效率。美国的克林顿政府延续了里根政府的改革基调,以企业家精神"再造政府形象",实施强化政府绩效管理的改革工程,旨在少花钱多办事。到 2004 年初,美国联邦政府已经与私人公司、研究机构和个体顾问签订了大约 2000 万个合同,每年所涉及的经费数额占联邦总开支的 14%,国防部通过合同支出大约 2/3 的资金,能源部和国家航空航天总局则是联邦政府最大的合同签约者。在美国地方政府,公共服务的合同承包也极为普遍,地方政府的每一个职能都可能成为签约的标的③。

　　在西方公共行政领域,新公共管理的效率主义一度成为一种不可逆转的时代潮流。效率主义的各种理念和举措,自然会注入"效率不高"的教育系统,学校因此过分强调管理效率和管理文化,并用于取代或压制其他效率和文化。新西兰、澳大利亚、加拿大等 OECD 国家,也都采取了以产出为导向、效率优先的改革方案,在分权增效的过程中,共治高等教育的局面终成现实。

四、学术价值的转移:从行业内部认可转向外部承认

　　像以前的教会一样,西方高校由于得到公众的信赖,由于合乎道德的行

---

① 郭正林.走出公共管理的效率主义泥淖.社会科学报,2006-05-11(4)
② "3E"指 Economy(节约)、Efficiency(效率)、Effectiveness(效力)。
③ 陈振海、杨恺杰.美国公共服务的市场化改革.党政论坛,2004(3):45~47

为,而在历史上享受了很长时间的自治,西方高等教育的传统规则就是大学与学术公民的道德自律。但是,到 20 世纪后期,西方高等教育正在呼唤也正在丧失一些自治,学术活动的约束正在部分地从传统的范式走向后现代的范式。这种范式的转换,既包括大学与学术公民对法治规范的重视,也包括价值取向的普遍变化——学术的价值由外部承认取代了传统上的内部认可。

（一）传统规则:大学与学术公民的道德自律

按传统的范式,多数教授成员都非常严肃地对待他们作为校园中的学术公民的责任①。相应地,在西方高等教育传统中,一所大学的精神所在,是它要特别对历史和未来负责,而不仅仅是对现在负责。大学关乎学问(learning),既必须传承千年的学问,对历史承担责任;又必须创造未来的学问,为未来承担责任②。而学术活动的主要目的是通过科研发现知识,通过教学传播知识。在知识的传播和创造过程中,一些道德规则是传统上固有的,指导和约束着大学及其学术公民的行动。对这些传统的道德规则,美国加州大学伯克莱分校、多校区加州大学原校长克尔博士作了详细归纳,总共15 条③,列举如下。(1)仔细地收集和使用证据。(2)仔细地使用他人的思想和著作。(3)对于未经充分证明的事情应持怀疑态度。(4)虚心对待可供选择的解释。这要求充分的表达自由,即学术自由。这种学术自由转过来要求容忍与自己不同的观点。(5)谈话有礼貌,依靠说服而不是压制。(6)公开在大学内进行科研的成果。(7)在评价别人的学术绩效时仅凭学术价值。(8)在对待人和动物时小心体谅,在获取知识的过程中不过分伤害他们。(9)除非决策中的全部考虑已经成为研究的问题,除非已经不仅考虑行动,而且还考虑可能的反应,要避免逗引和提出政策的运用。学者们不应超出他们的知识。(10)把建立在道德和政治价值观基础上的个人评价与提出证据和分析分开。作为这种"价值中立"的必然结果,要求任何个人的评价直截了当。(11)公正分担自己认为公正、公平的机构所指定的职责和义务。否则,不应从中获取机会和好处。(12)拒绝利用可以得到的创造和传

---

① 克尔.高等教育不能回避历史.王承绪译.杭州:浙江教育出版社,2001.156

② Drew Faust. Installation Address:unleashing Our most Ambitious Imaginings. Cambridge,Mass. 2007-10-12

③ 克尔.高等教育不能回避历史.王承绪译.杭州:浙江教育出版社,2001.167～170

播知识的地位和方便,来促进个人金钱或政治的目的或意识形态的信念。(13)完全接受对学生的义务,忠诚地教育他们,仔细地指导他们,公正地评价他们,并且,无论如何不剥削他们。(14)完全接受对学术同事的义务,帮助他们,指导他们的学术研究,特别要帮助年轻的同事。(15)在系科中完全接受义务,在同事中就年龄、学科专业和分析方法寻求合理的平衡。

传统上,这些道德规范适用于知识的传播和创造的全部活动。因此说,学术上的道德规范不仅适用于科学研究,而且也适用于教学过程①。在西方大学的传统中,这些规范就是自律的基本要求。将这些规范内化而形成的教授自律,就是指大学教师确立了自觉的教育质量意识,以学术为业,愿意为保障教育质量牺牲个人的其他利益,并主动地以保障教育质量为行动的指南②。

(二)范式转移:大学与学术公民的法治规范

目前在发展中的"新的学术文化"是不同于自律的范式。这种范式对地方的学术团体及其中的学术公民的职责有较少的承诺。教授成员对校园内外的经济机会或政治关系有了更多的依恋,校园活动更多地成为非学术目的的一种手段。对于这种新的学术范式,传统上控制行为的含蓄的合约与非正规的强制手段变得不再有多少效果了。学术公民越来越需要通过正规的行为准则,特别是通过独立的法庭加以强化,正如社会其他部门那样,才能约束其学术活动。结果就是,大学成员的学术活动较少地依靠传统的道德规范,较多地依靠法律和法庭的规约。可以确信的是,"一个新的行为范式正在和比较传统的范式竞争,以得到教授的拥护"③。这种新的行为范式更强调个人和集体自身的利益与兴趣,而较少强调学院和大学作为学术共同体本应倾力促进知识增长的更为宽广的福利。在美国,对大学教授中20世纪60年代出生的一些成员来说,政治上的承诺比学术上的义务更为重要;而20世纪70年代出生的年轻人被称为"唯我的一代"(me generation),他们如今已经进入大学教授行列。这两代人已经合流,影响大学教授的思想和行为。尽管自身利益还没有压倒道德标准,但自身利益的诱惑还是巨大的。

---

① 克尔.高等教育不能回避历史.王承绪译.杭州:浙江教育出版社,2001.170

② 潘艺林.教授自律才能保证教育质量.复旦教育论坛,2007(2):12

③ 克尔.高等教育不能回避历史.王承绪译.杭州:浙江教育出版社,2001.157

德国法兰克福大学原校长吕格通过对同事们的研究指出:"在大学的事情中,并没有行为准则这种东西,一切只是特定团体的利益的事情。"①

传统上,知识就是权力。而在当代社会,知识不仅是权力,也意味着金钱,而且,知识从来不像现在这样既是权力又是金钱,而大学教授超出其他群体拥有更多的知识。在这种情况之下,学术公民中有更多的人效忠于校外机构和人士,效忠于为科研提供资金的机构,效忠于提供咨询机会的雇用者,效忠于仅通过计算机和传真机就能密切联系的朋友们。学术公民更多地效忠的校外机构不只是国内的,而且包括国外的。在高等教育更加国际化的背景下,西方高等教育出现了一种倾向,即轻视地方的问题和事务,与支持它的真正的公众失去联系。在美国,为人民服务的理想"校园的边界就是州的边界"已经凋谢,而且在有些地方甚至成为"嘲笑的来源"②。

随着这些情况的不断出现,大学发生的变化至少有两个方面。第一,科研成果和外来荣誉比对教学和内部管理的贡献带给教授们更多的利益;第二,越来越多的内部管理正在被越来越多的行政人员所接管,从而降低了大学作为学术共同体的意识。汉密尔顿说过,要是人是天使,将不会需要政府。克尔据此提出,同样,要是教授是天使,将不会需要道德规则。这两个方面的变化使大学内部的道德规则不再如传统上那么有效,这就不可避免地会使学者们的研究和教学活动更多地由道德以外的力量来规约。一些学者甚至明确表示,他们认为外力比内在的学术道德更有力量。英国著名高等教育学家埃里克·阿什比甚至发出了学术道德和大学教师是否同属"瓦解中的职业"的疑问③。

这类疑问,引发了高等教育内部的第三次学术争辩。这次学术争辩的内容,是关于学术团体本身的组成和行为,关于招生,关于教授的状况,关于普通教育课程,关于行为准则和行为实践等。第一次学术争辩是关于宇宙的观点,第二次是关于好社会的概念,而这第三次是更加向内看的,是关于西方想永久保持或创造的校园种类。前两次争辩的结果已见分晓,第三次

---

① 克尔.高等教育不能回避历史.王承绪译.杭州:浙江教育出版社,2001.158
② 克尔.高等教育不能回避历史.王承绪译.杭州:浙江教育出版社,2001.161
③ 克尔.高等教育不能回避历史.王承绪译.杭州:浙江教育出版社,2001.159~162

历史性争辩的结果"还很说不准"①。在一定程度上可以说,第三次争辩与外部干预日益强烈有关。各国对高等教育内部事务的干预,被认为已经影响到学术机构的常规运行,所以才将学术争辩的焦点聚集于大学校园的性质,才有大量的论著讨论或维护大学教育的性质、目的与使命,维护学术自治和教授自律。

(三) 价值认识:外部承认取代内部认可

在西方,传统上认为知识的价值是无法用金钱衡量的,知识是无价之宝,讨论高等教育的运作效率,讨论教授们提供的知识与金钱的关系被认为是庸俗的,是对高深学问神圣性的玷污。但随着共治浪潮的到来,学术活动的效率成为评估的对象,单位时间内培养出来的学生人数,单位成本出产的科研成果数量等"客观标准"被不断挖掘,各种量化技术被不断开发,各种评估量化的依据越来越受关注,企业经营的方法和产品质量认证指标,也被移植到高等教育管理与评估之中。

共治浪潮的到来,也影响到学者们的研究兴趣,特别是他们对研究成果的价值的认识,这种认识的依据,已经由传统的内部承认转为外部承认了。有学者甚至认为:"长远的现实是,具有对高等教育的资源、自由和自治的裁判权的是公众。现实也是,在历史上,大学生存下来甚至兴旺发达,它并没有自我毁灭,它已经适应现实。"②学术活动的评估杠杆发生了重要变化,导致高等教育学术活动兴趣的转向。传统的评价依靠学术行会自己的力量完成,是一种相对封闭的同行评价。这种评价的标准,主要取决于学术机构内部的理智兴趣,不必关心外界的评判;主要取决于能否对世界提供新的认识模式,能否自圆其说,而不太关注学术成果的实际效用。评估标准的这种由内向外的转移,反过来强化了外力控制的合理性。

在高等教育被纳入国家发展规划之后,高等教育的经济价值及其对国家竞争力的价值,被置于非同寻常的地位。为了确保高等教育投入的效率,也为了向纳税人负责,国家就不可能对巨额投入的运作始终采取自由放任的态度,而是必然要加以有效的控制。自然科学项目进驻大学,大学越来越

---

① 克尔认为,第一次大的争辩关于真理来自《圣经》还是自然科学,结果科学赢得多数席位,第二次是关于所喜欢的社会形态,关于社会主义模式和资本主义模式的争辩,争辩仍在进行,"中"和"左"占上风。见《高等教育不能回避历史》,第161页。

② 克尔.高等教育不能回避历史.王承绪译.杭州:浙江教育出版社,2001.161

依赖于国家的财政支持。这种支持当然是有条件的,它要求大学在学术自由的传统价值取向方面作出让步,要求大学走出象牙塔。当工程开发项目进入大学后,大学尤其不能不关心学术活动的实际效用了,因为工程项目必须以实际效用为最主要的价值取向。对大学发展具有重要影响的科研仪器设备离不开国家的资助,工程项目的最大消费者是国家,为了获得必不可少的来自国家的资助,大学更必须坚持实用的价值取向,告别纯学术的价值取向。

在转型期,西方国家所有领导人都表现出一个共同的爱好,那就是高度关注教育与人力资源开发问题。以 2007 年为例,外力对教育的影响无疑是喧闹的,教育改革与发展的热点颇多。英国卸任首相布莱尔宣称"教育、教育、教育"为其执政重点的余音犹在,戈登·布朗担任首相后便立即改组教育与技能部,将其一分为二。新任儿童、家庭与学校部大臣鲍尔斯成为媒体热门人物,他将"缩小教育的贫富差距"、通过加强测验推动占总数 1/5 的落后学生进步作为工作重点。在日本,2007 年曾被媒体称为安倍内阁的"教育改革元年",在强力修改《教育基本法》后,他相继推出系列改革措施,提出结束日本的"宽松教育"方针。2007 年 4 月,日本已取消 43 年之久的全国学力测试再度开始。人们相信,物质资源终究会枯竭,对物质资源的争夺受到的限制太多,而人力资源用之不竭,对人力资源的争夺大有空间。因此,在争夺物质资源的同时,各国首脑不约而同地强调人力资源与教育的作用。

除了国家,高等教育的消费者还有社会其他各界。工商企业界就是许多高等学校的大宗捐助者,这些捐助以实际效用为主要目的。他们的意见,自然强化着高等教育以实际效用为主的价值取向,而他们的标准,自然也成为评估高等教育活动的重要尺度。

高等学校为了生存和发展,就不能顽固地坚持自己的纯学术标准①。享誉全球的牛津大学曾被视为"最具贞节"的学术领地,也被商场上的"铜臭味"熏得失魂落魄。1997 年,牛津大学出台了创建商学院的新思路,但立刻遭到大约 5000 名身着黑色长袍的大学教授们的强烈反对。哈佛大学是1908 年创建商学院的,剑桥大学则于 20 世纪 90 年代开设了商学院。但牛津大学的教授们却站在学究的立场上坚守自己的观点,认为在一块搞学问

---

① 王洪才. 大众高等教育论. 广州:广东教育出版社,2004.197

的世袭领地掺和进商务等行业,实属不伦不类和大逆不道。就这样,"是否设立商学院"的辩论使整座学府不得安宁①。可以预想,高等教育面临的外力控制将会越来越多,共治局面将在相当长的时间里维持下去。

第四节　正确处理自律与共治的关系

教授这种与平均主义相悖的权威在学术组织中是否还有存在的理由与必要?② 这一问题的提出非同小可,因为,这个问题涉及当代高等教育在自律与共治之间的艰难取舍。自律机制有弊端,而外力控制要适度,这是西方高等教育控制方式由自律为主转向共同治理所带来的重要启示。

一、自律机制有弊端

自律机制约束力有限,凝聚力不足,自律机制体现着不公正,所有这些本身就意味着高等教育需要外部规范,需要他律。

(一)自律机制的约束力有限

旅美学者程星在担任哥伦比亚大学教育学院教工协会主席助理的两年时间里,经手过成百上千份学生评教表,并从这些表上认识了学院的每一位教授,目睹了助理教授们为熬到终身教授,如何低三下四地取悦学生,而捧上终身教授铁饭碗的教授们如何在课堂上"不管风吹浪打,胜似闲庭信步",也看到学生们如何以这份评定表为武器与他们讨厌的教授作毫不调和的斗争。程星在哥伦比亚大学做博士论文的一段经历,足以使我们看到教授至上的弊端。这样的弊端,是共治高等教育的重要说辞。

教授自律的约束力有限

因我的论文涉及高校管理中某一个领域的问题,导师希望我找一位专家参加五人委员会。当时系里最具盛名的是L教授,而且我还选过他的课,感觉不错。找到他一说,老先生满口答应。我随后就就业

---

① 特拉·巴贝.牛津大学能走商业化之路吗.中国教育报,2003—10—19(4)
② 缪榕楠、谢安邦.教授权威的历史演变.高等教育研究,2007(1)

业,希望在五人委员会答辩通过后好尽快开始作业。提案答辩之前,五人都满意放行后才开会答辩。谁知众人在答辩席上刚坐稳,前天还满口OK的L教授便开始放炮了。他把我的提案批得体无完肤,接着提议让委员会暂时休会,待我按他的意见改好了再行答辩。其他四位教授一脸尴尬,根本还没有发言的机会,又不好当面冒犯这位系里元老级的大师,只得唯唯诺诺地同意散会了。

虽然我对L教授的意见颇不以为然,但秉承我中华祖先"君子克己复礼"的古训,我还是尽力照办,推出提案第二稿,并恭恭敬敬地让L教授点头了之后,才又将五员大将搬到一起,想再次闯关。为了表示我程某人不计前嫌,我还特意坐在L教授的身边,在开会前有一搭没一搭地和他聊了一会儿天。他也和我拍肩打背,像没事人似的,说我是他教学多年碰到最好的学生之一。可惜的是,我那些挥舞了半天的橄榄枝并没有给我带来和平,反而招来比第一次更加猛烈的炮火,连我导师和另一位教授与我加盟都没法抵挡L教授的进攻。最后,眼看再闹下去连我颇费心机才拼凑成的五人委员会都面临土崩瓦解的危险,我只得答应回去再作努力,准备第三次答辩。就在众人起身退席的一刹那间,我居然鬼使神差地瞟了一眼身旁L教授桌上我的提案:原来,他面前放的是我提案的第一稿!批了半天,他连我的第一稿和第二稿都没有分清。

不知是诚心感动上帝,还是本该否极泰来,我从第三次提案答辩起就真正地成为L教授"最好的学生"了。在论文正式答辩会上,L教授居然即兴对我的研究做了一次热情的讲演,其推崇与赞赏溢于言表,让我着实兴奋了好久。论文答辩三个星期后,我离开学校,到西部的一个大城市就职。上班还没多久,就接到我导师的电话,通知我L教授突然病逝。原来,他由酗酒导致肝癌,在恶习与病魔的夹击下已挣扎多年。当家人在书桌前发现他时,他已咽气多时,手中还拿着尚未喝完的混合饮料"司高其"。

其实,与我的室友小李相比,我还算幸运的。他读的是工科,作论文时每一步都有实验做后盾,而且每走一步都要得到论文委员会全体成员批准。可在正式答辩会上,一位教授突然对他的一个观点提出疑问,最后论文在1:4投票通过后,这位教授断然拒绝在他论文的封面上签名。小李虽然博士帽照戴,但那留了一个空格的论文封面,却成了他终身的遗憾。

　　——资料来源:程星.细读美国大学.北京:商务印书馆,2004.69~70。此处略有删节。

在这样的故事里,我们能看到教授淋漓尽致的个人风格和对学生的严格要求、严格训练,但另一方面,L教授的责任心确实是值得怀疑的,否则,怎么会拿着自己弄错了的稿子对学生狂轰滥炸呢。这表明,教授至上对教授道德良心的约束是很有限度的。

教授自律难以为继,与讲座制和终身教职制度本身存在的弊端直接相关。在讲座制、终身教职制的体制之内,个人权力最大的地方,也是民主最容易被忽视而独裁最容易滋生的地方。这种体制在最大限度地授予资深教授个人权力的同时,也给权力的滥用提供了最大的可能性。特别是讲座制度,它纠正错误的能力很弱,在教员任命这一关键领域尤其如此。当在聘用讲座人选方面犯了用人不当的错误时,其影响是长久性的,涉及任职者学术生涯的余生甚至更远①。这种制度促进了某些领域学术研究的进步,对于最大限度地保证资深教授的研究与教学自由,功不可没,但资深教授与兼职教师等其他人员之间在权力和地位方面的差距却在不断地阻碍这种进步与成功。

(二) 自律机制的凝聚力不足

在讲座制中,一名讲座教授就代表着一个完整的学术领域的高度垄断状态,在这种垄断状态中,研究所中实际从事研究的专业人员,仅仅是讲座教授的助手,几乎没有独立的专业地位。讲座教授拥有的无限权力,常常压抑着青年学者的成长,甚至阻碍新学科与新知识的产生。这种情况,在世界科学的中心由19世纪中后期的德国转移到20世纪初期的美国的过程中,可以得到说明。特别是19世纪末,讲座制中的个人权力变得根深蒂固,形成了以某一个学术贵族为中心的封闭型体系。在讲座制中,教学与研究自由的理念,实际上被解释为资深教授应当大体上自由地做他喜欢做的事情。

讲座教授与其下属之间的鸿沟,切断了讲座中其他成员参与管理与决策的机会,并潜在地威胁着讲座制中学者之间的凝聚力。而资深教授既是学者,又是管理者,多重身份往往使他们承载着沉重的负担,这很有可能模

---

① 克拉克.高等教育系统.王承绪等译.杭州:杭州大学出版社,1994.53

糊他们首先应当是研究者的立场。在这种情况下,资深教授们往往仅从自己所在的研究领域或个人的兴趣爱好入手进行研究与教学,对社会发展中的诸多现实问题缺乏必要的关照。到19世纪末,许多讲座已经变得僵化。负责管理的教授已经发展了他们的既得利益,使在他们领域内兴起的新专业保留在他们自己的研究所以内,而不允许它们成为新的研究所或独立的讲座①。

针对讲座制本身存在的弊端,美国大学在校以下设置了学系。到19世纪末20世纪初,美国几乎所有大学都设立了系,学系成为美国大学最基层的组织形式。在学系里,不同学科之间多少体现出一些宽容,至少可以让部分教师去发展感兴趣的其他学科。系主任的职务不是终身制的,由系里的资深教授轮流担当。系主任承担的有关研究工作的任务,是从大学领导中心或从校外的赞助者那里获得资金,而不是在智力方面指导研究②。系主任既要对学院或大学负责,又要对系里的其他教授及其全体教员负责。从这个意义上讲,系主任与其说拥有重要的管理权力,不如说承担着更大的服务责任,而真正的权力,实际上分散在系里资深教授的手中。遇有重要问题需要决策时,教授会是最高权力机构。对权力的制衡来说,美国大学的系科设置无疑比讲座制更为进步。

当然,系的管理职能也受到质疑。特别是在20世纪60年代,许多人在有关"系的功能"的辩论中认为,系是一个过于僵硬的结构,阻碍了跨学科的教学和研究,系的管理往往以系的利益为重,而不把大学的整体利益放在心上。看来,只靠自律,系的凝聚力也难以保障。

(三)自律机制体现的不公正

著名的比较教育学家阿特巴赫已经看到,美国的大学正在变成一种类似印度种姓制度的体系。在这个体系中,终身聘用的婆罗门高高在上,较低阶层处于屈从的位置。在美国大学所有的教学人员中,兼职教师占了大约35%,专职教师中33%以上是有任期限定的。这35%和33%以上有任期限定的绝对多数的教学人员,就相当于印度的种姓体系中的贱民,被要求做其

---

① 伯顿·克拉克.探究的场所. 杭州:浙江教育出版社,2001.38
② 戴维.科学家在社会中的角色.成都:四川人民出版社,1988.296

他人不愿意做的工作,得到任何特权的可能性都被排除了①。兼职教授队伍的不断扩大,体现出自律机制的不公正。

相对于教授来说,真正无权无势又无钱的正是这些"兼职教授"。他们在教授大会上没有选举权,在系里课程设置的讨论中从不露面,连一年一度的圣诞晚会都不在被邀请之列。而在兼职教授这个复杂的学术群体中,最没有地位的,还是近年来出现的那些"固定兼职"(perma-temps)教授。管理终身教授困难太多,大学管理人员常自嘲为"牧猫人",有的甚至认为管理大学教授比管猫还难。于是,很多高校推出了"固定兼职"的教授职位,以填补由退休人员或自动离职者空出来的教职。据美国教育部统计,1993～1998年,已有40％的美国高校采取措施削减全职终身教职,其中,22％的高校用"固定兼职"的教职来取代全职终身教职。在一些社区学院中,兼职教授的比例高达70％～80％,连著名私立高校纽约大学拥有的兼职教授都在50％以上②。"固定兼职"教授队伍的扩大,成为西方大学教师临时工化的重要表现。

在大学教师临时工化这一背景下,兼职教授要转为终身教授则异常困难。有一位教授,她的英语文学课深受学生的喜爱,但她对学术研究毫无兴趣,留任也好,跳槽也好,都无法求得终身教职,就这样,她在新泽西南部的一个社区学院已经"固定兼职"20年。她收入微薄,没有医疗费、退休金等任何福利待遇,也没有办公室等必要的办公条件,她就在自己的车窗上贴上"兼职教授办公室"这样的标签以自嘲。哲学专业的兼职教授更没有地位。某年有一所小学校公开招聘哲学专业的终身教职,一下子收到800份申请。有一位47岁的教授,拥有牛津大学和哥伦比亚大学的两个哲学博士学位,并在普林斯顿大学担任过讲座教授,多年来,他一直在大纽约市区同时担任几个大学的兼职教授,每天坐着火车"赶场子",自讽为"道路学者"(road scholar)③。

具有嘲讽意味的是,2002年,纽约大学的兼职教授们经过艰苦斗争,终于成立了美国私立大学中的第一个兼职教授工会。直观地看,这为兼职教

① 阿特巴林.比较高等教育.人民教育出版社教育室译.北京:人民教育出版社,2001.109,110

② 程星.细读美国大学.北京:商务印书馆,2004.74

③ Road Scholar 与一个著名的学术奖"罗得学者"(Rhode Scholar)谐音。

授争得了一项权利,但实际上,这至少在名义上使兼职教授的地位下降了。这个工会的成立,以法定的形式确立了终身教职与兼职教授之间管理者与被管理者的关系,以法定的形式将兼职教授这个知识群体与秘书、清洁工、食堂职工等"劳工"画上了等号,终身教授和"固定兼职"的兼职教授之间的鸿沟,从此法律化、明朗化起来①。

二、外力控制要适度

1983 年,著名高等教育学家克拉克从西方高等教育管理体制的角度,区分了国家权力、市场因素和学术权威三者在高校治理过程中的不同作用,并提出了著名的有关政府、市场、学术垄断组织(academic oligarchy)相互作用从而控制高等教育系统的三角形,将各国高等教育的控制模式从"整体统一的政府管理"(unitary and unified state administration)到"市场联结"(market linkage)依次排开,形成一个连续的分类形式。三角形的每一个角代表一种极度的形式,在这种形式中,其他两种力量的影响则处于最低限度,而各国在三角形内部的位置,则代表政府、市场、学术三种因素的不同程度的结合②。克拉克将这种结合合成的一个图形称为"协调三角形"③。(如图2-1)

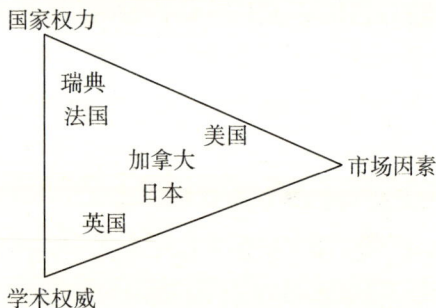

图 2-1　若干国家在"协调三角形"内的位置(1983 年前)

在这里,外力控制指学术权威以外的力量对高等教育的影响,如果把高等教育视为学术共同体,那么,外力控制的基本含义就是,西方高等教育的

---

① 程星.细读美国大学.北京:商务印书馆,2004.75

② Burton R. Clark, The Higher Education System: Academic Organization in Cross-National Perspective, Berkeley: University of California, 1983. p.138

③ 范富格特.国际高等教育政策比较研究.王承绪等译.杭州:浙江教育出版社,2001.

发展主要由非学术因素所推动,主要为非学术目的而行动。对学校治理来说,外力主要指国家权力和市场因素,而对教师管理来讲,外力主要指管理者和学生、家长等力量。

如果以转型期的实际状况为依据,调整克拉克所提到的这些国家在三角形中的位置,将会出现一种全新的图形:外力控制显著加强,包括英国在内的多数西方国家都将被置于距离学术权威更远的位置。这主要表现在政府控制的过强和经济杠杆的利用两个方面。

(一)政府控制过强

西方的政治哲学有一种自由主义传统,认为"最小的政府就是最好的政府",只要政府可以不管的,就尽可能不加干预。这种政治哲学也渗透到政府对高等教育的态度上,西方各国政府对高等教育一般不直接干预。资产阶级革命打破了教会垄断高等教育的局面,宣布了国家对高等教育的主权地位,但仍然认为国家没有必要直接干预教育,在高等教育的治理上,基本坚持学术自治传统和不干预的政策。20 世纪中期以后,各国政府主动承担起发展高等教育的责任,把促进教育公平视为政府的重要职能,也把发展高等教育作为发展经济的重要杠杆,这才普遍加强了对高等教育的直接干预。

政府控制过强的情况,在拥有集权管理传统的法国表现得最为直观,各级政府对高等教育的控制以不同形式得以强化。1984 年,法国社会党颁布《高等教育指导法》(即《萨瓦里法》)。该法要求"创立高等教育公共事业",提出"全部中等以后的、包括大学校与继续教育,都应属于高等教育的范畴"。在重申"自主自治、民主参与、多科性结构"三原则之外,该法进一步提出高等教育的办学指导思想必须贯彻现代化、职业化和民主化的原则,开始了 1968 年以后的新一轮重大改革。此法明确宣布,要进一步扩大"外部利益集团"对大学事务的参与,并赋予地方当局两项重要权力:一是制订协调性计划,二是与大学签订契约的权力。这意味着,地方当局不再仅仅是大学必须与之达成协议的一个赞助者或伙伴。即使是伙伴,也几乎可以肯定,地方当局已经是一名"特权伙伴"。而且,由于距离大学更近,地方当局的影响在事实上是相当大的。1984～1992 年的 8 年时间里,法国高等教育的预算增加了约 90.5%,在国内生产总值中的比例也从 0.43% 上升到 0.50%。中央政府希望减轻自己的负担,将负担分散到地区权力机构、市政府和工业企业之中①。这种权力下放的过程,在客观上使高等教育机构受到的外力干预更多、更强。

当然,1984 年《高等教育指导法》对民主化的规定,也能够让人感觉到法国高等教育自律的状况。在该法中,"民主化"的含义指进一步赋予教师、学生和其他有关人员更多地参与学校管理的权力,其具体措施包括给高等学校更多的自主权,还包括在高等学校内部设校务委员会、学术委员会、学业与大学生活委员会,分别对学校的内部管理行使决定权、咨询权和建议权,这使法国高等教育系统内部权力结构由三个委员会和校长共同构成②。

不过,这样的办学指导思想,很快就在 1986 年被以共治为主的新的原则所取代。1986 年,法国国民议会批准了教育部副部长德瓦凯起草的《高等教育改革法案》(即"德瓦凯法案"),要求办学指导思想用"竞争性、创造性和责任感"三项新的原则代替 1984 年提出的现代化、职业化和民主化的原则。通过政府的权力,外力已对高等教育的核心目标和指导思想发挥了重要的作用。第一,入学人数的迅速增长,使新生选课的标准由以增加学问为主,转变为能保证成绩合格为主。第二,对劳动力市场的适应。这要求一定课程的"职业化",还要求大学教师与产业界之间建立持续而紧密的联系,这使得传统上法国保护高等教育不受产业影响的习惯发生了变化。尽管这项改革方案因百万人上街游行、高教与科研部部长下台而撤销,但从 1986 年开始,法国高等教育确实经历了非常重要的变革,还加强了对高等学校的评估。

二战以来,美国进行过三次主要的教育改革,一次更比一次强调政府对高等教育的干预和监控。20 世纪 50 年代由苏联卫星上天而引发了第一次教改,重点是加大资助大学的研究生教育和科研。20 世纪 80 年代因美国在国际中小学生学科竞赛中成绩过差,导致《国家处在危险中》报告出笼,而引发了第二次教改,主要目的是为了提高中小学教育质量,政府的干预程度还相对较弱。1980 年,里根任总统以后,联邦政府对教育的控制内容发生了急剧的转变:从注意力几乎全部集中于平等问题,转向强调经济和政治改革、缩减联邦的责任、增强美国的竞争力、提高各级教育的质量方面。为此,美

---

① 范富格特. 国际高等教育政策比较研究. 王承绪等译. 杭州:浙江教育出版社,2001. 156~157

② 范富格特. 国际高等教育政策比较研究. 王承绪等译. 杭州:浙江教育出版社,2001. 142

国的一些官方机构、民间组织、教育团体以至个人研究者对教育问题进行了大量调查研究,几年之间,发表的研究报告达数百份之多①。里根政府发起的这场教育调查和改革运动,从讨论中等教育的问题开始,继而迅速涉及大学本科生教育和师范教育。第二次教改的一个重要特点就是,促使联邦政府开始过问和参与全国教育事务,保守主义似乎已经顾不上"小政府"的传统了。

20世纪90年代末开始、当前仍在进行的美国第三次教改更加广泛、深入,它包括中小学直至大学、研究生教育,涵盖学校教育和全民族人力资源的开发。它所涉及的,既有教育质量的老问题,更有教育数量的新问题。2000年9月,一篇共91页、名为《富饶的土地:多样性是美国在科学、工程以及科技方面的竞争优势》的报告发表②,启动了美国第三次教育改革。其要点是,如果想要改变美国在理工科过分依赖外国专家的状况,必须培养本国人才,而且应大力扩充妇女、少数族裔和残障人员在这些领域的数量。新一轮教育改革的显著特点是对美国联邦政府在全国教育事务上的角色的重新定位,它强烈要求联邦政府实质性地参与学校事务,要求强制干预全国教育事务。2002年1月出台的《不让一个孩子掉队法》(No Child Left Behind,即NCLB),则发动了一场涉及全美每一所中小学的教育改革,是美国联邦政府对美国教育最为强大的一次干预。

日本政府认为,大学在未来社会发展中所起的作用会越来越显著,但作为文部科学省内部组织的国立大学,必须改革。为此,1998年10月,日本大学审议会出台《21世纪的大学面貌和今后的改革方策》,希望开始富有个性化的大学改革。在经过5年的激烈争论之后,2004年4月1日起,日本正式实施国立大学法人化改革。与以往不同,国立大学法人化是一次最彻底的"地震式改革"。这种改革,是作为行政改革的一个组成部分进行的,它并未停留于国立大学内部,而是要促进包括私立大学和公立大学在内的整个大学体系的重新构建,并致力于建立社会和大学两大体系之间的互补关系。它体现了日本国家对高等教育控制方式的巨大变化。

---

① 陈学飞主编.美国、德国、法国、日本当代高等教育思想研究.上海:上海教育出版社,1998.31

② Land of Plenty:Diversity as America's Competitive Edge in Science,Engineering and Technology

(二) 经济杠杆的利用

公司投资给大学所带来的变化在于,大学只能由基础科学研究大规模地转向那些能够带来即时的经济收益的应用研究。1945 年,Vannevar Bush就美国科研之未来给罗斯福总统写了著名的报告《科学——无边界的领域》。该报告强调了新产品和新的医疗方法对基础研究的依赖性,由此,为大学的基础科学研究提供资助成为联邦政府的重要任务。联邦政府每年向大学实验室投放数以千亿计美元,因此打造出了世界最为强大的基础科研力量。Bush 的报告刚过 40 年,Martin Kenney 就提出了警告:商业化将大学教授从基础研究转移到应用研究,这即将摧毁科学进步的基础①。

转型期的西方高等教育面临着前所未有的奇特境遇:一方面,标榜自治和学术自由的西方大学仍然是无私地探索自然与社会奥秘的首选之地,以从事服务于人类未来的基础研究、保持独立地位和社会批判职能,并通过教学和与之紧密结合的科研培养高水平人才为己任;但另一方面,它的科研职能,特别是传统的基础研究领地正在不断遭到削弱。在经济杠杆的强大作用下,高校必须在它并不擅长的应用研究和技术开发方面表现出更大的灵活性和适应性。

资料表明,德国高校 80% 的科研任务是大型企业委托的。法国政府1978 年颁布了科研方向转向工业的法令,要求高校通过合同研究和转让科研成果,积极参与国家和地方经济发展。英国政府从 20 世纪 80 年代初开始,用削减教育经费的办法迫使大学发展与工商业之间的关系。这些政策对高等教育的自律机制产生了微妙的影响。大学迫于经费的压力,不得不接受通常附加各种具体条件的资助,容忍外力介入内部事务。法国托马逊公司在该国 42 所大学的理事会中拥有自己的代表,参与这些学校学术研究计划的制定,监督其实施及结果。在科学和知识工具化的时代,大学不再被视为社会的文化中心和共同财富,而被视为生产知识的"企业",大学的科研走上歧途,这是一种现实威胁②。

日本国立大学法人化改革也利用经济杠杆和市场机制而展开。改革

① Derek Curtis Bok. Universities in the Marketplace: The Commercialization of Higher Education. Princeton: Princeton University Press, 2003. p.59
② 韩骅. 现代高校科研问题的分析与思考. 高等工程教育研究,2000(3)

前，日本文部科学省对国立大学直接进行行政管理；改革以后，国立大学不再是文部科学省的"分支机构"，而是市场化的办学实体，拥有完全独立的经营权。以前，大学的经费全部由国家负责；现在经费主要靠学校收取的学费等收入来解决。以前，教职员工是国家的公务员；而改革后，教职员在"法人化大学"这个企业里工作，可以自由兼职，也可以创办企业。直观地看，这是在放权，但事实上，只不过是用市场手段和经济杠杆来强化外力干预，只是干预方式发生了变化。改革的目标，就是导入与民间的经营方法、能力、业绩相对应的工资体系，对教育、研究的实际成绩进行第三者评价。改革前，校长是国立大学内部最高决策者；改革后，国立大学按照企业经营的方式，引进理事会作为学校的最高决策机构，校长出任理事长，同时设置教育研究评议会和经营协议会两大咨询机构，校外理事和校外评议员实质性地参与学校管理，这实际上强化了市场因素对高校内部的干预。

高等学校入学资格的平等主义倾向

  高等教育质量运动的推进和高等教育转向共同治理的过程,还贯穿着关于什么人应该上大学的激烈争议。在转型期,西方社会不仅要求共同治理高等教育,而且要变大学为"大家来学",主张人人享有接受高等教育的权利。在这种背景下,入学资格的平等主义哲学出现了。这是战后教育民主化浪潮的继续,是高等教育大众化的继续,但这绝不是教育民主化或高等教育大众化的简单延续,因为在入学资格的平等主义倾向背后,包含着高等教育哲学的深刻转型:高等教育由少数人的特权,变成了人人都可以享受的基本人权。

  为了实现和保护所有民众享受这种基本的人权,同时又要保持高等教育一流的地位和足够强大的国际竞争力,西方各国普遍的做法就是大学分流,分层次发展高等教育。也就是说,保护精英和满足大众的举措双管齐下,让精英教育与大众教育齐头并进,最终形成了英才哲学与平等主义双峰并举的局面。为此,本章探讨平等主义在西方各国普遍兴起的历史背景、具体表现、主要行动及其深刻影响,特别是它客观上对英才高等教育哲学的强化。

第一节 从特权到人权:平等主义的入学资格

  历史上,关于什么人能进入高等院校的问题,经历过三种主要的哲学,那就是贵族哲学、英才哲学和平等主义哲学。克罗斯教授(K. P. Cross)分析美国高等教育历史而得出的这一结论①,适用于西方主要国家高等教育的招生历程。当然,这三种哲学在各国不同历史阶段的影响程度各不相同,而进入社会转型期以来,入学标准的平等主义倾向已经相当明显了。这种倾向的出现,自然是西方社会政治、经济、文化和科学技术发展多因素共同作用的产物,但其中比较直接的原因,还在于贵族哲学所持有的视高等教育为特权的观念已经成为不可挽留的历史,英才哲学让少数精英垄断高等教育的局面难孚众望,而平等主义哲学既能让最为广大的民众满意地享受高等教育,又成为普及科学文化知识、提高国民素质以开发人力资源、实现广泛的教育民主化以增强各国整体实力的现实选择。

一、贵族哲学的特权观念已成历史

高等教育入学资格的贵族哲学,即招生以谁付得起学费和具有相应的社会地位为前提。贵族高等教育哲学的合理性已经受到了质疑,作为关于高等教育入学资格的一种观念,也不会有人再去明确地加以主张,但在西方社会的教育实践领域,优越的家庭背景、较高的社会地位、富裕的经济条件等非学业优势,在许多时候客观地为上大学提供了便利,这使贵族哲学的实际影响相当深远,贵族哲学也因此而广遭诟病,备受来自理论与实践的批判和否定。正是在这些批判和否定的行动中,从现有材料中,我们又能看到它作为观念已成历史而作为实际影响还很强大的矛盾景观。

在世界上大多数高等教育体制中,早期的大学基本上是属于贵族教育的,这种情况,在生源结构中有明显的体现。以哈佛大学的生源情况为例。直到 19 世纪末,它录取的学生基本上只限于新英格兰地区的几所私立贵族寄宿高中。有一段时间,哈佛大学曾允许学生带着仆人上学。那时的哈佛也有少量奖学金,可对一般学生来说,奖学金标志着贫困,而不代表荣誉。耶鲁大学的生源情况与之相似。

美国从来就没有形成像欧洲那样的世袭贵族,但经过 300 年的发展,新英格兰地区的高中教育在事实上已经形成类似欧洲贵族的小社会,而哈佛、耶鲁等私立名校则成为从这些小社会中选拔和培养未来社会领袖的摇篮。

①陈学飞主编.美国、德国、法国、日本当代高等教育思想研究.上海:上海教育出版社,1998.27

到 20 世纪 60 年代,美国私立名校的大门还不向男性、白人和清教徒以外的人敞开。哈佛大学在 20 世纪以前基本没有犹太学生,更没有黑人或亚裔学生,而哥伦比亚大学一直到 1983 年才实行男女同校。

这些私立贵族高中的学生几乎全部来自富裕的清教徒家庭,他们在学习上虽然还算是努力,但他们从来不必担心前途和未来,因为,在他们尚未毕业时,可能就有人已经在曼哈顿他们父母或家族的投资公司或法律事务所中为之留好了位置。1999 年,哥伦比亚大学新闻学院院长尼古拉·勒曼在他所著 The Big Test: The Secret History of the American Meritocracy 一书中指出,直到 20 世纪 50 年代,耶鲁大学都只能算是一所大型寄宿学校,而不是什么国际知名的研究型大学①。

哈佛、耶鲁这些贵族学校传统上都有自己的所谓预备高中(feeder high schools)。想让孩子上哈佛大学或达特茅斯学院,就得先设法将孩子送进位于马萨诸塞州安多佛或位于新罕布什尔州埃克色特的菲立普学校;想让孩子进普林斯顿大学,得先看看自己能否支付劳伦斯维尔学校的学费。当时名牌私立大学并没有招生办公室,学校只是照着他们的"预备高中"校长提供的一份所谓好学生名单录取新生。一般认为,1921 年达特茅斯学院开始"选择性录取",开名校竞争入学之先河。一直到 1951 年,达特茅斯学院才开始在录取新生时考虑"学术才能测验"(SAT)成绩。

在许多情况下,钱对于敲开大学之门都是有用的,这几乎也是西方大学事实上存在的传统。就是在公平、民主不绝于耳的美国社会,那些名牌大学至今还能堂而皇之地优先录取校友子弟,这样的传统与贵族私立大学早年的历史一脉相承。假如没有那些富裕而又忠诚的校友们在过去几百年来慷慨解囊,今天的哈佛等私立名校要做到富可敌国,几乎是不可能的;假如这些学校没有从一开始就认准了在将来能慷慨解囊的主儿,那么一旦遇到经济危机,这些学校就很可能因无法生存而被政府"招安",成为公立大学②。从政治上看,私立名校要保持私立而不被"招安"为公立,确实是需要费功夫

---

① 程星.细读美国大学.北京:商务印书馆,2004.3
② 程星.细读美国大学.北京:商务印书馆,2004.3

的。这以 1819 年有名的达特茅斯诉讼案最为典型①。

在英才哲学产生实质性影响之前,贵族哲学在西方大学人才选择过程中,占据着绝对的优势。尽管美国可称为教育民主化运动的先锋,尽管约翰逊总统等政府要员反复宣布"充分的教育机会是国家的目标",但有研究看到,在能力面前人人平等的背后,贵族哲学却有着实质性的巨大作用。由卡内基教学促进基金会于 1967 年成立、克拉克·克尔任主席的卡内基高等教育委员会 1968 年发表的报告指出,机会平等与平等入学的联系日益紧密,而美国还没有做到平等入学,经济障碍和种族障碍阻挡着许多有潜力的美国青年。几乎 1/2 的大学本科生来自全国 1/4 收入最多的家庭,只有 7% 来自收入最低的家庭,1/2 最富有家庭的青年进入高等学校的机会是 1/2 收入最低家庭青年的 3 倍②。

在英国,虽然经由公立学校培养和毕业的学生约占总数的 93%,但牛津大学的学生,几乎一半都是私立学校毕业的高中生③,传统上它对其他中学的质量信息并不重视,到 2007 年,才首次在提供入学位置前,收集有关中学的质量信息。此前,尽管英国政府努力说服大学纠正"中产阶级偏见",一些著名的大学仍然只吸纳较少的来自贫寒家庭的学生。甚至,在 20 个最受欢迎的大学中,有一半的学校还增加了来自富有家庭和私立中学的学生的位置。据英国《每日电讯报》2007 年 7 月 23 日报道,牛津大学 2007 年才开始改变它的招生政策,计划吸引工人阶级中有才能的报考者。

以上这些批评的声音和各国的具体行动表明,尽管贵族哲学影响深厚,但在当今西方各国,它把高等教育作为少数有钱人或上流社会特权的观念早已过时,谁也不会公然为之辩护了。当然,它在实际上的巨大影响,正是人们反对它,并努力呼唤英才哲学,强烈要求平等主义哲学的原因。

① 即美国人所说的"达特茅斯学院诉伍德沃德"案(Dartmouth College V. Woodward)。1816 年,新罕布什尔州立法机构试图将私人资助的达特茅斯学院改为州立大学,立法机构拟将学院理事会理事委任权转移给州长,以改变学校的章程。

② 陈学飞主编.美国、德国、法国、日本当代高等教育思想研究.上海:上海教育出版社,1998.29

③ 特拉·巴贝.牛津大学能走商业化之路吗.中国教育报,2003-10-19(4)

二、英才哲学的精英情结不孚众望

英才哲学主张大学招生以优异的学习成绩为依据。这种哲学认为,高等教育是赢得的权利,而不是少数人生来就有的权利,招生应以学习成绩(学习能力和努力学习的愿望)为基础。英才哲学趋向于民主的高等教育,但这样的民主与平等主义主张的民主不同,英才哲学主张的高等教育民主还是精英式的,它要求以能力为依据筛选少数人入学,这势必对能力不足的大量学生构成某种意义上的"歧视",而平等主义反对任何意义上的歧视。在历史上,英才哲学代替贵族哲学,是有关入学资格观念的革命性进步,而在转型期,英才哲学尽管必然地受到了平等主义的冲击,却依旧是西方各国高等教育为了保持一流、维持强大的国际竞争力而无法抛弃的必要选择。

日本学者堀尾辉久认为,能力主义强调人的能力,废除了其他所有形式的歧视[①]。19世纪末,社会民主运动和国家统一运动蓬勃兴起,将能力主义推到了运动的最前沿。能力主义在自由竞争和机会均等的掩盖下被实用化地转化为社会选择的原则,能力和成就因而在竞争和选择过程中发挥了重要作用。从19世纪以来,英才哲学奉行的能力主义就成为日本社会生活的支配原则,但它却不是日本社会所独有的。堀尾辉久指出,英国学者迈克尔·扬(Michael Young)在其讽喻作品《英才教育的崛起》(The Rise of the Meritocracy)一书中明确地看到,在英国,19世纪70年代是英才哲学形成的关键十年,其间,能力和成就作为社会组织的支配原则的含义明晰起来并得到确认。堀尾辉久进一步看到,美国的社会没有遇到传统的门第和地位观念的浸透,这使得英才观念在美国比在欧洲社会更早地获得了声誉,能力主义在美国能够比在其他任何地方更充分地获得承认,美国也是第一个组织起来的精英社会[②]。

与贵族哲学不同的是,英才哲学要摧毁传统上确定大学入学资格及挑选政府和社会领袖以财富和出身为依据的机制,而采取以美德和才能为依据的机制。这种机制,就是美国开国元老、《独立宣言》的主要起草人杰弗逊

---

① 能力主义是英才哲学的核心,堀尾辉久的这一认识,言外之意,英才哲学在能力上却存在歧视,即歧视能力不足的。这一点,正是英才哲学与平等主义极为重要的分水岭。在平等主义的行动中,常常反对任何意义上的歧视,包括能力上的歧视。

② 堀尾辉久主编.日本当代教育思想.王智新等译.太原:山西教育出版社,1994.314

所谓的"自然贵族"理论。自然贵族产生的条件就是美德和才能,而不是出身和财富。作为维吉尼亚大学的创办人,杰弗逊反对以贵族哲学选择学生,主张实施英才主义而不考虑社会地位。他希望从初级学校和中间学校"垃圾中耙出英才"并选送到高等学校。据此,他向维吉尼亚州议会建议建立一种人才的搜索机制,将人才或自然贵族从社会的每一个阶层里挑选出来,由维吉尼亚大学加以培养。当然,在教育哲学家布鲁贝克看来,杰弗逊的心理充满矛盾:杰弗逊在《独立宣言》中写道了平等主义,似乎要实现政治上和法律上的平等,而在弗吉利亚制定高等学校招生政策时,采用的却不是平等主义原则,而是选择性标准①,也就是英才哲学。

虽然杰弗逊的思想从未引起同时代人足够的重视,却在 100 多年以后,成为要素主义教育哲学的著名代表、有机化学专家、哈佛第 23 任校长柯南特(Conant)招生改革的理论依据。为了用自然贵族的理论挑选人才,美国大学的人士开始了革命性的探索。

柯南特在 20 世纪 30 年代开始考虑招收新英格兰地区以外的平民家庭子弟。他让当时还在哈佛学院担任助理院长的亨利·乔安赛,去调查并推荐一种有效的鉴别人才的方法,然后由学校资助这些优秀的平民子弟上哈佛。乔安赛和柯南特一样,相信只有少数人具有担当社会领袖的才能,但如何才能知道谁是这些"少数人"呢?经过一番艰难的理论探索,柯南特终于找到了教育改革的理论依据——自然贵族。接到柯南特交给的任务,乔安赛将目光投向心理学研究的最新成果——智力测验,认为今后的人类社会通过智力测验来选择精英,可能会真正实现柏拉图"哲学王"统治社会的理想。在此后十多年里,柯南特和乔安赛联手,从心理测量专家手中接过"学术才能测验"(SAT)这一考试工具,先用于获得奖学金人才的选拔,然后推广到私立名校的录取。二战之后,美国大学急剧扩张,SAT 终于成为大多数学校认可的最具权威的水平测试工具。1947 年,教育测试服务社(ETS)成立,乔安赛任总裁。

教育测试服务社致力于通过 SAT 考试,来帮助私立大学甄别学生的学术能力,与此同时,中部艾奥瓦州的另一批学者经过多年研究开发出一种新的学生水平测试工具,命名为"美国大学考试项目"(American College Tes-

133

---

① 布鲁贝克.高等教育哲学.王承绪等译.杭州:浙江教育出版社,2002.68

ting Program,简称 ACT)。1959 年,美国大学考试项目公司(ACT)成立,标志着美国大学高考机构双轨并行的局面正式形成。近年来,两种测试都促使英才哲学成为美国大学招生过程的主导因素。

英才哲学的主张在美国教育史上还可以追溯到比柯南特的实践更早的时候。1904 年,哈佛大学第 21 任校长艾略特给校董事会的一封信中说,他希望所有青年男子,有很多钱的,有一点儿钱的,或完全没有钱的,只要有头脑,哈佛都应该对他们敞开大门。"青年男子"一语表明,艾略特没有超越他的时代,但"只要有头脑"的说法,足见他持有的英才教育哲学。根据这种哲学,成绩优异的都可以进入大学学习。这在当时的确是革命性的进步观点。但问题的关键还在于如何判断成绩是否优异,而这是很有争议的。

英才哲学作为观念形态的兴盛及其顶峰,是在 20 世纪 50 年代。1954 年,美国人力资源与高级培训委员会(即沃尔夫委员会)发表著名的《美国的专门人才资源》报告,这被认为是英才高等教育哲学最有代表性的文献。报告反复强调了英才教育的重要性,一再申明,现代国家除了发掘、培育和利用它的人力资源之外,别无其他选择①。

英才主义哲学在美国大学招生过程中得以真正体现,是在 20 世纪的最后 20 年,而且主要体现在一流大学的建设和招生过程之中。之前,日本、韩国等地的孩子每年赴考场如赴刑场的故事,一直是美国人茶余饭后的笑料。今天美国"高考"竞争的激烈程度,也不亚于当年的日本和韩国。能送孩子进私立学校的父母,绝不让孩子踏进公立学校的大门;只上得起公立学校的家庭,也要设法让孩子进当地最好的公立学校,代价是在房价高于其他地方数倍的所谓"好区"内安家。孩子的 SAT 成绩成了衡量父母成败的标尺。对于竞争名牌大学的激烈程度,2000 年出版的《顶尖大学揭秘》(Inside the Top Colleges)一书里有这样一些描述:在美国 1000 多万本科生中,只有 4.7 万多人就读于 8 所常青藤大学,其比例不到 4‰。每一年仅有不到 5% 的本科生就读于 25～30 所最好的私立大学。在美国 1250 万的大学生中,只有不到 9 万人能够进入前 25 所顶尖大学②。学业成绩面前人人平等竞争,这种

---

① 陈学飞主编.美国、德国、法国、日本当代高等教育思想研究.上海:上海教育出版社,1998.27～28

② 程星.细读美国大学.北京:商务印书馆,2004.12

英才哲学至今仍然是许多人的追求,但按英才哲学严守高校大门的精英情结,显然无法满足广大民众接受高等教育的强烈愿望,平等主义高等教育哲学应运而生。

三、平等主义的入学政策众望所归

平等主义高等教育哲学主张高等教育是每个公民的权利,高等学校应该实行敞开大门的政策,适龄人口人人均可入学。平等主义哲学既不同于战后西方教育民主化要求的教育机会均等、教育结果平等的原则,也不同于传统上英才哲学关于能力面前人人平等、智力或考试面前人人平等的能力主义原则(尽管平等主义与这些原则有着紧密的关系),而是在转型期特殊的历史背景下,西方高等教育出现的独特现象。

这种现象的出现是多种因素促进的,但如同在前述高等教育大众化的背景中我们看到的,平等主义高等教育哲学能够在西方各国占据主流地位,从根本上讲,还是民众受教育的强烈愿望的产物。换言之,平等主义所主张的"开门办学",是民众的愿望,民众欢迎,它才在高等教育领域占据了主导地位,才有"野火烧不尽、春风吹又生"的"草根"(grass-roots)基础。

民众上学的急切愿望,从学生接到录取通知书的喜悦中,常常能够体现出来。卡内基教学促进基金会主席博耶(Ernest Leroy Boyer,1928~1995)在1987年出版的《美国大学教育》一书中写到,当时美国只有不到50所大学对申请入学的学生有选择的余地,至少有1/3的大学实质上对所有申请者是从不拒之于门外的。可是,申请进大学的学生都认为,被学校录取是一次难以获得的重大胜利。尽管这只是一种表面现象,却足以说明普通大众强烈的入学愿望。学生上大学总有自己的期望,他们的父母同样抱有某种希望,普通美国人甚至在搬家时,也会随意选择一所大学的图片张贴在家用汽车的后窗上,引以为豪。中学生表示,他们总是做着上大学的美梦,总认为上大学是自己的责任。他们所想的就是:"如果不接受高等教育,那么在当今世界上我就不会有什么好的机遇。我希望自己能过好的生活,而这就意味着我必须上大学。"博耶认为,中学生们的这类表白,反映了这个国家的人们对高等教育的动人的信念①。

---

① 博耶.美国大学教育.复旦大学高等教育研究所译.上海:复旦大学出版社,1988.25

在美国,可以说,高等教育的发展从一开始就贯穿着"两条路线"的斗争:一条是以哈佛、耶鲁等新英格兰地区私立高校为代表的精英教育路线;一条是靠联邦授地法案起家的众多州立大学所代表的大众教育路线。前者以培养牧师和文职官员为宗旨,因而大学在他们看来就是未来社会领袖的摇篮。而美国高等教育中大众路线的滥觞是 1862 年国会通过的赠地法案。该法案的实施,标志着高等教育不再是贵族和富人的特权。艾思拉·康奈尔(Ezra Cornell)在以他的名字命名的这所大学建立之初,曾骄傲地宣称:"任何人在这里都能找到他所想学的任何东西。"康奈尔大学开始是一所联邦授地的州立大学,直到今天还保留着一些公立大学的成分。

从 20 世纪 50 年代开始,德国社会即有了一种普遍的看法,认为现代社会已进入不同于传统工业社会的教育社会,而在教育社会中,教育具有必须优先发展的极其重要的意义,教育应当优先于经济增长的目标。每个人都必须接受更多的教育,否则无法立足于社会,无法服务于社会。颇有影响的教育专家贝克甚至强调:"今日西方的教育就是西方大众的教育。"这种社会教育观,为扩大教育规模、增加教育机会提供了有力的依据和支持。而达伦道夫所著《教育是公民的权力》一书的中心思想就是,教育是所有公民的权力,这是德国法律及政治制度的基本要求①。

在民主社会的教育系统中,要使平等主义者明白英才的贡献,要使精神贵族证明其存在的理由,都是很困难的。这说明平等主义高等教育哲学在西方社会有着深厚的土壤,这是平等主义受到民众欢迎的文化基因。像加德纳等人就明确主张,必须在关心全体人民的背景中寻找天才。他们甚至从柏拉图有关"公正教育"的论述里找到了反对英才哲学的依据。柏拉图在《理想国》中,论述过公正教育两方面的含义。一是使每个人特有的能力得到发展的教育。这种"公正"的实质,是区别对待不同的人,实行能人统治。各种职业应向有才能的人开放,才智出众的学生则应该享有优越的机会。二是指个人的能力应该以有益于整个国家的方式去发展。布鲁贝克认为,第一方面的公正在当代高等教育中受到了更多的注意,而柏拉图关于公正教育的第二个方面,在罗尔斯看来,教育机会方面的英才主义导致的不是公

---

① 陈学飞主编.美国、德国、法国、日本当代高等教育思想研究.上海:上海教育出版社,1998.154

正而是不公正,财富、权力等方面的不平等造成的教育差别,只有在它们对整个国家有益时才是正当的。英才应该获得优越的机会,不是因为他们有天赋才能,而是因为他们获得机会就可以更好地利用他们的天赋去帮助不太幸运的人们①。

在西方,许多人相信卢梭《社会契约论》里的那句名言:"人们尽可以在力量上和才智上不平等,但是由于约定并且根据权利,他们却是人人平等的。"②在布鲁贝克看来,有关大学入学的平等主义理论至少经历了两个发展阶段,这两个阶段代表了两种平等主义的教育哲学。第一种起源于美国《独立宣言》提出的"所有人生来平等"。那时,有人像爱尔维修那样,认为从心理角度说人实际上是平等的,有人像卢梭那样,认为人之所以不平等,是由于所受教育不同的缘故,解决的办法是提供更多更好的教育。美国公立教育之父霍拉斯·曼(Horace Mann)的观点,可谓卢梭的观点与美国教育实践相结合的产物。霍拉斯·曼强调,教育是实现人类平等的伟大工具,它的作用比任何其他人类发明都要大得多。第二种平等主义教育哲学不认为人生来平等,也不认为某种教育可以实现人人平等。这种哲学承认人与人之间的差别,并为这些差别的发展提供均等的机会。

在美国大学招生领域,平等主义哲学对人们观念的影响是逐步形成的。1946~1949 年期间,美国绝大多数高校入学人数成倍增长,犹太人和天主教徒开始进入清教徒传统的私立名校,出身卑微的学生凭着优异的成绩进入一流大学,经历了战争的成年人与高中毕业生一起坐在大学的课堂里。1900 年,美国大学校园仅有 23 万学生;1940 年这个数字已经上升到 140 万;1946 年为 240 万;1960 年为 320 万;1970 年为 750 万;2000 年为 1400 万③。从 20 世纪 60 年代起,社区学院经过高速发展,今天已经成为任何年龄、任何背景的人,在任何时候都能进入并选择自己需要的或感兴趣的任何人文或职业教育科目的学习机构。

平等主义哲学在高等教育招生中得以真正体现,是二战以后的事情。1944 年,美国国会通过"军人调整法案"(简称 The GI Bill of Rights),使得参战老兵在战争结束后可以进入高校学习并由国家承担其教育费用。但很

137

① 布鲁贝克.高等教育哲学.王承绪等译.杭州:浙江教育出版社,2002.67~68
② 卢梭.社会契约论.第 2 版.何兆武译.北京:商务印书馆,1980.34
③ 程星.细读美国大学.北京:商务印书馆,2004.6~9

多老兵并不领情，宁可找个蓝领工作，享受生活的逍遥。更多的老兵则选择进入州内的公立大学学习一门专业技能，以求毕业后能够找到一份高薪工作。一直到 20 世纪 70 年代以前，私立名牌的光辉仍然只是在东部传统的所谓上层社会圈子里闪耀。

高等教育的快速扩展带给 20 世纪的一个显著变化是，上大学由少数阶层的特权变成普通公民人人应当享有的一项基本人权。这种权利，在 1998 年发表的《世界高等教育宣言》中得到充分肯定，之后才逐步成为世界各国的共识。之前，有些理论家就此发表了不少重要的主张，一些全球性教育文献在强调接受高等教育的平等权利时，往往都特别强调"依据能力水平"之类的限定性措辞。如《世界人权宣言》第 26 条第 1 段所规定的"每个人都享有受教育的权利"，却有"每个人都有依据能力平等接受教育的机会"的限定，在 1960 年通过的《反对教育歧视公约》的基本原则中，第 4 条要求各缔约国"使所有人依据各自能力享有平等接受高等教育的机会"。对这些国际公约形成的共识，世界高等教育大会给予了充分的肯定，强调所有人都有接受教育的权利，特别是基于个人的成绩和能力来接受高等教育的平等机会和权利。联合国教科文组织在 2008 年 11 月第 48 届国际教育大会期间正式发布的《2009 年全民教育全球监测报告》更强调，受教育是人类的一项基本权利，应当和其他任何一项人类应享受的权利一样受到法律保护。

据此，能否被高等院校录取，其依据就是：第一，接受高等教育的愿望；第二，个人的成绩、能力、努力程度、锲而不舍和献身的精神。而且，世界高等教育大会特别要求高等教育通过变革而更加灵活、开放，通过层次与方式的变革，使人在一生中任何时候均可被录取。上大学的机会，曾经是最为广大的民众多少代人梦寐以求的愿望，平等主义哲学降低高等教育的入学门槛，才使得这种愿望真正地变成了广大民众可以自由选择的现实。

当然，平等主义面临来自实践领域的不少阻力和强大压力。2007 年 10 月 31 日，英国新任首相布朗在格林威治大学就新政府的教育抱负发表演说时，详细分析了英国社会长期存在的这种阻力或压力。布朗指出，英国社会各界长期持有的教育文化"三论调"（three assertions），严重阻碍着英国一流教育体系的建设，长期阻碍着英国社会的发展①。这三论调即是"上层空间

---

① Gordon Brown. Speech on Education. 2007—10—31

有限论"(only limited room at the top)、"越多越糟论"(more means worse)和"宿命论"(fatalist assumption)。"上层空间有限论"认为,经济发展只需要少数人被培养为高层领袖,全力开发每个人的智力没有意义。"越多越糟论"认为,大众青年智力有限,培养越来越多的青年人是教育资源的浪费。尽管其他发达国家大学入学率已经超过了 50%,但英国许多人依旧认为,追求 50% 的目标将是无力的处方(a recipe for dumbing down)。"越多越糟论"的教条显然是有问题的,而与之密切相关的一种观点可称为"宿命论","宿命论"比它错得更多。"宿命论"认为,薄弱学校和差生总是存在的,贫穷儿童的不利地位不可能在学校克服,对于不求上进的薄弱学校和差生,只能抱之以容忍。这样的论调在英国社会的长期存在,给平等主义带来的绝不只是来自贵族哲学的压力,而且包含着来自英才哲学的强大阻力。

第二节　从博弈到妥协:平等主义的主要行动

我们已经看到,在西方社会三种高等教育哲学的发展过程中,贵族哲学的特权观念已成历史,英才哲学的精英情结不孚众望,而平等主义的入学政策众望所归,一度成为主导西方高等教育改革与发展的主流。这使高等教育规模快速扩展,而且,还特别为弱势族群推出了越来越多的举措,其中影响最大、争议最为激烈的,除了与大众化政策配套的高等教育机构建设本身,还有以美国大学为代表的"优待行动"(affirmative action)和以英国为典型的促进下层社会子女上大学等行动。这些行动充满着西方社会各种力量的冲突与制衡,也是英才哲学与平等主义长期博弈和妥协的结果。

一、加大高等教育机构的建设力度

在西方高等教育发展的大众化道路上,平等主义哲学得到了强化(当然,平等主义哲学的强化,反过来又维护并促进了高等教育大众化、普及化发展)。这条道路的实现,是以扩建、改建或重新组建高等教育机构为主要渠道的。

具体地讲,在欧洲,高等教育经历了结构改革而完成了大众化任务,实践着平等主义教育哲学。英国1963年发表《罗宾斯报告》，对当时入学人数的扩大深有所感，并获权研究有关问题，断言，"高等教育的课程应当适合于有足够能力与学识攻读并愿意攻读这些课程的全体学生"，建议到1980年将高校学生扩大到1963年的3倍。该报告发表以后，英国经过对原有的大学、师范学院和继续教育学院（主要是工学院）三个组成部分的结构改造，于1966年新建了大约30所名为多科性工业学院的新型机构，最终形成了英国高等教育的二元制度。这些新建学院一般都有明确的职业目标，其目标、管理和思想感情都倾向于与社区密切相连，倾向于热心为社区提供有兴趣和有价值的课程和业务。

到1983年，英国高等教育的入学人数大大超过了委员会提出的指标。对此，康内尔指出，在英国高等教育中，显然可见的种种压力和思想，也将在全欧洲国家的高等教育中见到，而为解决这些问题所采取的措施，也简直差不多①。德国于20世纪60年代新建了7所大学，法国在1968年彻底改革之前就增加了7所大学，瑞典则把它的大学下属的院系增加了一倍。德国工业和艺术学院的职业学科与大学严格地分开，其地位也没有提高。在法国，大学以上程度的各类职业院校在整个大众化发展阶段都仍然被看做高等教育的高级目标。1966年，法国就开办了提供两年学位课程且类似于英国多科性工业学院的少数大学工学院，随后并入1968年建设起来的新高校之中。1968年，受学潮的推动，一种新的和综合性的高等教育模式在法国得以推广，二元结构明显起来：一是像以前一样的大学以上的各类院校继续发展；一是出现了各种教育和研究团体以不同方式联合新建的约40所综合性大学，代替旧大学，仅巴黎就建设有13所这样的新大学。法国的平等主义高等教育哲学，主要由大学校以外的这些高等教育机构来实践。

美国高等教育的平等主义哲学，构成高等教育发展史上重要的转折点。这样的任务，主要由社区学院和四年制本科院校完成。到20世纪60年代，美国就已建立了三种等级的高等教育制度：大学、四年制本科院校和社区学院。这是美国公众前所未有的获得更多和更高水平教育的需求带来的结果。大学大约有150所，无论私立的或者州立的，都开设范围很广的文科与职业课程，授予从学士到博士的各级学位。四年制本科院校多种多样，主要

---

① 康内尔.二十世纪世界教育史.张法琨等译.北京:人民教育出版社,1990.769

开设文科和自然科学课程,还有专业训练。1960～1980 年,四年制本科院校从 1451 所增加到 1810 所①。社区学院在 20 世纪的重要性,犹如中学校在 19 世纪把群众的教育提升到中等教育水平的重要性一样,社区学院在 20 世纪把群众教育提升到高等教育的水平。社区学院这种能够广泛满足群众教育愿望的机构,在 20 世纪初第一所社区学院建立之后,经历了 3/4 世纪时间的实验、争论和缓慢的文化适应,最终于 20 世纪 60 年代迅速地兴旺发达。在 1970 年,这三种等级高等教育机构各自拥有的大学生人数几乎相同。1900 年美国高等教育毛入学率才 4％,1970 年已达 40％②。

德国的平等主义高等教育哲学,主要由联合高等学校和高等专科学校等新型高等教育机构实践。早在 20 世纪 60 年代末和 70 年代初,德国就出现了联合高等学校和高等专科学校两种新的高等教育机构,从此以后,满足所有具备进入高等学校条件者的入学要求,就已成为德国高等教育政策的一条理所当然的原则,没有人敢于理直气壮地谈论限制入学名额问题。而且,名额限制早已成为不得已而为之的一种"罪恶"。1977 年,生育高峰期出生的一代人开始进入高等学校,国家却无力增加高等教育投资。如果实行所有适龄人都能入学的平等主义的高等教育哲学,高等学校将面临严重的超员问题。尽管如此,政府不仅没有限制入学名额,反而作出"敞开校门"的决策,其重要理由之一,便是要使那一代人也享有均等的高等教育机会。平等主义的实施,使德国高校的学生结构有了巨大变化,工人子女在大学生中所占比例有了明显的提高:1966 年仅 5.7％,1982 年提高到 8.6％,1992 年达到 12.5％。大学新生中女生的比例,也从 1960 年的 27％提高到 1992 年的 42％③。

20 世纪 90 年代中期以来,德国的高等教育政策强调,在保持学术性高等学校尤其是大学学术水平的基础上,重点扶持以实践为特色的高等专科学校(Fachhochschule)以及职业学院的发展。1993 年,科学审议会《关于高等教育政策的 10 点意见》中,进一步提出发展高等专科学校、课程分化等意

---

① 博克.美国高等教育.乔佳义编译.北京:北京师范学院出版社,1991.3

② 康内尔.二十世纪世界教育史.张法琨等译.北京:人民教育出版社,1990.772～777

③ 陈学飞主编.美国、德国、法国、日本当代高等教育思想研究.上海:上海教育出版社,1998.157

见,认为培养30％以上适龄人口的高等教育应当有相应的培养制度,大学的培养应在课程和组织方面逐步分化为以就业准备为目标和以学术训练为目标两个不同的层次①。1994年,巴登—符腾堡州首创职业学院这种仿效"双元制"中等职业教育模式,学制三年,在高等专科学校之后进一步冲击了传统上德国对高等教育的定义②。

战后的日本,废除军国主义意识形态的传播,确立了西方民主主义教育思想,平等主义高等教育哲学影响很大,它与高等教育机构建设之间的联系相当直接。到1965年,日本就已经实现了高等教育大众化的目标,这是日本高等教育机构在战后获得重建而完成的重要任务。1946年3月初,以伊利诺伊大学校长、纽约州教育局长斯托道特(G. D. Stoddazd)教授为团长的美国教育使节团一行27人到达日本,在全面考察并广泛交换意见的基础上,写就《美国教育使节团报告书》,绘出了战后日本教育民主化改革的基本框架。据此,日本政府于1947年3月31日,公布了日本《教育基本法》和《学校教育法》,天皇的"教育敕语"不再有效,新的学制(即六三三四制度:小学6年,初高中各3年,大学4年)得以确立。高等教育的改革从1949年开始实施,为高等教育大众化发展铺平了道路。改革后,原278所国立大学、高等学校、专门学校以及各种师范学校得到调整,合并为69所新制国立大学,实现了一府、一县有一所国立大学的布局,使战前只培养少数英才的大学变为向群众开放的大学。1950年,日本有大学201所,短期大学149所,学生240021人。1960年,有大学245所,短期大学280所,学生709878人。1970年,有大学382所,短期大学479所,学生1669740人。1980年,有大学446所,短期大学517所,学生2206436人。1990年,有大学507所,学生2612751人。到1996年,有大学576所,短期大学598所,学生3069946人。此外,日本还有属于高等教育范畴的高等专门学校62所和专修学校2956所,学生数分别为56396人和659057人③。这样的数字,清楚地展示着高等教育机构的建设与平等主义高等教育哲学之间的直接关联。

---

① 陈学飞主编.美国、德国、法国、日本当代高等教育思想研究.上海:上海教育出版社,1998.194

② 周丽华.与洪堡告别.中外教育分析报告,2006－09－25

③ 陈学飞主编.美国、德国、法国、日本当代高等教育思想研究.上海:上海教育出版社,1998.250

二、实施少数民族学生的优待行动

近 20 年的英美法理学、教育学著作中,"优待行动"是频繁出现的一个术语,它还有积极行动、肯定性行动、优先照顾行动、照顾行动、赞助性行动、主动行动、积极补偿行动、认肯行动、优待措施、补偿性活动等多种译法。译法不同,其含义却比较一致,指美国社会帮助长期受到歧视的群体,包括非洲裔黑人、西班牙裔南美人和土著印第安人以及妇女,更快地改变他们在政治、经济、教育、社会活动等方面的劣势地位,争取教育和就业的平等机会的法案和举措①。这些行动取得了明显的成效,也引发了众多的争议。

(一)"优待行动"的缘起

美国官方第一次使用这一术语,见于肯尼迪总统 1961 年 3 月签署的总统第 10925 号行政命令。这个行政命令要求政府会同承包商采取优待行动,为少数族裔提供更多的工作机会,不得有种族、信仰、肤色、祖籍等方面的歧视②。约翰逊总统执政期间,联邦政府和国会陆续颁布了一系列包含范围更为广泛的优待行动法案,而美国 20 世纪 60 年代民权运动的最大收获,正是国会通过的一系列平等权益法案。因此说,优待行动政策实际上是一项在 1964 年通过的《民权法案》基础上发展起来的平等权益的措施或法案。

1964 年美国民权法案(the Civil Rights Act of 1964)的第 7 条,授权法庭采取适当的优待行动以纠正歧视。1965 年 9 月,林顿·约翰逊总统在霍华德大学签署第 11246 号行政命令。该行政命令规定,美国雇主应采取优待行动,以保证对不同年龄、性别、种族、信仰、肤色和民族血统的求职者不加歧视;希望确保少数种族和妇女在被雇佣时有真正平等的机会,而且最终能得到提升。

143

---

① 对"affirmative action",《斯坦福哲学百科全书》解释为:"Affirmative action" means positive steps taken to increase the representation of women and minorities in areas of employment, education, and business from which they have been historically excluded. 见:Edward N. Zalta (Principal Editor). Stanford Encyclopedia of Philosophy.

② 原文为:The Contractor will take affirmative action to ensure that applicants are employed, and employee are treated during their employment, without regard to their race, creed, color, or national origin. 见:JoAnn Bren Guernsey. Affirmative Action. Minneapolis: Lerner Puplications Company, 1997. p. 30

1969 年,美国劳动部披露了建筑部门广泛存在的种族歧视,为此,尼克松总统决定提出了"目标与时间表"计划,要求根据优待行动计划的实施情况评估联邦建筑公司。"目标与时间表"的方法为公司执行和遵守优待行动规则提供了指导方针。在杰拉尔德·福特担任总统期间,优待行动计划的适用范围扩展到了残疾人士、越战退伍军人,但对这两个群体没有目标或时间表的要求。

卡特总统于 1978 年建立了联邦合同执行计划办公室①,以确保各机构有效执行优待行动计划。到罗纳德·里根总统和乔治·布什总统任职期间,优待行动开始走下坡路。里根总统曾打算取消其中的目标和时间表,但总的来说变化并不大。当然,这一阶段也取得了一个积极的成果,即通过了美国《1990 年残疾人法案》,以禁止在公共场所对残疾人的歧视。

平权法案内容广泛,但最受争议的问题是,大学招生和政府招收雇员过程中,是否应当为少数族裔和妇女留下一定的名额。1964 年,美国民权法案已经触及优待行动,到 1972 年,这些行动已成为震荡全美的公共问题。30多年来,该法案的实施不断受到来自白人和男性的挑战。而密歇根大学的案例,仅是这场旷日持久的歧视与反歧视斗争的继续。家住密歇根州的白人女生格拉兹(Jennifer Gratz)和白人男生哈马切尔(Patrick Hamacher)分别于 1995 年和 1997 年被拒入读密歇根大学本科生院,但是他们发现该校却录取了成绩与之相同或更低的西语裔、非裔和印第安裔的考生。另一名白人女生格鲁特尔(Barbara Grutter)申请该校法学院 1997 年秋季入学,被拒,但该院却录取了许多成绩低于她的西语裔、非裔和印第安裔的考生。他们分别向联邦地区法院控告密歇根大学带有种族歧视性的招生政策。案子在低一级的法院中打了几个回合,胜负难分。2003 年春,最高法院终于同意听审密歇根大学本科生院和法学院的招生政策是否违宪一案,将美国大学招生过程中是否存在照顾非洲裔黑人、西班牙裔南美人和土著印第安人而歧视白人的问题,再次提到维护人人生而平等的宪法精神的高度。

(二)"优待行动"在大学的影响

20 世纪 60 年代以来,少数种族和妇女在法律领域的申请者人数增多,在这一领域工作的人数也出现了前所未有的增长,法律界成为少数种族和

---

① 即:Office of Federal Contract Compliance Program,缩写为 OFCCP。

妇女流入最多的领域。在高校,优待行动促进了学生结构的多样化,而且出现了从优待录取数量到打破交往屏障的新的转折。

1. 学生结构多样化局面的形成

从民权运动声势浩大的 20 世纪 60 年代开始,美国高等院校开始努力招收非裔美国人(黑人)、拉美裔、亚裔、印第安土著等。当时的口号是:如果你能把所有少数民族学生弄到校园里,那所有事情都会 OK。非裔和拉美裔学生在大学入学时经常享受一些优惠,有些大学干脆划分出一定比例来专门招收少数民族学生。优待行动自诞生之日起,就在不断的挑战中不断地向前推进,得到全美大多数高等院校的积极响应。

到了 20 世纪 80 年代,一些高校开始设立"专门负责多样化"的系主任,开设少数民族研究的课程,成立各种少数民族学生团体,帮助他们保持自己的文化特色。到 2003 年,在美国大学校园,讲西班牙语的拉丁美洲学生、黑人学生和亚洲裔学生的总数已经超过了白人学生。美国所有地区都看到了少数民族学生入学的增长,特别是讲西班牙语的拉丁美洲学生,占公共学校学生的1/5。据《纽约时报》2007 年 6 月 1 日报道,在美国政府 5 月 31 号发布的一个年度报告中显示,美国少数民族学生在公共学校的入学人数已从 30 年前占注册学生数的 22%,增长到当时的 42%[①]。在 1950 年,来自说西班牙语国家的美国居民还不足 400 万,但到 1997 年,在美国城市的大街小巷,听到有人说西班牙语已非什么怪事,说西班牙语的人数已有约 2700 万[②]。

经过几十年的发展,在学生肤色、阶层、出身方面,美国大学校园确实比以前要多样化。当然,这并不意味着学生可以跨越种族的鸿沟,自由和睦地往来。因而,美国高校近年来又开始了一个新的运动,那就是打破不同背景的学生之间的交往屏障。

2. 新的转折:从优待录取数量到打破交往屏障

进入新世纪以来,大学的优待行动在阵阵反对和争议声中走向新的转折,那就是,从讲优待的数字到打破交往屏障的转折,在行动上正视已经多

---

① SAM DILLON. U. S. Data Show Rapid Minority Growth in School Rolls. the New York Times,2007－06－01

② George Clack 主编. 美国形象. 美国新闻总署发行,1997

样化的大学生队伍,寻找积极有效的行动,以打破不同种族学生之间长期存在的交往屏障。

这种新的趋势考虑的主要问题是,学校应创造什么样的教育环境来帮助不同种族和背景的学生互相学习。学校认为,作为教育工作者,有责任努力营造一个集体,让学生与政治观点、种族和意识形态等方面不同于自己的人一起学习、工作和玩耍,以帮助学生逐渐培养文化适应能力或文化多样性,来适应美国愈来愈多样化的社会。布朗大学、卡内基·梅隆大学、哈佛大学、哈沃福德大学、密歇根大学、斯坦福大学、斯沃茨摩尔大学,以及蒙特获优克大学等,都是这一思想指导之下的先行学校①。

以著名的达特茅斯学院为例。过去,新生接受的入学教育经常和爬山、野外露营有关。2002 年,入学教育强调的"重头戏"却是一名叫卡里姆·马歇尔的在校生向新生所作的演讲,演讲内容是马歇尔如何从华盛顿州的一所完全是黑人学生的高中跨入以白人学生为主的达特茅斯学院学习。院方开始在新生入学教育中引进类似讲座的原因是,希望少数民族新生的介绍可以帮助新生拓宽眼界,以打破交往屏障。2001 年,在校方管理层内部发行的一份报告称,少数民族学生在达特茅斯学院学习几年下来,被校园主导的"白色"气氛大大伤害。有些非裔美国学生认为,他们受不了白人学生把他们入学当做"配额"的产物,他们也厌倦了教授每次提问他们都是为了得到一个"黑人观点"的评语。因为,这样的评语让人觉得自己作为有色人种学生存在的目的就是为了教育别人②。

此后,越来越多的美国高校正在像达特茅斯学院那样尽力帮助不同肤色和背景的学生实现"自由的相互往来",甚至不惜为此投入数百万美元的高昂资金。尽管这些努力完全出于善意,却招来不少批评,争议激烈。

（三）关于"优待行动"的争议

围绕优待行动政策展开的争论,远远超出了学术争论的范围。它不仅涉及成千上万人的现实利益,而且也触及一个国家过去因歧视和不公正对待少数民族而犯下的罪恶、一个民族永久的伤痕等涉及深层民族心理的问题。

---

① 陈雅莉.建造种族大熔炉,还是跨种族桥梁.华盛顿观察,2002(12)
② 陈雅莉.建造种族大熔炉,还是跨种族桥梁.华盛顿观察,2002(12)

1. 反对者的观点与影响

反对者担心的是：对少数民族学生的优待，是否违反了宪法关于人人享有平等受教育权利的原则，是否侵犯了其他学生的权利，这对被优待者的心理有什么影响，对他们以后的成长是否有利，等。显然，在担心者的潜意识中，主要还是能力面前人人平等的英才高等教育哲学在起作用。

① 反对者的观点

反对优待行动的人士认为，"优待行动"政策根本就不是平权法案，而是反平权法案，是"逆向歧视"（reverse discrimination），即在保护少数民族的同时歧视白人和男性。更为严重的是，这项特殊照顾政策把以族裔和肤色为基础的少数民族权利置于美国公民权利之上，损害了以勤奋努力和个人奋斗为基础的美国精神。据《华尔街日报》和美国广播公司（ABC）1992 年的一项民意调查，2/3 的美国人认为"优待行动"政策已完成其历史使命。

在优待行动计划的实施过程中，公平问题备受质疑，有人甚至认为，它对小孩子的成长有着极为不利、极为不公的影响①。一些少数族裔人士对优待行动政策也不满意。身为黑人的加州大学董事会董事康纳利（Ward Connerly）认为，这项政策中的一些特殊照顾措施，实际上等于公开宣布少数族裔无力与白人进行真枪实弹的竞争，这实际上是对少数族裔竞争力的公开贬抑。在实践中，这项政策的受惠者也有限，只是为已经进入上流社会权势阶层的一小部分黑人和白人女性提供了进一步高升的特殊方便②。

在优待行动推行过程中，美国亚裔特别是华人受到了不公平的待遇，处于进退两难的境地。作为少数民族，亚裔本来应当站在以非裔为代表的少数民族一边，维护平权法案的实施。但是，自从 20 世纪五六十年代美国大学对少数族裔敞开大门以来，亚裔孩子凭着自己的真才实学居然在名牌学校中占据了相当于白人甚至超过白人的比例。到 20 世纪 90 年代，在名校如哈佛、哥伦比亚及加大伯克利大学中，亚裔学生的比例高达 20％～30％，而亚裔人口在美国则低于 5％③。对此，美国高校在努力提高西语裔、非裔和印地安裔学生比例的同时，不可避免地要以降低白人和亚裔的比例为代价。

147

---

① 薛涌. 谁的大学. 昆明：云南人民出版社，2005. 198～201

② Ward Connerly. Creating Equal：My Fight Against Race Preference. San Francisco：Encounter Books，2000

③ 程星. 细读美国大学. 北京：商务印书馆，2004. 15

这样,本来应该加入少数民族队伍争取平等权利的亚裔,却发现他们在大学招生这个问题上成为白人的同盟军,无法在权益受到损害时据理力争。

在公立大学,实施优待行动计划存在的问题特别明显。公立大学的资金来源于本州的纳税人,即便是再有名、录取标准再高的州立大学,在招生时也必须为本州居民留足一定的名额。在一些本身人口不够多元的州,大学要为学生创造一个多元化的校园环境,会有很多困难。

归纳起来,反对者主要从以下五个方面指责优待行动。

第一,配额制。反对者认为,优待行动计划认可了配额制,使原本不符合条件的人被录用、被提升,这是优待行动存在的首要问题,下述逆向歧视、额外费用、新的不公、对孩子心灵的毒化等问题,都是由优待行动的配额制带来的。

第二,逆向歧视。优待行动给少数种族、妇女以优先照顾,从而使白人和男性受到歧视,使白人不得不在社会生存的竞技场上为"祖宗欠的债"付出沉重代价。所以,反对者认为优待行动计划最大的问题在于以歧视来纠正歧视,使一个群体的成员优于另一个群体的成员,而这是与美国精神格格不入的。

第三,额外费用。反对者看到,美国大学为了追求学生群体的多元化,每年必须付出极为高昂的费用。据著名经济学家高登·温斯顿估算,美国大学每培养一个本科生平均费用为 11967 美元,但从学杂费中仅能收回3770 美元。一般私立名校的学费加生活费涨到每年接近 4 万美元。这就意味着每招收一名少数民族或家庭经济困难的本科学生,学校就要从自己的腰包里掏出 15 万美元,而这还不是培养一名学生的全部费用①。

第四,导致新的不公平。反对者认为,少数种族同样有人很富有,不需要照顾,而白种穷人也急需国家的帮助,故不应以性别、种族、族群、民族血统等划分。从理论上讲,人类社会的平等一般分为三种,即起点平等、规则平等和结果平等。历史证明,实现真正意义上的起点平等和结果平等都是不可能的,唯一可以做到的,只能是规则平等。优待行动政策对竞技场上规则平等的原则进行了修改。由于规则不平等,即使愿望良好,理由充足,结果实际上也是不公正的。

---

① 程星.细读美国大学.北京:商务印书馆,2004.19

第五，对学生特别是中学生的成长不利。有些学校的行动实际上可能不是教学生学会节俭、诚信与自我负责，而是教他们把自己打扮得比别人更可怜、更需要帮助，养成某种变相的讨饭心态。一种极端的言论强调：加州大学的优待制度惩罚家庭价值，惩罚父母对孩子的责任，惩罚孩子自强不息、个人奋斗的自尊①。这套制度从小毒化了孩子的心灵。学校要给"克服生活的挑战"加分，现在的高中就出现了一批这样的顾问，专门教孩子怎么写文章打动学校的心。其中一个最重要的主题就是：看看我多可怜，看看我多不容易，帮帮我吧！仿佛自己是天下最苦的人，最需要帮助。

② 反对者的影响

基于优待行动计划存在的现实问题，一些州出台法案，明确禁止实施这种基于肤色、种族而判断是否录取的行动。1996 年 11 月 5 日，加利福尼亚州以 54∶46 的投票结果通过了"209 提案"（Proposition 209）②，经过几次法庭裁决之后，该提案于 1997 年 8 月生效，在加利福尼亚州的公共就业、公共教育以及公共合同领域取消了对少数种族和妇女的优待行动，对加利福尼亚州乃至整个美国都有重要影响。该提案现在已是加利福尼亚州宪法第 1 条第 31 款，其中最为核心的就是第 1 项（本州在处理公共就业、公共教育、或公共合同上，不得基于种族、性别、肤色、族群或民族来源而歧视或优待任何个人或群体），它意味着加州的公立高校取消了基于性别和种族的优待行动。提案的正文并未用"优待行动"这个词，而是用了"禁止任何歧视与优待"，着意表明其目的在于追求平等，反对歧视，同时反对优待。

"209 提案"的实施，为优待行动的反对者提供了范例——采用动议的形式，经由投票达到目的。1996～1998 年 5 月大约两年时间里，先后有 13 个州提出与"209 提案"相似的文件，谋求取消本州的优待行动。虽然这些活动都没有成功，但是，"209 提案"的示范作用还是很大的。事实上，"209 提案"开始实施的结果在招生上表现为，加州少数种族学生进入大学的人数急剧下降。全美妇女组织的统计材料指出，1996～1997 年在加州 3 所大学的法律学校内，非洲裔美国学生的人数下降了 71％，而 1998 年秋季学期，学生中非洲裔美国人、墨西哥人、拉美裔美国人和印第安人已经下降了超过 50％。

---

① 薛涌.谁的大学.昆明：云南人民出版社，2005.198～201
② "209 提案"全称《加利福尼亚民权动议》（California Civil Rights Initiative），是作为加利福尼亚宪法的一个修正案而提出的。

149

而且,取消优待行动,也使占在校学生人数50％还多的女生付出了代价①。

加州大学在20世纪60年代曾是全美大学争取平权运动的排头兵,在20世纪70年代因贝基诉讼案名噪一时,但20世纪90年代中期后,摇身一变成为争取废除平权法案的急先锋。1998年上半年,美国诸多媒体都关注着加州大学的情况。根据《华盛顿邮报》1998年5月21日的报道,加州大学5月20日宣布,接到学校发出的入学通知而已经决定到校注册的黑人和拉美裔学生人数比去年减少了12％。在伯克利当年秋季招收的3660名学生中,仅有98人是黑人,185人是拉美裔学生。而在1997年,有224个黑人学生和411个拉美裔学生在新生班注册。

2. 支持优待行动的观点

面对社会各界对优待行动提出的担忧,克林顿总统在任时提出,要完善而不是终止这一行动②。在一定程度上,创设公平的竞争环境,比为强者锦上添花更重要。对此,美国著名法理学家德沃金曾替优待行动作过精彩的辩护。他说,大学的招生官员不应该把入学名额作为对某些申请者过去的成就或努力以及他们内在技能、优点的奖励。招生官员的责任是选出这样的学生:作为整体,他们能为学校应有的目标作出最大贡献。高等教育是稀缺资源,其财政来源是整个社会,大学因此承担着公共责任,其目标必须有利于社会,而不是自己。此外,支持实行优待政策的理由还有以下几点。第一,这是对黑人等少数民族在历史上曾经受到的不公正待遇的一种补偿。第二,适当增加大学校园少数民族学生的数量,有利于增加学生对民族、宗教、文化多元性的关注。第三,黑人等少数民族学生从名牌大学毕业的人数越多,意味着他们成为社会精英的机会越多,这有利于从整体上提高弱势民族的自信心和地位。

针对反对者认为优待行动存在配额制和逆向歧视问题之类的指责,优待行动的捍卫者驳斥说,首先,优待行动并不意味着配额。因为,候选人必须是合格的,对不合格的人员则不能给予任何优待。其次,优待行动不会招致逆向歧视。该计划仅仅鼓励尽量发掘和提升具备条件的候选人,涉及反向歧视的案例很少。根据调查,在1990～1994年之间的歧视案件中,因为逆

---

① 李英桃.加利福尼亚州209提案与美国高等教育.美国研究,1998(3)

② 原话是"Mend it, but don't end it"。

向歧视而提出诉讼的联邦歧视案例少于 3%①。而且，支持者认为，对于用人单位，优待行动并不是唯一的决定因素，用人单位要对所有这些人的资格进行全面的考察，才确定录用与否、提升与否。

支持者还注意到，人们对优待行动的反对态度，还来源于一些统计数字。这些统计数字最大的缺陷就是没有清楚地表明优待行动会对什么人"有利"。他们指出，除了妇女和少数种族外，优待行动政策已经扩展到退伍军人、残疾人和其他群体。结束优待行动，事实上为歧视妇女与少数种族敞开了大门，并用文字将在公共教育、工作与合同签订上对妇女的歧视合法化了。因此，反对"209 提案"的活动声势很大，其核心就是"停止'209 提案'"（Stop Proposition 209）。活动赢得了媒体的大力支持，除了橙县（Orange County）之外，加州的主要报纸都对"209 提案"表示反对。由于基层组织的反对活动，原本有 20 多项的"209 提案"最终通过的只有 8 项。

"209 提案"和优待行动计划的较量以及"209 提案"生效后少数种族学生入学人数大幅度下降的事实表明，美国社会仍然存在对少数种族、妇女的歧视。作为一种最好的解决办法、一种妥协，优待行动应该存在，直至找到更好的解决办法为止。

在转型期，优待行动问题理所当然地进入了教育哲学家的视野。在 1978 年，有一桩贝克对加州大学董事会的诉讼案。加州大学拒绝白人学生贝克进入它的医学院，却同意一位成绩不如贝克的黑人学生进入。支持者认为，这种"反向歧视"作为一种"积极行动"意在补偿少数民族过去受到的不平等待遇。贝克认为，种族不应该成为被告大学招生政策的因素，法院在判决这个案子时应该是色盲的。但法院持一种相反的观点，同意被告大学考虑种族因素。法院的理由是，大学应该是观点多样，并能充分交流各种观点的场所，而种族就是其中的重要内容。教育哲学家布鲁贝克认为，法院所主持的正义很明显地是同时从国家利益和学生个人利益两者出发的。对于处境不利的人来说，如果高等教育的公正是使之获得自身价值的自信感，方式有很多，其中之一就是把柏拉图有关教育公正的论点颠倒过来，强调越是缺少才能的人越需要更多的机会。这与近年来美国社会流行的说法"帮助最需要帮助的人"所依据的道理相同：人人都需要帮助，但处境不利的人比

① 李英桃.加利福尼亚州 209 提案与美国高等教育.美国研究,1998(3)

151

其他人更需要帮助，因此应该获得优先的帮助，直到他们把握住机会为止。当然，布鲁贝克也承认，像贝克案例所展示的那样，提供这样的机会就意味着剥夺了某些更有才能的学生的重要机会①。

三、增加下层社会子女的入学机会

2007年4月，英国高等院校招生委员会公布了一项看似奇怪的决定：如果大学申请人的父母没上过大学，此人的入学申请应被校方优先考虑。7月，韩国政府提出将实行"机会均等分配制"，增加困难家庭学生的大学入学机会和奖学金。美国大学学费上涨迅速，加之接连不断的贷款丑闻，促使布什签署了《2007年高校成本降低和入学法案》，以增加低收入家庭学生的高等教育机会②。

其实，这样的举措并不奇怪。平等主义高等教育哲学的一个核心的出发点是，如何帮助家庭处境不利特别是经济条件较差的年轻人同等地享受高等教育。基于这种观点，为大学生提供教育资助自然成为平等主义的重要举措之一。早在20世纪70年代初，德国所有高等学校都取消了学费制度。1971年，德国联邦政府还颁布了《联邦教育促进法》，并据此设立了全国性的、受惠面庞大的助学金，为家庭经济状况较差的大学生提供资助。1984年，法国《高等教育指导法》对民主化的规定，就包括进一步改变高等学校招生中存在的不平等、不公正现象，增加对农工出身的学生的资助③。

在转型期，西方各国高等教育机构吸纳了大量非传统的学生，学生结构越来越呈现出多元化状态。在这种背景下，同英国、德国、法国的举措相似，转型期许多国家都在扩展学生资助体系。这表明，入学资格的平等主义哲学进一步占据了主导地位，使得西方国家不仅对少数民族学生推出了优待行动，而且推出了吸引所有弱势族群进入高等学府学习的多种举措，其中以英国近年来的举措最受关注。

英国的阶级分化和英国社会对这种分化的强烈意识是根深蒂固的一大传统，这种传统在英国的教育体制中体现为贵族哲学在事实上的长期影响，

---

① 布鲁贝克.高等教育哲学.王承绪等译.杭州：浙江教育出版社，2002.68
② 高靓.2007年牵动世界的八个教育话题.中国教育报，2008—01—07(8)
③ 范富格特.国际高等教育政策比较研究.王承绪等译.杭州：浙江教育出版社，2001.142

平等主义在它面前显得多少有些举步维艰。来自中上层家庭的子弟往往进入收费高、质量优的私立学校如公学(public schools)、文法学校(grammar schools)等私立或独立学校学习,而工人阶级家庭背景的孩子则进入免费的公立学校学习。私立或独立学校的学生毕业后,很多人进入以牛津、剑桥为首的名牌大学深造,之后再进入国家政治、经济、文化等领域的权力中心。公立学校的学生毕业后,有的进入二、三流的大学,如1992年开始由技术专科学校升格为大学的所谓"92后"(post-1992)学校学习,有的则直接就业。

1980年以前,英国工人阶级家庭的男孩们特别骄傲于他们的"男性"文化。这种文化在校园里表现为不认真学习、反抗学校权威、反对教师权威等行为,离校后则表现为在制造业找到一份能体现他们男性气质和能力的体力工作。1977年,社会学家保罗·威利斯(Paul Willis)以此为题出版专著,将这种弥漫于工人阶级后代中的有意自我培育本阶级文化的过程描述为"学习劳动"(learning to labour)的过程①。

然而,到了20世纪八九十年代,情况发生了很大的变化:产业结构的变化,使得以体力劳动为主的传统制造业所能提供的就业机会越来越少,因此,工人家庭的(男)孩子们也就逐渐失去发挥他们一技之长的领域。同时,因为没有"学习"学校课程的传统和兴趣,他们似乎一下子变成了完全被社会排除在外的群体,看不到未来能带给他们什么。这种反叛而浪漫的培育工人阶级文化的努力,也因此而越来越失去它的土壤②。

对于这些变化,英国政府和一些大学作出了积极的反应。

布莱尔政府宣称,到2010年,高等教育毛入学率要达到50%,扩大招生成为英国高等教育的一个很重要的目标,而通过发起社会运动、设立项目等举措扩大来自于下层社会孩子的比重更属当务之急。政府特别鼓励以牛津、剑桥为代表的精英大学积极招收来自下层社会的孩子。下层社会的孩子就是"代表名额不足"(under-represented)的社会群体或者社区的孩子。根据英格兰高等教育拨款委员会的分类,代表名额不足的群体或者社区包括体力劳动者(包括有技能、有部分技能和无技能)家庭、公立学校以及低入

---

① Paul Willis. Learning to Labor：How Working Class Kids Get Working Class Jobs. New York：Columbia University Press，1982

② 易林.阶级、名校与不平等.读书,2007(10):150

学(参与)率区 3 种。这些年来,对英国高等教育的讨论都离不开 Widening Participation(扩大参与)和 Aimhigher(帮助代表名额不足群体或社区的孩子进入大学)两个热门话题。

2001 年,位于西英格兰的布里斯托大学(Bristol University)宣布要更加积极地考虑并且招收公立学校的学生。作为一所传统的精英大学,它的做法立即引起了独立学校的反弹。每年都有大批毕业生进入布里斯托大学的独立学校认为,布里斯托的这一做法是对独立学校的歧视,损害了独立学校学生(实为来自上层社会的学生)的利益。这些学校警告说,如果布里斯托大学坚持这一做法,它们也将联合起来抵制来自大学的歧视。

2001 年,牛津大学在录取学生时,使一名在英国北部公立大学就学的成绩优秀的学生斯宾斯落榜(很快便被哈佛大学录取),公众舆论一片哗然。财政大臣布拉温对牛津大学的入学考试体制公开提出指责,他谴责这是"排外主义"的行径。一瞬间,对牛津大学耿耿于怀和怨气十足的社会各大媒体群起而攻之,对大学里的"优越主义"大肆批判。后来,一名名叫福特哈、年仅 19 岁的听力有障碍的应考生,考试达到及格线,却没有被牛津录取。消息不胫而走,各大报纸均重点报道,公众强烈要求政府就此事件作出解释,而大学方面则批评政府不应"介入"大学的内部事务。古典文学教授吉金斯认为,给予学府更多更大的独立自主权,是化解矛盾和解决问题的唯一对策。他提出这一看法不久,就辞去工作了 21 年的牛津大学的教职,到美国波士顿大学任教①。

不过,尽管遭到来自大学的巨大阻力,英国有关方面却没有放松扩大比例招收下层社会子弟的努力。2007 年 3 月,英国专门负责全日制大学入学申请的服务机构 UCAS(Universities and Colleges Admissions Service)宣布,以后大学招生时,报考的学生必须提供父母是否具有大学学位的信息。这样做是为了让那些来自下层家庭的也就是父母没上过大学的年轻人有更多的获得高等教育的机会。

像其他名校一样,2007 年 6 月,牛津大学终于明确表示要积极吸引更多优秀的穷学生。当然,跟以往一样,这种姿态又一次激起了贵族私立学校的批评,其公开的理由,仍然是英才高等教育哲学的能力主义那一套:招收学

① 特拉·巴贝.牛津大学能走商业化之路吗.中国教育报,2003-10-19(4)

生应该看个人实力而非所上中学或者阶级背景。在强大的阶级文化支撑下,英国的中上层阶级一直以反对歧视为理由,拒绝政府或者大学对低阶层群体的"扶贫"政策而"顽强"维护他们接受精英教育的权利。

大学容纳下层家庭子弟的举措,还引发了大学排名者的行动。《卫报》于2004年就在它的排名中设立了包容性(inclusiveness)指标,以此考察每所大学里来自下层家庭或者公立学校学生的比重。不过这项指标因为分数上差距不大(满分为6分)且包含内容过于笼统,显示不出很多重要而微妙的信息。在2006年的大学排名中,《星期日泰晤士报》就把中学校长及大学同行对大学的评估(heads/peer assessments)加在了它的排名指标里。这一指标尽管反映了英国人固执地维护社会等级体系的习性,却也体现了西方同行评估体系(peer review)的学术独立的价值观。

大学容纳下层家庭子弟的举措,使《泰晤士报》的授予好学位(good honours)的学生的百分比备受关注。英国的本科学位分为不同等级,而第一等(first class)和二等上(upper second class)则属于好学位。在《卫报》的排名中,这项指标叫做所加价值(added value)。授予好学位的百分比越低,所收来于低阶层背景的学生越少。为了在排名中更上一层楼,利物浦大学在2006年秋季贸然进行学位制度改革,把它的一等学位获得者的比例从2005年的7%提高到了17%(它的好学位,即一等和二等上学位的比例为63.7%),由此引发社会上对大学排名是否导致英国高等教育学术标准下降的讨论。那么,代表名额不足的社区或群体的学生在英国社会推崇的"好"大学中占有的百分比到底有多少呢?英国高等院校招生服务机构UCAS在1999年的一份报告中公布,在英国白人大学学生中,有67.25%来自非体力劳动者(non-manual)家庭背景,7.85%为未知,而只有24.9%来自体力劳动者(manual)家庭。英格兰高等教育拨款委员会的统计数据表明,在2001~2002学年中,来自代表名额不足群体或社区的在校本科生在各大学中的分布很不均匀。三项指标(包容性、好学位、所加值)的全国平均值为26%、87%、14%。三项指标的含义为:百分比越低,所收来自于低阶层背景的学生越少。从该委员会的数据可以看出,在校全日制本科生中代表低阶层背景学生的三项指标的百分比都低于全国平均水平的有34所大学,其中有31所属于英国的两个大学精英集团(即研究型大学):罗素集团(The Russell Group)和1994集团(The 1994 Group)。前者以剑桥和牛津为首,以20所大学的数目而拥有全国所有大学研究经费的 65%；后者则由一些相对小型的大学组成①。

由此看出，在阵阵反对声中，吸引低阶层家庭的子弟上名校的举措频频推出，不但收到了一些效果，而且折射出一种重要的社会信号：要促进下层子女上大学，建立世界一流的教育体系，英国不仅必须面对来自精英大学本身的反对，而且还必须面对前述"上层空间有限论""越多越糟论"和"宿命论"这"三论调"带来的强大阻力，但随着入学资格上平等主义哲学的推进，工人阶级的孩子仍然是有希望跻身名牌大学的。

第三节　双峰并举：平等主义强化了英才哲学

在西方大学入学资格问题上，如今平等主义已经占据主流地位，与英才哲学形成双峰对峙的局面。西方国家解决对峙局面的有效办法，就是实行高等教育分流，进一步将高等教育区分为不同的层次。这使高等教育同时沿着两条不同的道路获得快速发展：第一条道路，如前所述，就是建设或区分出实践平等主义哲学的普通高等学校；第二条道路，则是强化一流大学建设，竞争世界一流，这是英才哲学的实践。

在这两条道路的运行过程中，一个有趣的现象出现了：西方各国并未因平等主义的主导而放弃英才哲学。在许多情况下，英才哲学反而得到了强化。在西方高等教育系统中，与入学资格的平等主义哲学相伴的，还有一种重要的现象，那就是高等教育竞争意识的强化。平等主义与竞争一流并行不悖，英才哲学与平等主义相得益彰，这正是平等主义高等教育哲学给西方高等教育带来的深刻变化。如日本的"21 世纪 COE 计划"、德国 2004 年首次提出的打造精英大学的设想，以及 2006 年开始实施的"卓越计划"②等等，

---

① 易林.阶级、名校与不平等.读书,2007(10):153

② 即 Excellence Initiative,又称卓越创新计划、"精英倡议"等,旨在给优秀大学院校提供巨额补助,以奠定科学研究之竞争基础。2006 年 10 月 13 日公布了第一批入选者。第二批于 2007 年 10 月 19 日公布,选出 6 所精英大学、20 个卓越研究集群、21 个卓越博士生研究所。

西方各国都在开展不同形式的世界一流大学建设,平等主义主导下竞争一流的高等教育改革成为大势所趋。

这种趋势主要体现为,免费争取优秀生英才哲学是前提,竞争他国生源英才哲学是依据,大学竞争世界一流必然强化英才哲学。其具体措施,就包括一流大学免费争取优秀学生,高等学校竞相争取他国生源,为提高国家的竞争力而加大教育改革力度等许多方面。

一、免费争取优秀生,英才哲学是前提

在转型期,对学业成绩优异的穷学生的争夺,已经成为世界一流大学之间相互竞争的"规定动作"。而这样的竞争背后,是典型的英才哲学在主导:成绩优秀者,才能成为学校争夺的对象。

面对日益激烈的竞争局面,许多高校相继都有新政策出台,且彼此展开了异常激烈的竞争,当今名校甚至把吸引优异的贫困生视为首要任务。为解除经济困难学生的后顾之忧,几个顶尖私立大学早已拉开的"奖学金大战"步步升级,各校提供资助的方式灵活多样,除了提供奖学金,还提供助学贷款、有偿工作计划等。一些贫困生还能接受大量来自校内校外的奖学金,甚至基本上不花钱就能完成四年的精英教育。美国家庭的平均收入在5万美元上下,家庭收入稍低于这道线,上一流大学的学费就被免掉了。

2000年,普林斯顿大学用奖学金代替了学生贷款,旨在不让学生毕业时负债太多。马里兰大学在资助学生时,也用奖学金代替贷款,其他大学则纷纷效法。2004年,哈佛大学宣布,免除家庭收入低于4万美元的学生的全部学费,新政策明显加大了资助贫困学生的力度。2005年,该校录取的收入在6万美元以下的家庭的学生,一下子增长了21%。其代价当然也不小:哈佛拿出的额外奖学金高达200万美元。这对哈佛8500万美元的年度预算来说,是个不小的开支。维吉尼亚大学录取的家庭收入在3.8万美元以下的学生人数,几乎增加了3倍。普林斯顿大学录取的家庭收入在5万美元以下的学生的比例,也从11%提高到16%①。2006年初,斯坦福大学宣布免去家庭收入在4.5万美元以下的学生的学费。如果学生家庭收入为6万美元,也

① 薛涌.世界一流大学是怎样扶贫助困的.新京报,2005-07-24。这里还综合了《谁的大学》第28页的有关数据。

只需缴纳 1/10 多一点的学费,也就是 3.3 万美元学费中的 3800 美元。耶鲁大学的措施与斯坦福大学相似,家庭收入在 4.5 万美元以下的学生,费用全免。该校的校长曾特别给中国学生讲,被耶鲁录取没有钱上不必担心,校方会帮助解决。维吉尼亚大学是很好的公立大学,也对家庭收入在 3.8 万美元以下的家庭大开方便之门,用奖学金代替了学生的贷款。

美国政府与社会为穷学生提供了大量的贷款机会。这种贷款,一般在学生就学期间不会产生利息,当毕业生收入达到规定水平时,才要求逐年偿还。高中的科学老师,教满 5 年,政府可免除其一万美元的教育贷款。联邦政府和州政府类似的贷款减免计划简直多如牛毛①。贫困生如果学业成绩好,则会被几个大学争夺,大学什么费用都给付,有的连笔记本电脑也给学生买②。

当然,上述各种计划的费用,最终得由联邦政府、州政府和高等学府去承担。那些助学金贷款计划并不是纯粹的商业行为,而是运用市场机制对政府和社会的高等教育投资进行管理。学校方面已经认识到,要真正解决问题,金钱并不是充足条件,除了花钱,学校还要做许多具体工作才行。其中,转变学生的教育观念,就是一个不可回避的问题。许多贫困家庭的子弟,即使学业优异,也根本不觉得自己属于那些贵族名校。这不难理解,他们不认识多少上过大学的人,而且进了名校,还将面临省吃俭用、打工挣钱等诸多的生活压力和精神压力。对于 18 岁左右的孩子来说,对压力的承受是很有限的,这就难免视上名校为畏途。对此,各校不仅拿出大笔奖学金,而且还想方设法让贫困生知道自己的机会,知道只要成绩优异,就有上学的希望。有些大学还组织已经招来的贫困生,给低收入地区的居民打电话,宣传学校的优待政策。

美国的措施为世人瞩目,自然影响到西方其他国家。传统上,欧洲的大学实行低学费甚至免学费制度,但在转型期学费不只要收取,还随着政策的变化而上涨。尽管如此,只要学业成绩好,还是可以在名牌大学享受优质高等教育,学生依赖的也就是政府推出的各种优待政策。2004 年,在英国首相布莱尔推出的高等教育改革方案中,有四项核心内容都是包括减免贷款计

① 薛涌.谁的大学.昆明:云南人民出版社,2005.229
② 薛涌.中国大学市场化的改革不能再拖了.南方都市报,2006-03-29

划的。第一,学生在校期间不支付学费,毕业后找到工作,才开始支付为学费而产生的教育贷款。第二,毕业后工资达到 22000 美元以上的水平,才开始偿还贷款,而且偿还教育贷款,算做支付个人所得税的一部分。第三,清偿贷款,没有利息。而且,每年清偿的份额,不超过年收入的 9%。你挣得越少,还得越少。第四,低收入家庭的学生免 1/3 的学费①。在每年以收入 9% 以内的份额清偿贷款的条件下,一般学生毕业后 13 年才能够清偿全部贷款。如果毕业后收入低,贷款就长时期内无法还清。所以,法律规定,如果按这样的比率 25 年还无法清偿贷款,25 年后应付的份额将全部免除。布莱尔的这些政策,并没有因为他的离任而中断,其继任者布朗为学生们提供了多种多样的奖学金和学习补助。

二、竞争他国生源,英才哲学是依据

学生流动的不平衡,加剧了各国高等教育竞争他国生源的行动。这固然与各校经费紧张有关,但更是平等主义哲学主导之下大学"开门"办学导致学生单向流动、各国生源竞争加剧的产物。2006 年 5 月 31 日,联合国教科文组织公布的《2006 年全球教育统计摘要:世界比较教育统计》报告,从量的方面说明了这种单向流动的全球化情况。1999～2004 年间,全球流动学生的人数从 175 万增加到 250 万,增幅达 41%。这虽然不意味着旅居求学人数比例的上升(同期高等教育招生人数增幅也近 40%,因而流动学生的增幅达 41% 只表明高等教育整体上的快速扩张),但是,如该组织统计研究所所长范德波尔(Hendrik van der Pol)所言,此研究报告表明:"高等教育的真正活力来自于非洲、阿拉伯国家和中国学生,他们是推动高等教育国际化的动力。"②这就是说,这些国家有大量学生在消费西方高等教育,而西方的学生却不怎么消费非西方国家的高等教育。撒哈拉以南非洲高校的学生流动性居世界首位,他们中有 5.6% 留学海外,而北美学生中仅 0.4% 留学海外,成为流动性最低的群体。而世界流动学生总数的 67% 都集中在以美国为首的 6 个国家:23% 在美国,其次是英国(12%)、德国(11%)、法国(10%)、澳大

---

① 薛涌.停发助学贷款 谁丧失了诚信.中国教育报,2004－04－28
② 胡乐乐.联合国教科文组织公布 2006 年《全球教育统计摘要》.社会科学报,2006－06－15

利亚(7%)和日本(5%)。

学生的单向流动在理工科专业表现特别明显,以至于美国不得不考虑争取更多的本国学生就读理工科专业。本土出身的美国人占全美理工科人才的比例不高,这使美国与其他国家的关系出现一种奇特的现象:在技术、资金、信息和产品的流通上,美国是世界上绝大多数国家的依赖,而在人力资源方面刚好相反,美国是最依赖于外国的国家。在美国高层次科技人才队伍中,本土出生的美国人所占的比例越来越小了,这使美国人强烈地感到国家安全受到了威胁。有研究显示,2000年,在全美科学和工程职业领域中,拥有博士学位的人有38%出生于外国,大学科学和工程专业的终身教授有19%是第一代移民,单论工程专业,这个比例则高达36%。2002年,在全美科学和工程职业领域中拥有博士后资格的科研人员中,有59%来自海外。2003年,美国38%的科学和工程博士学位授予的是外国学生,单论工程专业,则高达58.9%。在历年的诺贝尔奖得主中,有1/3以上的美国人都出生在美国之外①。这一连串的数字让美国人感到自己的国家正在面临一个严峻的现实:在全球化竞争之下,一旦将来美国吸引不到足够的外国专家和学生,或一旦这些在美国工作的"客座"专家和学者因各种不可预料的原因打道回府,美国是否能找到足够的本国人才来填补他们留下的空缺?"9·11"事件之后,美国大幅度收紧外国学生和学者签证的政策,更提高了将这种假设转变为现实的可能性。2003~2004年,去美国留学的外国学生人数在历史上首次出现负增长。

争夺课程受众,也是生源竞争的一个方面。高等教育竞争的重要方面是课程内容和实施方式,以至于"麻省理工学院开放课程"也成为2007年牵动世界的八个教育话题之一。2007年末,美国麻省理工学院宣布,全部约1800门课程将向全世界开放,学习者足不出户就可在互联网上学习,并且一切免费。该校还把教学材料翻译成英语以外的其他语言,每月平均约有140万人次浏览。几乎同时,日本首家以互联网为媒介、以手机为载体的"网络大学"正式开课。"网络大学"提供大约100项课程,经政府批准可颁发学士学位,目前拥有1850名学生。在麻省理工学院免费网络课程的带动下,斯坦福大学、耶鲁大学等世界名校也纷纷通过互联网将部分课程开放。

---

① 杜菁琳.全球化中的美国教育政策战略调整.华盛顿观察,2005-10-19

在高教资源竞争过程中,马太效应凸显出来。随着欧洲高教"国界"的逐渐消失,高教资源得以自由流通,这对节省高教资源,使欧洲高校最终能与美国比肩起到至关重要的作用。但是,按照市场规律,资源总是流入"利润最丰厚"的生产部门,欧洲高教资源也面临着大量流入牛津、剑桥等世界一流大学的境况,这将导致欧洲各高校师资"贫者越贫、富者越富"的严重后果①。市场竞争的全球化,迫使欧洲大学不得不参与其中。

在英国等许多欧洲国家中,国民心目中根深蒂固的观念是,享受高等教育是一种基本权利,费用大部分应由国家来支付。因此,英、法等国大学生支付的学费比美国低得多。出于各种考虑,教育理论界倾向于拒斥市场机制,而其他各界倾向于引进市场机制。大学不能完全靠市场规则运行,但是忽视市场规则却绝对不行。特别是如今,欧洲人感觉经济不景气,政府的财政入不敷出,无力维持急剧膨胀的大学生的教育费用。欧盟国家花在高等教育上的钱,平均只占其国民生产总产值的1.1%,美国则高达2.3%。美国大学花在一个学生身上的钱,比欧洲大学要多2~5倍。20世纪70年代,德国仅有20万大学生,如今则近200万,生师比已高达80或90比1,处处人满为患,部分课程的生师比甚至高达150:1②。而美国的前20所精英大学,生师比基本在10:1之内;本科的人文学院,一般课都只有20名学生以下;加州理工学院的生师比,竟低到3:1!③

在激烈的国际竞争面前,有危机感的欧洲人希望改变生师比,提高个人支付的教育费用。英国的大学现在每年接受146亿美元的政府资助,但要维持目前的水平,未来三年至少需要追加140亿美元。据牛津大学估计,该校为培养一个学生每年赔4000美元,一年的赤字高达4000万以上。目前除了把学生塞进日益拥挤的课堂,已经毫无办法。对此,布莱尔任首相时,就提出了一个改革法案,从2006年开始,容许大学收取不超过3000英镑的学费。然而,这一法案不得人心。反对者认为,这样的政策将使得穷人丧失接受高等教育的机会。其实,根据布莱尔的方案,学生的学费是通过学校提供的贷款来支付,学生只是在毕业后年薪高过2.5万或3万美元后,才开始偿还贷

---

① 杨丽明.欧洲着力打造高教"航母"中国留学生将从中获益.中国青年报,2005—04—27

② 张帆.德国大学"卓越计划"述评.比较教育研究,2007(12):68

③ 薛涌.谁的大学.昆明:云南人民出版社,2005.157

款。尽管如此,这个政策还是给英国一些大学带来了生源问题。英国 1985 年仅有 14% 的高中毕业生进入大学,如今的毛入学率接近 40%。布莱尔承诺,到 2010 年,要使一半的 30 岁以下的英国公民享受到大学教育。可是,仅此一项,就需要 150 亿美元的预算。为此,布莱尔暗示,要慎重地增加税收。这使英国的各大学感到恐慌,校方普遍担心会不会由校方承担预算的一大半。牛津大学不仅已中断有才能的教授的引进工作,而且决定不再给现在留任的教授加薪。如果无法留住足够优秀的教授,显然难免加剧学生流动的不平衡。二战前,许多美国富人都把孩子送去欧洲念书,在那些人看来,欧洲的大学才是一流的。美国的研究性大学,还是一批"德国博士"仿照欧洲的模式创建的。战后,欧洲经济发达,而欧洲的大学却处于没落状态。被视为美国高等教育范本的欧洲大学,昔日的光辉已经黯淡。牛津大学教授的年收入为 6.84 万美元,仅为美国教授年收入的一半。不言而喻,人才的大量流失,将使牛津这座最令人瞩目和向往的高等学府面临空前严峻的考验。2003 年,由政府直接拨款的牛津大学的正常运作基金仅为 36 亿美元,其他社会捐款之类的补助金的预算都是难以到位的,而哈佛大学每年的正常运作政府拨款为 183 亿美元。牛津大学 2002 年的社会捐助,包括民间企业在内,共收入 1970 万美元。普林斯顿大学,仅毕业生每年的捐款就达 7000 万美元。相比之下,牛津可谓杯水车薪了①。

牛津大学本是欧洲大学的一大豪门,英语字典上的例句甚至还赫然写道:"牛津的捐助基金不可尽数。"而如今,牛津大学的捐助基金相当于 44 亿美元,远不足哈佛大学 193 亿美元捐助基金的零头。在过去 51 年中,英国产生了 46 位诺贝尔奖得主,但是在最近 20 年中只产生了 14 位。一些大学的系被迫关闭,有才能的教授纷纷奔向美国②。1/3 以上的适龄青年都要上大学,国家的拨款不够大学的开支,只好以教育质量为代价:让每个教授教更多的学生,让图书馆、实验室、教室在不扩建的情况下为更多的人服务,还以提高"办学效率"等名义美化这等无奈之举。

有德国学生说,在德国上学,教授无精打采,图书馆破旧不堪。而在耶鲁,教授和学生充满活力,一个研究生竟可以借 200 多本书,这在德国的大学

---

① 特拉·巴贝.牛津大学能走商业化之路吗.中国教育报,2003－10－19(4)
② 薛涌.谁的大学.昆明:云南人民出版社,2005.166～167

里则是根本不可能的事情。19 世纪的德国大学,以其卓越的水平而成为美国建设研究型大学的样板。其成功的教育,使德国于 20 世纪上半叶的工业发展迅速赶超英国。爱因斯坦等大批著名的科学家和思想家,几乎全是德国教育的产物。但如今,德国大学的经费往往只有同等规模的美国大学的 1/10,一所美国精英大学的预算往往相当于德国一个大州如萨克森州或巴登符腾堡州全部高校的预算。而德国政府倾力推进的"卓越计划",分 5 年投入 19 亿欧元分布于几十所大学,而这全部 19 亿欧元,只相当于哈佛或耶鲁等美国顶级大学一所学校一年的预算①。凭借这样的投入,德国的大学是很难与英美竞争的。"德国 200 万大学生中,有 10 万最优秀的到美国或英国留学,而且常常一去不归。"②

日本的大学,尤其是国立大学,在很大程度上秉承了德国的"学术自由""大学自治"的传统,一直保持着相对的独立。但是,为了适应消费主义打造的日益竞争和开放的社会,日本的大学已不能再如象牙塔般与外界隔绝,开放、交流、合作、竞争逐渐成为主流。到 2003 年为止,在日留学生数已达到110415 人,突破了文部省在 1994 年提出的 21 世纪初期留学生人数要达到10 万人的计划③。

有研究指出,高等教育国际化成为加拿大高等教育系统质变的 4 个标志之一④。高等教育国际化趋势正以不同的方式展现出来。像美国等其他国家的高等教育机构一样,加拿大的大学和学院也开始大规模招收外国留学生,大学越来越多地参与政府的海外贸易和国际事务,其目的也是为了吸引留学生。其原因,部分是由于 20 世纪八九十年代推行自由贸易政策,有关商品、资本以及受过良好教育的人才自由流动的限制被取消或减少了,使高等教育日益向国际化转变。在大学方面,从高等教育国际化过程中,大规模招收外国留学生的动机受到留学生所缴纳的高额费用所激励,而在政府看来,高等教育国际化可以吸引大量海外人才到加拿大定居或工作。

---

① 张帆.德国大学"卓越计划"述评.比较教育研究,2007(12):68
② 薛涌.谁的大学.昆明:云南人民出版社,2005.22
③ 丁妍.日本大学评价制度建立的背景、现状及问题的研究.复旦教育论坛,2004(6)
④ 另外 3 个标志分别是注重应用研究、大学研究和教学服务商业化、新的控制组织和控制模式的出现。参考李素敏,舒尔茨.加拿大高等教育的量变、质变及其特征.高等教育研究.2005(12):104~105

三、大学竞争世界一流,必然强化英才哲学

真正一流的大学只靠政府的努力是无法打造出来的。然而,在转型期,在高等教育成功实现大众化的西方世界,出于提升国际竞争力的需要,许多国家的政府都开展了不同形式的世界一流大学建设。这标志着英才高等教育哲学和平等主义高等教育哲学两种哲学并行不悖的对峙局面正式形成。在西方高等教育发展的第二条道路上,即在一流大学建设过程特别是其招生过程中,能力主义主导的英才哲学得以强化,尽管也采取了平等主义的措施(如吸引下层、弱势族群子女就读),但许多措施都是以学业成绩优秀为前提的。

德国在高等教育资源的分配上本来是很均衡的,但全球竞争的剧烈,使德国政府感到非常着急。2004年1月,时任德国联邦教育部部长的布尔曼女士首次提出,在德国打造数所哈佛式精英大学,藉以改变德国大学在世界高等教育乃至科学研究中的二流地位。这预示着两个层面的趋势:一是德国要打造一流大学,与美国顶尖大学为代表的世界一流大学竞争;二是德国大学内部要强化竞争,强调高校的多样性和差异化,促进院校纵向分层①。这体现在2006年开始实施的"卓越计划"之中。

"卓越计划"是德国联邦政府与各州之间经过长时间的谈判和博弈,最终于2005年达成的妥协:6月23日通过了"联邦与各州促进德国高校科学与研究的卓越计划",简称"卓越计划",决定2007～2011年的5年时间内,联邦和州政府投入19亿欧元资助入选的研究生院、研究项目及大学的科研工作,其资金75%由联邦政府提供,25%由各州政府提供。其具体做法就是运用消费社会的分化机理,先评出40个左右最优秀的博士培养项目,再评出30个左右的卓越集群,然后重点支持这两个项目最集中的学校,学校数量最多不超过10所。有一个专门负责评估的机构,叫校长联席会议,负责此事。通过评估,分阶段地确定重点建设的研究生院(Graduiertenschulen)、卓越集群(Exzellenzcluster)和未来构想(Zukunftskonzepte)。研究生院就是资助一些优秀的博士生培养项目,为进行国际化、跨学科研究提供良好的科研条件。卓越集群主要资助大学建立具备国际竞争力的卓越研究与培训机构。

---

① 张帆.德国大学"卓越计划"述评.比较教育研究,2007(12):67

针对德国校外研究机构实力强于大学的特点,卓越集群领域还为加强校企合作提供便利。未来构想就是最初提出的精英大学计划,旨在帮助德国顶尖大学提升各自强势学科的国际竞争力,以奠定德国高校在国际竞争中的优势地位。在这3个重点领域都获得重点资助的学校,才可能成为重点建设的"一流大学"。与 2004 年教育部长提出的"精英大学倡议"相比,最终通过的卓越计划有了很大的变化:计划名称改了,不再有敏感的"精英大学"之说,也不再提以哈佛大学等美国名校为目标,建设内容也由整体资助10所左右的大学变为分3个领域逐步推进,其实质则变为大范围加大对大学科研的整体投入。这种变化,体现出德国上下提升其国际竞争力的急切愿望。

德国 2004 年首次提出打造精英大学的设想,2006 年开始实施大学"卓越计划",这是德国正式加入一流大学建设这场全球性竞争的标志(尽管早在 1985 年 11 月 14 日通过的《高等学校总纲法》中,联邦德国就明确提出促进竞争,力争使一些大学办成名牌大学)。一旦加入竞争,在德国组建精英大学的过程中,双峰并举就体现得相当明显。同美国相比,德国高等教育的优势是平均水平高。在德国大学分层之前,德国近 400 所大学由两类构成,一是综合性大学(UNI),一是应用技术大学(FH)。在美国的 4000 多所高校中,绝大部分水平不高,水平相当于德国 FH 的约 250 所,而相当于德国传统综合性大学的研究型大学仅 150 余所①。

本来,德国大学的平均水平很高,加之强调严格的科研训练,强调教授权威,德国高等教育具有精英教育的典型特征。但 2004 年提出建设精英大学时,反对的声音却很强烈。反对建设精英大学的力量,有的来自组织机构层面,也有的来自文化层面。在组织机构层面,德国宪法规定教育权在各州而不是联邦政府,各州主张建设精英系,而不是精英大学。各州之间的教育水平参差不齐,各州之间意见无法统一。德国高校的代表——"德国高校校长联席会议"(HRK)也认为不应该笼统地资助整个大学,而应有选择地资助各大学现有的优势项目,资助后备科学人才的培养。在文化层面,德国社会大众对"精英"一词十分反感。这是德国特殊的历史原因带来的结果:纳粹就曾自诩精英,认为日耳曼人是精英人群,而"元首"希特勒就是精英的代表。德国人通常认为精英是大众的对立群体,精英意味着特权和高人一等,

①张帆.德国大学"卓越计划"述评.比较教育研究,2007(12):69

视精英为一个贬义词。特别是 20 世纪 60 年代的民主化思潮中,很长一段时间内德国人都避免使用"精英"一词。在院校文化方面,德国 20 世纪六七十年代的主流不是差异化和多元化,而是民主和平等,主张所有大学都完全一样,没有高低之分。德国教育系统与英法美等国不同,没有所谓的精英大学。打造精英大学就意味着对德国传统的大学范式的颠覆①。双方对峙的结果,是在德国最终形成了"卓越计划"。"卓越计划"当然与精英大学的建设不同,但通俗地讲,还是为了建设精英大学,至少可以说,是为了建设"一流"大学,以在平等主义潮流中提升和保证德国大学的国际地位。

自然,在德国大学分层的过程中,传统的平等范式必将由此改变,学校和学生都必须面对转换了的平等范式。实施"卓越计划"使大学分层的结果是,有限的教育资源将流入少数入选"卓越计划"的大学,这些大学会有更多的学生报考,必然开始挑选学生。这就意味着,学生要挑选学校,学校也要挑选学生,而对学校和学生双方来说,挑选的依据和标准除了学业成绩和努力学习的愿望等能力主义的硬道理,其他标准都将显得缺乏说服力。这就是说,平等范式的转换,不但保留了原有的英才哲学,而且还进一步凸显英才哲学的重要性。

法国的高等教育很久以来就是精英教育与大众教育并行发展的,英才哲学与平等主义并行不悖。法国的精英教育指法国的大学校(也称工程师学校)的教育,大学校招生人数很少。想进入大学校的高中毕业生,首先需要竞争进入大学校预备班,在预备班学习两年文理基础之后,再参加会考,合格后才能进入大学校。据统计,每年高中毕业生中只有 1.5% 的人能进入大学校,从预备班考入大学校,还要淘汰一些人。与大学校相辅相成的是普通大学,普通大学对学生没有选择权,学生只要通过高中毕业会考,大学就有义务为其提供高等教育,这与德国的情况基本一样。在实施"卓越计划"即实行大学分层之前的德国,凡是 13 年制或相当于 13 年制完全中学(文理中学)的毕业生在中学毕业的同时即获得大学入学资格。按各州达成的协议,各校有义务接受所有取得这一资格的年轻人入学。少数学生如果没选到合适的学校或专业学习,则可在下一年重新申请,直到满意为止(最长等待 9 个学期一定能选到理想的学校和专业)。德国的高等学校实行学分制,

①张帆.德国大学"卓越计划"述评.比较教育研究,2007(12):67

对在校学习时间没有限制,但在教学过程中要求比较严格,学生很少能按期毕业,淘汰率在30％左右。相比之下,法国大学在学生学习期间有非常严格的考试,学生在第二学年未达到所要求的成绩,就要被淘汰,而且淘汰率在世界上可能是最高的,约为50％①。两种高等教育相互影响、并行发展的格局,成为平等主义哲学之下法国教育质量保障的有效机制。

20世纪90年代以后,英国政府取消了持续近30年的高校"双轨制",规定所有的公立高等学院都可以升格为大学,但英才哲学和平等主义并驾齐驱的两条道路仍然是明显的。前者如牛津、剑桥等名校对下层学生的顽固拒斥,后者则是布莱尔、布朗两任政府都全力推进的。2007年10月31日,英国首相布朗在格林威治大学就新政府的教育抱负发表演说,表示要建立"世界一流"(world-class)的教育体系,而不能再停留于二流水平。为此,新政府继续执行教育维持津贴政策,让生活在贫困家庭的青少年在年满16岁后可以继续升学。从2007年9月开始,2/3的大学生可以申请高达3000英镑的奖学金,25岁以下的青年人在技术学院学习与A-Level相当的课程不仅免交学费,而且可以得到每周30英镑的成人学习补助。

美国高等教育精英与大众两条道路并行不悖的情况长期都是明显的,而以转型期为甚。战后美国联邦政府及其智囊机构高等教育民主论思想发展的三个阶段变化过程,就能体现出英才哲学与平等主义双峰并举的情况。第一阶段即从第二次世界大战结束到20世纪60年代中期,属于英才主义的民主论占主导地位的阶段,主张教育机会均等,其基本态度倾向于英才主义的教育哲学,强调为美国各个领域培养、挖掘大批英才。这种哲学打破了贵族哲学所设置的障碍,却有意识地树立起了自己的新的障碍,使大多数贫穷家庭和有色人种的子弟由于家庭经济条件不利等因素造成学习成绩不佳而无法进入大学。高等教育民主论思想发展的第二阶段即自20世纪60年代中后期到20世纪70年代末,英才主义教育哲学势力仍然强大,但平等主义的高等教育民主论兴起,并在一段时间内占了上风。1972年,在各种社会力量促进下,美国联邦政府设立了基本教育机会补助金计划,大力资助贫困生和少数民族学生上大学,许多高校实行开放入学政策,高等教育规模迅速扩展。高等教育民主论思想发展的第三阶段,就是1980年至今,即转型期。这

①李志宏.英德法各国是如何保证高等教育质量的.中国高等教育,2001(10)

一阶段强调继续增加高等教育数量,同时要全力以赴地提高质量。在很大程度上,这是一种英才主义的民主论和平等主义的民主论并举的方针①。目前,美国正规的高等教育系统已经形成研究型大学、博士学位授予大学、硕士学位授予大学、学士学位授予大学和两年制社区学院五大层次并驾齐驱的金字塔结构。这个塔尖由研究型大学和博士学位授予大学构成,以能力为主要依据,实行严格的选拔和淘汰制度,培养少数精英人才,而处于塔底的为数众多的社区学院实施开放入学,任何适龄人口只要愿意入学并交纳学费,都可以入学。

2001年6月,日本文部科学大臣远山敦子提出并向国会提交了"大学(国立大学)结构改革方针",获准于2004年4月正式实施。这一方案就是正在日本实施的"远山计划"。远山计划推行的改革举措,可概括为三个方面:国立大学的重组合并、国立大学的法人化、21世纪COE计划(center of excellence,即世界一流水平的教育和研究中心)。受文部科学省委托,21世纪COE计划在日本学术振兴会的指导下于2002年开始执行,努力在大学竞争中引入第三者评价制度,从国立、公立、私立大学中选出30所作为重点支持对象,准备建成世界最高水平的研究机构。其实,它就是对重点大学的研究活动给予支持的计划。其最终目的,在于通过若干个世界最高水平的研究基地推动有关大学能够成为具有国际竞争力、具有独特个性的世界最高水平大学②,也就是竞争世界一流大学。COE项目的申请按学科分类进行。COE建设于2002年7月启动,划定了10大学科群,2004年又增加了"革新性学术领域"。这样,从2004年开始的5年里,政府将在11个学术领域中选出30所重点大学,实行特别的财政支持。

在韩国,首尔大学(Seoul大学)很有名,但在世界上也排不上号。为此,韩国政府计划集中精力提升大学的国际地位。20世纪90年代中期,韩国政府就试图建设自己的研究型大学,并进行重点投入,其中以首尔大学为代表的三所大学分别获得209万美元、100万美元和50万美元的特殊经费支持,以此提高国际竞争力。2000年,韩国高等教育入学率达到81%,同时研究生

---

① 陈学飞主编.美国、德国、法国、日本当代高等教育思想研究.上海:上海教育出版社,1998.32~33

② 龚兴英、陈时见.日本"21世纪COE计划":背景、内容及意义.比较教育研究,2007(7):52

教育也得到了非常大的发展,但面对中国经济的快速增长和日本经济的复苏,韩国感到建设世界一流研究型大学很有必要。进入21世纪以来,韩国政府对首尔大学进行重点投入,发展研究生教育以促进科学研究。在全球化进程中,韩国政府和相关机构建立了21世纪智力韩国项目(Brain Korea 21),该项目的经费投入为12亿美元,重点加强本国研究生教育和尖端人才培养①,可以说英才哲学的能力主义大为强化。

2007年,俄罗斯评选出20所创新型大学,印度、巴西、澳大利亚等国也纷纷推出科技、教育创新举措。在一流大学建设方面,澳大利亚做得最早,20年以前就把预科和文理工科放在一起,2005年在《泰晤士报》的大学排名中,澳大利亚有好几所学校排在了前20位的世界大学之列。西方发达国家完全可以通过几次机会把资源分配得很均匀,但是它们却选择了重点投资的策略,在集中资源支持重点高校建设,实现大学分层次发展。其结果自然是强化竞争,强化英才哲学的能力主义原则。

四、英才哲学符合增强国家竞争力的需要

符合增强国家竞争力的要求,这是平等主义和英才哲学得以双峰并举的根本原因。在西方高等教育改革的道路上,不管是平等主义主导之下敞开校门的道路,还是英才哲学主导之下建设一流大学的道路,其最终目标都只有一个,就是为了国家竞争力的提升,国家竞争力成为转型期前后西方教育改革的首要目标。其深层次的原因可能在于,"创新"和"竞争"的能力是当今世界各国普遍关注的话题,而一个国家创新和竞争力的关键在于全民素质和人才的竞争力,在于教育,尤其在于科技教育。

据统计,1998~2000年间,各主要西方国家获得理工科博士学位人数的年增长率大都为负数。人们开始比以往更深刻地认识到,经济全球化背景之下的所有竞争都将是人才的竞争,国与国之间的差距,最根本的也是科学技术和人才素质的差距。因此,"科技、教育创新与竞争"成为2007年牵动世界的八个教育话题之一②。在美国《国防教育法》颁布50周年的2007年8

---

① 马万华.研究型大学建设:拉美与亚洲国家高等教育政策取向.清华大学教育研究,2007(1)

② 高靓.2007年牵动世界的八个教育话题.中国教育报,2008-01-07(8)

月,美国国会参众两院高调通过了《美国竞争法》,在强调教师教育和外语教育的同时,特别关注科学、技术、工程及数学教育,以持续维持和提升美国国家竞争力。美国还推出了国家科学院的《迎击风暴》报告和布什总统签署的《美国竞争力计划》联邦政策。德国、印度、巴西、澳大利亚等国也纷纷推出科技、教育创新举措。在欧洲,推出旨在推动欧洲教育改革、建立欧洲高等教育区的《博洛尼亚进程》(Bologna Process),以及旨在将欧盟建设成以知识经济为基础、在世界上最具竞争力之经济实体的《里斯本战略》,所有这些举措,都体现出各国通过教育改革提升国家竞争力的强烈愿望。

为国家竞争力而改革教育,这在美国体现最为明显。在此对二战后美国联邦政府推进的三次教育改革略加探讨。这三次教育改革有一个共同点,就是将教育事业的成败与国家安全紧密地联系在一起①。

第一次教改,发生在 1957~1960 年末,是由苏联人造卫星上天引发的。1957 年,苏联卫星上天,震动美国朝野,导致 1958 年《国防教育法》的出台,导致社会各界大肆攻击教育,认为负责培训教师的教育学和教育哲学教授罪责难逃,由此还引发了教师教育的课程中要不要教育哲学课程的大辩论。辩论双方分别以科南特和布劳迪为代表,结果是前者取胜,使美国教育哲学的专业合法性受到来自教育实践的挑战。当时,科南特正领导着美国的师范教育改革运动,因此,一些人开始附和,一些州开始从教师资格证书课程中删除教育哲学课程,从事教育哲学教学和研究以及攻读此学位的人数不断减少,教育哲学学会的会员数开始下降,教育哲学文献的出版遇到困难。这次辩论,最终以科技主义取胜。

在教育目标上,美国曾明确地把培养科技专家当做所有教育的出发点与归宿,这次教改的重点,就是加大资助大学研究生教育和科研。科南特抨击美国学校不能培养出足够数量的科学家和工程师,呼吁及早发现科技专家的苗子,推行天才儿童教育。这一呼吁本身有其针对性与合理性,但在实践上对英才哲学起了推波助澜的作用,以至于一些学校过分热衷于举办各类理工科少年班和各种竞赛,使一些青少年的身心发展受到影响,有的甚至

---

① 对这三次教改的时间划分,采用美国国家科学基金会和美国科学社团咨询顾问郭玉贵博士的观点。见:郭玉贵.全球化背景下美国教育政策的战略调整.中国高等教育评估,2005(4)

走上自杀之路。美国在 20 世纪 70 年代的教育改革中,"生计教育"(Career Education)与"回到基础"(Back to Basics)运动的实施者看到,在科技主义社会里,学生与劳动世界是隔离的,高等学校学生学术水平过低①。所有这些,都是教育价值取向出现偏差的苦果。据北京师范大学教科所研究,科南特提出的中等教育的"新重点"和师范教育的"新方向",就包括了对教育理论课程的大量"精简","其真正的目的是要培养出科学人才和能培养这种人才的教师"②。

美国联邦政府推进的第二次教改,发生在 1983～1990 年末,原因是美国在国际中小学生学科竞赛中成绩太差。因此,这次教改的主要目标确定为提高中小学教育质量。为了从根本上解决本国理工科生源不足的问题,美国下大力气抓从幼儿园到高中的基础教育(K-12 education)。1981 年 8 月 26 日,里根行政当局的教育部长贝尔(Terrel Bell)成立了"国家教育优异委员会",旨在为大、中、小学提供领导、建设性批评和有效帮助。1983 年提出的报告是《国家处在危险中:教育改革势在必行》,报告的题目本身就表明,美国第二次教育改革的直接动因来自国际竞争的挑战。

美国联邦政府全力开展的第三次教改,开始于 20 世纪 90 年代末,至今仍在大力推进。如果说前两次教改是对消费主义全球竞争的被动反应,那么,这次教改则是美国政府主动出击,采取防患于未然的举措。"从上世纪 90 年代末至今的这次改革要归功于全球化进程。整个过程隐性而渐进,故称为'静悄悄的危机'(the quiet crisis)。"③20 世纪 90 年代开始,人类几乎同时进入信息化时代和全球化时代,各国对科技人才的竞争加剧,使美国人体会到前所未有的危机感,因为美国是一个对外籍专家依赖程度最高的国家。美国国会和白宫、联邦政府的各行政机构、全国性科教组织、专家、学者、企业界为这次教改举行了大量的研讨会、听证会、民意调查和专题研究,并成立了专门实施新的战略措施的机构。"这些活动既是为了凝聚社会的共识,也是为其后可能的政策制定和立法作预先的准备。"④

---

① 陆有铨. 躁动的百年——20 世纪的教育历程. 济南:山东教育出版社,1997.425、433

② 科南特. 科南特教育论著选. 陈友松主译. 北京:人民教育出版社,1988.6、13～15

③ 杜菁琳. 全球化中的美国教育政策战略调整. 华盛顿观察,2005－10－19

④ 郭玉贵. 全球化背景下美国教育政策的战略调整. 中国高等教育评估,2005(4)

1999年，美国国防部长科恩牵头成立了"美国21世纪国家安全委员会"。该委员会对21世纪前25年可能影响和威胁美国国家安全的各领域，进行了极为全面和系统的检视与评估，建议总统和国会提议并通过《国家安全科学与技术教育法》。该法一反国家安全限于国防和外交的传统安全观，广义地将科学与技术教育纳入影响国家安全的重要因素，并将其提高到前所未有的高度："如果无法培养足够的科技和工程人才，其对美国国家安全造成的威胁仅次于大规模杀伤性武器直接攻击美国！"①经过两年多的努力，该委员会先后于1999年9月15日、2000年4月15日和2001年3月15日推出三份研究报告，内容包括对可能面临的安全问题的检视、评估，相应的战略对策，以及一系列重要的改革方案和建议。

出于主动迎接全球化竞争的目的，在短短几年时间内，美国第三次教育改革推出了一系列重大举措，这些举措几乎都是以提升科学和工程技术教育的竞争力为主题的。诸如，美国国会促进妇女和少数族裔在科学、工程与技术方面的发展委员会，于2000年9月发表的报告《富饶的国度……》，2001年9月正式成立的全美"构建工程和科学人才"机构②，2003年5月美国国家科学委员会（National Science Board）推出的有关"全国科学和工程劳动力政策"的报告（草案），国家科学院2003年发表的由该院和教育部专家共同撰写的报告《理解他国，教育自己：从教育的国际比较研究中获得更多》，以及2005年发表的报告《外国在美研究生和博士后学者与美国政策》等③，这些举措，将科南特等人强调过的工程技术教育的地位推到了极点。

在这一轮教育改革过程中，美国已从藐视他国教育经验和自我封闭的教育状况中，转向关注和借鉴他国教育经验。多年来，美国的决策者在制定相关政策时很少借鉴国外经验，1984年更走向极端，退出联合国教科文组织

---

① 杜菁琳. 全球化中的美国教育政策战略调整. 华盛顿观察，2005－10－19

② 即：Building Engineering and Science Talent，简称BEST，挂在美国竞争力委员会之下

③ 在2003年和2005年发布的这3个报告，英文题名分别为：NBS Task Force on National Workforce Policies for Science and Engineering，Understanding Others，Educating Ourselves：Getting More from International Comparative Studies in Education，Policy Implications of International Graduate Students and Postdoctoral Scholars in the United States

（UNESCO），游离于国际科教之外19年。进入21世纪，江河日下的教育质量让美国人深感他国经验的重要。2002年9月，布什总统宣布，美国将于2003年重新加入UNESCO。2003年2月，美国政府还特地邀请了UNESCO的一个高级代表团赴华盛顿，与美国政府和民间科教组织召开了题为"美国重返UNESCO"的大型研讨会。2003年9月，美国派遣要员前往巴黎参加重返仪式，并于该年10月1日才又成为该组织的会员。这表明，面对全球化竞争，一度"走向封闭"的超级大国已不得不重新调整与世界各国的关系，不得不在教育上争取融入国际科教大家庭。

近年去美国的人们有很多机会能够感觉到，普通美国人确实有学习他国经验的迫切愿望。据斯坦福大学教育学院教育哲学教授David Labaree说，不少美国人对中国的集中管理很羡慕。他们认为，在美国，教授的意见要通过复杂的程序和多方面的辩论，最后才有可能被总统采纳；而中国的教授则很幸运，只需要说服最高领导一人，提出的建议就可能得以实施。美国近十年有了集权的倾向，这种认识也许就是其中一方面的原因。2005年初，笔者在访美过程中就感觉到，羡慕中国教育和文化的美国人很多①。中国的古老文化，中国的一些商品，都是他们羡慕的对象。美国人在许多方面长期自封为老大，在数学教学方面，却承认中国是老大，公认中国的数学教学效果好，乐于来学，也乐于请中国人去做数学老师。中国的日用品和小商品在美国占有广泛的市场，美国人有"Everything comes from China"的说法。这些情况也从一个角度表明，美国社会和教育界都在认真对待全球化竞争了。在这样的竞争环境中，教育或被作为国家机关的工具，或被作为经济竞争的工具，教育的工具价值得到前所未有的重视。各国都把加强对学校教育的干预作为国家战略的重要部分，美国更是急切地要通过干预教育而增强国力。

日本政府近年来推进的国立大学法人化改革，声称要让公立大学与私立大学公平竞争。这种战略的目的也是很清楚的：强校以便校际竞争，强国以便国际竞争。国立大学法人化改革，致力于日本高等教育实现重大战略转移：一是实现从"满足大众要求，保障公平权利"到"服从国家利益，提高资源效率"的转移；二是实现由注重量转向注重质，由注重全体转向注重精英

173

---

① 潘艺林.感受"美国教育"的多样性.外国中小学教育，2005(12)：42

的转移。与之相应的是,实现高等教育资源配置的政策转变,那就是,强调重点倾斜、市场机制、突出竞争;从面向学校转而面向领域、面向学科;从重点面向国立,到不分公私,都来竞争。当然,这种战略转移,是日本的大学力图与国际接轨的一种追求。以大学评价为例,就有学者指出,欧美各国对大学评价的广泛重视,成为刺激和推动日本加强大学评价的一种巨大力量①。

"博洛尼亚进程"在欧洲的产生和推进,就是欧洲各国联合起来应对全球化竞争,通过教育改革而提升各国竞争力的产物。所谓"博洛尼亚进程",是指 1999 年 29 个欧洲国家在意大利博洛尼亚提出的欧洲高等教育改革计划。它旨在整合欧盟的高教资源,在 2010 年以前实现欧洲高教和科技一体化。它与经济一体化、政治一体化、国防一体化等进程一样,是欧洲一体化的具体内容之一。按照这个进程,高等教育的一体化对欧洲意味着太多的事情。到 2010 年,40 个欧洲博洛尼亚进程签约国中的任何一个国家大学毕业生的毕业证和成绩,都将获得其他 39 国的承认,大学毕业生可以毫无障碍地在其他 39 国申请硕士学位。尽管这种进程面临许多的现实困惑,可是,为了争夺世界人才,一体化还得稳步推进。

20 世纪 90 年代中期以来,联邦德国高等教育政策强调的主要内容,就包括加强高校竞争与质量管理。1988 年 5 月,科学审议会发表《德国高等学校 90 年代发展展望》的咨询报告强调,大学今后的发展将带有更多的竞争、重点建设和分工的特点。1993 年科学审议会《关于高等教育政策的 10 点意见》则进一步强调提高高等学校的竞争力。这些意见在 1998 年修订的《高等教育总法》中得到了确认。此后的情况,如前所述,德国高等教育改革力度特别是建设"精英大学"的力度,在争议声中逐年加大,英才哲学得以强化。

在英国,2007 年 6 月 27 日,布朗接替布莱尔担任首相,继续坚持 1997 年布莱尔担任首相后新工党提出的第三条发展道路(中间路线),视教育为他的使命。新政府将教育与技能部一分为二——儿童与中小学校部(DCSF),创新、大学与技能部(DIUS)。政府明确表示,此举的目的就在于加强政府的教育管理职能,集中资源,以增强英国的教育事业和英国在全球知识及经济竞争中的"综合实力"②。

---

① 丁妍. 日本大学评价制度建立的背景、现状及问题的研究. 复旦教育论坛,2004(6)
② The Guardian,2007-06-29

第四节　平等主义教育中存在的各种矛盾

入学资格观念的变化,带来的后果很多,有许多问题需要反思。是课程适应学生还是学生适应课程? 牺牲教育质量,谈何教育权益? 质量说不清楚,为何会成为焦点? 平等主义能否让高等教育更公平? 就业与受教育到底是什么关系? 学生之间的相互影响有多重要? 这些问题的存在表明,平等主义高等教育哲学带来巨大启发的同时,自然也会让我们看到它无力化解的许多矛盾,如学生互动与教师主导的矛盾,平等主义与教育公平的矛盾,学生权益与教育质量的矛盾等。

一、学生互动与教师主导的矛盾

西方高等教育理论有一种传统,认为学生之间的相互影响比其他因素更重要。在平等主义哲学主导下,努力形成多样化的学生队伍、优待行动计划、打破各族学生之间的交往屏障等举措,尽管是各方利益驱动的产物,但从理论上讲,则来源于注重学生之间相互影响的传统,认为这些举措显然有助于通过不同学生之间的影响而形成学生宽容的心态,促进人际关系的和谐。这类认识,促使学生互动获得空前的重视,以至于它与教师主导的矛盾不时地凸显出来。

研究者看到,在大学期间,对大学生思想及其他方面的发展影响最大的因素,不是学校,不是教授,而是他们的同学,"这个发现在许多大学环境里经过无数重复实验研究,结果基本一致"①。其中的道理在于,教育并不只是发生在显性课程之中,商业广告和隐性课程传递的信息,往往比正规课堂对学生的影响还要大。正因为如此,淡化教授的作用,强化学生的作用,重视环境影响,重视显性课程以外的其他课程,不仅受到广泛的欢迎,而且能产生深入持久的影响。

1986 年,时任哈佛大学校长的博克很想弄清楚,为什么有些学生在哈佛

① 程星.细读美国大学.北京:商务印书馆,2004.16

175

的经历很成功,有些学生却不是。于是,委托哈佛大学教育学院和约翰肯尼迪政治学院的教授、知名的统计学专家莱特(Richard J. Light),组织了代表美国 25 所大学的一支 65 人的研究队伍,围绕"充分利用大学时光"(making the most of college)这一主题,利用调查结果及第一手访谈资料,评论哈佛及其他各类学校对本科生成长过程的影响,证实学生影响最为重要这一理论。在长达 15 年的研究中,他们先后采访了为数众多的哈佛学生。在采访的过程中,问及的事项广泛,诸如,"业余时间干什么""哈佛的教学质量如何""有何建议",以及他们本人的情况。莱特等人在与学生访谈过程中,反复询问的一个关键性问题是,在课内或课外的何种状态下,学生的学习效果最佳。结论是,大学时代广泛接触来自各种宗教和种族背景的同学,并学会在一个多元化的环境里生存,是大学生们在大学时代所有经验中,感到最吃力同时收益最多的体验。

早在 20 世纪初,哈佛大学第 21 任校长艾略特(Eliot)就已看到学生之间的影响对学生成长的重要性。他认为,对于求学期间的年轻人来说,大学的经历中最重要的部分并不来自课堂和教授,而是离开家庭与父母,有机会独立生活,由此广泛地接触各种人,以及各种人的观念、态度和背景。在这里,有关学生之间多元化因素影响重要性的理念已清晰可见。据此,他宣称,假如有机会从头开始建立一所新大学,那么,他首先要造一栋学生宿舍,然后再造一座图书馆,并装满各种图书。如果还有剩余的钱,才会用于建造教室或雇用教授①。

在西方大学发展的传统中,学生地位及其影响时常被强调,时常被提到过于重要的地位(如各种形式的学生中心论)。中世纪的大学产生于学者们组成的社团,而社团本身就有学生为主或教师为主之别。13 世纪被称为"大学的世纪",但它首先是社团组织的世纪。在每一个城市里,只要某一职业有大量的人,这些人就会组织起来,建立有利于自身发展的社团机制,以保护自身的利益。否则,其权利乃至生命财产都是不安全的。来自欧洲各地的学生和部分教师没有公民权,得不到城市民法的保护,组成社团尤其必要。这些社团有以教师为主的,也有以学生为主的,它们很少具有教学上的意义,其根本功能只在于保护知识分子个人及群体的权利不受侵害。当时

---

① 程星. 细读美国大学. 北京:商务印书馆,2004.17

的社团,即拉丁文的"universitas"(现代英语的 university 即由此演化而来),泛指各种势力组成的社团或行会,还不是专有名词。到 14 世纪末,它便作为专有名词,指"为法律所许可建立的学术团体,也就是大学"①。虽然有的大学由皇帝、国王或地方行政长官颁发特许状而正式设置,但许多大学还是因著名知识分子讲学的吸引而自然形成的。著名知识分子聚集在哪里传经授道,来自许多国家的学生就被吸引到哪里,这就需要有某种组织来安排协调和保护师生们的活动,于是出现了"教师组合""学生组合""山南组合""山北组合"等社团或行会,其影响逐步扩大,并演变为大学。在大学产生的过程中,学生几乎就是大学的衣食父母。在中世纪那样的特定社会条件下,大学能否存在,还真得由"学生说了算"。

西方古典大学教育哲学的杰出代表,英国维多利亚时代的著名神学家、教育家纽曼(John Henry Newman,1801~1890),在探讨知识与学习的关系时指出,教育是崇高的字眼。尽管教育是为获取知识做准备,教育就是根据所做的准备传授知识,但是,大学最主要最本质的内容却不在于此。我们假设有两类大学,一类不为学生提供住宿,也不考查学生的学习情况,学生只要通过一系列课程的考试就可以获得学位;另一类大学既没有教授,也根本不安排考试,而只是把一大群年轻人召集到一起生活三四年,然后把他们送出校门,像人们所说的牛津大学约 60 年来所做的那样。如果我们必须做出选择,必须断定这两类大学中哪一类更能成功地训练人、塑造人、启发心智,哪一类造就出来的人更能适应现世的职责,哪一类能造就出更好的公职人员、通晓世情的人以及名垂青史的人,那么,"我将毫不犹豫地优先考虑那种既无教授又不考试的大学,它比那种迫使学生了解天底下每一门学科的大学要强"②。一大批具有敏锐、心胸开阔、富有同情心、善于观察等特点的年轻人相聚在一起,自由地密切交往时,即使没有人教育他们,他们也会相互取长补短,共同进步。所有人的谈话,对每一个人来说都构成一系列的讲座,日复一日,他便学得新的概念和观点,习得判断事物与决定行动的各种不同的原则。

然而,很快,大学的考试还是以压倒之势占据了高等教育的殿堂。收入

---

① 张斌贤.欧洲中世纪大学的历史地位.教育史研究,1995(2)
② 纽曼.大学的理想.杭州:浙江教育出版社,2001.65

《大学的理想》一书中的上述观点,主要来自纽曼 1852 年在都柏林天主教大学为宣传这所新办的大学而作的系列演说。而时间只过去了 6 年,即在纽曼辞去都柏林天主教大学校长职务的 1858 年,演说中论及的牛津大学的学位,就完全通过考试来授予,纽曼"将毫不犹豫地优先考虑"的既无教授又不考试的大学,只能是一种与现实越来越远的理想。只让学生相互影响而离开某种主导作用的高等教育,在事实上是行不通的。这从另一个角度说明,以考试为主要选才方式的能力主义英才哲学,自有其巨大的合理性。英才哲学能够源远流长而历久不衰,是靠其相对公正合理的选才特点决定的。对此,平等主义高等教育哲学主导之下的教学过程,必须对此保持高度的重视。

尽管如此,与纽曼相呼应的人士还是不断出现。1928 年,怀特海(A. N. Whitehead)提出,大学存在的理由,主要不是为单纯的知识,也不只是为了科研的机会,而是用富有想象力的探究学问的方式将年轻人与老一代联结起来,以保持学问与生活热情之间的紧密联系。怀特海特别强调:"没有某些知识作为基础,你不可能聪明;但你也许能轻而易举地获得知识,却仍然缺乏智慧。"[①]也就是说,重要的是熏陶,重要的是怎么为年轻人创造一种更有成效的互相激发智慧和创造力的环境。西方高等教育理论的这一传统,看来自有其道理。

大学作为一种以熏陶为主的学术机构,学生之间的相互熏陶的确相当重要。许多有影响的意见都论及,教育不同于训练,教育可以使人的心智得到更新,无保留的对话才是教育。但问题是,如果过于忽视教师的主导作用,师生关系变得不平等,势必会使大学越来越缺少这样的对话条件。这就不是大学的定位,而是对西方古典大学教育哲学的误读。

二、平等主义与教育公平的矛盾

不少大学都承诺了社会公正的目标。2005 年初,笔者访问美国教育系统期间,处处听见、看到一种流行的言辞,即"帮助最需要帮助的人"。在他们看来,需要帮助的人很多,而弱势群体是最需要帮助的,政府和社会有关方面的重要任务,就是帮助这些群体在社会上获得公平的待遇。在这种理

---

① 赵祥麟主编.外国教育家评传(3).上海:上海教育出版社,1992.315

念影响下,帮助弱势群体受教育,成为转型期以美国为首的西方大学的一种重要倾向,甚至是高等教育方面"政治正确"的基本要求。哈佛广场上一尊乞丐塑像的石碑上大书"富足的世界不应再有人饿死"①,大学对于社会公正的追求令人钦佩,也说明传统上西方大学对下层民众受高等教育的机会有所关注,但像转型期这样从理论研究、舆论导向、政策实施到社会行动都一致地予以关注,在教育史上却是少有的。世人已经意识到,如果高等教育的门槛和父母收入、父母受教育程度、性别、语言、种族、居住地等与生俱来的特征紧密相连,高等教育就会成为加剧人与人之间不平等的工具。

那么,平等主义能否让高等教育更公平呢?从国际上看,与平等主义主导相伴的情况是,竞争更为激烈,国际差异、校际差异都在扩大。2007 年前后,世界上仍有 7200 万失学儿童,有 7.74 亿成人不具备基本读写能力,其中约有 64% 是女性。全球的教育开支仅集中在少数几个国家,法国、德国、意大利、英国等任何一个国家的教育开支均高于整个撒哈拉以南非洲地区的教育开支。这些问题,已使"公平话题向高等教育集中",成为 2007 年牵动世界的八个教育话题之一②。《2009 年全民教育全球监测报告》主题定为"消除不平等:治理缘何重要",原因在于,能否克服社会中的不公平现象,能否缩小贫富差距,还要取决于各国教育公平化的进展,而按现有趋势,到 2015 年普及全球初等教育,这个目标根本无法实现,那时仍然会有 2900 万适龄儿童辍学。

康奈尔大学教授罗伯特·弗兰克和杜克大学教授菲立普·库克合著的《赢者全赢的社会》(The Winner Take All Society)一书认为,在一个赢者全赢的社会里,很多人围绕数目有限的几个大奖展开激烈的竞争,结果是,少数幸运的胜者满载而归。这种市场经济的竞争规则已经渗透到西方大学之中,其表现是,为数极少的名牌大学成为大众追逐的目标,仿佛只有名牌大学的学位才能左右自己未来的命运。事实似乎就是如此,《福布斯》杂志在 1996 年对美国 800 名大公司的首席执行官(CEO)进行调查,发现他们年薪的中位数为 150 万美元,其中,在 20 所顶尖大学中取得本科学位的为 174

179

---

① 碑上英文为大写字母,特抄录如下:NEVER AGAIN SHOULD A PEOPLE STARVE IN A WORLD OF PLENTY

② 高靓.2007 年牵动世界的八个教育话题.中国教育报,2008－01－07(8)

人,取得本科或研究生学位的,占美国薪水最高的大公司 CEO 的 45％。产生 CEO 最多的本科学院分别是:哈佛大学、康奈尔大学、普林斯顿大学和斯坦福大学①。这些情况多少让人觉得,平等主义高等教育哲学影响下的实践与教育公平之间没有必然的联系。

其实,平等主义与消费主义常常可能发挥性质相似的作用,表面的平等潜藏着深层次的不公平。消费社会往往用形式上的"平等"加剧社会的分化,强化着不平等。在学校,筛选(sorting)功能被发挥到极点,它并没有使大家获得一致的教育机会。表面看来,每个人都读书写字,然而,这种平等看起来最具体,而事实上却很抽象。在媒体上宣扬的抽象民主的反方向上,消费社会与学校很好地在社会分化的机制中运行。在这种机制里,知识和文化只意味着更为尖刻、更为微妙的分化。分化的结果是,消费面前人人平等的假象使客观上存在的不平等被掩藏起来,使盲目追求消费的大众和知识界不再思考"社会公平"之类的问题,"不平等(经济的)不再是问题,本身却构成了一个问题"②。看来,高等教育机会平等还真的只是一种充满着诺言和神话的理想。1966 年以前,尽管美国高等教育规模经历了史无前例的大扩展时期,美国高等教育已经实现了大众化,可是,鲍尔斯和金蒂斯却已看到,高等教育机会的扩大不但没有促进社会政治和经济生活的平等,反而是维护和加强了这种不平等③。也许正因为如此,才以 1966 年莱斯特发表《未来十年的目标、重点与美元》的研究报告为标志,宣告了那个时期高等教育大扩展的终结,从此,公众舆论普遍转向了对大学生家庭、社会背景的关注,要求政府提供补助和贷款,以推动向着平等教育机会的国家目标前进。看来,现实总是充满了矛盾:这些举措以平等的名义出台,而平等主义在实际上却带来了新的不平等。

三、学生权益与教育质量的矛盾

根据平等主义的哲学,"为谁办学"这一问题本身,变得具有压倒一切的重要意义,相比之下,"办什么样的学校"这一问题就是次要的了。过去,学

---

① 程星.细读美国大学.北京:商务印书馆,2004.10
② 波德里亚.消费社会.刘成富、全志刚译.南京:南京大学出版社,2001.41
③ 鲍尔斯、金蒂斯.美国:经济生活与教育改革.王佩雄等译.上海:上海教育出版社,1990.15~16

生们常常思考的问题是,老师讲的是不是真的;如今,学生们思考更多的则是,老师讲的是否有用处。在这里,是非观已让位于成败观。

从消费者的角度来看,受教育的权利或机会比受何种教育本身更重要,受教育的权利压倒一切,它比教育的性质更重要。受教育是地位、权力、身份的象征,不同层次的受教育权代表不同的社会等级,至于其他许多实质性的问题,诸如实际上受到教育没有,大好时光、大量金钱用到学校做什么了,进学校与教养有无关联等问题,似乎都变得无关宏旨了。在这里,通过教育要达到什么目的,也只是次要的问题。在人们的心目中,真正和唯一重要的问题是有了获得文凭的机会,以便能在市场中卖个好价钱。而受教育、受真正的良好教育的机会如果不能带来卖个好价钱的机会,则是完全可以抛弃的。

对大众子弟来说,上大学机会的获得,同时意味着巨额的教育投入。投入总是要讲回报的。如果既不是为了满足追求学问的兴趣(许多孩子原本对学问无兴趣,进入大学后对学问的兴趣越来越小,上大学是出于别的考虑),又无法让他们如所期望的那样在职场取得竞争的优势(许多人都是抱着这种愿望争取大学入学机会的),这样的投入还有什么意义呢? 在精英教育阶段,受高等教育既可能满足精英们不懈追求学问的强烈欲望,又天然地让他们获得就业优势,进而获得高额的经济回报和不错的社会地位。如今,受教育权的获得与教育投入的回报之间的联系出现了断裂,巨额的投入,除了获得所谓的上学机会外,几乎一无所获了。人们不能不反思:要这样的上学机会做什么? 如果名牌大学或热门专业的文凭,能使受教育者提高身价,获得卖个好价钱的机会,那么,高额的学费也就值得付出了。根据这样的道理,竞争名牌大学、追求教育高消费,与进入社区学院找个好工作(如果可能的话),都没有多少实质性的差异,因为,两者的追求几乎相同——主要不是受教育,而是为了能够取得文凭以卖个好价钱。

对此,教育哲学家看到了影响"高等教育为谁服务"这一问题的两个相互关联的方面,那就是,学生的学术才能和学术课程的性质:使学生适应课程或使课程适应学生,成为两种高等教育的重要差异①。传统上,这个问题主要是一个学术问题,高等教育只为学术才能足以适应课程的学生开放,高

181

---

① 布鲁贝克.高等教育哲学.郑继伟等译.杭州:浙江教育出版社,1987.60

等学校一直是选择少数学术精英的机构。但如今,开始叩击学术大门的学生人数远远超过传统的学术限制范围和历史的期望,这便出现了使课程去适应学生的发展趋向。人们日益强烈地感觉到,高等教育具有分配职业机会和社会等级的功用,受高等教育已成为一种权力,一种必须打破的特权。

需要指出的是,牺牲课程质量,未必会换来真正的权益。在平等主义哲学主导之下,社会的自然倾向不是给教师心理减负松绑,而是让学生和家长对老师评头论足。但对于教育这种需要内心投入、良心参与的工作,重重压力带来的结果会怎样呢? 一个被学生"自由选择"、饭碗随时可以被学生砸掉的老师,除了胆战心惊地迎合学生以外,还能在教学上作出什么努力呢? 在学校、学生及家长和社会方面重重压力之下,教师能有多大的个人空间专注于教育质量这样的大是大非问题呢? 经验表明,这样的评头品足势必给老师带来巨大的心理压力,使老师在教学上顾虑重重,不能正常地严格要求学生,轻易不敢尝试新的教学方法①,甚而至于想方设法迎合、讨好学生。这不但无助于提高教学质量,反而会影响教学效果。

可见,高等教育必须正视的深刻问题是,如何可能既坚持英才哲学的能力主义原则,又要确保上大学成为人人享有的基本人权? 学生权益固然很重要,但离开了教育质量,学生权益何以保障? 以牺牲教育质量为代价,能够换来什么样的权益呢? 诸如此类的问题,或许可以从下一章中获得某些解答。

---

① 俞陶然.教师被迫邀宠 导致分数失真.新闻晚报,2007—01—15(A10)

第四章

高等教育思想基础的消费主义倾向

博克认为,20世纪早期大学自身争夺自费生的举措最终使大学"背上了消费主义的黑锅"①。那么,大学到底有无消费主义行为或倾向呢? 博克对此未作肯定,而且,言外之意,大学被冤枉了,大学不是消费主义的。可是,在关于高等教育商业化的研究中,博克大量地用到了大学对金钱和其他资源不断增长的需求、不断膨胀的欲望、好斗的雄心等概念,并反复强调面临不断增长的营利机会,大学持续地追逐设备、扩展项目、哄取捐赠等自私自利(self-serving)的行为。这些观念和行为,其实就是消费主义的翻版,至少,从这些行为中可以肯定的是,在高等教育商业化过程中,大学的消费主义倾向是明显的。20世纪80年代以来,各国高等教育备受外部利益攸关者所关注,其思想基础,就在于消费主义观念被越来越多的人所认可,各种利益集团都自视为高等教育当然的消费者。在消费主义观念主导下,高等教育离传统的高深学问渐行渐远,高等学校也由学术的殿堂快速地多样化起来。

对此,本章探讨消费主义与其教育观念的逐步形成和主要体现,及高等教育领域中消费主义心态的强化与培植等问题,我们会由此看到,消费主义其实也是一柄双刃剑,它的出现具有历史的必然性和深厚的现实基础,但它带来了学费上涨、师生关系的异化等诸多问题。而且,消费主义主导的办学实践必然面临经济的合理性与教育内在逻辑的冲突,必然面临"以学生为本"或"以真理为本"的困惑等悖论。

---

① Derek Curtis Bok. Universities in the Marketplace：The Commercialization of Higher Education. Princeton：Princeton University Press，2003. p. 10

第一节　消费主义及其教育观念的逐步形成

一般认为,"消费主义滥觞于 19 世纪"①。科技革命推动下生产力的发展,使西方社会告别了短缺经济而进入产品相对过剩的时代,这使生产对消费的依赖程度越来越高,消费的状况成为决定企业生存与发展状况的关键因素。相应地,刺激消费的舆论一浪高过一浪,促销的手段花样翻新,使产生于 18 世纪的享乐主义迅速演进为炫耀性消费、大众化消费和疯狂式消费等消费主义行为。这种状况,在 20 世纪五六十年代达到登峰造极的地步,遍及所有富裕国家。20 世纪 70 年代以后,西方社会开始认识到消费主义的价值观和生活方式对环境、资源造成的严重后果,可持续发展和可持续消费等观念逐渐成为主流声音。1972 年召开的国际环境保护会议,给消费主义的鼓吹者敲响了警钟,多年后,会议内容还常常被人提起,令人深思。"科技是有限的""能源的发展是有限的""环境的卫生必须保护"等观点,也早已成为共识,拒绝接受则无异于孤陋。著名汉学家杜维明先生曾提到,在 1972 年的那次会议上,"只有'文革'时期的中国还相信'科技万能'",并在环境保护方面闹出笑话②。只是,消费主义的潮流不但没有终结,反而以种种新的形式全球化,向中等发达国家尤其是发展中国家扩散。

根据消费主义所涉及的人群及其基本价值取向等方面的变化,消费主义的发展过程,大致可以概括为炫耀式消费、大众化消费和新消费主义(疯狂消费)三个不同的阶段。

一、"炫耀式消费"与传统教育价值取向的动摇

19 世纪末至 20 世纪 20 年代是炫耀式消费阶段,即消费主义产生的阶段。早在 100 多年以前,美国社会学家和经济学家维布伦(Thorstein Veblen)在其经典著作《有闲阶级的理论》一书中,就提出了"炫耀式消费"的概

---

① 卢嘉瑞."消费主义"浅析.光明日报,2005－07－12
② 杜维明.现代精神与儒家传统.北京:生活・读书・新知三联书店,1997.246

念。所谓炫耀式消费,就是故意炫耀自己的消费行为,借以展示经济实力,确定社会地位①。这是消费主义的起源。19世纪末,泰勒发明的大规模生产方式,使工人哪怕在最小的细节上也被迫从属于生产过程,工人成了装配线上的一个零件。这种现象,就是思想家们通常所说的"物化",它是消费主义的催化剂。

消费主义的经济基础是第二次工业革命带来的资本主义高速发展,其社会因素是"幻觉剂轰动"取代了新教伦理和清教精神,对虚幻世界的追求取代了美国社会的核心价值——工作、清醒、俭省、节欲和严肃等人生态度,"经济冲动"代替了"宗教冲动",勤俭持家被炫耀式消费取代,人们开始通过占有物品来寻找自己的身份认同。在传统资本主义社会,公立教育系统创立初期,大众的欲望和需求总体上是要受到限制的,典型的制约机制是清教徒们遵奉的13种美德,即新教伦理。当时,富兰克林(B. Franklin)被称为中产阶级的先知,强调的理想人格是"宗教+开拓精神",即"清教徒的宗教美德精神+新边疆的开拓精神",实为"禁欲、苦行精神+资产阶级的新边疆+资产阶级贪婪地攫取财富的精神"。这种精神特别强调13种德行。富兰克林说,世上有13种有用的品德,分别为:节制(不喝酒)、缄默、秩序、节俭、决心、勤奋、真诚、公正、中庸、清洁、宁静、贞洁、谦虚②。这种德行典型的文学形象,就是牛仔。在新教伦理中,清教徒把自己的整个人生都用于生产个人的品质、品格,他们因此严守传统美德。

消费主义产生以来,不断地将大众由社会的生产力驯化为社会的消费力。对大众的成功驯化,使传统的教育价值取向在西方社会开始动摇。根据波德里亚的研究③,19世纪发生在生产领域中的生产力合理化进程在20世纪的消费领域中得到完成。通过分析消费社会自身的逻辑及其运行机制,波德里亚深刻地揭示了消费主义意识形态的"极端诡谲之处"④:生产和

① 比尔·麦吉.消费的欲望.朱琳译.北京:中国社会科学出版社,2007.20

② 贝尔.资本主义文化矛盾.赵一凡等译.北京:生活·读书·新知三联书店,1989.105

③ Baudrillard又译为"鲍德里亚""博德里拉"等,他享有英语世界的精神领袖、立场最为鲜明的后现代思想家等盛誉。参见:道格拉斯·凯尔纳等.后现代理论.张志斌译.北京:中央编译出版社,1999.141~148

④ 波德里亚.消费社会.刘成富、全志刚译.南京:南京大学出版社,2001.74、75

消费出自同样一个对生产力进行扩大再生产并对其进行控制的逻辑程式，这种程式以其颠倒了的形式（即极端诡谲之所在）渗入人们的思想，进入伦理和日常意识形态之中。其具体表现就是，对需求、个体、享乐、丰盛等方面所进行的解放。而实际上，这种解放只是一场表面上的人文革命，它使炫耀式消费成为合理的生活，使消费成为社会控制的新形式。

消费主义一旦产生，便对社会各个领域及其运作具有强大的同质化功能。对教育这片净土和精神家园，消费主义也没有放过，而是间接或直接地进行渗透。早在1915年，耶鲁大学就用它的足球队挣得超过上百万的美元。20世纪初，芝加哥大学就已常规地用广告去吸引学生，宾夕法尼亚大学则建立了一个"宣传处"来增加其知名度。1905年，哈佛对其可赚钱的足球队颇为上心，雇用了一个26岁的教练，这个教练的薪水同校长的一样，是正教授的两倍①。这些情况，对大学教师的专业活动多少会带来一些冲击，也使大学的形象多少失去了一些光彩。1909年，就有哈佛校友抱怨："如今控制哈佛的人与商人没有什么两样。"②

当然，在消费主义发展的初期，大学作为社会良心和道德向导的批判功能还在发挥重要作用，消费主义对大学的同质化还是间接进行的，大学的活动在许多方面都还能体现自由、自治、中立等"3A"传统，即使英国的女王或美国的总统，或者其他什么要员，也不能随便到大学去弄个学位或名誉学位。后来，随着消费主义对教育的同质化的加速，而教育又主动或被迫走出象牙塔，进入社会中心，两方面的作用交织起来，净土和精神家园才变得一天比一天难以守卫。某些时候，为了让学生"消费者"们满意，学习成绩上开始了"通货膨胀"，课程难度则开始降低。

二、大众消费与"儿童中心"为消费主义提供心理准备

20世纪20～70年代是大众化消费阶段，即消费主义的发展阶段。大众

---

① Derek Curtis Bok. Universities in the Marketplace：The Commercialization of Higher Education. Princeton：Princeton University Press，2003. p. 2

② Derek Curtis Bok. Universities in the Marketplace：The Commercialization of Higher Education. Princeton：Princeton University Press，2003. p. 19

消费是 20 世纪 20 年代技术革命的产物①。除了家用电器之外，对此起到了关键性作用的，还有三项发明。第一，采用装配线流水作业进行大批量生产，使汽车的廉价出售成为可能。1913 年，福特汽车公司在密歇根的流水生产线上驶下了第一辆汽车，这可视为美国消费主义开始的象征或标志。大众消费阶段的象征是汽车，对消费主义的发展来说，最值得一提的就是"福特主义"（Fordism）的装配流水线生产。第二，市场的发展，促进鉴别购买集团和刺激消费欲望的科学化手段的进步。第三，也是最为有效的，是分期付款购物法的传播，它打破了新教徒害怕负债的传统顾虑。如波德里亚所见，在大众消费阶段，开支、享乐、非计算（现在购买，以后再付款）的主题，取代了储蓄、劳动、遗产的"清教式"主题②。

如同中世纪通过上帝和魔鬼来建立社会平衡一样，消费社会则是通过消费以及对消费的揭示来建立平衡的。不同的是，作为消费社会，不可能再有异端邪说，它只是一个没有历史的社会，一个除了自身之外没有其他神话的社会③。在这样的社会里，标准化、规模化的生产使大众能够消费住宅和汽车，人们似乎可以在汽车、房屋的消费中寻找自己的灵魂，"资本主义新教伦理"的教育价值取向瓦解：勤俭持家不再是美德，享乐才是根本。可是，享乐主义与传统道德的矛盾，还是会折磨西方人的心灵世界。总体上看，社会道德仍然是意志、良行、效率以及奉献，这样的道德与新的享乐主义行为相伴随，自然让人产生强烈的犯罪感。对于千百万安居乐业的西方人来说，要想解决清教徒的道德与享乐主义者的道德之间的矛盾，减轻犯罪感，获得个人内心的宁静，无疑会经常受到痛苦的折磨。

面对深刻的社会矛盾，教育发生了惊人的变化，以学生为中心成为教育变革的理想。19 世纪末 20 世纪初，欧洲和美国都发起了新教育运动或新学校运动，生活教育和儿童个性的发现导致了一场新的教育革命，以儿童为中心的教育学理论在美国乃至全世界造成了深远的影响。20 年代中期，进步主义教育著名代表克伯屈教授等人则强调，现代知识的发展和变化太快，我们还没有来得及传授给学生就已经过时，与其教给学生干巴巴的事实和数

---

① 贝尔.资本主义文化矛盾.赵一凡等译.北京:生活・读书・新知三联书店,1989.113

② 波德里亚.消费社会.刘成富、全志刚译.南京:南京大学出版社,2001.74

③ 波德里亚.消费社会.刘成富、全志刚译.南京:南京大学出版社,2001.231、14

据,不如教学生掌握批判性的思维。杜威曾经赞叹,当时学校教育中正在发生的一种变革是重心的转移,是一场革命,一场和哥白尼把天体的中心从地球转为太阳那样的革命。"在这种情况下,儿童变成了太阳,教育的各种措施围绕着这个中心旋转,儿童是中心,教育的各种措施围绕着他们而组织起来。"①在那场教育革命中,学校的工作、教师的教学都以学生为本,大家都围绕学生的发展开展工作,这与消费主义的宣传还有质的不同。事实上,将学习的主动权交给学生,对于调动学习的主动性、积极性是非常有用的。教育家和教育理论家试图通过对下一代的精心呵护,来缓解和消除社会问题。让儿童变成太阳,其目的不是要将西方社会的未来交给消费主义,不是想一切由学生说了算,而是致力于将儿童从传统的教师、书本、课堂"三中心"中解放出来。至于教育商品化、学生是上帝之类的说法,还是当时的教育理论家们所未能想象的。不过,在将学习的主动权从教师手中传递到学生手中的过程中,进步教育运动的一些理论,也为转型期消费主义心态的培植作好了心理准备,为广泛接受消费主义提供了心理基础。

在大众消费阶段,儿童中心论也只是教育理论家的一种理想,西方教育实践离消费主义越来越近,离国家主义越来越近,离儿童中心的理想却是渐行渐远的。在德国和日本,新教育理论甚至堕落为"公民教育",孩子以前所未有的规模成为"国家的孩子"。本来,公立学校最重要的政治目的是培养公民,选拔未来的政治领袖,制造政治舆论,保持政治力量,以及为政治体系的稳定发展而促成个体的社会化。在西方国家,多数政府都试图用公立学校来培养未来社会的公民。但在不同的政治组织那里,教育的政治目的意味着大不相同的事情,它既可以是政治自由的资源,也可以是实施政治压迫的工具。在西方人看来,学校教育似乎没能有效地践行有关政治目的的承诺。特别是,在20世纪30年代的德国,学校用来造就相信德意志人种优越、支持法西斯并为希特勒的呼唤而献身的公民;课堂教授的是人种生物学和纳粹的政治教条;校园充斥着"爱国"的游行和歌声。其教训是,人们必须谨慎评价公立学校的政治功能。

公民训练并非必然就好,这从政治的角度为消费主义的培植提供了支持。在早期美国,围绕新政权的领导人选,有人(如革命领袖 Benjamin

① 杜威.学校与社会·明日之学校.赵祥麟等译.北京:人民教育出版社,1994.44

Rush)建议组建全国性的大学来培养共和国政权的领导人。但对此心存疑虑者特别多。美国第一任总统华盛顿在其卸任的告别信中,本来想提出建立一个国家大学的计划,但被该信的起草人含糊地改写为建立"传播知识的机构"。之后,5位继任者一再要求建立全国性大学,训练政治领导人,创造某种全国性的公众文化,结果都被议会否决了,这使美国的大学没有中央计划,没有国家标准。在私立大学之外,所谓公立大学实际上就是州立大学。这些院校的目标、规模、质量千差万别,与其由政治目标来统摄,似乎不如交与市场力量去控制,不如将资源分配、招生、教师去留、课程设计、课程内容、课程结构等交给市场去调节。

对华盛顿及其5位继任者的反对意见,主要集中于精英政治的代价问题。霍拉斯·曼认为,重要的是全社会的所有孩子都上同一类型的学校,这才真是所谓的"公共的"(common)①。如果公民都能接受共同的政治价值观,政治与社会秩序就可维持。显然,霍拉斯·曼力图在公立学校构建"民主共识"(democratic consensus)。围绕霍拉斯·曼的教育哲学,也出现了许多不同的意见和疑问。其中之一是,自19世纪以来的美国公立教育中,所有公民都能接受的公共的政治原理是否存在。另有论者指出,美国公立学校教育从来都不是所有儿童共同的,所有种族、宗教和社会阶层的孩子从来都不曾融合于单一的公共学校。人们对公共教育的诸多疑虑越来越多,有的家庭干脆放弃接受公共教育的机会,选择在家上学(home-schooling)。这种现象,已对公立教育的核心理念构成一种威胁。

陆有铨先生在研究1930年以后新行为主义教育哲学的背景时,已经看到西方教育哲学出现的消费主义倾向(尽管未见先生使用消费主义这个术语)②,主要有以下几点。第一,教育成了重要的投资机构。二战后,西方人对教育与国家命运及国家实力的关系有了越来越清楚的认识,于是,按照国家发展的要求来制定教育标准的趋势得到增强,教育主要是为了实现国家的目的,教育成为发展经济、选拔和培养人才的重要因素,注重个人的修养、个人和谐发展的目的则放到了次要地位。第二,教师成为出卖知识的卖主,

---

① Joel Spring. American Education. 7th ed. New York:McGraw-Hill Inc, 1996. p. 9

② 陆有铨.现代西方教育哲学.郑州:河南教育出版社,1993.272~273

学生则是购买知识的顾客。这一阶段的教育,除了能够影响国家的命运之外,对于人们的日常生活也有重大的作用。个人掌握知识的多少,能在很大程度上决定他的就业机会和社会地位。掌握某种专业知识的知识分子比一般工人的收入要高得多,生产、流通领域急需的专业技术人才就业机会也多。因此,教育既可以产生金钱,还可以通过颁发学位使人得到较高的社会地位,只是,教育的目的不再是扩大知识面和追求美好高尚的真理。"教育进入了市场"①,在知识的市场里,教师成了出卖知识的卖主,而学生当然就是购买知识的顾客。

在实践领域,教育主要是作为国家竞争或社会变革的工具而被变革、被消费的。1997年,陆有铨先生指出:"在整个国家主要致力于经济发展的时代,人往往仅被看做是劳动者和消费者,把生产和消费量的增加作为最高行动目的,这样就忽视了文化和精神的价值。这样就形成了本世纪五六十年代学校'道德教育的荒凉时期'。"②从这段话里,我们可以看到西方教育消费主义倾向的典型特点:第一,人仅仅被看做生产者和消费者;第二,生产和消费量的增加即效率,成为最高的行动目的;第三,忽视效率以外的教育价值。

在1970年前后,大众消费发展到达高峰。相应地,在当今西方资本主义文化研究中,消费文化研究已成主流与"显学"。波德里亚精辟地指出,在这个阶段,消费者与物的关系不同了:以前,物是作为工具被人生产和使用的,人们使用的也是物的工具价值;但在大众消费阶段,尽管物也被当做工具来使用,更为重要的则是,"物还被当做舒适和优越等要素来耍弄,而后者正属于消费领域"③。在这个领域,消费主义的欺骗性凸显出来了。工业资本主义比消费主义更诚实,少一些欺骗性。工业资本主义直截了当地告诉人们:这是老板,那是出卖劳动力的,因而人是被区分开来的。而消费主义允诺的是一种自由的普遍性:每个人都可以自由地选择,每一个人都同样地被允许进入消费主义的商店。这其实设定了一个虚假的命题:一旦给消费者提供了自由,就完全解决了自由问题。按照这种逻辑,人人可以"自由选择",只要有足够多的钱,就可以选购任何自己想要的东西,似乎如此这般,就完全

---

① 罗伯特·梅逊.西方当代教育理论.陆有铨译.北京:文化教育出版社,1984.17
② 陆有铨.躁动的百年——20世纪的教育历程.济南:山东教育出版社,1997.481
③ 波德里亚.消费社会.刘成富、全志刚译.南京:南京大学出版社,2001.67

解决了个人自由与快乐的问题。然而,它提供给人们的,只是"一种自由和快乐的假象,用来掩盖这些事物在现实中的真正缺失"①,使自由事实上降格为消费主义。

自由消费改变了大众的日常生活,改变了人们看待这个世界和自身的基本态度,这自然波及教育领域,并导致消费主义教育价值观在西方大学的形成。教育改革的一些偏激的做法,如对基础知识的忽视,确实曾给一些西方国家的教育特别是中小学教育造成过灾难性的后果。对此,要素主义教育哲学家们看得很清楚。面对美国教育的软弱状况,巴格莱在《要素主义的纲领》中指出,正当国内外情况处于非常危险的关头,美国教育竟然意外地软弱无能,这是特别不幸的②。

在大众消费阶段,西方各国成功地实现了高等教育大众化发展,虽然儿童中心是许多教育理论家和教育变革者孜孜以求的理想,但是,教育主要是作为国家竞争或社会变革的工具而被变革、被消费的,教育的工具价值不断膨胀,儿童中心的教育理想最终成为某种空想,或只是消费主义教育观念的伏笔。

三、新消费主义的特点及其全球化

20世纪70年代以来,西方社会进入疯狂消费阶段。这是消费主义发展到社会转型期的产物,是消费主义的高潮阶段。特别是20世纪80年代以来,消费主义有了新的发展变化,这被哈佛大学妇女问题研究中心主任朱丽叶·朔尔(Juliet Schor)称为"新消费主义"。

(一)新消费主义的基本特点

尽管新消费主义观点在100多年前就已经出现,但是,与消费主义的前两个阶段相比,新消费主义有着显著的差异。

1. 竞相攀比消费的数量与等级

消费能力的增长与生产能力的增长并不同步,联结这两者的中介,就是波德里亚所谓的"区分",它实际上就是"社会分化",或教育社会学上的"社会分层"。人的需求和向往是无限的,社会分化的成功运行,才能激发人的

---

① 罗钢、王中忱主编.消费文化读本.北京:中国社会科学出版社,2003.前言
② 陆有铨.现代西方教育哲学.郑州:河南教育出版社,1993.98

需求和向往;而激发的过程本身是不平等的,总有一些人先富起来,这就分化出大众可以攀比的目标,也就更加强化了大众的需求和向往。这种"社会分层—激发消费欲望—社会再分层—消费欲望再激发"的循环往复过程,就是消费社会的"升级"过程。在升级过程中,大众"个人的需求"似乎成为政治正确的唯一条件。顺理成章的则是,消费者至上、顾客是上帝、学生说了算等口号,变成最为冠冕堂皇的道德言路。

在这样的道德言路里,大众对教育、对汽车或任何别的东西的需求,虽然有可能是他们的"实际需求"①,但更为可能的,则是某种人为地激发出来的需求。越来越多的人认为消费品是生活必需品而不是奢侈品,几乎所有人都开始遵守并渴望达到由上层中产阶级和有钱人所形成的消费标准。在一项调查中,35%的调查对象渴望能够进入收入水平最高的前6%的行列,49%的人想进入收入水平较高的前12%的阶层,只有15%的调查对象表示喜欢过一种舒适的生活(即中产阶级的生活)②。在这种标准的引导下,传统社会对于消费的种种约束,诸如来自宗教、道德等方面的约束,正在彻底地消退。

消费社会往往把与消费主义相联系的消费方式,标榜为生活水平的提高和生活质量的改善,大众的欲望就这样在消费文化中被创造、被提升,同时也被控制、被道德化和制度化。不断地刺激大众的消费欲望、最大限度地攫取财富,成为社会导向的主流。在个人暴富的诱导过程中,每个人都感到幸福生活就是更多地购物,更多地消费,感觉到消费本身就是互相攀比、互相炫耀的话语平台。而在贫富不均的现实中,在传媒不断打造的"成功人士"无声无息的主导下,不断消费,则成为人生意义的来源,成为大众"幸福生活"的幻象。

2. 攀比对象的不可比拟性

一般而论,炫耀式消费仅限于富翁。二战后,美国人主要是向邻居看齐,因此,他们与其攀比的对象差不多在一个消费水平上。如今则不同了,美国人在做"美国梦"(郊区一所小房子,两辆车,一年一次的度假等)时,似

---

① "实际需求"是通常所说的"需要"。这种"需要"(needs)有时可能不被自己所意识,而"需求"(wants)是自己意识到的欲求。

② 比尔·麦吉. 消费的欲望. 朱琳译. 北京:中国社会科学出版社,2007.30

乎并没有考虑其现实成分。"美国梦"的内容大为拓展,越来越多的人有了第二处房产,汽车也越来越讲究,娱乐休闲消费支出成倍地上升。中产阶级的生活方式也增加了许多新内容,诸如个人电脑、孩子在私立学校受教育、名牌运动鞋等等。一些非富翁美国人对消费的态度是,买什么用什么与"身份"密切相关,包括进什么档次的学校,开什么牌子的汽车,穿什么牌子的衣服,住什么房子,甚至喝什么酒等等,都是如此。

一些西方人奉行"我花故我在"(spending becomes me)的消费哲学,攀比的目标变成了比自己收入高出数倍的人,尤其是媒体宣扬的一些所谓"成功人士"。街坊邻居不再是主要的参照群体,工作单位成为培植消费攀比之风的沃土。1997年,美国学者对某电信公司800多名员工的一项调查显示,只有2%的人把邻居作为消费参照体,22%的人将一起工作的同事作为消费参照体①。如今人们拜访邻居或朋友的时间在减少,而网络和媒体的飞速发展,则使可以攀比的群体范围进一步扩大了,人们更容易与经济地位远远高于自己的群体进行比较,甚至敢于争取世界上最富有的人群的生活方式。

3. 大众的满足感和幸福感日益缺失

在疯狂消费阶段,发达国家各阶层的消费水平有了较大的提高,消费本身应该给人的生活带来更多的幸福感和更多的满足感。但事实正好相反,尽管工人和老板们享受同样的电视节目,出入同样的娱乐场所,阅读同样的报纸,使用同样的电脑,打字员打扮得像她的雇主的女儿一样花枝招展,但消费主义的特点决定了,人们只能处于"永远在期待,永远在希望,也永远在失望"的消费过程之中②。

追求幸福是人们生活的目标,拥有财富也是通往幸福生活的一种手段。也许,人们的幸福感与财富的拥有程度有关,但这种相关性并不成比例,不是财富拥有越多,幸福感就越强,幸福感的强弱更多地取决于某种对比或攀比——人们正是在生活方式、生活信念与生活环境等方面与他人对比的过程中,才找到了相互之间的差别,也找到了幸福与不幸的感觉。在消费主义的语境下,也只有在与他人的对比之中,才能找到幸福的来源。不过,人往高处走,人们总是倾向于与比自己"幸福"的人去对比,越是对比,就越发现

193

① 比尔·麦吉.消费的欲望.朱琳译.北京:中国社会科学出版社,2007.27
② 弗洛姆.爱的艺术.陈维纲等译.成都:四川人民出版社,1986.98

了差距,也就越是找不到幸福。于是,攀比心理与幸福感之间的巨大矛盾,成为消费主义达到它刺激消费欲望这一目标的现实基础。事实上,大众的幸福感随着社会财富增长而下降的情况倒是存在过。有调查表明,从1945年到1990年,美国人均收入增长了3倍,而人们的平均幸福感反而略有下降①。

大众幸福感和满足感的缺失,是20世纪80年代以来消费竞争经历的一次重大改变,也是消费期望与个人实力的差距越来越大而带来的必然结果。在以邻居为主要攀比对象的年代,这种差距大约为20%,而现在要大得多,这使大部分消费者都很失望②。20世纪70年代以来,个人收入占国民总收入的比重快速增长,收入水平最高的20%人群的收入越来越高,而其余80%的人的收入所占比例就越来越小了;在那20%的高收入群体中,收入水平的差距也在拉大,其中前5%的人群收入更高一些。这种情况,加剧了消费期望与个人实力的反差,对人而言,富足的生活方式遥不可及,却又不安于平常的现实的生活方式。结果,大部分消费者的收入水平无法满足他们的欲望,越来越多的人只能笼罩在挥之不去的失望的阴影里,许多人对消费前途感到悲观。

消费主义在各国学校的蔓延,其招牌之一,是要让青少年像消费其他商品那样消费更多的教育,最终实现个人生活的幸福。然而,在事实上,各国青少年的幸福并没有随着高等教育大众化、普及化而增加。以日本为例,据2007年6月8日《日本时报》报道,来自日本警察厅的消息证明日本自杀人数连续9年超过3万。因经济原因自杀的人数下降了,但青少年自杀率上升很快,2006年有886名学生自杀,比2005年增加了2.9%,是自1978年开始报告这个数字以来最多的一年;中学生自杀率则增长了22.7%,达到81人③。

(二)新消费主义的全球化

对于新消费主义笼罩下的当代社会,学者们有过多种多样的描述。早在1982年,西方英语世界的马克思主义文化批评家詹明信(Fredric Jame-

① 郑玉歆.人文发展不足阻碍节约型社会建设.社会科学报,2006-07-06(1)
② 比尔·麦吉.消费的欲望.朱琳译.北京:中国社会科学出版社,2007.32
③ 郎楷淳编译.日本青少年自杀率上升.社会科学报,2007-06-28(7)

son)已注意到,后现代主义再现或再生产(强化)消费资本主义逻辑的方式,后现代主义的出现与晚期的、消费的或跨国的资本主义这个新动向息息相关。1982年秋天,詹明信在韦特尼博物馆讲座(Whitney Museum Lecture)上发表了《后现代主义与消费社会》的讲演,认为非马克思主义者和马克思主义者都感觉到,一种新型的社会开始出现于二战后的某个时间。这种新型的社会被文化界五花八门地说成是后工业社会、跨国资本主义、消费社会、媒体社会等等,其特点表现为新的消费类型、有计划的产品换代、时尚和风格转变方面前所未有的急速起落等。

1984年7/8月号第146期的《新左派评注》(New Left Review)刊载了詹明信的《后现代主义,或晚期资本主义的文化逻辑》一文。文中,詹明信以曼德尔《晚期资本主义》一书中关于资本主义发展的三个主要阶段(市场资本主义、帝国主义下的垄断式资本主义、跨国资本主义)的研究为基础,进一步描述了这种"新型社会"的特点。曼德尔对后工业社会的分析及对跨国资本主义或消费资本主义的论述,并未偏离马克思对19世纪资本主义社会的宏观分析,但曼德尔认为,今天的消费社会才算是资本主义最彻底的现实,是资本主义社会最彻底的形式。简言之,当前的这个社会才是资本主义社会最纯粹的形式。詹明信干脆将这种社会称为"资本主义的极境"。詹明信还看到,在早期的资本主义社会里,人们对机器的崇拜是疯狂的,但资本主义的极境则不同,"资本的扩充已达到惊人的地步,资本的势力在今天已延伸到许许多多此前未曾受到商品化的领域里去"[1]。这许许多多的此前未被商品化的领域,就包括不应该被商品化的教育领域。

消费主义进入疯狂消费阶段以来,全球变化异常迅速,未来学家为此宣告过"发生什么事情都不足为怪"的预测。在有关社会阶段特征的描述中,一系列新概念频频涌现,如后工业社会、后现代社会、信息时代、后信息时代、数字化生存、网络化时代、新资本主义等等,尽管众说纷纭,但人类社会正在跨入一个与传统的工业文明完全不同的后工业文明却是不容置疑的事实,伴随这个文明而来的,还有信息化、数字化和网络化生活。不可否认,这一切给大众的生活带来许多便利,但是,对于消费主义的发展来说,这些变化只意味着它在时空上的进一步延续与扩张成为可能,意味着消费主义的

---

① 詹明信.晚期资本主义的文化逻辑.北京:生活·读书·新知三联书店,1997.484

升级更有可能。

方兴未艾的"创意产业",就使新消费主义如虎添翼,获得了一项全新的升级技术。一种崇尚个人创造力、才华和强调文化艺术对经济的渗透和贡献,被称为"创意产业"(creative industry)或"创意经济"(creative economy)的理念,已在发达国家和地区的产业界、经济界蔓延开去。根据英国文化、传媒与体育部 1998 年的定义,创意产业指源于个人创造力、技能与才华的活动,而通过知识产权的生成和使用,这些活动对创造财富与就业卓有成效。创意产业主要包括 13 个产业部门:广告、建筑、艺术品与古董、手工艺、设计、时装设计、电影与录像、互动休闲软件、音乐、表演艺术、出版、软件与计算机服务、电视与广播①。所有这些产业,对消费主义而言,既是它的产物,也是它得以升级的工具。

创意产业的核心,就是通过刺激消费而促进生产的持续扩展,创意产业因此成为各国政府强力推行的战略之一。1997 年,英国政府最早系统地提出了创意产业的概念。10 年来,英国整体经济增长 70%,其中创意经济增长 93%,占 GDP 的 15%,已成为仅次于金融业的第二大经济支柱②。2007 年 6 月 14 日英国《卫报》报道,在输出新的概念和专门知识方面,英国在世界上处于绝对领先地位。2005 年,英国出售了大约 750 亿英镑的知识服务,比较 10 年前的 280 亿英镑,增长了 170%。当然,其代价也许是不小的,其中一方面就是高等教育质量或效益问题,该报道对英国高等教育投资的效果提出了警告③。

美国、韩国、澳大利亚、新西兰等国家的政府,也都对创意产业进行了研究和规划,并积极为创意产业拓展海外市场。1997 年,韩国政府将影视产业和游戏产业作为国家产业来发展,使得文化"韩流"在亚洲风靡一时。在美国,虽然联邦政府没有正式提出过"创意产业"一词,但其"版权产业"实际上是创意产业的核心产业之一,如美国的电影、媒体、出版、广告、设计等,就源源不断地输向别的国家和地区,创意经济实际上成为美国知识经济的核心

---

① 祝碧衡、杨荣斌、陈超.创意产业:为经济腾飞插上翅膀.中国文化报,2003—04—02

② 陆宝华.创意产业迎朝阳.社会科学报,2006—06—29(2)

③ 郎楷淳编译.英国声称是出口"智能"最多的国家.社会科学报,2007—06—28(7)

内容,美国这类产品在世界文化市场占有率已高达 65％①。新加坡 1998 年出台了《创意新加坡计划》,将创意产业定为 21 世纪的战略产业,并于 2002 年全面规划了创意产业的发展战略,宣称要树立"新亚洲创意中心"的声誉。

目前,创意产业已经在经济体系中占据相当重要的地位了。英国学者约翰·霍金斯在《创意经济》一书中指出,全世界创意经济每天创造 220 亿美元,并以 5％的速度递增。在一些国家,其增长速度更快,美国达 14％,英国为 12％。在英国,创意产业的增加值 2000 年就已经超过了 500 亿英镑,占国内生产总值的 7.9％,年增长率是其他产业的 3 倍,达到 9％;提供岗位 115 万个,占总就业人数的 4.1％。在澳大利亚,1999 年创意产业已占 GDP 的 3.3％,就业人数 34.5 万人,占总就业人数的 3.7％。在新西兰,创意产业占到 GDP 的 3.1％,占总就业人数的 3.6％。在新加坡,创意产业占 GDP 的比例在 2.8％～3.2％之间,提供岗位 7.2 万个②。

创意产业的发展壮大,体现出消费主义在西方社会不可动摇的主流地位。创意是思想活动的结晶,创意经济本身即是一种思想的交易,创意产业就是将人们的思想转化为产品并进行买卖的产业。这与消费主义对思想和思想者的要求不谋而合。创意产业与消费主义之间的这种共谋关系,可从知识经济的发展中得到体现。众所周知,知识经济的核心产业并不是传统产业,"创意产业是知识经济的核心产业之一"③。在知识经济中,所有产品和服务的"创意价值"将越来越重要,这使"创意阶层"(creative class)应运而生。美国经济学家弗罗里达(Richard Florida)在其《创意阶层的崛起》一书中指出,美国社会已分化成四个主要的职业群体,即农业阶层、工业阶层、服务业阶层和创意阶层。创意阶层的工作,就是创造新观念、新技术或新的创造性内容,就是创造产品的吸引力,便于消费者大胆地、顺利地、放心地消费。创意阶层的崛起,为消费主义向全球教育的渗透准备了足够多的"创意",借助创意技术,新消费主义对教育体系形成了广泛的影响。如美国的儿童故事书《哈利·波特》,在全球创下 2 亿册的销售量;英国的幼儿节目《天

---

① 陈庆德.文化视野中的消费分析.社会科学,2006(2)

② 祝碧衡、杨荣斌、陈超.创意产业:为经济腾飞插上翅膀.中国文化报,2003－04－02

③ 祝碧衡、杨荣斌、陈超.创意产业:为经济腾飞插上翅膀.中国文化报,2003－04－02

线宝宝》,漂洋过海,久播不衰。其中,决定产品和服务价值大小的关键因素,不再是理论含量、文化含量或道德含量的多少,也不再是技术含量的多少,而是能否创造出引人入胜的故事,能否给予顾客愉悦的体验。

面对消费主义带来的全球竞争的巨大压力,政府对学校教育的干预也在加强。20世纪50年代以来三轮教育改革的历程,是美国政界对学校教育的干预不断强化的历程,也是新消费主义对教育的影响不断强化的过程。在20世纪50年代的教改中,联邦政府主要以"国防教育"的名义干预教育事务。20世纪80年代教改的一个重要特点是,联邦政府开始以更多的理由过问和参与全国教育事务,但还限于协调性和形式方面。20世纪90年代末以来的这一轮教改,则强烈要求联邦政府的实质性参与,要求强制干预全国教育事务。典型的例子是2002年1月8日小布什签署的《不让一个孩子掉队》法案。这个法令号召为每一个学生提供高质量的教育资源。依据这一法令,联邦政府可要求对未能提供高质量教育的学校强行进行惩罚①。它是一份涉及全美每一所中小学教育改革的法案,反对者甚多,它能够通过并在许多地方得以实施,有各种因素的综合作用②,也包括消费主义的影响。

在消费主义全球化背景下,教育改革不断,但公众对公立教育的失望情绪却在增加,越来越多的家庭为孩子选择在家上学,把教育从全社会的事业变为单个家庭的事情。这是消费主义在西方教育的一个重要表现,但在家上学的支持者认为,它曾造就华盛顿、林肯、罗斯福这类领袖人物。让孩子在家上学,在美国50个州都是合法的。据调查,在18~24岁的美国年轻人中,在家里受中小学教育的竟有75%的人修了大学课程,比全美同龄人的平均水平46%高出29%③。1999~2003年间,美国在家上学人数增长了29%④。2005年初,笔者访问美国南伊利诺伊大学传媒与通信中心的Phil Bankester夫妇时,他们明确表示对公立教育不满意,尽管他们的姐妹在公立学校任教,但他们的四个孩子全都选择了"在家上学",以避免来自公立学校的不良影响。

欧洲最大的私营电视媒体集团RTL公布的一项调查表明,欧美在家上

① 杜菁琳.全球化中的美国教育政策战略调整.华盛顿观察,2005—10—19
② 潘艺林.感受"美国教育"的多样性.外国中小学教育,2005(12)
③ 薛涌.谁的大学.昆明:云南人民出版社,2005.180
④ 美国:在家上学蔚然成风.中国青年报,2006—03—06

学的儿童已经超过 200 万。曾在 20 世纪之前一直占儿童教育主导地位的家庭教育,在 21 世纪似有"卷土重来"之势。在德国,在家上学的孩子的数量以每年 20％的速度递增。在这些家庭中,近 80％为两个以上孩子的家庭,父母往往受过良好的高等教育。2004 年,新西兰约有 3437 个家庭的 6076 名少儿在家里接受教育,比 10 年前增长一倍,尽管新西兰教育部过去 10 年曾 24 次取消学生在家上学的许可①。

第二节　消费主义及其教育观念的含义与表现

消费主义不同于"学生(儿童)中心论"。以学生为中心,不失为教育的理想。学生中心论主张大家都围绕学生的发展开展工作,这与消费主义教育由学生说了算等宣传有质的不同。

一、关于消费主义的认识

消费主义全球化的发展势头,引起了学者们的警觉。通过一些深入的研究,学者们对它的性质有了越来越多的认识。

(一) 消费主义既指一种价值取向,又指一种行为实践

目前,消费主义已然成为分析北美和西欧现代历史的关键概念。学术界断言:置身于"消费文化"(consumer cultures)之中,人们越来越多地经历着作为"消费者"的生活模式。人们日益通过大量名牌产品的消费和围绕这类产品的言路(discourse)来打造各自的身份②。对消费主义的含义,有多角度、多层次的解释。有人从观念与行为方式相结合的角度提出,消费主义既不是一种单纯的价值观念,也不是一种单纯的行为实践,而是这两者的有机结合③。

---

① 曹玲娟. 在家上学的少年. 人民日报·华东新闻,2004－06－11(3)

② Karl Gerth. China made:Consumer Culture and the Creation of the Nation. Cambridge (Massachusetts) and London:Harvard University Press,2003. Introduction,p. 13

③ 卢嘉瑞."消费主义"浅析. 光明日报,2005－07－12

著名学者汪丁丁认为,把世间万物,包括政治人物、性别、生命、历史、信仰,统统视为消费品,并把这一倾向提升为现代生活的基本方式,把它提升为"主义",当做一种"价值"来追求,且愿意为获取这一价值而放弃其他价值,这就是消费主义①。显然,这一看法侧重于在消费主义影响下,社会个体在价值取向上的特点。

本书对消费主义的理解,包括价值取向和行为实践两方面,其外延不限于消费主义影响下的个体,也包括消费主义影响下群体的价值取向和行为实践。

(二)万物皆商品,一切可买卖

简单地说,消费主义就是"万物皆商品,一切可买卖"的价值观念与行为实践。

在价值观念上,消费主义主张万物皆商品。消费主义把宇宙万物都简化为可以交换的消费品,似乎与道德审查无关。本来,价值总是分等级的,消费主义却倾向于把一切价值,不论它们多么崇高或邪恶,都拉到同一层面上来交换。经历了消费主义对价值体系的这种同质化或一体化过程,大众的行为被纳入消费主义的逻辑体系之中。按照消费主义的逻辑,社会个体必须把自己物化,以便在市场上去交换,并获取最好的回报。这样,教育不过是众多产业中的一种,生产人力商品而已。这在大学生就业越来越困难的社会转型期,表现得特别明显。

万物皆商品,这给人性的改造和学校的道德教育设置了莫大的障碍。一些消费领域甚至公然宣称,"我们拒绝一切类型的道德审查"②。在行为实践中,消费主义强调一切可买卖(everything for sale)。消费主义把生活方式简化为以自我为核心的消费,消费就得买卖。万物皆可交换,因此一切均可买卖,而不管买卖的东西是什么,对自然界、社会及他人的影响如何。这必然使大众为消费主义付出代价,以至于"身体被出售着,美丽被出售着,色情被出售着"③都是不足为奇的。

(三)把消费当摆设

把消费当摆设,即把商品当摆设,当做具有显示身份、等级、富有、幸福、

---

① 汪丁丁.让教育安顿我们被消费主义化的心灵.中国直销研究,2004(8):25
② 波德里亚.消费社会.刘成富、全志刚译.南京:南京大学出版社,2001.160
③ 波德里亚.消费社会.刘成富、全志刚译.南京:南京大学出版社,2001.146

竞争力等象征意义的符号,而忽视商品的实际效用。如果说机器是工业社会的标志,那么摆设就是后工业社会的标志。在后工业社会,人们更看重的是消费品的符号功能,而不是它的实用功能,消费的主要是物品的象征意义,而不是其使用价值,不是其实际的"用途",这使功能上的"无用性"成为被消费物品的特点。换言之,"摆设恰恰就是物品在消费社会中的真相。在这一前提下,一切都可以变成摆设而且一切都可能是摆设"①。其实,对商品使用价值的需求是有限的、容易被满足的,而对物品作为摆设的价值的追求,某种被扭曲的心理上的欲望,才难以满足。这一点,既为消费社会的无限扩展提供了可能和必要,又使人们在心理上永远处于不知足的状态,进而滋生出消费社会存在的一系列社会问题,包括它对大学教育带来的种种颠覆性冲击。

(四)为消费牺牲一切

消费主义把身份、等级、富有、幸福、竞争力等符号置于价值体系的最高层次,为了获取这样的符号,可以放弃其他一切价值。消费主义的这种性质,看似与"万物皆商品"的性质有矛盾,其实不然,它只是"万物皆商品"的衍生物。消费主义把一切价值同质化的过程,就是将宇宙万物简化为交换符号的过程,最能作为交换符号的物品,自然就具有最高的价值;反之,不能用于交换的,哪怕道德良心、高深学问等大学教育存在的基础和依据,也都被视为价值微小或没有价值的东西,进而被置于无足轻重的地位,被置于可以牺牲的范围。等级分清楚了,就不可能不为最高价值的消费而牺牲其他的价值。

二、消费主义教育观念的基本含义

所谓消费主义教育观,实际是一种有着广泛的社会基础、影响很深的教育价值取向,是一种有教育市场化等理论支撑的教育理念,也不妨称之为一种教育哲学——"消费主义教育哲学"(educational philosophy of consumerism)。它将教育仅仅视为一种满足既定需要(pre-established needs)的机构,把家长与学校、学生与老师的基本关系定位为商品交易中买卖双方的关系,将"学生消费者至上"(student consumerism)的市场化言论,或无限抬

---

① 波德里亚.消费社会.刘成富、全志刚译.南京:南京大学出版社,2001.116

高受教育者权益等方式,作为争夺生源、招徕顾客、取悦学生消费者的工具。

　　消费主义教育观的出现可上溯到 20 世纪早期,20 世纪 60 年代更为明显,它比消费主义的出现略为晚些。20 世纪 60 年代,知识少、要求多的学生不断增加,于是,美国高校对学生的学业要求逐渐降低,可供选择的课程大量增加,人们将高等学校描绘为教育的"超市",相应地,学生即为"教育超市"的消费者。1970 年以来,各校之间、各系科之间为争夺生源而展开了空前激烈的竞争。结果,教师的影响力下降,学生的地位则恶性上扬,学校与学生之间的相互关系产生巨大变化:以买卖关系为基础,学生是买方,学校是卖方,教育价值取向的重点由学术转向所谓的消费者权益,并把"消费者至上"视为教学的准则。这就是美国学者所说的"学生消费者至上"观念。其实,这并非什么新观念,不过是学校教育面对竞争以求生存而作出的无奈选择、权宜之计,是对消费主义的机械移植,其实质就是消费主义教育观,或消费主义的"教育哲学"。

　　自然,消费主义教育观的出现,是美国教育史上的一桩大事,也是美国高等教育史上最为重大的方向性转变之一。著名教育家克尔(Clark Kerr)认为:"这种从注重学术的价值到注重学生消费者的转变是美国高等教育史上两次最重大的方向上的转变之一。另一次转变发生在一个世纪前现代大学取代古典学院。"①

　　消费主义教育观产生于美国高等教育的"危机时代",这些年"正是美国大学的消费主义倾向从开始抬头到全面发展的时期"②。但是,1980 年以来,由这种教育观主导办学理念的国家却不只是美国,还有欧洲、日本和我国台湾等地。在我国台湾地区,市场的逻辑也已渗透到学校的每一个方面,"快乐学习""亲身体验"是教育现场最响亮的口号,但实际是"快乐"有余,"体验"不足③。在欧洲,消费主义教育价值观在市场与非市场力量的共同作用下,以"准市场"的形式发生作用。但准市场的压力与真正市场的压力所产生的效果是一样的④。欧盟(EU)1999 年的《博洛尼亚宣言》(Bologna

---

① 黄福涛主编. 外国高等教育史. 上海:上海教育出版社,2003.343

② 程星. 细读美国大学. 北京:商务印书馆,2004.187

③ 欧用生. 披着羊皮的狼——校本课程改革的台湾经验. 全球教育展望,2002(7)

④ 贝尔特等. 重围之下的大学. 大学研究与评价,2007(2):74

Declaration)对高等教育市场化的理解,标志着消费主义教育价值观念在欧洲被广泛认可。该宣言认为,高等教育市场化指一种发展趋势,这种趋势表现为两方面:第一,大学更多地专注于应用性的研究和教学;第二,为了获得资助和生源,校际竞争更为激烈①。显然,博洛尼亚进程是对高等教育市场化的强化,更是消费主义教育价值观全球化在欧洲的产物。

其实,欧洲大学的消费主义倾向出现较晚。特别是英国,2003年,大学生们仍然在靠国家提供的资金享受义务教育,但这种局面却难以为继。英国的大学给学生们授课的讲课费,每生每年限制在1600美元,实际拨款仅兑现1/4,而哈佛大学每生每年约2.3万美元,相比之下,差距很大。牛津大学1998年设立了"ISIS发明创造公司",以期尽快将研究成果商业化,这是牛津迈向商业化、市场化的第一步。公司开局似乎不错,但很快,牛津大学就陷入学问与商务之间摇摆不定的两难境地,能为各界接受和认可的折中方案仍处于难产状态。英国政府一直在努力探寻一条可行的折中之路,政府对牛津大学里的教授老爷们过着"无忧无虑和饱食政府厚禄"的富足生活感到不满,并已不再拨业余授课费给那些自由教授们。社会各界对大学教授们的"优越感主义"也予以强烈的抨击和指责。在拥有800多年历史的牛津大学,"民营化"的呼声日趋高涨,牛津大学自身则深深地陷入了"大学的未来是否也必然要走资本主义道路"的思考中②。

我国学者也在思考。2006年,有学者对教育消费主义、教育消费主义倾向、教育消费与消费教育等概念做了区分,认为,所谓教育消费主义,即消费主义在教育领域的体现③。

消费主义向教育领域的渗透,形成了两个层面的消费主义教育价值取向。其表层,是教育高消费观和大众对高学历的无限渴求;其深层,则是借用顾客就是上帝等市场话语而形成的"学生消费者至上"等言语。而消费主义教育倾向的实质,就是消费主义价值取向及其行为实践在教育领域的表现,包括大学的商业化、公司化或企业化行为,异化的"学生评教"与扭曲了的师生关系,各种各样的"学生说了算"等等,可归纳为五个方面。第一,教

---

① Kasper Barkholt. The Bologna Process and Integration Theory: Convergence and Autonomy, pp. 23~29. Higher Education in Europe, Vol. 30, No. 1, April 2005.

② 特拉·巴贝. 牛津大学能走商业化之路吗. 中国教育报,2003-10-19(4)

③ 封喜桃. 我国高等教育消费主义分析. 江苏高教,2006(4):33~35

育高消费观的认可、扩散与流行,以及教育膨胀、文凭贬值等现象。第二,高等教育改革者在价值追求上的变化。"学生消费者至上""学生说了算"等言路,倾向于把家长与学校、学生与老师的基本关系定位为商品交易中买卖双方的关系。也就是说,将大学的教育过程视为商品交易过程,视师生关系为服务与被服务的关系,以效率等名义,将学术以外的东西变成衡量教育成效的主要标准。第三,受教育权中的消费主义。消费者权益是消费主义含义的一个方面,招生过程中的优待行动、生源大战等,都有消费主义倾向。第四,改革者对"服务"的误解与服务的泛化(教育是商品,拿钱可买卖),使高校更多地专注于应用性的研究和教学,专注于大学教育在经济上专门的功用。为了获得资助和生源,校际竞争格外激烈。第五,办学宗旨以自私自利为导向,由此导致大学的活动对育人、学术、良知、公平这四大宗旨的偏离(下章详解)。这些方面的认可与逐步流行,给西方大学带来了巨大的变化,这些变化可统称为"西方高等教育的消费主义倾向",也可视为消费主义教育观的外延。

三、消费主义教育倾向的集中体现:顾客定义教育质量

学生消费者至上的观念,是近 30 年来高等教育变革过程中消费主义倾向的重要标志。1980 年,斯塔特曼(V. A. Stadtman)教授指出:"当前最经常被用来描述最近引起高等教育重大变化的词语就是'学生消费主义'。"[①]经济合作与发展组织(OECD)2002 年度高等教育学术研讨会以"问责与激励"为主题,其中占上风的观点是以学生为本位。而在以学生为本位的讨论中,又较多地聚焦于学生是不是消费者身份的问题上,更多的观点是将教育作为服务,将学生作为教育服务的消费者,不少论文提到"听学生的""学生说了算"等观点[②]。尽管高等教育质量是一个多维的概念,人们的质量观是变化的,但根据教育消费者地位不断攀升的状况,有学者已经指出,如果说20 世纪的质量观还是以"合格质量"为标准的话,那么,"用户满意"将是教育质量在 21 世纪的最终标准。这就是说,学生消费者、社会消费者的需要和价

---

① Verne A. Stadtman. Academic Adaptations, Jossey—Bass Publishers,1980. p. 170

② 谢仁业、房欲飞. 激励与责任:高等教育变化中的制度结构. 复旦教育论坛,2003 (1):49

值期望将成为高等教育发展的一个重要"调节器",高等教育质量就是它满足"消费者"需要的程度①。

教育质量的定义,已经出现了一种倾向,那就是,采用企业界的质量观,将质量等同为顾客的满意度。持有这种倾向的人认为,教育服务的质量,教育服务的产出和生产力是否成功是很难测量的,唯一有意义的显示指标就是顾客满意。因此,必须坚持 IBM 等许多企业的质量观:质量即顾客满意,质量应由顾客来定义。其理由是,顾客是质量最终的仲裁者,没有顾客,机构就没有存在的必要。在企业界来说,这是天经地义的。争论的焦点在于,能否将企业的质量定义引入教育这种特殊领域。有的教育理论著作明确提出,企业界的观点,可以作为我们讨论质量的开端。尽管事情没有"听客户说,回应客户"那么简单,但一个机构除非把顾客摆在第一位,否则发展质量的先决条件将不存在。在质量标准方面,有西方学者认为,质量可以定义为最能满足及超越顾客需要与愿望的方式。这个定义重要而且有力,忽视这个定义的机构是很危险的,原因在于,顾客才是判断质量的人,他们会货比三家,决定哪家最好。因此,"任何人要讨论质量的本质,都会提到顾客的关键角色。谁应该决定学校或大学是否提供了有质量的服务呢? 这个问题的答案能够让我们更了解这个机构的价值观与渴望。我们必须清楚了解是谁在决定质量的属性,不管是生产者还是消费者"②。

早在 1982 年,彼得斯与华特曼在《追求卓越》一书中,就分析了"卓越"的基本特征,认为,卓越与一个简单但却很关键的想法连在一起,那就是,专注于质量以"接近客户"。也就是说,任何组织要在竞争中保持领先,就必须致力于找出顾客的需求,然后满足或超越顾客的需求。在英国,1988 年的教育改革法案就把家长视为教育过程的初级顾客。在理论界,有些人把"委托人"和顾客的概念分开使用,前者指教育服务主要的受益人,而后者指家长、主管机关、雇主或政府等教育费用的支付者。在美国学者撒丽斯看来,两者都是"顾客",教育服务的顾客可分为三个等级:初级顾客(直接接受服务的人)、次级顾客(家长、主管机关、进修生的赞助商等)和第三级顾客(未来的雇主、政府和整个社会)。全面质量管理最主要的任务,就是达成顾客的需

---

① 房剑森.高等教育质量观的发展与中国的选择.现代大学教育,2002(2):16
② 撒丽斯.全面质量教育.何瑞薇译.上海:华东师范大学出版社,2005.21

要与希望。在这里,质量是顾客所要的,而不是机构认为对顾客最好的。没有顾客就没有机构①。

高等教育质量运动产生、发展与变化的过程围绕着一个中心在展开,那就是质量由"客户说了算"。2002年,英国已有26所大学按照"ISO9000"系列质量标准构建自己的质量体系②。而在这些体系中,出现频率极高的一个词,就是"顾客",这使高等教育全面质量管理的整个话语系统充满了消费者控制高等教育的气息。特别是"ISO9000"等质量标准所体现的哲学,它们本身是在商业环境中发展出来的,在那种环境中,"标准由市场决定,而金钱是价值所在"③。按这样的市场模式,教师和学生的关系其实就是买卖关系。教师清楚地知道用于学生身上的时间的金钱价值,学生也知道他们拥有占用教师一定时间和精力的权力,这些学生总是对课程和学术工作采取消费主义态度并作出自己的评价④。

全面质量管理方法以顾客为中心,其教育质量架构的第一项是发展领导才能与策略,第二项就是取悦顾客。在有关学者看来,取悦顾客是全面质量管理的目的,而只有不断地努力来满足内部顾客与外界顾客的需要与期望,才能取悦顾客。因此,"不管组织有没有采用全面质量管理,全面质量方法是组织未来是否健全、机构是否能够继续存在的必要方法。有自信的机构一定会有下列特点:清楚的身份、定义明确的标准和顾客权力。机构必须找时间规划自己的未来、顾客的未来"⑤。

第三节　消费主义对高等教育的深刻影响

西方高等教育在转型期发生的变化,直观地看,似乎是以外部利益相关

---

① 撒丽斯. 全面质量教育. 何瑞薇译. 上海:华东师范大学出版社,2005.11、29、38
② 施晓光. 西方高等教育全面质量管理体系及对我国的启示. 比较教育研究,2002(2)
③ 撒丽斯. 全面质量教育. 何瑞薇译. 上海:华东师范大学出版社,2005.63
④ 王承绪等编译. 高等教育新论. 杭州:浙江教育出版社,1988.110
⑤ 撒丽斯. 全面质量教育. 何瑞薇译. 上海:华东师范大学出版社,2005.124、146、164

者为主推动的结果。其实,这不只是利益冲突的产物。问题的复杂性就在于,除了利益冲突,还有教育哲学甚至还有意识形态的作用。高等教育转型更为深刻的原因还在于观念,在于西方教育哲学发生的巨大变化。这正如经济学家凯恩斯在他的传世名著《就业利息和货币通论》最后一章所说,经济学家以及政治哲学家之思想,其力量之大,往往出乎常人意料。事实上,统治世界者,就只是这些思想而已。许多实行家自以为不受任何学理之影响,却往往当了某个已故经济学家之奴隶。既得利益之势力,未免被人过分夸大,实在远不如思想之逐渐侵蚀力量大。

转型期西方高等教育发生巨大变化所依赖的基本哲学,正是消费主义。高等教育大发展带来了高校地位的变化。在观念上,符合消费者的愿望(meeting customer expectation)是商品生产与推销领域的宗旨,这种宗旨也随着高校地位的变化而被描述为办学的宗旨。越来越多的人都以教育消费者为说辞,学校管理、质量的定义、日常运作乃至课程设置的宗旨,都贴上了消费者意愿的标签,这从根本上改变着学校教育的性质①,也培植着学生、家长、社会各界、高等学校及其教育者对待高等教育的心态。

一、消费主义心态的不断滋长

高等教育消费主义化的后果,是任何个人都无法抗拒的。公共官员们醉心于经济的增长,高兴看到大学将其研究成果和专门技术用于服务私营产业。公司是赢家,公司对学术研究的投资,在新产品开发和技术更新方面的回报相当可观。政府很欢迎,公司增加了对大学的资助,将政府从大学科研投资的负担中解脱出来。学员很乐意,继续教育项目在校园里蓬勃兴起,满足了专业人员进修提高的需要。大学也愿意,捞钱的新机遇,使大学对公众的需求更为关注,时常自愿选择了消费主义。

在所有变化着的心态中,学生及其家长们消费主义心态的增长,是西方大学极为核心的变化之一。2003 年 1 月 28 日,杜克大学教授罗思达泽(Stuart Rojstaczer)在《华盛顿邮报》发表的一篇文章②,清楚地描述了学生及其家长的消费主义心态:家长们觉得,送孩子上大学就像付钱买东西,付

---

① 潘艺林.牺牲质量,谈何权益——消费主义教育价值观评析.学术界,2006(2):99
② Stuart Rojstaczer. Where all grades are above average. Washington Post,2003-01-28(A21)

出了高昂的价钱,就要有所收获。学生不仅希望学到本领,而且还理所当然地指望得到优秀的成绩,并以此获得就业或升学等其他方面的实际回报。

消费主义将大学变成喧嚣嘈杂的商场,教授变成点头哈腰的售货员,学生则变成永远正确的上帝——顾客。在一些学生的心里,教授兜售的只是某种特殊的商品。在学生和教授为分数斤斤计较的时候,学生会理直气壮地说:"别忘了我是付了学费来上你这门课的!"言外之意是,教授怎么连一手交钱一手交货这么简单的道理都不懂。斯坦福大学商学院一名学生对他年轻的社会学副教授叫喊道:"我付了每年4万美元的学费,不是来这里听你胡说八道的!"说完扬长而去①。这类学生所信奉的正是消费主义的逻辑,即付了高昂的学费,就应得到在他们看来相当于这个价钱的商品。

在课程选择上,学生及其家长的消费主义心态有相当突出的表现。消费主义的教育观念强调通过学校间的竞争增加学生的选择,包括择校与课程选择的机会。直观地看,这对因材施教、培养学生个性等教育理念的实现是有积极作用的。从课程结构的复杂性看,增加选择无疑是必要的。但随着课程门类的不断增加,"学生选课的自由变成了教授发明创造的自由;教授对专门化的偏爱变成了学生对课程支离破碎的怨恨"②。显然,消费主义给学生带来的变化不是选择机会的增加,而是偷懒机会的增加。为了保持高的GPA(总评成绩),学生们对容易的课程感兴趣,缩短攻读学位的时间也不是什么新鲜事;他们总会去读一些笔记,而不是读原著(原因仅仅是,笔记比原著更便宜,更易于理解),也总是要选修几门所谓没有价值的课程③。

持有消费主义心态的学生,绝非个别,美国社会学教授德鲁奇(Michael Delucchi)在美国东部一所公立大学作过的问卷调查就能说明这一点。问卷上有一个问题是,你是否同意"如果我自己付钱上大学,我就有权从这个大学得到学位"的说法,回卷中有43%的学生同意,23%的学生不很肯定,只有1/3的学生认为这样的想法不对。还有一个问题是:"假如有一门课你明知不能学到什么东西但肯定能得到A,你会不会选这门课?"45%的学生回答肯定会选,28%的学生回答也许会选。在德鲁奇的调查中,高达53%的学生

---

① 程星.细读美国大学.北京:商务印书馆,2004.199
② 克尔.大学的功用.陈学飞等译.南昌:江西教育出版社,1993.9、10
③ 埃里克·古尔德.公司文化中的大学.吕博等译.北京:北京大学出版社,2005.26

认为,他们能否在课堂上专心听讲,完全取决于教授的讲课内容是否生动有趣①。有研究看到,在欧洲,同在美国一样,大学生们更为相信市场的力量。他们认为,市场力量可以减少大学的平庸和精英主义情结,也更能激发大学为经济发展服务的动力②。

西方的大学素有教授至上的传统,但随着学生及其家长消费主义心态的不断滋长,教授的主导地位与人格尊严也逐渐被消费着。有学者看到:"假如20多年前学生对教授还多少有点敬畏的话,那么消费主义思潮的发展将蒙在教授脸上最后的那点神秘面纱完全撕掉。学生在交完学费后,俨然以顾客的身分要求学校为其提供各种'服务',而大学亦以学生及其家长为其衣食父母。"③师生双方地位的此消彼涨,逐步引起大学在价值取向、办学宗旨、培养目标、功能定位、课程结构、管理方略、教学方式等方面全方位的变化,为消费主义心态的培植提供了便利。

总的来看,在所有的变化中,教育资源分配结构的变化,也许最能体现消费主义心态的基本状况。第一,生均公共资金有所下降。每个学生所获得的公共财政支持大大下降,其原因,不只是因为国家越来越节约,而且因为有条件提供资金的教育与研究组织越来越多了。第二,研究工作偏于完成既定目标,对"价值不太大的研究"资助不足,"无价值的研究"则被排除。第三,研究报告局限于资助者及其相关利益群体所理解的主题,研究结果是资助者所喜欢的主题和结论。第四,学生学习的目的是为了通过检测,考试之外的知识被视为多余。第五,课程的设置,旨在尽可能多地招徕学生。第六,课程内容与学生就业直接挂钩。第七,学生最关心的不是课程本身,而是考虑他们获得的资格所具备的市场竞争能力,以及找到工作以后,凭这种资格证书偿还教育成本的能力。④

二、办学活动培植着消费主义心态

在很大程度上,学生的消费主义心态是高等学校自己的行动培植起来的。正如哥伦比亚大学的一位副校长所说:这些年我们老是在说要把学生

---

① 程星. 细读美国大学. 北京:商务印书馆,2004. 198
② Derek Curtis Bok. Universities in the Marketplace: The Commercialization of Higher Education. Princeton: Princeton University Press, 2003. pp. 15、16
③ 程星. 细读美国大学. 北京:商务印书馆,2004. 187、188
④ 贝尔特等. 重围之下的大学. 大学研究与评价,2007(2):74

当成顾客,看来顾客被我们惯坏了！这位副校长认为,教育商业化的直接后果将是教育上的消费主义,而师生关系的本末倒置,最终受害的还是学生。高校应当对学生、社会、纳税人负责,但后者不应当以顾客的身份对高校的教学计划指手画脚。毕竟,只有教授才是大学教育的权威和专家。但随着学生地位的过度提升,最方便不过的是拿学生的需要来说话,拿家长的要求来论事。这有点像西方社会有的地方流行的"政治正确性"(political correctness)①,不知不觉地,学生消费者至上,几乎就成为了西方大学里永远正确的一种"政治"。

(一) 学校层面对消费主义心态的培植

在学校层面,消费主义心态在西方主要国家的大学中都有不同程度的表现,包括那些以政府投入为主的大学。2006 年 7 月 13 日,瑞典皇家工学院院长安德斯·弗洛德施特洛姆教授在第三届中外大学校长论坛上介绍了瑞典经济发展和瑞典大学的情况。瑞典经济依赖于大的跨国公司的发展,GDP 的 80% 来自大的跨国公司。瑞典所有的大学都是国有的,各大学的投资几乎都来自政府,投资额占 GDP 的 2%。瑞典政府在研发方面的投资占GDP 的 4%,其中 3% 由跨国公司做,1% 由大学做。在接受华东理工大学方面的提问时,他谈到,在瑞典,许多国家公司都是大学的领导者,公司一直是领袖。在工程方面每个学生每年有 1 万美元的研究经费,这只是美国高校学生经费的 1/4。不过,他说:"学生是我们的客户,有权获得最好的教育。"这说明,消费主义心态在瑞典也是很明显、很自然的。

在这届论坛上,法国国立高等先进技术学校的校长介绍,法国在理工科教育领域有两大平行的教育体系,一是综合性大学,一是工程师学校,后者通常是由有工程师身份的人来领导,不仅隶属于国家,而且隶属于技术性部门,这些部门决定着学校的发展方向。也就是说,法国的工程师学校受政府和企业(技术部门)双重领导,这里有明显的官僚控制的痕迹,也有消费主义的主导。在法国,高等教育的预算取决于国家的拨款,法国的高等学校都是国家资助,只有一部分资助来自私营企业,大学以及工程师学校与市场没有

---

① "政治正确性"原指多元文化的基本原则,旨在维护不同性别、种族、阶层之间的平等。但是,许多主张多元文化的激进人士把"政治正确性"的原则扩大化,造成了社会上许多人的反感,以致"政治上的正确性"不仅成了右翼政治家们攻击的目标,而且变成人们茶余饭后冷嘲热讽的对象。参见:程星.细读美国大学.北京:商务印书馆,2004.123

多大的关系,其目标是怎样从国家方面争取到拨款,同时从所隶属的部委取得部分资助。这位校长谈到,"学生也有选择教师的权力,低水平的教师会被学生淘汰"。淘汰老师的权力交给学生,这本身就是一种市场行为。这足以说明,他们不相信老师的道德良心,或者老师的道德良心不可靠了,二者都是消费主义心态的表现。

2005 年 1 月,笔者在斯坦福大学访问教育哲学教授 Labaree 先生时,他谈到,在美国五个层次的大学(ladders)之中,消费主义的竞争、攀比心态都不同程度地存在着。这五个层次的大学分别是:

第一级,创办最早、最有名的私立大学。

第二级,主要的州立大学,如加州大学,它们快速赶上甚至有超过老牌私立名校的。

第三级,赠地学院。它们更实际些,旨在促进工农业生产(威斯康星就是赠地学院,但也有州政府资助)。

第四级,由师范大学变成的综合性大学。其任务仅是培养教师,如由加州第一所师范学校变来的 San Jose State University。

第五级,社区学院。政府不再让其变成大学,也有办得好的和自己想办成大学的。

211

美国高校种类繁多,分类方式也多,Labaree 教授的划分未必权威。卡内基基金会 2000 年(以 1973 年、1976 年、1987 年、1994 年先后 4 次为基础)的分类,将 3941 所高校分成 7 个基本类型:两类博士类/研究型大学,两类硕士类学院和大学,还有三类学士类学院(文理学院、综合学院、本科加专科学院)。在阿特巴赫的研究中,采用的是三分法,将美国高校分为三类①:研究型大学(约 100 所顶尖的,加上约 200 所研究导向的)、四年制学院(人文传统的继承者)、社区学院(美国特有,目前大学体系中最大的部分)。

不管对高等院校如何分类,一个不争的事实是,在近 4000 所美国高校中,如今层级明显,下级总想超越上级。大学之间的攀比、模仿成了风气,如都想模仿哈佛等校,当然又无法跟上。

对待大学排行的态度,也能反映出一些高校的行为对消费主义心态的

① 阿特巴赫.比较高等教育.人民教育出版社教育室译.北京:人民教育出版社,2001.84~85

培植。美新杂志排名有一项重要指标，是校友回馈母校的比例，用以衡量毕业生对母校教育的满意程度。为了提高这个比例，有的学校找理由把毕业生中不太可能捐赠的人从校友名册中清除出去。据说，美国西部有一所大学将5年内未给学校捐款的校友列为"已故"。以往，只有私立大学重视这个问题，但近年来，许多公立大学纷纷仿效私立大学建立校务基金，积极地向校友募捐。到2007年，获捐金额超过10亿美元的公立大学已为数不少了。为了获得多多益善的捐款，公立高校也用商业上惯有的宣传手段，向校友们展开全面攻势。这种宣传的内容，大致为："亲爱的校友们：自从你们离校后，母校还时刻在惦念着你们！我们希望你们事业有成，也希望你们从母校得到的学位能对你们的事业蓬勃有所帮助。但是，你们的学位今后还是不是值钱，现在已经不是我们说了算了，美新杂志每年的大学排榜直接决定你们母校在社会上的声誉。只有你们能够帮助自己提高从母校得到的学位的含金量，那就是，快快打开钱包，给母校捐款吧！"①

（二）管理领域透露的消费主义心态

如前所述，持有全面质量管理观的学者反复强调，质量不会自然出现，质量需要规划。而所谓的规划，其全部目的就是取悦于顾客。虽然教育界较少施行真正意义上的全面质量管理，但有学者指出："全面质量管理很能和教育的一般理念配合。全面质量管理方法是以顾客为中心，这种顾客导向的概念和教育理念一致。"②正因为如此，全面质量管理在高等教育管理领域产生着非同小可的作用，不少高校甚至早已加入基于全面质量管理理论的"ISO"认证系列，这使全面质量管理事实上成为在高校内部培植消费主义心态的直接的理论来源。

在这样的理论指引下，学校管理者悄然地培植了学生及其家长的消费主义心态。学生评教的过程，可以清楚地说明这一点。在消费主义化的美国大学中，教授在每一门课结束前必须把教学评定表发给学生，由学生对教授从教学内容、方法到态度各方面打分，并作出评语。各校对这些学生评定的处理略有不同，通常的做法是，在教授把学生成绩上交以后，系里才把学生的评定发给教授看。除了教授本人外，一般还给系主任看。学生评教的

① 程星.细读美国大学.北京:商务印书馆,2004.108～109

② 撒丽斯.全面质量教育.何瑞薇译.上海:华东师范大学出版社,2005.164

初衷,是帮助教授改进教学。评定表上列有各项问题,如是否"激起你对这门功课的兴趣",是否"关心学生",打分是否公正等等,学生在进行评价时一定觉得自己像是花钱住豪华饭店的旅客,有权对饭店的服务质量进行随意评估。这就在无意识中培植着学生的消费主义心态。毕竟学校和饭店之间存在一些本质上的区别,有学者感叹,旅客进驻饭店可以期待某些应得的权利和服务,但学生进入学校时,他们仅仅是站在一个未知世界的门口,需要在教授的带领下去领略一个全新的境界,教授的职责是为学生指点迷津,假如他们在学生眼中失去最起码的权威,那么师生之间的关系当会如何呢?教授还能履行其职责吗?[1]

管理领域的消费主义心态带给学生及其家长的,其实不是学生消费者至上,而是教育上的通货膨胀与文凭的贬值。大学毕业生充斥劳工市场,导致薪酬迭落,这就是所谓的"教育通货膨胀"(educational inflation)。20世纪90年代,教育通货膨胀就引起了特别的关注。当劳工的受教育程度超过企业所需水平时,教育通货膨胀就出现了。从大学文凭的含金量来看,当劳工的受教育程度高过商界所需时,教育的经济价值下降,文凭就贬值了。

在美国,尽管劳动力市场得以扩展,20世纪90年代教育通货膨胀还是出现了。19世纪,美国年轻人被告知"去西部"寻找土地和财富,20世纪则被告知去上学。高等教育更是有意无意地透露着种种承诺。20世纪50年代,报刊与海报上醒目的标题是"上学去,给你带来高收入的工作""高等教育让你步入工薪族"之类。到1994年,《纽约时报》的文章说,"大学文凭的经济价值在下降"[2],美国经济政策研究所(the Economic Policy Institute)在其报告《美国劳工状况》(The State of Working America)中指出,通货膨胀之后,有史以来,大学文凭持有者的时薪降低了3%。这一年,高中毕业证的经济价值大约下降了相同比例。美国劳务统计局(the U. S. Bureau of Labor Statistics)在该年的报告中指出,没有升学的高中毕业生找不到工作的几乎占了1/4[3]。稍微早一些的说法与此相似——"高中文凭,职场无门"(a job

---

① 程星.细读美国大学.北京:商务印书馆,2004.200

② Joel Spring. American Education. 7th ed. New York:McGraw-Hill Inc, 1996. p. 3

③ Joel Spring. American Education. 7th ed. New York:McGraw-Hill Inc, 1996. p. 25

market of dead ends)。高中毕业的只能做薪水低、于健康无益的临时工。人们不禁纳闷,当代美国人从教育中获得的回报怎么反而低于他们那些受教育程度更低的父辈? 一位家长在谈到1994年3月31日克林顿总统签署的美国2000年教育目标法案时,愤愤不平地说:"他们有什么权力告诉我我的孩子应该学到什么? 而且,我爷爷奶奶上学的年代,高中文凭足以找到很好的工作,如今大学毕业却难以就业。"①这位家长的头脑很清晰,真切地体会到了老百姓为教育通货膨胀所付出的代价。

为了让学生消费者满意,分数膨胀已经成为西方大学的一大景观。1966年,哈佛大学只有22%的学生拿到了A或A⁻,而1996年,这一数字达到了46%,2001年则有超过半数的学生达到了A或A⁻。1946年,哈佛毕业生中优秀毕业生的比例才32%,1996年这一比例为82%。2001年,这一比例竟达到91%②,同年耶鲁毕业生中优秀生的比率也有51%,普林斯顿有44%②。有人看到,几十年前,美国总统小布什在耶鲁时,平均成绩就是C,C被称做绅士的成绩,而美国的副总统切尼则没完成在耶鲁的学业。所以,传说小布什在耶鲁的一次毕业致词中说过大意如下的玩笑话:"如果你是耶鲁的C等学生,不要担心,这意味着你将来可能当美国总统。即使你没能完成学业,你还可能成为美国的副总统。"③今天的情况已大不相同了,不同在于小布什之类的学生很可能以全优的成绩毕业。今天在耶鲁或哈佛,不得全优已是不容易的事情了。据报道,2005年,哈佛有近90%的毕业生都以某种荣誉(比如中国的三好学生之类)毕业。30年前的C,今天膨胀成了B或是A,以前的全C生,今天可能很容易以同样的表现而得到全优。

对于分数膨胀的原因,美国的一些保守思想家将其归因为美国意义上的自由主义意识形态的横行。也就是说,在这种意识形态的影响下,任何暗示人与人之间有差等的观念都是"政治不正确"的。常有报道说,美国一些中小学在竞争性的运动中不讲胜负,而强调每一个人都是赢家。其理由是,告诉一个学生他在某一方面很失败会让他感到羞耻,伤害他幼小的心灵。这是"政治正确"这种意识形态在教育上的典型表现。

① Joel Spring. American Education. 7th ed. New York:McGraw-Hill Inc, 1996. preface

② Ivy League grade inflation. USAtoday, 2002-02-07

③ 白彤东. 人人都很棒的哈佛耶鲁. 读书, 2005(9)

哈佛大学的政治学家哈维·曼斯菲尔德指出了分数膨胀的两个特殊原因，它们分别与教育政策和学校管理相关①。第一，平权法案推进的优待行动。有的大学在决定给新生奖学金时，白人学生要达到所在中学的前5%才会被考虑，而黑人与西班牙裔学生只需达到前25%即可。曼斯菲尔德认为，20世纪70年代以来，据此政策而上大学的学生比其他学生差，但教授或出于怜悯，或出于各种政治压力，而"膨胀"了他们的分数，为保持相对公正，教授又去相应地膨胀其他学生的分数，结果就是人人都得A。第二，美国大学通常在期末让学生给教授打分或写评语，一些教课水平较差的教授，便通过在分数上"放水"以换取学生的好评。于是，别的教授只好也跟着放水，这样就生产出了大量的"水货"。

可见，分数膨胀不是学生受益了，也不是学生的素质提高了，而是教育普及化及相应的市场化的结果，也是文凭贬值的一种表现。早先，大学主要是有钱人去的地方。可如今，大批中产阶级的子女上了大学，甚至上了贵族气十足的常春藤大学，以便在上层社会谋得一席之地。为此，孩子们从幼儿园开始所做的一切（分数、特长、课外活动等等）都是为把自己包装成哈佛、耶鲁想要的人。但美国大学的学费对中产阶级家庭而言，也是高昂的投资，因此，许多学生不得不打几份工来支付各种开支。而按照消费主义的逻辑，学生交了钱，成了顾客，学校就自然地应该努力地让顾客满意，尤其是在顾客花了很大的价钱的时候。学生当然希望取得满意的分数，学校和教授自然应该让顾客满意，如此一来，分数就不能不膨胀了。

对此，大学教授既痛心疾首又无可奈何。有的教师觉得，放羊式地让学生来主导课堂，良心上过不去，但经历过几次学生评教后，也就学"乖"了，轻易不敢给学生消费者评低分。哈维·曼斯菲尔德在教授政治哲学课时发明了以双轨政策计分的办法，即给每一个学生打两个分数（即official grades，private grades），一个分数对外，一个分数对内，前者记载入册，后者则用来告诉学生他们的真实水平与成绩。曼斯菲尔德感慨万分，在2001年4月6日给《高等教育记事报》写的一篇文章中，他指出，很多教授毫无原则地称赞学生，但是，学生不是傻瓜，他们能够分辨严格和敷衍，他们在给这些教授好评的同时也不乏轻蔑，毕业后让他们终身铭记的，将是那些对他们具有挑战

215

---

① 白彤东.人人都很棒的哈佛耶鲁.读书,2005(9)

性的教授①。

　　教育上的通货膨胀,也使一种线性的教育管理理论框架破裂了。这种理论认为,缺少足够的教育,是强化贫困状态的社会因素之一。因为,受教育程度不够,限制了学业机会,由此导致生活水平低下,医疗保险、日常衣食、住房供给,以及下一代的教育条件,都变得很差;相反,让穷人受教育,他们就能找到工作,并提高其收入水平。这种观点确信,存在着某种贫困文化,据此,与贫困作战(the War on Poverty)计划应运而生。可是,十多年过去了,贫穷没有在美国结束。

　　显然,就业培训并不必然带来薪水的增长,由于社会总是需要一些人做底层事务,增加的学校教育程度也许仅仅意味着"教育通货膨胀"。职业的性质并没有变化,只是对求职者的受教育程度提出了更高的要求,在这种情况下,就业压力与就业风险成为教育消费者不可回避的大问题。对此,教育管理者的反应是改革,要求增加职业训练的分量,而限制教育理想。但把教育与职业的关系弄得如此的紧密,这本身就是有待进一步研究的理论问题。

　　在很大程度上,教育具有的经济价值的变化,是经济领域本身状况的反映,而不一定是教育管理和改革能够改变的。商界普遍认为,美国劳工的主要问题是其学业成就太低,但文凭贬值和教育上的通货膨胀,从事实上对商界的说法提出了质疑。许多新创工种都只提供临时性、低技能和低薪水的职位,容纳不了为数众多的"高级人才"。曾有告示宣称,教育可以带来包含着财富和悠闲的美国梦,但 20 世纪 90 年代中期,随着经济的扩张,报刊文章频频传出的却是坏消息,诸如,"人口普查发现,收入越来越少,穷人越来越多""三份工作的家庭在增长"之类②,高文凭持有者的美国梦不断遭遇幻灭。

　　(三) 课程领域消费主义心态的培植

　　市场化行为的增多,培植了大学办学过程中的消费主义心态,这种心态在教学活动中的培植手段,就是课程体系愈来愈商业化、实用化。在消费主

---

　　① Harvey C. Mansfield. Grade Inflation: It's Time to Face the Facts. The Chronicle of Higher Education, 2001-04-06

　　② 20 世纪七八十年代的家庭革命,使夫妇双方都做全日制工作,那是"一家两个挣钱人的年代"(the era of two-earner family)。而 20 世纪 90 年代以来,许多家庭的状况都变了,由两人挣钱变为干三份工作。见:Joel Spring. American Education. 7th ed. New York: McGraw-Hill Inc, 1996. p. 3

义发源地美国,在 20 世纪 60 年代,各大学都在忙于破除各种规范秩序,大学课程设置对自然科学、经济学科的重视远远超过人文学科,许多大学取消了哲学和思想史课程。到 20 世纪 80 年代,在大学课程的三个部分即自然科学、社会科学和人文学科中,没有一个部分对经典名著的教育感兴趣。教授们忽然发现:"自己正面对着一群知识贫乏、没有教养的学生,他们没有丝毫知识分子的味道。"①当时,各大学试图通过流行的"核心课程"计划,恢复 20 世纪 60 年代以来被大众消费所破除的那些规范。但是,学生根本没有觉察到情况的严重,大学根本拿不出任何与之抗衡的解决办法。布鲁姆认为,这种情况直接源于消费主义对大学课程的影响,"除了专门的职业和技术训练外,发展综合知识能力与教养似乎已经成为学习的一种额外的负担"②。

在消费主义心态的主导下,时常听到以人为本的口号,然而,从课程哲学到课程设计,各种迹象表明,人文主义的教育理想在不少情况下,都只是技术至上主义的一种点缀而已。在美国,20 世纪 80 年代中期的调查就显示,75%的大学不要求被授予学士学位的毕业生掌握欧洲史,77%的大学不开设美国文学课或美国历史课,82%的大学不开设古希腊和古罗马文明史课程。从 1970 年以来,把哲学列为主修科目的大学比以前减少了 41%,把历史列为主修科目的大学减少了 62%,把现代语言列为主修科目的大学减少了 50%③。与此同时,自然科学与技术课程在高等学校占有绝对多数的份额,大有一统天下的气势,而文科教育基础却在不断地遭遇削弱。一直都很重视通识教育的美国,文科课程的比重已从 1914 年的 55%降至 1939 年的 46%,再降至 1993 年的 33%④。人文社科课程的削弱,传统上教养因素多于训练因素的课程和专业没有人选择,不能赚钱的课程和专业没有人选择,学生的人文修养完全没有了保障。

法国的高等教育由大学校(grande école)和一般意义上的大学两部分构成。大学校接受的资金比大学多出 1/4,而学生却只有大学的 1/5。高中毕

217

---

① 布鲁姆.走向封闭的美国精神.缪青、宋丽娜等译.北京:中国社会科学出版社 1994.364
② 布鲁姆.走向封闭的美国精神.缪青、宋丽娜等译.北京:中国社会科学出版社 1994.360
③ 陈列.市场经济与高等教育.北京:人民教育出版社,1996.83
④ 金耀基.世纪之交谈大学的理念.世界教育信息,2000(3):15

业生只要通过了高中毕业会考,就可以直接进入大学学习(虽然在大学就读期间淘汰率可能是全球最高的),成绩最为优秀的则进入大学预备班学习1~2年,然后经过严酷的考试竞争进入大学校学习,毕业后基本上就是法国社会的精英。大学的学生数量众多,却很难走上精英之路。这样,进入大学的许多学生,从一开始就着手准备面向就业的一些会考,以取得就业所必须持有的"合格证";而大学里所教的课程,则有 30% 与那些会考直接相关,有60% 与之间接相关。这样,学生在大学的大部分时间,都用于就业准备了。①

传统观念认为,高等教育应当为少数精英提供自由教育性质的非职业化学习,但在过去 20 年中,为找到报酬优厚的工作而忧心忡忡的学生们,要求学校的课程更加具有针对性,雇主们也要求课程更直接地与他们的需求相关。大学教育越来越成为各种职业教育的拼盘,大学沦为职业技术的养成所②。学校根据学生的设计开设主修课程,设计了如"记录影片和土著美国人研究""原始表演:现代爵士与戏剧结合"等主修课程③。为了迎合各种学生的不同口味,许多院校开设应用性强、"麦当劳"式的课程,推出了"短、平、快"的课程计划,课程内容破碎、不连贯、不成体系,一些院校被讥讽为贩卖文凭和学位的"学店"。美国大学协会(AAC)1985 年在《大学课程的完整性》报告中指出:目前课程几乎倾向市场哲学——流行和时尚充斥,新潮和新奇最受欢迎,吆喝叫卖的市井之声不绝于耳,竞相招徕客人的奇招怪术纷纷使出,似乎没有人去关心和管理,任店门打开,顾客来去自如④。

(四) 专业变化体现的消费主义心态

据报道,20 世纪 80 年代初,美国各地一些院校屈服于市场压力,大量删去文科学科和课程,哥伦比亚大学关闭了语言学系和地理学系,以及美国最古老的图书馆学院,芝加哥大学和埃默利大学也关闭了图书馆学学院⑤。

1970~2000 年的 30 年间,美国学士学位授予学科比例的变化,折射出

---

① 帕斯卡·恩格尔.分析哲学在法国的尴尬处境.邓刚编译.社会科学报,2007-08-09(7)

② 陆有铨.躁动的百年——20 世纪的教育历程.济南:山东教育出版社,1997.481

③ 陈列.市场经济与高等教育.北京:人民教育出版社,1996.168

④ Integrity in the College Curriculum. Washington D. C: Association of American College. 1985:2~3

⑤ 陈列.市场经济与高等教育.北京:人民教育出版社,1996.83

人们对待课程、学科和专业的消费主义心态。这期间,大量的学生从基础的文理科专业转入职业性、专业预科性和专业性的专业;许多文理学院增设了一个或更多的职业、专业系科。专门化的职业技术学院与"学术性"院校中带有职业倾向性的教育计划之间的界限已经变得更为模糊。据研究,法律/法学、交通学、公共行政、通信学、计算机/信息系统、护理学、娱乐/休闲/健身、经济学、卫生专业、心理学、生物/生命科学等学科,是这30年间学位授予数量处于增长状态的学科。建筑学、地区/人种学、通信技术、神学、农业科学、家政学、工程学,是这30年来学位授予数量处于稳定状态的学科。而在这30年里,图书馆学、哲学、宗教学、英国文学、物理科学、数学、外国语言/文学、教育学、社会科学、历史等传统学科,则属于学位授予比例下降的学科①。

三、观念冲突强化着消费主义心态

从宏观的层面看,政府、市场和学校三者之间的冲突及其带给转型期西方大学的困境,是大学领域消费主义心态的根源,而这种困境,也源于人们对教育、政治、经济等因素间的相互关系的不同信念。不同信念的持有者都习惯于用民众的利益来发言,这对高等教育领域消费主义心态的滋长带来客观的促进。

(一) 政治信念的冲突助长消费主义心态

围绕着政府、市场、学校三者的关系,在美国分别形成了自由主义(liberal)、保守主义(conservative)和批判理论(critical theory)等基本的政治信念,但总的来讲,美国人乃至西方社会的很多人在生活方式上是自由主义(古典自由主义)的。这种方式时常影响到西方社会有关政府、市场和大学相互关系的理论与实践,其基本特征表现如下。第一,维护公民自由,认为自由就是公民谋求私利的主动精神。第二,国家保护私有制,强调市场经济。第三,小政府,大社会,政府不干预社会②。

1996年,威斯康星大学教育政策学博士、纽约州立大学教育学教授Joel Spring出版了《美国教育》(American Education)一书。书中表明,自由主

---

① Steven Brint, etc. From the Liberal to the Practical Arts in American College and Universities: Organizational Analysis and Curricular Change. The Journal of Higher Education, 2005(2):158

② 这部分内容的撰写,多受益于陆有铨先生的教育哲学讲座。

义、保守主义、批判理论涉及的教育问题，还是政府、市场和学校三者之间的关系问题及其具体化。如经济发展要不要政府干预，自由主义与批判理论一致地肯定要政府干预，但两者的目的不同，前者为了维持现有秩序，后者为了改造历史；保守主义则强调自由市场的竞争与公正。对于教育问题是否设置核心课程或传递一般价值观，自由主义强调个人差异的满足，而保守主义与批判理论都强调核心课程或一般价值观的传授，但两者目的各异，保守主义的目的是稳定社会，批判理论的目的是改造社会。

通常，对教育问题的看法与政治信念直接相关。关于学生成绩通知书（report cards）填写方式的不同意见，就能在一定程度上反映出保守主义和自由主义的不同主张。据 Donald McCarty 和 Charles Ramsey《学校管理者：美国公立学校的权力与冲突》一书报告，自由派喜欢以学生进步为基础的，简单地标明满意、不满意和优秀之类的成绩通知书；保守派则希望以学生考试成绩的百分数为基础，成绩通知书上标明从字母 A 至 F 的相应等级。成绩通知书不同填写方式折射出，自由主义的教育理念是学校应该照顾每一个学生的学习潜力，并让每一个学生获得同等的发展机会；保守主义的教育理念则是强调提升竞争力，奖励优异者。

以成绩通知书为例对两者所作的区分，能反映出左右美国教育政策的主要政治力量。自由主义的理念对民主党影响大，而保守主义的理念在共和党那里能找到更多的影子。自由主义强调竞争中的合作等一套经济主张，主张政府采取积极步骤，确保机会均等，在维护社会公正和治理经济秩序方面扮演积极角色。自由主义者认为，面对经济低迷状态，政府应该治理经济秩序，以确保企业为公共福利而努力。自由主义者还特别主张，政府应该积极保护少数民族的权利，确保他们在经济体系中拥有同等的机会。自由主义的教育理念正是这种政治信念的直接反映。他们倾向于政府干预教育，以确保少数民族和穷人获得均等的教育机会，支持用联邦财政制订帮助不利社群的教育计划。自由主义者倾向于课程侧重个人需要，这也意味着学校提供多样化的专业或教育项目，以便供学生根据个人兴趣与需要做出选择。

保守主义主张"小政府"（negative state），主张市场自由调节，通过竞争达到经济繁荣。这要求将政府对经济的控制和干预减少到最低程度。1980年，里根总统的上台，标志着保守主义在美国教育领域取得了主导地位。当然,保守主义的复兴源于20世纪60年代自由主义全面掌权的时代。罗斯福新政为自由主义带来了30多年的全盛时期,在深刻地改造美国社会的同时,也使新的社会矛盾加剧。激进的自由主义政策使美国在内政外交上都陷入了混乱的局面,里根的保守主义政纲重振了美国经济,使美国重新树立起超级大国的世界地位,并开启了新的保守主义时代。今天的保守主义当权派都自视为里根的衣钵传人。可以说,把保守主义送上主流地位的正是当年日趋激进的自由主义,从里根主义到布什主义,保守主义走向全面复兴,其历史根源却在自由主义高歌猛进的20世纪六七十年代。①

在教育方面,保守主义主张政府资助和干预公立学校,但干预方式可能是市场化的。保守主义支持削弱联邦政府在教育中的作用,而强化州和地方政府对教育的作用。像少数民族的权益,保守主义就主张由政府干预极小的法院来保护,因为,政府的大多数项目主要是对政府的官僚们有利,少数民族和穷人能真正得到的益处极小。在他们看来,少数民族和穷人最大的希望来自于自由市场中的自我提高。保守主义反对强化少数民族语言和文化的教育项目,认为少数民族和移民群体的最大希望,在于学好英文,这样才能在美国文化中实现社会化。保守主义对为满足个人不同需要而设计的教育项目持批评态度,他们希望所有学生学习相同的核心课程。他们相信,核心课程能够传递道德价值观,能够成为教育优异的资源。劳动力市场的需要则可以通过商界与学校的合作项目得以满足,在合作中,学校领导能明白商界的劳务需求。

批判理论是美国知识界新近兴起的一场运动,它对美国政策的影响尚不够直接和明朗。作为一种政治信念,批判理论对教育政策的影响尚停留于学术讨论领域②。在批判理论看来,自由主义和保守主义的经济立场与教育立场都存在问题。按批判理论的观点,关于大政府、小政府的争论,只是经济界对自谋私利的不同方式的争论而已。一方面,大公司将政府的规则用做保持其经济垄断地位的工具。在这样的框架里,政府干预与政府的规则有时就成为商界提升其市场优势的工具。另一方面,当政府的行动有损

① 徐逸鹏. 美国社会越来越保守. 新民晚报,2005－04－05

② Joel Spring. American Education. 7th ed. New York：McGraw-Hill Inc, 1996. p. 26

其利益时,企业界就要求减少对经济的干预和管制。批判理论的这个观点的确有其道理。在人类历史上,特权的作用不可忽视,特权对教育的控制和支配作用也十分强大。而如今,消费主义渗透到了社会生活的方方面面,其作用越来越大,以至于在许多地方,金钱能够购买特权。结果是,钱能换权,权也能换钱,权钱交易难以遏止,特权与消费主义具有的这种共谋关系,使特权与消费主义在功效上非常相似。就教育方面而言,教育被消费主义化的过程,也是教育特权化的过程。优质教育资源由富翁、特权阶层和少数学术精英共同垄断的情况,就能说明权钱共谋的道理。

为此,批判理论认为,历史就是与压迫作斗争,以扩展政治、经济与社会权益的连续过程。这样的历史观是乐观主义的,充满了希望,但前提是不断与压迫和剥削作斗争。这种理论相信,经济和社会的公正,可以通过政府开展民主运动而实现。批判理论强调通过教育强化民主,其基本的含义就是,教育为学生提供必要的知识和技能,以满足为政治、经济和社会权益而不断进行斗争的需要。最要紧的是让学生明白,他们有影响历史进程的权力,而历史本身就是为人权不断斗争的过程。他们承认,政府的干预和规则对保护均等的教育机会十分重要,并认为,教育机会均等是美国 20 世纪五六十年代人权运动的成就之一。

与保守主义的核心课程观对比,批判理论的教育理念就更易理解了。保守主义希望通过核心课程传授公共的道德准则,维护社会秩序,改进学习成绩标准(academic standards)并提升智力水平。批判理论也支持核心课程,但它是为了告诉学生他们有权改变历史,是为了使学生获得塑造历史的知识与技能。

从上述可见,自由主义、保守主义与批判理论的政治价值观与教育功能(目的)观是有冲突的,不同的观点对教学的专业性(profession of teaching)、教育内容及教育内容的组织都有不同的理解和影响。这些政治信念相互冲突的结果,是为教育系统培植出消费主义心态的肥沃土壤。这是因为,面对冲突难于决断时,把教育交给市场,交给消费主义,似乎是最为现实的选择。

(二)经济信念助长消费主义心态

转型期,各种教育理论对解决西方教育存在的现实问题显得那样乏力,人们只得将大学付诸经济信念和市场,付诸消费主义的教育高消费、选择、竞争等理论与实践,这最简便、最快捷,从形式上看,这也最符合教育消费者日益增强的对各种教育权益的诉求。这样,有关教育的经济信念,直接助长了学生的消费主义心态。

人力资本理论的提出,强化了教育的商业使命,这是经济信念影响教育价值取向的先期例子。尽管教育承诺的改变大众经济命运的目标备受质疑,但有人对人力资本理论还是信任的。20世纪90年代,许多美国人都设想,商界是控制学校的天然伙伴,父母、商界和社区组织将共同努力,确保学校成为全体孩子安全的港湾(haven)。殊不知,商业的规律就是消费主义的,商界必然具有消费主义心态。在商界,必须用顾客就是上帝、顾客说了算之类的商业化运行规律来谋求利益的最大化。问题是,商界为什么被视为教育目标顺理成章的伙伴? 为什么不提工会和教会? 为什么不提纳税支撑学校教育的所有公民的参与?

尽管对商界的疑点不少,但20世纪80年代以来,商界对学校教育广泛而通常不受质疑的干预快速增加。通过布什政府和全国管理者协会的工作,商界对学校教育的干预,使教育的经济目的在公立学校获得了绝对的优先权。1990年2月1日,《纽约时报》商业栏目一篇文章指出,到了改革全国学校的时候了,公司文化笼罩着美国的教育改革,公司文化对教育改革的推进将关系到美国劳动力资源的质量。Joel Spring教授则强调,对美国商界好的,并不必然就对美国的学校和学生好。商界卷入学校事务引发了一系列的争论,这对美国公立学校意味着很多的事情①。

一方面,由于商界的主要开支是纳税,因此,降低税额包括降低用于支撑公立学校的税额,与商界利害攸关。对布什政府的教育政策和许多州的教育改革的努力所持的批评,主要来源于此。另一方面,商界直接捐赠给公立学校,问题是很明显的。既然商界有钱给学校,他们自然有钱交纳支持学校的税款。通常,"收养学校计划"(adopt-a-school programs)包含着商界对被收养学校的制约,直接将钱捐给学校,强化了商界对教育的直接影响,牺牲的是公民通过政府对学校的控制。商界需要训练有素的工人,也需要工人对公司的依从和忠诚,这就意味着要求学校强化对商业所需习惯的开发。让商界广泛卷入大学事务的潜台词,自然是商界的规律有助于大学的运作,

---

① Joel Spring. American Education. 7th ed. New York：McGraw-Hill Inc, 1996. p. 2

而商业的规律是消费主义的,它不可能不污染纯净的教育系统。

四、学费上涨与可能扭曲的师生关系

在消费主义背景下,西方各国高等教育的学费普遍上涨。上涨的学费与师生关系的变化具有某种联系,这种联系不是必然的,但却是极为相关的。

（一）消费主义背景下学费普遍上涨

消费社会带来的方方面面的益处,实则是一种诱之以利的技术,它与社会分化一样,使消费主义可以不断升级。从中真正获得益处的,主要是各种服务的主体,而不是服务的对象。在学生消费者至上这一表象的背后,学生及其家长必须支付的学费,倒像是越来越难以承受了。西方大学尤其是名牌大学的商业化及其学费的上涨非常明显,这已成为西方各国政府与各党派所必须面临的核心问题。

2006 年,英国首相声称 2010 年要实现 50％的 18～30 岁年轻人都能上大学的高等教育目标。但据《泰晤士报》、《独立报》等媒体 2006 年 2 月 16 日报道,从 2006 年 9 月起,英格兰与北爱尔兰绝大多数高校都将按政府规定,实行最高学费(top-up fees)3000 英镑的新制度。学费上涨,学生面对经济压力和巨额债务,宁可选择就业而不上大学,这使英国大学申请入学者总人数大幅度下降,首相的高等教育目标也因生源问题而面临难以实现的严峻挑战。到这一年的 10 月底,数千学生从全国各地汇集伦敦市中心举行游行,抗议提高学费的政策①。

然而,抗议似乎没有阻止学生经济负担的增加。据英国 BBC 2008 年 6 月 19 日报道,英国大学的高额学费不仅让海外学生望而却步,也让本国学生不堪重负,英国大学生贷款总额达到历史新高。2007～2008 年度,英国大学生贷款总额高达 40 亿英镑,较上年增长 32.2％。其中,28.35 亿英镑的贷款被用于支付生活开销,比上年增长 10.4％。截至 2007～2008 财政年度年底,英国学生贷款公司(The Student Loans Company)共向 270 万名学生发放贷款 219.44 亿英镑,而开始还贷的学生只有 170 万。而且,不断攀升的学费,虽然使英国的大学从招收海外留学生中获得越来越多的经济收益,但牛

---

① Thousands March Against Top-up Fees. The Times, 2006-10-30

津、剑桥等高校的财务状况并不乐观,这些学校正在想法对付政府干预,表示要像美国常春藤联盟的大学那样,依靠校友和私人企业的捐赠来维持学校的财政收入,以此达到学术独立,实现教育自由①。

　　学费上涨使持不同教育哲学观的人士,从不同侧面看到了高等教育所面临的问题。有的看到了公立高校的没落,有的看到了中等收入家庭子弟受到的排斥,还有的看到了高等教育面临的危机。在美国,高等教育经费不足的矛盾日益突出,学校不得不把经济负担重新转嫁到学生及其家长身上。20 世纪 80 年代中期以来,高等学校的学费急剧上涨。1991～1994 年,不同类型高等学校的学费年均上涨 6%～12%,是通货膨胀率的 2～4 倍。穷人子弟面临着巨大的经济障碍,让人们"负担得起的学院和大学"重又成为美国联邦政府及广大公众的中心议题②。如果以 2002 年的美元价值计,从 1971～1972 年度到 2002～2003 年度,两年制的公立大学的学费从 820 美元涨至 1735 美元;私立四年制大学的学费则从 7966 美元涨至 18273 美元。四年制的公立大学,2004 年学费上涨 10.5%,达到 5400 美元,上涨率是当年通货膨胀率的 4 倍。虽然中等家庭的学生平均只付这个标价的 34%,但学费的上涨仍将许多中产家庭挤出高等教育的体系。原因很简单,富人永远付得起学费,穷人可以享受丰厚的奖学金,而中等收入家庭的人想上好大学太穷,想申请奖学金又太富,只好放弃进名牌大学的机会③。

　　21 世纪是以全球性的高等教育改革开始的,而在德国、英国、澳大利亚、加拿大、美国等西方国家大学改革的浪潮中,学费上涨成为一种普遍现象。德、英等国高等教育改革的一个共同倾向,就是涨学费,走美国高学费的发展道路。在欧洲,我们常常看到,改革还没有实施,就引起了激烈的抗议。美国大学也因学费问题而引发许多问题和思考。学费上涨的事实表明,最终为消费主义买单的,还是教育消费者自己。

　　对社会的大多数人特别对学生及其父母来说,大学本科教育有着更为实用的功能。教育作为新的经济增长点已为越来越多的人所认同,随着学费的螺旋式增长,教育消费成为个人家庭消费的重要部分,很多家庭只能通

　　① 王静.英美高校经济:学生与学校的双重困境.社会科学报,2008－08－07(7)
　　② 陈学飞主编.美国、德国、法国、日本当代高等教育思想研究.上海:上海教育出版社,1998.33
　　③ 薛涌.美国大学的危机.东方早报,2006－01－03

过贷款才能上大学接受高等教育。据美国教育部全国教育统计中心统计，2003～2004 学年，在校的大学生有 65％ 是举债读书，平均负债额超过 1.9 万美元。在被调查的州中，纽约州的学生平均负债额最高，达 20838 美元；其次是佐治亚州和明尼苏达州；内布拉斯加州最低，为 16200 美元。负债比例最高的是俄勒冈州，达 76.5％；最低的是特拉华州，为 56.1％。教育专家预计，学生贷款读书的负债额还会上升①。学费上涨，培植着大学生不宜培植的急功近利的心态。帮助学生毕业后找到一份好工作，已经成为学生实际上需要学校提供的最迫切、最具体的"服务"。在这种情况下，师生关系难免发生根本性变化。

（二）服务的泛化，可能扭曲的师生关系

主张一切都是"服务"，使服务泛化，这是消费主义的一个重要特点。在当代西方社会，消费者们沐浴在关切的阳光之中，从店员对顾客们亲切的"欢迎"，到政客对同胞们的关切，包括空姐的微笑及自动售货机道谢的声音，每个人都被美妙的热心服务包围着。即使小到一块香皂，也是一群专家为使您皮肤光滑干净而进行了长期研究的结果。消费社会不仅仅意味着财富和服务的丰富，更重要的还意味着一切都是服务，一切都可以购买，一切都可以出卖，但是，消费社会既不能在原则上也不能在法律上向服务的真正动机让步。这就是服务的意识形态在社会财富再分配或为消费者服务方面表现出来的伪善性：仿佛社会秩序完全被用于为个体服务和个体的福利。从"有人缘""有接触交往的才能""热衷于处理人际关系"等言语里，不难觉察，"微笑服务""欢迎光临"之类的陈辞老调，通过服务的泛化机制，完全改变了人与人之间的关系，也完全可能改写高校的师生关系。就是这种被改变和被改写了的关系，使"做作的微笑"随处可见，使消费机制成为无所不在的"超级结构"，并"远远地超越了社会交换的简单功用而将自己变成了'哲学'、变成了我们这个技术统治社会的价值体系"②。

这样的哲学，这样的价值体系，就是消费主义。它意味着大众对人际关系、社会团结、个人热情、真诚等生活内容的持续性消费，意味着人际关系的

---

① NECS. Digest of Education Statistics, 2006 ［EB/01］. http://nces. ed. gov/pubs2007/2007017. pdf2007－07－25

② 波德里亚. 消费社会. 刘成富、全志刚译. 南京：南京大学出版社，2001. 182

丧失是消费社会的基本事实。基于这样的事实，人们广泛地启动了人际关系再造工程。迎宾小姐、社会福利员、公共关系工程师、广告女郎等职业从业者们的现实使命，就是将程式化的微笑变成社会关系的润滑油。丧失了真实人际关系的社会，到处可见的是对亲密的、个性化交流方式的摹拟。在没有亲近的地方，在人们之间或者人们与产品之间，摹拟亲近的氛围。广告中的角色们，试图用家庭主妇们面对面交流的口气对家庭主妇讲话，用老板或同事的口吻对雇员或秘书讲话，还像朋友般发自内心地向每一个人讲话。这种对真诚的崇拜和怀念，只能令人们伤心地想到，在日常生活中人们是多么不信任自己和他人。

这种哲学在教育领域的表现，就是消费主义教育哲学，它带给高等教育的最为直接的影响，就是师生关系的变化。作为消费者，学生们首先消费掉的，正是正常的师生关系。正常师生关系的丧失成为基本事实，于是，充满教育过程的不再是教与学的关系，而是买卖关系——教员们出售着与其他商品同质的劳动，学生出钱购买与其他物品同质的教师的劳动力。师生关系退化为服务与被服务的关系，退化为服务者和消费者的关系。学校成为小社会，校园的冲突与紧张，集中体现出社会关系的冲突与紧张，折射出师生关系的紧张。而在管理与评估的层面，力图用"学生说了算"之类的意识形态，作为缓和矛盾的润滑油，作为师生之间在丧失了正常关系之后再造平等关系的桥梁。

227

然而，消费主义的意识形态，是否能够成为正常师生关系的桥梁呢？答案是否定的。服务的泛化，使高等学府每个人的所有活动都简化为服务或被服务，以至于服务之外无付出，付出必须有回报。服务的唯一目的，就是营利，无利可图的地方可能有奉献，却不可能有服务。一些教授对科研的拼命投入，对教学的长期忽视，清楚地表现出校园里"服务"的真正含义：从服务中取得报酬。这对传统上个人具有的奉献精神是致命的打击。道理很简单，教育的目的是育人，十年树木，百年树人，教师的复杂劳动是无法按服务的目的来计算的。教育领域是最讲究奉献的地方，教师常常为履行教育的职能而无私奉献。随着老师们奉献精神的丧失，学校的教育职能也迅速萎缩。学校由本来具有多种职能的人类文明机构，退化变质为一种只有服务职能的现代化超市。这近乎釜底抽薪，内在地销蚀着高校的育人职能和知识分子探究高深学问的动力。曲高和寡，献身高深学问者，注定只能做一种清心寡欲、安贫乐道的边缘人。对于这些情况,学生也是心中有数的,亲其师,才能信其道,可是,作为推销员的教员,凭什么能让学生信任他呢?

在这种情况下,师生之间的关系,自然地转化为推销员与消费者之间的关系,可这种关系注定是不平等的。2008年8月20日,英国BBC网站报道,美国大学教授的噩梦"评论我的教授"网站(Rate-My Professors.com)的涵盖范围目前已扩大到英国,这引起了英国高等教育界的担忧和激烈批评①。从本源上看,西方的"服务"是一个源自封建传统的概念,奴隶或仆人"诚心诚意""无私"地为主人干活,这就是服务。这种服务与标榜人人平等的民主价值观念无缘。在民主社会里,主仆关系的社会基础已被资产阶级革命所颠覆,这意味着忠实地服务这一社会道德的崩溃,使服务在事实上与社会标榜的人人平等之间不协调,与民主价值之间的矛盾无法解决。

从上述可见,消费主义不仅与民主社会的价值存在矛盾,而且与教育的价值取向之间存在不可调和的矛盾。但是,消费社会为什么能够正常运行,除了少数具有杞人忧天情结的读书人具有悲观主义情绪外,各阶层人士都能够轻松地工作并感觉有所收益呢?对此,消费社会精心打造的"病态社会的巨大神话"发挥了极好的作用。据波德里亚研究,当时的《法兰西晚报》、《竞赛报》、广播、电视和政府报告都把对"消费社会"唱哀歌作为必要的宣叙调,以说明在那个社会中,价值、理想和意识形态的丧失,换来的仅仅是日常性的享乐,从而让人人都相信,社会病了,社会需要每一个人出力加以治疗。人人都想做社会的治疗家,以至于"这种'治疗学'话语充斥于各地的各种行业、报章及道德分析之中"②。不少研究者的研究报告总是离不了撰写医治社会病体的措施,似乎不开出什么处方,研究就没有价值。

这说明,消费主义倾向尽管有其必然性,但其合理性还是值得怀疑的。这不仅因为学生从消费主义那里获得的益处其实太少,正常的师生关系难于维系,而且因为,消费主义给高等教育改革者带来了许多困惑,也存在着不少悖论。

---

① 王梓鹭."评论我的教授"网站登陆英国.社会科学报,2008-08-28(8)
② 波德里亚.消费社会.刘成富、全志刚译.南京:南京大学出版社,2001.189

第四节　消费主义难以克服的悖论

在西方各国,求学者和办学者对高等教育往往带着各种期望、目的与梦想。就办学者而言,积极引领社会发展,或者跟着求学者的需求与社会的潮流亦步亦趋,这是教育哲学的两极。在这两极之间定位于何处,身临复杂世界的高等学校确实很难把握。面对大众和产业界的强烈要求,高等教育难以抗拒消费主义的诱惑。于是,对消费主义恐惧、倾心者有之,怀疑、批判者也有之。在文本的世界里,这两种情况都不难找到。因此说,西方高等教育的消费主义倾向,是西方政治、经济、文化、科技和日常生活各种力量相互作用的产物,是在生活方式消费主义化的背景之下,西方高校所作出的现实选择。但从理论上讲,这种选择是有问题的,消费主义带来了难以克服的许多悖论。其中,最为突出的是经济的合理性与教育内在逻辑的冲突,"以学生为本"或"以真理为本"的困惑,"消费是权利"与"消费是义务"的迷茫等悖论。

一、经济的合理性与教育内在逻辑的冲突

为了维护教学和探究高深学问两方面的自由,西方大学具有与社会保持某种距离的倾向与传统。正是由于这个缘故,大学有"象牙塔"之美称。1862 年,林肯总统签发《赠地法案》,开启美国独特的高等教育模式,"服务职能"成为高等教育的新功能,高等教育服务社会的理想被誉为"威斯康星思想"(Wisconsin idea)。20 世纪初,威斯康星大学校长查理斯·范海丝甚至提出,服务应是大学的唯一理想。尽管如此,高等教育还是固守着象牙塔的精神风貌与气质,高等学校依然是师生们对高深学问进行自由探究的场所。那时所谓的服务,意思是指教学和学术研究要推动这种服务,而不必提供这种服务①。第二次世界大战之后,情况发生了实质性的变化,高等学校与社会发展之间呈现一种互动的状态,高等学校与社会的联系也越来越紧密。

---

① 布鲁贝克.高等教育哲学.郑继伟等译.杭州:浙江教育出版社,1987.12

以美国为典型的这种互动,逐渐成为许多国家的高等教育效法的榜样。结果是,大学的正常运行越来越直接地依赖于政府、企业、基金会和个人捐赠等外来的经济资助。同时,高等教育的发展也的确为各国政治、经济和科技实力的强大作出了显著的贡献。

但是,如果以是否对国家军事和经济作出贡献为衡量教育是否有效的标准,那么,在所有的教育工作中,经济的合理性将代替教育的规律,教育将放弃"培养人"的任务,最终导致全社会精神和文化的堕落①。不幸的是,这一假设在消费主义影响深厚的地方变成了现实:教育变革者片面强调人的劳动价值或消费价值,只传授将来可能赚钱的知识,不惜破坏人的内在自然。哈什(Richard H. Hersh)等人在《道德教育模式》一书中论及,战后许多美国人都认为,"国家如果想在经济和军事的前沿与苏联展开有力的竞争,学校就应该在像道德教育这样的'软'领域中少花些时间,而在学术性主题上多花些时间,民主更多的是依靠国家产品的多少和核弹头的数量而不是个人的道德自律"②。在这种情况下,学校教育的价值仅在于实现国家军事和经济的目的,人文精神的养育被排挤到可有可无的地步,经济的合理性取代了教育规律。

按照消费主义的逻辑,学生得不到多少真正的引导,而教育的内在逻辑要求教师必须对学生加以引导。关于教师的引导功能,古今中外教育家们多有论述。宋代著名教育家朱熹的看法很著名,他说,"指引者,师之功也",教师只是"做得个引路的人,做得个证明的人,有疑难一同商量"③。应该说,朱熹的看法很客观,并没有夸大教师的作用。可是,在许多教育活动中,消费主义都以学生至上为说辞,造就了不堪再捧的学生。面对这样的学生,教师的引导功能其实难以发挥,高等教育反省和引导社会的批判功能更难找到多少空间。

20世纪80年代以来,各种高等教育哲学在西方大学里的冲突相当激烈。其中,强调发挥高等教育的批判功能和强调消费者至上这两种倾向,构成了高等教育哲学的两端,也是高等教育哲学发展的两条不同线索。在关

---

① 陆有铨.躁动的百年——20世纪的教育历程.济南:山东教育出版社,1997.481
② 戚万学.冲突与整合.济南:山东教育出版社,1995.15
③ 毛礼锐主编.中国教育史简编.北京:教育科学出版社,1984.211

于教育的超越职能或适应职能这两端,高等教育难以定位,难以做出恰当的选择。一端主张高等教育必须超越社会现状,必须恢复和强化高等教育的批判功能。另一端则是由消费主义主导的线索,过于强调高等学校对学生的适应,学生对社会现实的适应。高等学校偏离了高等教育的批判性传统,不断强调"为社会服务""为社区服务""走出象牙塔"等即时的需要与功效。在这两极之间,则徘徊着林林总总的高等教育理论或观念,如高等教育区域化、市场化、商业化、公立高校私营化(转制)等。

在高等教育商业化、市场化的过程中,高等教育哲学的最大变化,就是市场逻辑在教育过程中应运而生,并十分自然地催生出以消费主义为主导的教育价值观。消费主义在西方大学逐步普遍化的过程,同时就是大学的根基高深学问渐渐远去的历程,也是传统高等教育哲学渐渐远去的过程。直观地看,导致西方大学教育"改革—失败—再改革—再失败"恶性循环的因素,是教育产业化、商品化,大学市场化、企业化,以及诸如此类的思潮,但真正支撑这种恶性循环的,则是这些思潮背后的哲学——消费主义主导的教育哲学。正是这种与传统教育哲学有着质的区别的东西,在引领着改革者的实践活动。因此,高等教育的真正出路,在于正确对待其消费主义的思想基础。

231

尽管消费主义教育观是一种有着广泛社会基础的价值取向,但这并不意味着它就有充分的合理性,存在的未必就是合理的,这是历史证明了的真理。尽管它已对教育功能形成强大的消解之势,在许多时候,人们似乎会不假思索地选择消费主义教育哲学,但是消费主义价值观的特点决定了它与学校教育之间的相斥关系。消费主义教育观不仅在理论上有着难以克服的矛盾,在实践中更是危险和有害的,它让高等教育难以承担育人的重任。这是因为,学校教育作为有目的、有计划、有组织的人类活动,必然具有一定的标准,有学术的和社会的规范。教育的目的不是市场,因此,不能按市场来运作。教育过程是传道、授业、解惑的过程,教育是先知者教后知者或无知者,因此,学生离不开老师的主导,教育过程就是老师引导学生的过程,而不是相反。可是,消费主义视教育为商品制造的过程,是否合乎教育目的,则完全取决于人们是否愿意花钱购买,重要的是人们愿意花钱买什么,而不是教育大纲规定学什么。这种无原则地让学生顾客"自由选择"之类的价值追求或宣传,显然与教育必须具有的规范性不协调。

总之,消费主义的性质,决定了具有消费主义倾向的人喜欢把一切东西都拉到同一层面上来自由交换,把一切都看做消费的对象,甚至亲情、友情、爱情也不例外。这是消费主义的基因,与教育有本质上的不同,有不可调和的冲突。教育在本质上是精神性的,而消费主义则排斥形而上的各种价值追求。人们对物的迷恋与崇拜,逐渐泯灭了思考的兴趣和能力,这便在事实上构成了对思想和教养的排斥,构成了对真正的教育的排斥。沉迷于教育消费的人们迷恋的并不是教育本身,不是教育在教养方面的价值,而是通过教育可以获得的地位、身份、高薪、竞争力等具有象征意义的衍生价值。世人对教育衍生价值的无限追求,显然与真正的教育很不协调①。

二、"以学生为本"或"以真理为本"的困惑

在西方高等教育的传统中,"与柏拉图为友,与亚里士多德为友,更重要的是,与真理为友"之类的校训,曾经被无数的人所推崇。但是,面对消费主义,以真理为本则难以为继了。Cowen 等人认为,大学沿着经济强迫的轨道发展,无法指向追求真理的终极目标②。

如果说学生花钱上学是为了购买能赚钱的知识,那么,对知识的追求势必代替对真理的追求。学校成为买卖知识的市场,师生们的最终目标或基本追求,就是到市场上卖个好价钱。因此,他们对能够赚钱的知识很感兴趣,甚至趋之若鹜,但也只对这类知识有兴趣。按消费社会的逻辑,没有知识不要紧,不做学问也没有关系,能赚钱、能消费就是成功。这就极大地抑制了人们追求真理的动力,限制了人们追求真理的条件,使高校和知识分子陷入以学生对功利性知识的追求为本或者"以真理为本"的困境之中。

具有消费主义倾向的大学和社会,习惯于用学生说了算之类的口号来争取生源或宣传学校对学生权益的重视。因此,这里还涉及民众意见与精英情结失衡的问题,涉及如何看待民众意见的问题。众所周知,群众的眼睛是雪亮的,但有时,真理的确掌握在少数人手里,民众意见与精英情结的平衡是有条件的。像教学过程这种专门化的活动领域,老师掌握的经验和真

---

① 潘艺林.牺牲质量,谈何权益——消费主义教育价值观评析.学术界,2006(2):103
② Cowen. Performativity, Post-Modernity and the University. Comparative Education, 1996(2):245～258

理，一般说来比学生更丰富。即使在长辈必须向晚辈学习、先生必须向后生学习的"后喻文化"时代，教学过程中老师的引导作用，也可能永远比学生想象到的更为重要。

在这方面，中国的先哲们有过不少讨论，这些讨论尤其是如何看待民众意见与道德是非的关系的讨论，抛开阶级的局限性，则有助于我们分析大学中的消费主义倾向。像孔孟有关乡愿的态度，对我们分析大学消费主义的理论悖论，就很有启示。这是因为，依据商业化领域"顾客就是上帝"这类"金科玉律"，大学的消费主义将教育过程的最终裁判交给学生和家长，交给现代教育形形色色的消费者，这样，大学本身为了争取自己的声誉，争取更多的生源和办学资源，对学生、对社会的道德是非就最好不要发表什么见解，以赢得学生消费者的青睐。大学的这种价值取向与行为方式，与中国古代的"乡愿"很相似。

人人都说好的人，被孔子称为乡愿。"愿"可以理解为谨慎厚道、老实巴交。乡愿就是现在说的好好先生，做事遮遮掩掩，专想讨好别人。"好好先生曲阿于俗，不问是非曲直，一切听群众的，一切听舆论。大家说好，他就说好，因此大家说他好。"①对乡愿的行为，孟子也有过很好的描述，那就是："非之无举也，刺之无刺也。同乎流俗，合乎污世。居之似忠信，行之似廉洁。众皆悦之，自以为是……"（《孟子·尽心下》）对于乡愿，要非议却举不出实例，要挑毛病却没有明显的毛病。乡愿与世俗同流合污，貌似忠信廉洁，以至于人人都喜欢，而这种人也自以为是。

对于这种人人都说好的乡愿，孔子和孟子却不以为然，他们都已看到，乡愿是有害于道德的。孔子说："乡原（愿），德之贼也！"（《论语·阳货第十七》）孟子说："过我门而不入我室，我不憾焉者，其惟乡原（愿）乎！乡原（愿），德之贼也。"（《孟子·尽心下》）孔孟厌恶乡愿，就是怕乡愿乱了道德是非。在孔子看来，三军可以夺帅，匹夫不可夺志，人云亦云的好好先生失于志，根本就是不可取的。

对于民众意见，孔子主张，要加以分辨，不能简单地从众随流。这在《论语》中有清楚的记载。例如子贡与孔子的一段对话。子贡问曰："乡人皆好之，何如？"子曰："未可也。""乡人皆恶之，何如？"子曰："未可也。不如乡人

233

---

① 李零．丧家狗——我读《论语》．太原：山西人民出版社，2007．（附录）61

之善者好之，其不善者恶之。"(《子路第十三》)另外，孔子还曾言："众恶之，必察焉；众好之，必察焉。"(《卫灵公第十五》)

对此，北京大学李零教授有过恰当的评论，他指出："孔子不迷信群众，不迷信舆论，认为乡人说好，未必就好；说坏，也未必就坏，与其如此，还不如看看什么人说他好，什么人说他坏。好人说好，坏人说坏，反而可能是真好。这种精神很可贵。它不是以民主定是非，而是以良知定是非，这是知识分子最可宝贵的东西。'三军可以夺帅也，匹夫不可夺志也'，正是讲坚持独立见解的可贵。"①

这一评论，是我们在消费主义面前必须重视的。当今时代，大学保持社会良知的传统，坚持独立见解，坚持反省、批判和引领社会发展的批判功能而不随波逐流人云亦云，实在太重要了。对于这样的重要性，笔者曾在2004年出版的《大学的精神状况》一书的有关章节中，有过较多的分析，在此不予赘述。

三、"消费是权利"与"消费是义务"的迷茫

在许多情况下，当代西方社会的消费者不是有权，而是必须消费他们的高等教育。

传统上，人们是因为需要而消费，消费的目的是为了享受。但在消费社会，消费的目的不是需要，也不是享受，而是义务，是个体对社会的一种义务。波德里亚看到，西方人的消费是"永远的被迫消费"②。被迫消费的情况普遍存在。以夏天安装空调机为例，在拥挤的居民区中，大家都不安装，也许也能借助凉风或相对凉爽的环境应付酷暑。但是，如果邻居们都安装了，没有安装的人家显然无法满意地度过，单是门窗四周空调机不断排出的大量热能就无法抵挡，结果很有可能是，即使没有攀比心理的，也只好赶紧消费空调机。而接下来的，却不只是安装与否的问题，还有产品的新旧、品牌的选择、产品的档次等一系列的问题，几乎每天都能让大众感到需求尚未满足。

大众的被迫消费，是由消费体制对生产和消费的双重控制而实现的。

---

① 李零.丧家狗——我读《论语》.太原：山西人民出版社，2007.(附录)61
② 波德里亚.消费社会.刘成富、全志刚译.南京：南京大学出版社，2001.57

对生产和消费的双重控制,带给消费社会的一个新矛盾是,消费社会潜藏着无限的生产力,这与产品销售的困难形成了尖锐的对立,生产能力与消费能力严重失衡。为了解决这种新的矛盾,就必须激发、引导并最终控制大众的消费需求,并尽其所能地淡化消费的被迫性。先于生产的民意测验、市场调研,以及后续的广告、市场营销、包装等手段,都可能成为解决这种新矛盾的策略,而对个体权利的强调,消费者主权范围的扩展,各种经济学、心理学、社会学乃至教育咨询机构的存在,在很大程度上就只是为产品寻找出路,人成为人的研究对象,主要出现在汽车的销售难于生产之后①。在消费社会里,生产与消费这两大人类活动的关系发生了根本的变化,不是生产为了消费,而是相反,消费为了生产,生产本身成为目的。为了提升消费力,社会不是限制而是无限张扬人性中贪婪的欲望。消费者的欲望永远大于可供消费的物品,才能使生产得以维持。

针对消费社会不断打造人为的需求这种情况,马尔库塞(H. Marcuse)对个人真实的需求和虚假的需求进行了严格的区分。虚假的需求就是"压制性需求","指那些在个人的压抑中由特殊的社会利益强加给个人的需求。这些需求使艰辛、侵略、不幸和不公平长期存在下去。……最流行的需求包括,按照广告来放松、娱乐、行动和消费,爱或恨别人所爱或恨的东西"。虚假的需求之所以又被称为压制性需求,是因为它们"具有一种社会的内容和功能,这种内容和功能是由个人控制不了的外部力量决定的;这些需求的发展和满足是受外界支配的(他治的)。不管这些需求多么完全地成为个人本身的需求,并被他的生存条件所再生和增强,不管他同这些需求多么一致并在这些需求的满足中找到自我,这些需求仍将是它们一开始的样子——一个靠统治利益来实行压制政策的社会的产物"②。马尔库塞注意到,在发达的文明中,盛行着一种舒适、平稳、合理、民主的不自由现象,那是技术进步的标志,而打造虚假的需求,正是这种文明对个体实施的新的控制形式。在这种形式中,社会控制的锚锁定在它打造的新的需求上,而个人自发地再生产被社会强加给自己的需求,从而不断地证明着社会控制的效率。

消费社会必须调动一切潜能不断生产新的需求,这使大众的生活之中

235

---

① 波德里亚.消费社会.刘成富、全志刚译.南京:南京大学出版社,2001.60/61
② 马尔库塞.单向度的人.张峰等译.重庆:重庆出版社,1988.6

产生出一种新的矛盾:顾忌在减少,担忧却在增多。为了消费,一切都要尝试一下,包括耶稣。在美国,"Try Jesus"(尝试做耶稣)就曾是一句大众口号。一切都要无所顾忌地尝试,恰好源于大众需要担忧的太多,消费者总是怕"错过"什么,怕"错过"任何一种消费。表面上看,要不要消费、消费什么、如何消费等重大问题,都是消费者自由选择、自己决定的,似乎正是消费者的自由控制着企业的生产。面对自由穿梭于各种超市或杂货铺的大众,谁能证明他们的消费行为不是自由选择的结果呢?但消费的真相在于,它已经成为被调动起来的生产功能。人们必须细心地不断调动一切潜能、一切消费能力,否则,就有陷入安于现状并与社会不相适应的危险。假如某人忘了这样做,就会有人好心地提醒说,人没有权力不幸福。

消费欲望的无限调动,使西方人士感觉到某种毫无理由的疲劳。这是一种心理的疲劳,是消费成了义务的重要标志。大众看到,财富不是在增加,资源不是在增加,增加的是劳动力的流动和职业的不稳定性,还有日益沉重的社会负担和由此产生的不安全。"通过消费,最后我们只是来到了一个充满了普遍化、总体化竞争的社会中,这种竞争表现在一切层面上:经济、知识、欲望、身体、符号和冲动……"[1]这样的竞争在西方大学的表现,就是教育膨胀的升级,教育分化的升级。为了竞争,消费社会必须在各种消费的符号之间建立等级,建立差别。如前所述,德国、日本等国政府投资政策向重点大学的倾斜,加剧了各自大学的分化,不断地将大学区分为一流、二流或三流九等,各式各样的专业认证或评奖活动,不断地将学科专业、学者和文化人加以分化,以供学生消费者选择,或作为教育资源分配的依据。

消费主义将社会变成了进行消费培训的社会。结果,大众由生产力合理地变成了消费力。政府最大限度地鼓励经济增长,刺激个人和私人团体的消费能力,消费者也理解了自己的义务,觉得在消费的努力中已经完全承担了社会义务。体制需要有人作为劳动者、储蓄者,但越来越需要有人作为消费者。消费就是爱国,就是每一个公民应尽的义务。在美国,就有"节约就是反美"的说法。"在高度发达的地区,社会需求向个人需求的移植是非常有效的,以致它们之间的差别看起来纯粹是理论的。人们真的能把作为信息和娱乐工具的大众媒介同作为操纵和灌输力量的大众媒介区别开来

---

① 波德里亚.消费社会.刘成富、全志刚译.南京:南京大学出版社,2001.208

吗？把有危害的汽车同提供方便的汽车区别开来吗？把实用建筑造成的恐怖感同舒适性区别开来吗？把为国家防御而工作同为公司收益而工作区别开来吗？……"①消费社会展示的，似乎根本就不是什么异化。人们在商品中识别出自身，找到自己的灵魂。

在消费社会里，"人们所消费的，不是商品和服务的使用价值，而是它们的符号象征意义"②。对教育的消费者而言，同样如此。人们着眼于教育在提升个人身份等方面的象征意义，这就使得消费永存，生产永存，学校永存。这种增长方式，就像挣钱一样，钱挣得越多越想要。在消费教育的符号象征意义的过程中，要么视教育本身为消费符号，要么忘掉了教育本身为何物。在高等教育的消费者那里，大学的教育、教养功能自然被淡化了。每个人都希冀获得最能体现其身价的文凭，这是教育高消费的导火线，它似乎不源于学问无止境，而源于消费欲望的无止境。学生对文凭的需求竟然常常取代对文化素质的需求，原本不需要高文凭的岗位也硬要求硕士、博士学位，这些岗位对知识、技能的需求反而被学位这一人为制造的需求所掩盖。而所有这些，都不能说没有被迫的因素在起作用。

在历史文化领域，消费主义曾与民族主义作为相对应的概念③。消费主义强调对产品的自由选择，与强调购买国货以示爱国的民族主义相矛盾。但20世纪80年代以来，世人打造了产品快速升级的技术机理，电脑、病毒、软件、黑客等，几乎每一天都在升级。通过技术上不断的升级，电影、电视、网络等技术产品正在各个领域加速地改变着文化创造、承传的方式和内涵，极大地强化了被迫消费的隐秘性。消费主义的扩张，主要表现为千百万消费者的"积极同意"和"主动实践"，各国政府和大众的行为完全是对"先进技术""先进文化"或"先进理论"进行自由选择的结果。

显然，并不是所有的西方人都将消费主义视为敌人。原因在于，消费社会是资本主义生产方式高度发展的自然产物，生活方式出现的消费主义倾向，是市场经济高度发展的必然产物。消费主义在欧美发达资本主义国家，尤其在美国产生和发展起来，这是不可避免的，它就是几百年来西方各国追

---

① 马尔库塞.单向度的人.张峰等译.重庆：重庆出版社，1988.9
② 陈昕.救赎与消费.南京：江苏人民出版社，2003.7
③ Karl Gerth. China made：Consumer Culture and the Creation of the Nation. Cambridge（Massachusetts）and London：Harvard University Press，2003 Introduction，p. 3

求现代化的必然结果,是现代化这同一藤上的并蒂莲。尽管大学与社会生活不一样,但随着生活方式的消费主义化,消费主义逐渐使大学的价值取向就范。高等教育变革者抵挡不住,并不是因为觉悟不高、思想不对,而是因为他们必须正视现实,必须作出反应。

消费主义的支持者认为,学生消费主义观念的出现打破了教育系统僵硬的框架,实现了后现代主义对教育学的影响①。在许多方面,西方大学主动选择的消费主义的确可以给大学和学生带来一些好处。学校选择学生,学生也选择学校,这对于制造多元化的学生群体、提携弱势阶层、维护学生的正当权益等方面,可能会有积极作用。然而,真正的困惑在于,教育的公益性质正在被消费,学校教育正在强化的不是公民的公心,而是私欲,学校教育批量生产的,是越来越多的私欲过度膨胀的社会个体。他们中有一些人,不只在失去个性,甚至正在失去人性,而不管消费是权利,还是义务。

---

① Michael Delucchi, etc. A Postmodern Explanation of Student Consumerism in Higher Education. Teaching Sociology, 1997(4):322~327

第五章

高等教育价值的功利化取向

　　一般说来,张扬人的私欲,或者强化人的公心,是两种根本不同的教育哲学。传统上,教育是公益性的,教育的宗旨在于塑造有教养、有社会良知的各级各类人才。19世纪,美国公立教育之父霍拉斯·曼强调,让学校发挥化地狱为天堂之功。他认为,设立一所学校便可关闭一所监狱。法律的准绳,教会的说教,警察的惩戒和监狱的刑罚,收效甚微;只有公立学校将人引入正轨,才是治本之策。至于高等教育,同样是公益的事业,高等学校培育具有公心的知识分子,生产普遍性知识,或人类共有的公共知识。在高校师生的追求中,知识本身就是目的。

　　然而,随着消费主义的发展,教育的公益性遭遇消解,个人的合作精神与公心日益弱化,西方大学无私心、无功利的追求出现了以私利为主导的倾向。消费社会对待人的欲望,采取了与传统社会截然不同的策略:不仅要纵情任欲,而且要不断地制造人为的需求,这使利他主义再也不足以重建即使是最小的社会团结。社会系统被迫越来越多地生产出消费者的个人主义,结果,消费者在潜意识中隐约发觉自己成了新的被剥削者,并把对公共团结的呼唤理解为某种骗局,进而表现出一种"疯狂的自私自利"①。相应地,高等教育的目的也转向为提升各国的综合国力,或增加各地的竞争优势,或转变为各校的发展强大所需,或兼备这所有的职能。总之,高等教育为利益攸关者服务的职能在强化,功利化的教育价值取向在强化,而知识本身即目的的信念日益受到怀疑。从此,高等教育活动势必以自私自利为导向,并不恰当地抑制教育的非功利性目标。

　　我们已经看到,消费主义倾向对西方高等教育产生了深刻的影响,高等

---

　　① 波德里亚.消费社会.刘成富、全志刚译.南京:南京大学出版社,2001.77

教育面临着多种悖论。其实,消费主义倾向更为深刻的影响,却是它使高等教育价值的功利化取向抬头。为此,本章探讨高等教育过于功利化的内在原因、主要表现与巨大影响,从中可以看到高等教育育人宗旨、学术宗旨、良知宗旨和公平宗旨这四大宗旨的偏离。

第一节　功利化的内因:高等教育以私利为导向

大问题呼唤大变革。在各国教育领域,危机不断,改革不断,在英国、德国、法国、日本、澳大利亚,近20年来各种各样的教育改革举措名目繁多,以多样性自称的美国教育界推出的各种改革,更是可以开出一张没有尽头的清单,如学校机构改革,允许家长择校,举办专门的重点学校(magnet schools),创建自治的宪章学校,要求对老师进行能力测试,开放选课渠道,改善教师的专业教育,开展全国性的学业测试,均衡学校投资,将投资与学校的绩效挂钩,延长修业年限,强化基本技能训练,增加职业教育,补充学术课程,开发全国课程标准,增加课程的多元文化,结束双语教育,促进家庭的稳定,为穷人提供经济机会,允许在学校祈祷,铲除种族歧视的根源,发扬传统价值观念等等,凡此种种,不一而足。而改革如此频繁,本身就意味着教育问题太复杂。

一、教育问题根源于目标冲突

20世纪,人类对高等教育需要越来越多,要求越来越高。人们既要求高等教育显出即时的显性的功效,又要求它守住昔日"象牙塔"般的学术风采;既要求它走出象牙塔,又要求它保持高贵的精神气质。满足经济和社会发展的需要、满足文化和伦理方面的需要、应付技术的挑战等等,都是教育应该负的责任;家长、学生、成人、儿童、企业、集体、政府,每一方面都对教育有所期待。教育在本质上应是学术成就、科学真理和有用技术等优异标准的捍卫者,这就要求教育把全部精力集中于那些符合这种标准和有天赋的学生身上,其他学生则只能获得某些次要的培训。这显然与高等教育大众化、"终身教育""全民教育"和"学习化社会"等要求有抵触,但似乎又是正当合理的,与教育的基本使命相符。经济界要求学生具备各种相应的资格和技能,科技界需要高等教育造就出高水平的研究人员,文化界和教育界需要发展普通教育和提高升学率,学生家长则希望教育质量更高及不断增加好教师的数量,全社会都在要求高等教育做得更多、更好一些。"人类在最初创建第一所学校时,定然不会想到它有如此众多的功能。"①

社会给予了学校过重的任务,学校只好把这些任务分解到教师身上,激励教师之间的竞争,尽可能地把教师的潜力都挖掘出来,实现学校效益的最大化。为了所谓的效益,教师不仅要从事教学和开展科研工作,而且要吸取外部资金、提供咨询服务等,这些压力确实太大。从道理上讲,教师承担的责任确实达到了最高限度②。

所有这些,都是可以理解的利益诉求,而与此同时,这些诉求之间又是充满矛盾的,"熊掌"和"鱼"难以兼得。高等教育要对自己的责任做出艰难而痛苦的选择,同时面临深层理念的困惑与现实目标的太多选择。不管人们是如何想的,高等学校在满足一些人之需要的同时,势必让另外一些人失望。有些人得到了满足,而在这种满足的过程中,又滋长出不尽的失望、空虚或遗憾,这些人注定也要失望。

斯坦福大学教育哲学教授 David F. Labaree 在他所著 How To Succeed in School without Really Learning：The Credentials Race in American Education 一书中,从分析导致教育冲突的根源开始,对目标冲突及其对教育的影响、学生晋升的社会含义、学业标准的提升、社会效益的变化、教学专业化运动、职业阶梯、社区学院的兴起、市场与教育机会的限度、教育学院低下的地位等方面,作了十分详细的探讨。从他的研究中可以清楚地看出,自19世纪以来,学校教育的公益性是如何被多种目标所困扰,进而逐步成为谋取私人竞争力的工具的。

Labaree 教授的书中用大量材料论述高等教育目标冲突的内容,这些材料表明,美国人是爱对教育说东道西的,特别是过去20多年以来,他们将许多罪过都归之于学校,比如说,学校放弃了学术基准,学校破坏了美国经济

---

① 叶澜主编.新编教育学教程.上海：华东师范大学出版社,1991.47

② 阿特巴赫.比较高等教育.人民教育出版社教育室译.北京：人民教育出版社,2001.17

竞争的秩序,学校的混乱繁殖了社会的无序,学校浪费大量钱财,学校不再为人们提供可靠的进步道路,学校强化社会不公,等等。将如此众多的罪过加到学校头上,多半都是不公正的,许多抱怨显然是错误的。尽管如此,这些指责和抱怨却催生出了许许多多的研究成果,以及一系列没完没了的教育改革。种种改革举措显得五花八门,原因就在于,人们对于学校所犯的那些所谓的罪过的根源,存在不同的认识,也就是对学校教育的根本问题(root problem)存在不同看法。其中,最主要的看法有五种。第一,教育学的根源或问题。认为学校教育的根本问题在于教育学本身,在于教师素质太低、课程结构不合理等方面。第二,机构的问题。认为学校教育的根本问题在于教育机构,在于太多的官僚作风(忽略市场的激励作用)或太少的行政意识(忽视有效的行政控制)等机构性问题。第三,社会的问题。认为导致教育问题的首要原因在社会,在于社会上持续的贫穷、种族歧视和特权的保留等社会问题。第四,文化的问题。认为导致教育问题的关键在文化,在于文化的贫乏、家庭价值观念的碎裂,以及校园文化与流行文化之间不断加深的鸿沟。第五,政治的问题。这种看法,是 Labaree 教授在密歇根州立大学任教时就提出的①。

Labaree 教授认为,对美国教育的根本问题来说,不管是将原因归结为教育学、机构、社会,还是文化,都没有看到问题的实质。教育的根本问题,不是技术性的,而是政治性的。换言之,教育的根本问题不在于我们不知道如何将学校办得更好,而在于我们相互之间对教育目标的追求产生了争斗,而目标之争,显然是政治性的,不是技术性的。目标冲突的解决办法,往往只有通过增加选择(如择校)而不是科学调查来完成。答案存在于价值取向(我们需要什么样的学校)和利益权衡(谁资助什么样的价值选择)之中,而不能从无关政治的纯逻辑领域去寻找。

在这种情况下,教育问题凸显出来。从市场原则的角度来看,社会各方面、各种市场都对教育提出了要求,这些要求往往都是有其合理性而又很可能相互冲突,面对这些冲突,面对如此众多的行动目标,学校教育无所适从

---

① David F. Labaree. How To Succeed in School without Really Learning: the Credentials Race in American Education. New Haven & London: Yale University Press, 1997. p. 16

也就是再自然不过的了。在社会希望与社会现实之间，在政治理想与经济现实之间，学校处境尴尬，左右为难，由此引发出更为严肃的一系列问题：学校是不是引领社会的榜样？是否应当成为改造社会以实现社会理想的工具？学校是否应该使学生适应现实社会的需要？学校是否应该为学生个人的愿望与雄心服务？

对这些问题的不同回答，决定着目标选择的差异。而目标选择的差异，又导致了教育目标上的无数的冲突。2005 年 1 月，笔者在斯坦福大学教育学院访问 Labaree 教授时，他谈到，其书中所写的目标冲突，在美国各个层次的大学之中都不同程度地存在着。最终，在利益权衡的过程中，高等学校由传统的公益事业，演化为个人地位流动的竞技场（arena）。

二、学校成为个人功利的"竞技场"(arena)

根据 Labaree 教授所谓的教育问题的政治性根源，在美国的教育目标中，主要的冲突为：民主政治（democratic politics）目标与资本主义市场目标（capitalist markets）之间的冲突。Labaree 教授的一位朋友告诉他，在市场目标中，还存在一种相互冲突的目标，即社会效益（social efficiency）与个体的社会升迁（social mobility）之间的冲突。他接受了朋友的建议，并把教育目标上存在的主要冲突概括为三种：民主平等目标、社会效益目标与社会升迁目标。这三者之间的冲突，可以从多个角度显示出来：各自在多大程度上将教育描绘成公益的或服务私人利益的，在多大程度上将受教育理解为政治角色或市场角色的准备，以及由各自不同的社会处境决定的不同的教育观念。（见表 5-1）

表 5-1　3 种有冲突的教育目标及其观念

编号	教育目标名称	学校属性观	教育性质观	培养目标观	服务对象观
目标 1	民主平等目标	国家机构	公益活动	公民	受教育者
目标 2	社会效益目标	公益机构	公益活动	工人	受教育者
目标 3	社会升迁目标	私人的竞技场	私营活动（消费品）	竞争者	消费者

（资料来源：据 Labaree 教授"How To Succeed in School without Really Learning"的研究归纳）

在主张民主平等目标的论者看来，学校就是国家的机构（polity），学校面临的最大问题是社会现实不平等。在民主政治的竞技场中，每一个社会个体都被定义为平等的(依法参加选举),而当个体公民之间的不平等变得过于严重时,这种政治上的平等就会遭到破坏。这样,根据民主平等教育目标的追求,学校就必须为社会平等作出实质性的贡献,必须培养合格的社会公民,培养公民的教育则被视为公益活动,设计这样的教育,就是为学生根据政治需要担当社会角色作准备。

在社会效益目标的论者看来,学校就是公益机构,教育属于公益活动。为了满足纳税人和雇主的需要,学校必须提升年轻一代的能力,开发人力资源;教育必须为经济发展培养工人(workers),输送足够的劳动力,为提高社会生产力服务。

在社会升迁目标的论者看来,学校是属于每一个人的竞技场(arena),教育就是消费品(commodity)。学校的唯一宗旨,就是给每一个为获取社会地位而拼搏的学生提供竞争的优势。学校的目标,就是让学生比他们的竞争对手获取更多的消费品——教育资源。根据这种观点,学习什么并不重要,不求治学也没有关系,重要的是,通过学校这个小竞技场为个人在社会这个大竞技场中获胜打牢基础。在这里,个体的学生不再是受教育者,而是消费者,教育则被视为私营活动,必须为提升个人的竞争力提供机会。这样,学校就是私欲的服务者,必须为学生个体在今后的市场角逐中谋取成功的地位做准备。

重要的是,以上三种教育目标都是政治性的,三种教育目标都致力于实现学校作为最为基本的社会公共机构所承担的目的与功能。但是,社会地位的不同,导致了教育目的观的差异。这种差异表现如下。第一,以上教育目标的来源不同。民主平等目标源于社会公民,社会效益目标来自纳税人和雇主,社会升迁目标来自教育消费者。第二,以上教育目标表达的政见或关注的重点不同。目标1表达了有关公民角色的政见,目标2表达了有关人力资本的政见,目标3则表达了有关个人机会的政见。第三,以上目标与政治的关联程度不同。目标1是最为彻底的政治性教育目标,它把学校教育视为学生进入政治舞台充当演员的准备。与目标1相反的是,目标2和目标3把教育描绘成帮助学生适应市场需求的机构,由此引申出第四个主要的区分维度——各种目标将教育置于公私尺度的哪一个位置。在目标1那里,教育是纯公益性的;在目标2看来,教育是公益活动,但服务于私营部门;而对目标3来说,教育已经成为纯粹的私营活动,且服务于个人消费。(见表5-2)

表 5-2　三种教育目标的主要差异

编号	教育目标名称	目标的社会来源	表达的政见	与政治的关联	教育的公私尺度
目标 1	民主平等目标	社会公民	公民角色	纯政治的	纯公益
目标 2	社会效益目标	纳税人和雇主	人力资本	市场需要	公益为私人
目标 3	社会升迁目标	教育消费者	个人机会	市场需求	纯私营为私人

（资料来源：据 Labaree 教授"How To Succeed in School without Really Learning"的研究概括）

Labaree 教授指出，在美国的学校里，目标冲突远远多于这样三种。而他选择这三种冲突来分析，主要原因在于，政治上的平等与实际上的不平等，已经处于美国社会的核心。如表 5-1、表 5-2 所示，我们能看到消费主义特别是功利化一步一步地主导教育价值取向的足迹。

Labaree 教授认为，在美国，这三种教育目标既相互强化，又相互抵消。这种境况带来一系列重要的问题。既要同时推进这三种目标，又要保持教育的连贯与高效，对这样的愿望，学校如何可能实质性地给予满足呢？同时，如果以牺牲其他目标为代价来促进某一目标的实现，则不免会担心因此排斥那些十分重要的学业要求，或者因此放弃那些重要的赞助人。

目标冲突带来的相互抵消，结果就是教育的非连续性和低效率，这有助于解释困扰西方教育的许多问题。但这还不是目前最为显著的问题，当今教育最为显著的问题是，有一个目标占了主导，它压倒其他目标的情况正在不断升级。这个目标，就是个人的社会升迁目标，即目标 3。在表 5-1、表 5-2 中，目标 3 代表着典型的消费主义倾向，它目前已在美国教育系统占了上风。Labaree 教授看到，在美国的教育领域，社会升迁目标日益彰显，已经成为最有影响力的因素了。这个目标越来越成为人们讨论学校教育的霸权话语，越来越成为学校教育赖以生存的理由，成为推进教育改革实践的金科玉律。因此，人们越来越觉得公共教育就是私营活动，觉得公共教育就是捞取私人功利的充电器或保护伞。从整体上看，这对学校和社会双方产生的负面影响都是十分深刻的[①]。

————————

① David F. Labaree. How To Succeed in School without Really Learning：the Credentials Race in American Education. New Haven & London：Yale University Press, 1997. p. 19

至此,我们已经看到功利化价值取向是如何通过教育目标的改变,而将公益活动的教育变成自私自利的竞技场。博克教授在《市场中的大学》一书中所看到的,是事实性描述,是许多大学的现状;而这里的研究是理论,从中,我们似乎为大学的功利化找到了理论的答案。《不求治学的学校如何能够成功——美国教育中的文凭主义》一书的每一章节,都是对教育消费主义(educational consumerism)和文凭主义(credentialism)的研究,不同章节从不同角度展示了功利化价值取向是如何主宰教育的。市场观念将学校定义为消费品,在效益、民主平等之类的名义下,以个人追求私利为目标推进学校的重构。这种重构远未完成,这些年已被各式各样的资助者炒得沸沸扬扬了,并对教育观念产生着日益深刻的影响。如今,学生只是教育消费者,他们在消费教育,在这些消费者的心目中,重要的只是毕业,而不是在学校学得如何,学到了什么。

对个人功利的自私追求,已经改变了公共教育的结构。市场的压力,让教育将私人利益高高地凌驾于公共利益之上。结果是,学校教育只是为了满足那些最为雄心勃勃的消费者,那些既得利益者竞争的需要,而不是满足作为一个整体的真正的社会需要(如培养有能力的社会公民或劳动者)。消费者需要的资格或文凭,以及这种需要提供的经济杠杆,已迫使教育体制呈现出某种高度分化的层级结构。这种体制不是更好地为学生提供健康社会所需要的政治素养或社会能力,而是分化学生,在学生中制造出遭人嫉妒的等级或差别。在这样的体制中,教育设计(educational placement,即挑选到恰当的学院、恰当的大学和恰当的专业)比学业成绩(educational performance)显得更为重要,学会让现有体制好好地运转比好好地授课显得更重要。一句话,教育已经将获得文凭这一副产品凌驾于掌握教育内容之上了。20世纪80年代,Goodlad、Powell和Sedlak等研究者就发现了美国学生对教育过程的远离,而一项以美国2万高中学生为对象的研究发现,学生远离教育过程,已经成为困扰美国教育的核心问题①。

2005年,笔者访问美国大学女性教育基金会(The American Associa-

①David F. Labaree. How to Succeed in School without Really Learning: the Credentials Race in American Education. New Haven & London: Yale University Press, 1997. p.292

tion of University Women Educational Foundation)时，在那里工作的一位学者谈到，在以上3种教育目标的冲突中，美国的教育哲学主要有两种，民主的教育为了人(man)，培养男女平等的、全面发展的人，但现实的教育旨在培养人力(workers)。育人与提供人力的冲突，是资本主义与民主主义在教育上的主要冲突。赫钦斯也曾看到这种冲突，主张教育的目的在人性(manhood)，而非人力(manpower)①。

三、日常活动"利"字优先

早先，美国的高校公私立难分，公立和私立大学的独立性都很强。可是，在市场主导的条件下，市场对大学的控制太深，激烈的竞争，使高校似乎不得不以自私自利为导向了。这种变化是惊人的，它使大学由公益组织变为部分人获取私人功利的利益集团，使大学由学术共同体变为学术界的名利场。企业的价值对大学宗旨的影响是微妙的。校长和院长们的强制性权力变得极为渺小，他们无法命令教授们更好地讲授课程，更多地关注学生或在研究上投入更多的精力。他们只能劝说，而大学为了赚钱与公司开展的种种合作，以实际行动使这样的劝说显得苍白无力。

以自私自利为导向的种种行为，使人们从理论上对大学的性质表示怀疑，对高等教育的社会公益性产生怀疑。就普通教育而言，受教育的确是公民的权利，国家有义务支付一切费用。但在大学生不需交纳或交纳学费极少的欧洲，高等教育是社会公益，还是一种产业？高等教育的费用，应该由纳税人来支付，还是应该由享受高等教育的人来支付？为什么没有受过高等教育的穷人，要为日后生活水平比自己高的大学生付税呢？有学者指出，大学是社会公益的说法，听起来人人平等，扶持穷人的子弟，实际上却多少有些劫贫济富的味道。二战后，一些西方人主张，知识就是力量，而这种力量又几乎毫不例外地转化成知识拥有者的个人财富。所以，"上大学是个人为自己的未来投资，社会不应该为这种直接创造私有财富的个人投资'买单'"②。根据这种高等教育哲学，美国造就了"世界上最好的大学"，也造就

---

① 台湾师大教育研究所编.西洋教育思想(下).台湾:伟文图书出版有限公司,1979.907～908

② 薛涌.谁的大学.昆明:云南人民出版社,2005.22

对市场机制依赖最强、校际竞争最为激烈的大学。

在激烈的竞争中,大学校园里的自私自利行为不断地被强化着。教授们剥削学生,推卸组织责任,甚至拒绝在赚钱机会到来之前谈论所进行的研究,这显然已将个人利益和私人追求置于对学生和对同事的一切责任之上①。以自私自利为导向,这对大学公益性的损害是相当严重的。大学教员享受着广泛的自由,对于他们最为重要的一些行为,在许多方面都是不可能预先规范的。因此,学术共同体的公心和效果,完全取决于教员们的自愿,只有当他们自愿将时间与精力给予组织、同事和学生时,学术共同体的工作才会有效。然而,面对外界许许多多的挣钱机会,"大学教员不仅讲授的更少了,而且更不愿意为所在组织出力了;使组织免遭政治干预、避免损公肥私之类的大事,再也不被放在心上,而这一切变化,只是为了个人在经济上的收入"②。院校领导则发现,他们不再是与知名教授直接讨论聘用事宜,而是与一些专业的中介公司商量。这些公司凭借客户们的名声,而代为向大学当局提出减少工作量、增加薪酬、增加自由时间等要求。循着相似的模式,研究生和一些只有初级职级的教员因个人力量有限而联合起来与大学讨价还价。

大学里自私自利的倾向直接威胁着大学的总体声誉,也威胁到大学享有的客观而无利益偏向地从事研究与教学的盛誉。既然药学院任由制药公司操控临床试验的结论,既然教授们就有争议的问题撰写论文而不披露他们与公司的利益瓜葛,既然院长们允许给教学内容做广告,那么,公众就有理由怀疑大学及其教授的独立与公心。

一旦公众对教授们工作的客观性失去信任,其后果不只是危及学术共同体本身,还会危及教育的社会功能。在民主社会里,民众对一些重大问题需要客观、公正的理性思考,而大学长期被视为这种思考的主要来源。博克

---

① Derek Curtis Bok. Universities in the Marketplace:The Commercialization of Higher Education. Princeton:Princeton University Press,2003. p.114

② 如,在 Phillip G. Altbach 等人 1999 年出版的"American Higher Education in the Twenty-First Century"一书第 109 和 124 页,Clark Kerr1995 年在"Higher Education Cannot Escape History:Issues for the Twenty-First Century"一书中,都提到这些情况。博克在"Universities in the Marketplace:The Commercialization of Higher Education"的第 115 页,作了进一步介绍。

注意到,大学研究的许多问题,如生物战争、全球变暖、营养、基因工程等等,与公众切身利益的关系越来越紧密,而这些领域的技术含量是如此之高,普通民众几乎无法掌握,在这种情况下,大学提供理性资源的职能也必须提升。"对大学的批评如此众多,社会又如此需要理性思考带来可靠的信息,在这样的时候,对大学声誉和学者们客观、诚直品质带来的任何毁损,都不仅危及学术界,而且危及我们这个民主、自治社会的功能。相对于大学商业化带来的有限的而通常又被夸大了的好处说来,这实在是一种不小的代价。即使对最为知名的教育机构,代价也是这样。"①

博克认为,整体上说,不断增长的高等教育商业化害多益少,尽管分析不同的个案会有不同的结论。就大学科研职能而言,直观地看,它必须直接服务于政府和社会,最有理由商业化。1980年12月12日,美国国会通过的"贝—多法案"在大学技术转让史上具有里程碑性质②。该法案的实施,极大地促进了美国大学科技成果的商业化,对提高大学科研成果的经济效益发挥了积极作用,据说,该法案有效地实现了政府、大学、公众和工业界的多方受益③。

但是,在控制论的创立者维纳(Norbert Wiener)教授看来,将思想变成财物,用对专利版税之类赚钱的动机代替对科学发现的真诚热爱,"势必导致人类智慧的贫瘠"④。博克教授则用大量事例和多年担任校长的切身体会说明,"贝—多法案"并没有受到所有教授的欢迎,赚钱的动机,已让研究者远离更为重要的智力探索领域。并且,根据这个法案,主管技术转让的官员们在为大学追逐更多收入的过程中,其行为常常不是促进而是减缓科技的发展,他们总是拒绝其他大学分享那些重要的研究工具,除非能够分享后者的版税。

249

---

① Derek Curtis Bok. Universities in the Marketplace:The Commercialization of Higher Education. Princeton:Princeton University Press,2003. p. 118

② 即 Bayh-Dole Act。政府资助大学教授从事研究,这些研究成果的专利由谁拥有?围绕这样的争论,最终出台了该法案。该法案于1981年7月1日开始生效。

③ 杨艳玲."贝—多法案"与美国大学技术转让.国家教育行政学院学报,2004(1):7~11

④ Derek Curtis Bok. Universities in the Marketplace:The Commercialization of Higher Education. Princeton:Princeton University Press,2003. p. 140

四、"自私自利"导向公心的亏空

学校对功利性目标的过度追求,以及由此滋生出的浓厚商业化心态,已经成为近30年来高校在价值取向上的一种明显倾向。传统教育价值取向早已瓦解,教育发生了"质变",也许更准确地说是在变质,变为可以自由买卖的商品。学校失去了教育的品位,20世纪全世界高等教育给人们留下的印象可谓"百年的躁动"。社会对高等学府的信任性危机并没有消除,高等学府的自信心也未能增强。研究高等教育的专家发现学校和学生两方面都存在"令人心灰意冷的情况"①:学校方面,为了不牺牲获得捐款的机会或不想危及自身的名誉,它们不愿与最明确无疑的社会弊端和不公正现象作斗争,但在宣称信仰人类高尚理想时却又表现得非常虚伪。学生方面,情况似乎更糟糕,他们越来越习惯于世界上普遍存在的各种问题,越来越专注于个人的需求与前程。学生与大学的关系逐渐演变成为消费者与出售昂贵商品和服务的卖主之间的关系。越来越多的人担心,在激烈的市场环境中所形成的知识经济将会摧毁我们的学院与大学,把高等教育遵循的学术价值和传统都抛到一边去,用市场要求来取代公民意志②。大学所要满足的不再是学生真正的需要,而是在满足学生一时的兴致,在"职业至上论"主导的美国大学校园,学生们为工作而忧虑,不管他们主修什么科目,很大程度上都是为了未来就业作准备。这导致"人人只关心满足个人的需要,而缺少共同的责任感"③。

这种情况,在一项有关入学原因的调查中也得到了说明。20世纪80年代,卡耐基教学促进基金会在主席博耶的带领下对美国大学新生的一项调查表明,上大学之所以十分重要,88%的父母、90%的学生归因为"有更满意的职业",84%的父母、89%的学生归因为"为自己感兴趣的专门职业作好准备",82%的父母、88%的学生归因为"找到较好的工作"。这种急功近利的

---

① 博克.走出象牙塔.徐小洲、陈军译.杭州:浙江教育出版社,2001.译者前言、344~345

② 杜德斯达.21世纪的大学.刘彤主译.北京:北京大学出版社,2005.1

③ 黄福涛主编.外国高等教育史.上海:上海教育出版社,2003.452

看法,在全美的学生中占有压倒性优势①。这说明,学生上大学的首要目标是为了毕业后有更高的经济收益,大学生及其家长的精神追求、责任感明显削弱。

以利润最大化为中心的市场生活,摧毁了牺牲精神、奉献意识以及对终极真理的探求。社会大众日益着眼于现实短效的经济活动;同时,企图将人类社会生活中的一切都投入到市场中,通过买卖,加以消费。因此,一切东西都没有什么神圣可言,也都可以毫不犹豫地加以舍弃。即使是道德、情感之类的东西,均不妨凭一时的兴味取舍。实际上,功利化价值取向毫无顾忌地利用和张扬了人性中贪婪、掠夺和自我中心等弱点,在制造人类最高的生活标准的同时,漠视社会的长效目标,使人只关注即刻的欲望满足,人的公心出现了亏空,甚至所谓的书呆子也不再时常思考责任、义务、理论等问题了,"在埃及,知识分子并不关心发展和现代化,却时常关注一个模式化的、抱有本人思想的知识团体"②。

即使在哈佛大学这种富有批判精神的世界一流大学中,也出现了莘莘学子一毕业就改变远大抱负转而"向钱看"的现实。2008年6月22日,哈佛大学校报《红色哈佛报》报道说,近40%的毕业生把金融和咨询顾问等高薪职业定为就业方向,希望在咨询顾问(16.1%)、银行(12.4%)和金融(10.6%)等职业中求得一席之地的毕业生占39%。很多学生入学时怀揣改变世界的远大抱负,然而一毕业就改变初衷,纷纷涌向华尔街的金融和咨询顾问职位,奔向高薪稳定的职位。华尔街吸引哈佛学子的法宝当然就是高薪,在华尔街金融、咨询顾问和技术领域等就业的应届毕业生的基本年薪比其他领域的平均年薪高出近一倍。去那里就职的毕业生盘算着,他们可以用公司给他们提供的丰厚年薪偿还学费。对此,很多人都批评说,难道"这就是哈佛教育之目标吗"?③

---

① 博耶.美国大学教育.复旦大学高等教育研究所译.上海:复旦大学出版社,1988.26
② 拜伦·马西亚拉.中东高等教育.外国高等教育资料,1995(1):17
③ 王静.英美高校经济:学生与学校的双重困境.社会科学报,2008-08-07(7)

第二节　功利化的表现:高等学校卷入商业化潮流

　　西方高等教育转型期价值取向的功利化有许多方面的表现,其中尤以陷入商业化潮流为甚。在英国和澳大利亚,大学成了"花钱中心"(cost center)①。这是西方高等教育商业化的现实写照。当然,对于高等教育商业化的真实含义,不同的研究者有不同的具体理解。笔者在此采用博克的界定,将高等教育商业化理解为"大学内部努力利用教学、研究和其他校园活动赚钱的行为"②。

　　根据博克的研究,通常所说的高等教育商业化(commercialization, corporatization 或 commodification 等),涵盖的行为和趋势很宽泛,尤其包含以下各种意思③。第一,经济力量对大学的影响(像计算机专业系科的增加等);第二,公司文化的影响(校园内不断增加的企业概念,如 CEO、品牌等);第三,学生就业兴趣对课程的影响(职业培训性课程的增加);第四,为了所谓的效率,大学削减开支的努力(雇用更多的廉价师资,如兼职教师"adjunct teachers");第五,设法量化大学领域不可量化的东西,如,不是从教育质量方面,而是用金钱概念来描述价值领域的问题。这些方面,都是转型期西方高等教育必须面对的功利化潮流,都是价值取向功利化的表现。

　　大学内部被调动起来的商业化欲望,经济发展对知识的依赖性,加上高等教育商业化的教育理论与政策基础,铸就了商业化潮流对西方高等教育的包围之势,使功利化的价值取向越来越明显。

---

① 阿特巴赫.比较高等教育.人民教育出版社教育室译.北京:人民教育出版社,2001.17

② Derek Curtis Bok. Universities in the Marketplace: The Commercialization of Higher Education. Princeton: Princeton University Press, 2003. p. 3

③ Derek Curtis Bok. Universities in the Marketplace: The Commercialization of Higher Education. Princeton: Princeton University Press. 2003. p. 3

一、高等教育商业化欲望的调动者

以自私自利为导向的办学思想,在亏空了高等教育的公益性之后,比较容易就调动起了高等学校内部的商业化欲望。当然,对商业化欲望的根源有多种解释,有些解释非常繁琐。为简明起见,可用下表表示。它说明,大学内部被调动起来的商业化欲望,是高等教育商业化的内在根源,而关于谁是大学内部商业化欲望的调动者,人们却有不同的主张。

表 5-3　欲望的调动:关于高等教育商业化的归因

欲望的调动者		主要提出人或支持者	基本观点
大学内部	一、大学行政当局	Thorstein Veblen	校长及其行政人员为聚集钱财,将市场手段强加给学术团体。
	二、大学师生个人	Derek Curtis Bok 等	校长们曾反对商业化活动,却经常有教授开办自己的公司或向企业出卖服务。硅谷就是师生们自己干出来的。大学的商业行为,常与大学官员无关。
	三、大学自身的目标缺失	Allan Bloom、David F. Labaree 等人文学者	大学的目标太模糊,无法阻挡对物质利益的过度追逐。
	四、大学的系部及其教授	Derek Curtis Bok 等	内因是系部和教授们对商业化的热心追求,商业化完全出于大学内部的需要。
外力作用	五、全社会的市场行为	Robert Kuttner 等	市场行为对全社会影响广泛,使"Everything for Sale"等市场逻辑在大学顺利地扎下了根。
	六、政府削减教育经费	一些大学教授	商业化行为是大学对政府削减教育经费的一种反应。
	七、董事会里的商人和律师	左翼批评家	董事会里的商人和律师兜售大学的教育和科研,削减教师,使教师成为雇员,从而导致大学服务于公司化的国家。

（资料来源:依据 Bok 的研究绘制。Derek Curtis Bok. Universities in the Marketplace: the Commercialization of Higher Education. Princeton: Princeton University Press,2003. 4~10）

（一）大学内部难于阻抑的商业化欲望

对大学商业化的第一种解释，以美国经济学家和社会学家维布伦（Thorstein Veblen，1857～1929）为代表。在维布伦看来，大学商业化的罪魁祸首显然是大学校长及那些大胆的行政帮凶，他们企图聚敛钱财以扩大院校的规模和名声，总是把市场手段强加给并不情愿的学术团体。在 1918 年出版的《美国高等教育》一书中，维布伦指出，治病之方与其病因同样的明显："学院行政长官及其工作应受到强烈的谴责，并采用取缔的简单措施使其中止。"①

维布伦的解释显然是不准确的，大学商业化与其说是大学的官员们在推动，还不如说是教授们、学生们和校友们在做，这算是关于大学商业化和教育高消费的第二种解释。即使维布伦在世的时候，问题的根源也远不局限于大学的行政当局。以足球项目为例，不少大学校长是坚决反对的，只是校长们被热情的学生和校友们的力量压了下去。校园内的赚钱活动有比行政当局的推动更加深刻的原因，这在转型期的今天更为明显。大学官员固然有过大学产业化的冲动，但是，知名教授们开办自己的公司，向企业界出卖他们作为教师的服务，或允许私营企业通过互联网或音像设施销售他们的演讲，所有这些商业行为，通常都与大学官员无关。应该说，将高等教育商业化归因于师生和校友，这比维布伦的说法更符合实际。美国的硅谷很有名，人们只看到硅谷依托大学的一面，以为是大学在办硅谷。其实，硅谷的产生与发展虽然有大学作为后盾，可硅谷的运营并不是斯坦福大学所为，它只是一个副产品。它是由斯坦福的师生们兴起的，校方只提供学术上的支持，具体工作并不是由学校亲自完成，大学是不管硅谷的②。

一些学者，如 Allan Bloom③、Bill Readings，Stanley Aronowitz 等，则

---

① Derek Curtis Bok. Universities in the Marketplace：The Commercialization of Higher Education. Princeton：Princeton University Press，2003. p. 4

② 刘碧玛、陈坤. 要有所为有所不为. 科技日报，2002－08－19

③ Allan Bloom 是一个继承他的老师列奥·斯特劳斯的保守主义者，尽管他不像其老师一样反感自由主义。1987 年出版的《走向封闭的美国精神》一书为他赢得了大把美金和极高声誉，他因此成为大学博雅文化的化身。

将大学赚钱活动的增加归因为大学自身目标的缺失①。在这些学者看来,大学的目标太模糊,无法阻挡对物质利益的过度追逐,必然导致大学商业化。1900年,就有学者指出大学目标不明的问题②。这是对大学商业化作出的第三种解释。持此论者,多为有人文学科背景的学者,由于人文学科似乎已在最大程度失去了展示其智慧的家园,这就不难理解,人文教授们自然能看出与引发大学其他疾病相似的"目标缺失"问题。他们认为,除了一个含糊其辞的"卓越"之外,多元化巨型大学已经失去了任何明确的任务,不可阻挡地追逐着物质利益。Labaree教授的研究,也可视为高等教育商业化的第三种归因。如前所述,他将教育的自私倾向归结到教育目标上。他认为,这种倾向的出现,不是技术性的,而是政治性的——在于各种教育目标的冲突③。

的确,商界追求利润,医院救死扶伤,政府依法行政,监狱关押罪犯,这些组织的目标都很清晰,高等学府则不同,目标的模糊性是其主要特征之一。这使高等学府使命复杂,有关目标的论争激烈,而且"常常试图为所有的人做所有的事"④。高等教育既是知识密集型又是知识广博型的,这就很难陈述综合大学和学院的目的,更不必说一个国家的高等教育系统的目的。目的的这种自然的模糊性很难加以改变。几乎任何一位有识之士都可以作一次题为"大学的目标"的讲座,也几乎没有一个人愿意自愿去听这种讲座。由于目标是如此广泛含糊,以致大学或高等教育系统不可能实现目标,或不可能实现不了目标。20世纪70年代美国人澄清高等教育目标的努力到头

255

---

① Allan Bloom, The Closing of American Mind: How Higher Education Has Failed Democracy and Impoverished the Souls of Today's Students, New York: Basic Books, 1987. Bill Readings, The University in Ruins(1996). Stanley Aronowitz, The Knowledge Factory: Dismantling the Corporate University and Creating the Higher Learning (2000).

② Derek Curtis Bok. Universities in the Marketplace: The Commercialization of Higher Education. Princeton: Princeton University Press, 2003. p.209

③ David F. Labaree. How to Succeed in School without Really Learning: the Credentials Race in American Education. New Haven & London: Yale University Press, 1997. p.19

④ 陈学飞主编.美国、德国、法国、日本当代高等教育思想研究.上海:上海教育出版社,1998.73

来仅仅是拉长了没经过分析的抽象术语的单子①。大学目标的模糊性和多样性,正是大学所需要的:多样性的目标使高等学校作为整体可能涉猎广泛的社会生活;模糊性的目标使高等学校可以灵活地根据社会生活的变化趋势不断地调整批判的对象,而不至于被某种既定的或如杜威所说"外铄的"目的束缚手脚,相反,它使高等教育可以展开理想的翅膀大胆地反省和引导社会的方向。这为高等教育发挥其批判功能或社会良知的职能提供了得天独厚的优势②。

显然,布卢姆等人文学者将大学商业化归因于大学目标缺失,并不是说大学缺乏目标,也不是说大学目标太模糊,而是说,大学偏离了大学本身的目标。有些时候,大学的目标变得太单一且太清楚不过了——除了不顾一切地追逐物质利益之外,大学已经失去了任何明确的任务。这些学者的解释,看到了大学商业化与功利化对大学的致命冲击。

但是,在更为广泛的背景上,博克看到,目标缺失不足以构成转型期大学增加其商业化行为的恰切解释。如果说大学在知性方面的某种含糊导致了商业化,那也不是目标上而是手段上的含糊。许多教师和系部都非常清楚地知道他们的目标,而这正是商业化最为猖獗的地方。在传统学科中,教授们不像科学家那样强烈地意识到什么使命,可恰好是在非人文学科那里,商业化缠绕得异常紧密。比较而言,商学院和医学院具有强烈的目标意识,但商学院和医学院的教授们的确深深地卷入了有利可图的各种咨询与企业活动之中。由此,便有了大学商业化的第四种解释:大学内部某些系部和教授们对商业化的热心追求(或大学应有目标的缺失),这才是大学商业化的内在动力。正是大学内部这些系部和教授们的作用,建构着日益功利化的价值取向。

看来,关于商业化欲望的调动者,这第四种解释显得更为有力。大学内部各系部、有关教授的需求,作为内因,为商业化在西方大学生根、开花和结果提供了肥沃的土壤。不过,对商业化活动的解释,在西方社会还是"百花齐放"的。还有一些解释,分别来自大学教授和左翼的批评家,虽然没有明确反对,但他们并不同意这第四种解释。

---

① 克拉克.高等教育系统.王承绪等译.杭州:杭州大学出版社,1994.18~19
② 潘艺林.大学的精神状况.北京:中央编译出版社,2004.70

（二）关于高等教育商业化欲望调动者的不同意见

当今，关于大学商业化欲望的调动者，还有第五种解释。这种解释直观地看到了市场行为在全社会的广泛影响，以及由此加强的市场逻辑（如：Everything for Sale）对大学商业化欲望的调动。在西方社会，在卫生保健、展览会、公立学校乃至宗教领域，商业化都已顺利地扎下了根①。商业动机、管理者的高薪、市场技术，都已努力扩展到商业以外的社会领域，这为大学使用这些技术提供了榜样。不过，如博克所说，注意到这种倾向的存在，还不足以解释为什么它能突然进入并渗透进大学之中，毕竟大学曾经独立于市场之外并有"象牙塔"之称。而社会的商业化只是外因，不通过大学内部人士的作用，这种外因就不足以让大学商业化成为现实。

一些教授认为，商业化行为是大学对 20 世纪 70 年代以来政府削减高教经费的一种反应②。这可以看做大学商业化的第六种解释，它看到了大学商业化的一个外部因素。1973 年能源危机爆发以后，经济发展减速，美国国会对科研的资助不再像 20 世纪五六十年代那样快速增长。加上监狱、福利和贫困人群医疗保障方面的巨大开支，州立法当局只能削减高等教育方面的投入，20 世纪 80 年代和 90 年代尤其如此。财政拨款的削减，迫使大学的官员和教授们寻找新的资源，雄心勃勃的校长和有经济头脑的教授们，最终找到了出路——出售专业知识和科学发现，以弥补政府投入之不足。对有些大学和系（部）来说，财政削减无疑是它们捞钱的导火线。

用财政削减来解释高等教育商业化显得很直观，但其解释力却相当有限。在英国、澳大利亚、斯堪的纳维亚和荷兰等地，政府的财政削减也许是导致一些大学商业化的主要原因，但在美国，情况却很不相同，过去 20 多年美国高等教育并非首次遭遇财政困难。20 世纪 70 年代，美国政府对高等教育的资助减缓或下降了，而 20 世纪 30 年代前后危机期间更是如此，但那些时候，大学并不曾去冒营利的风险。与之相反的是，20 世纪八九十年代，美国的私立大学很少存在州的资助减少的情况，股票价格的暴涨使之获得的

---

① Derek Curtis Bok. Universities in the Marketplace：The Commercialization of Higher Education. Princeton：Princeton University Press，2003. p. 5

② Derek Curtis Bok. Universities in the Marketplace：The Commercialization of Higher Education. Princeton：Princeton University Press，2003. p. 8

捐赠不断增加,可是,这些大学并不比公立大学更少商业化。基础生物医学的科学家从全美健康协会获得的实质性科研支持不断增长,而他们正是学术机构中最有商业进取心的群体;商学院及其教师们也很少面临其他学院经历着的财政削减,但他们冒险赚钱的热情显然很高。显然,财政削减不足以作为过去 20 年间美国校园商业化加剧的根源,还需要寻求更为恰当的解释。

来自左翼的批判家对大学商业化的根源有他们独到的看法①。他们认为,盘踞董事会宝座的商人和律师们兜售大学的教育和科研,削减教师,使教师处于雇员境地,最终导致大学服务于“公司化美国”(corporate America)的利益诉求。这是大学商业化的又一种解释。不可否认,私有经济对大学有重要的影响,富裕的捐赠者改变着院校的形象。正因为如此,商学院的富有与多数教育学院、社会工作学院的破落形成鲜明的对比。商业和工业界通过提供岗位与薪水,对课程的影响也是惊人的,表现为商科专业、计算机科学系的增加,对管理学、经济学教授的慷慨补助等。可见,这种理论看到了高等教育商业化和功利化价值取向的重要促进者,因此,这也可以视为对大学商业化欲望的第七种解释。这种解释从外因的角度说明,大学对金钱的追求并不只是时而出现的财政缩减的产物,而是长期存在的倾向。

在表 5-3 中,第五、六、七种解释是外因,其解释力明显不足。第三种解释,即“目标模糊或缺失”,解释力也显得不够,其实只能说是应有目标的缺失。而第二与第四种解释则是一致的,区别只是前者指师生个人,后者指系部和教授。大体上,第一、二、三、四种解释都是大学商业化和高等教育价值功利化取向的内部促进者,即内因。显然,大学商业化和功利化的促进者来自大学内外两个方面,是内外因共同作用的结果。不过,其内因也许更关键,更值得注意。高等教育商业化,主要来自大学内部被调动起来的功利化欲望。

博克也认为第六、七种解释是很不充分的。他指出,经济力量对大学影响是一回事,但这并不等于商界领袖们通过董事会之类的机构强制大学屈服于商业目的。相反,商业化完全出自大学内部的功利化需要。的确,19 世纪末,美国高校面临着向研究型院校的转型,教师们开始让商业官员和律师

---

① Derek Curtis Bok. Universities in the Marketplace: The Commercialization of Higher Education. Princeton: Princeton University Press, 2003. p. 6

在多数大学的董事会里占有一席之地。在走向复杂与庞大的过程中,大学需要董事们帮助挣钱,帮助寻找更好的治校方法。对转型期大学的新的需要,商界官员和公司的律师们显得更为合适,相比之下,教师们多少有些力不从心了。在这种情况下,有的董事会的确试图将其理念强加给院校方面,甚至提出要解雇持不同意见的员工。但教授们很快就组织起来,反对此类干预,董事会成员们则不得不纠正自己的行为,在学术事务上遵循学术规范。在最近的商业化浪潮来临前的很长时间里,多数大学的董事会都很规矩,几乎不插手学术。如今,董事会鼓励商业活动,与其说是为了商界的利益,还不如说是为了满足大学自身生存与发展的需要,为大学寻求办学资源。

冒险离开精神家园,是大学的特点所决定的,大学也有物质方面的欲望,但大学自身却总是没有足够的钱来满足。因此,大学商业化的第四种解释显得更有说服力。师生们不断地生长出新的兴趣,新的欲望,大都需要花钱。况且,书刊价格不停地上涨,更好也更昂贵的技术和科研仪器日新月异,前沿领域却急需这些。为了自己的声誉,校长和院系领导也急切地要尽力满足这些欲望,以取悦教师,保持院校的声望,并通过新项目(programs)的开发留下自己的业绩。

259

在很大程度上,近期的大学商业化浪潮,可以理解为,大学自身为追逐资源而推出的一系列举措的产物,即大学内部因素决定它不得不尽力争取赚钱的机会。20 世纪早期,为了吸引自费生,大学使用了市场手段,二战后,大学则用此手段去追逐政府和基金会的各种资助。近 50 年来,这种手段变得更为复杂和精妙,以期从成功的校友和其他有潜力的捐赠者那里争取馈赠(coax gifts)。出于增加收入的目的(学费或通过扩大招生而争取政府拨款),许多院校,特别是实力较弱的院校,为了招收学生煞费苦心,有时甚至是不顾一切。大多数院校并没有认真考虑过超量招生对学生和院校发展是否有利的问题。招生人员的任务,不再是清除不合格的报名者,而是采用电影、电视、广播、报纸、邮件、交易会,甚至在扑克牌上印制广告等各种各样的招生技术,多招一个算一个①。当然,这一次又一次的努力,都引发了相应的批评。学校争夺市场资源的胃口越来越大,人们不禁认为,大学校长主要是

---

① 王承绪等编译.高等教育新论.杭州:浙江教育出版社,1988.104

靠其捞取资金的能力而当选的①。

总之,大学商业化欲望的调动,从根本上看,源于大学内部,源于大学各系部、有关教授等所有的大学组织与个人被调动起来的欲望——不断增长的、不顾一切地追求物质利益的欲求。这是使价值取向功利化的内因和依据。

二、高等教育商业化的客观基础

外部社会不断增长的教育需要,社会政治、经济、文化各领域对高等教育越来越强的依赖性,使高等教育由社会的边缘进入社会的中心。这在客观上为高等学校提供了更大的商业化空间,高等教育通过教学和科研活动赚钱的机会越来越多,最终,商业化由可能的趋势日益变成了现实的潮流。

20 世纪前半期,大学拥有的商业化赚钱机会并不太多,教育的商业兴趣尚未培植起来,科学家也没有作出多少可以立即转化为商业价值的研究成果。威斯康星大学的 Harry Steenbock 发现了在牛奶中增加维生素 D 的办法,算是一个例外。除化学和工程学科的某些分支外,公司也不觉得有必要向大学教授咨询。二战以后,有偿活动的局面大为改变。科学对战争的巨大贡献提醒了西方大学的政策制定者,他们在自然科学和医学领域投入巨资。1948~1968 年,美国联邦财政对基础科学研究的资助增加了 25 倍,达到每年 30 亿美元。这种投资带来的丰硕成果,超出了人们的想象。科学家们在制造氢弹、发射卫星、登月计划、推进电子工程的进步与计算机工业的兴起等方面,都提供了巨大的帮助;基因的发现与基因技术的开发,则带来了医学的革命,并催生出新兴的生物技术工业。

经过美国联邦财政 30 年大规模的资助,基础科学研究优先的状况发生了变化。到 20 世纪 70 年代后期,面对经济增长的减慢和来自欧洲、日本产业竞争的强大挑战,美国国会只能为经济增长寻求新的道路。随着冷战的衰退,华盛顿科研政策的重点由帮助获取军事优势,转向帮助提高它在全球经济中的竞争力。政策重点的这种转移,促使政府在商业与大学科研之间寻求联系。根据 1981 年生效的"贝—多法案",大学可以更加方便地将研究

---

① Derek Curtis Bok. Universities in the Marketplace: The Commercialization of Higher Education. Princeton: Princeton University Press, 2003. p. 10

成果转化为专利技术。联邦和州的立法,为校企合作提供资助,使科研成果得以转化为新产品、新工艺。税收政策陡变,又使产业界更多地基于大学科研成果而投资。这一系列措施效果显著。10 年间,就有 200 所大学建立了专门的办公室寻找商业前景好的研究成果,为公司使用这些成果提供专利方面的便利。到 2000 年,大学拥有的专利量猛增,每年仅版税和专利收入就有十亿多美元,并有大约 12000 名理论科学家参与当地公司的 1000 多个合作项目。许多校园都创办各种中心,给小商行提供技术支持,或者创办孵化器性质的机构(incubator),给企业家创业提供咨询和启动资金。一些院校还设立特殊风险金,投资于其教授们开办的各种公司①。

同时,遗传学的进展使理论科学研究在产业界的商业价值陡增,产品尚未出来,只看新观念的承诺,投资者就愿意投入数以百万计的资金。各种新公司根据大学实验室的实力创立起来,很快,公司在大学科研投入中所占份额就成倍地翻升:20 世纪 70 年代早期只占 2.3%,到 2000 年已达 8%②。二战后,许多行业感到对新知识、新技能的强烈需求,于是,成人教育领域赚钱的机会涌现出来,继续教育学院吸收了大批前来更新职业技能的学生。医师也必须紧跟医学快速发展的前沿,因此,医生的继续教育获得极大的扩展。尽管公司每年都投入巨额资金搞培训,但大学的商业培训项目还是越来越流行。

发财的动力与日俱增,研究型大学之间的竞争因此不断升温。20 世纪后半期,许多因素强化了这种竞争。大学就学人数的增长,联邦资助和慈善捐赠的巨额增加,支撑起为数众多的高等学府,它们雄心勃勃,都想争创一流的研究型大学。交通改善和经济资助的增加,学生有了更多的选择求学院校的机会。同时,为推进地方经济的发展,州立法机关给大学里的科技领军领域提供更多的支持,以期能够取得硅谷和麻省"Route 128"那样的成功。在这方面,《美国新闻与世界报道》等媒体推出的大学排名,则起了推波助澜的作用。尽管每一位大学校长都能够说出这类排名的种种不是,但他们还

---

① Derek Curtis Bok. Universities in the Marketplace: The Commercialization of Higher Education. Princeton: Princeton University Press, 2003. p. 12

② Derek Curtis Bok. Universities in the Marketplace: The Commercialization of Higher Education. Princeton: Princeton University Press, 2003. p. 12

是把此类排名作为成功的标志,校际竞争也总是因此而强化。在那些所做工作难以找到令人信服的评价手段的大学中,情况尤其如此。

竞争的升温,反过来又使大学追逐资源的企图更为强烈。很显然,为提高学校的声誉,需要做的每一件事情,诸如招聘杰出的教授,资助优秀学者以吸引优秀学生,以及给教师们提供体面的薪水和设备等等,几乎都离不开钱。结果是,大学管理的成功就意味着,管理者在为学校的新目标谋取资源方面比其竞争者更有招数。为了抓住商业世界可资利用的一切合法的赚钱机会,管理者们感到压力重重,不得不优先考虑能够即时见效的机会。

20世纪以来,西方大学学生人均财政支持大为下降,其原因一方面是国家为了节约,另一方面则是有条件提供资金的教育与研究组织越来越多了,这就为准市场或市场对大学的控制提供了条件。根据联合国教科文组织的统计,1906~1991年,世界高等教育人数平均增长了4倍,其中发展中国家增长更快,约为10倍。但是,国家对高等教育的投入扣除物价上涨因素后,生均教育经费实际上处于下降趋势,这在发展中国家和发达国家都是如此。美国的高等院校几乎每年都要经历一场"预算风暴"。印度的情况可能更糟,国家教育经费支出持续下降,第一个五年计划(1951~1956年)时,教育经费占7.86%,到第七个五年计划(1985~1990年)时已下降到了3.55%;而高教经费在全部教育经费中的比重,也由第六个五年计划(1980~1985年)的21.85%,下降到第八个五年计划(1992~1997年)的8.18%①。但同期的高等学校却呈猛增趋势,经费拮据的大学,只能且有很多机会向市场伸手获取教育资源。

综上所述,大学商业化的客观基础是由多方面构成的。20世纪80年代私人雄心(private enterprise)和企业家精神的张扬,使大学捞钱的动机得以强化和合法化。白热化的竞争,带给高校更加功利化的动机,而学术价值的模糊,使高等教育商业化的大门敞得更开。当然,最关键的,是知识经济带来了快速增加的捞钱机会,专家见解与科学知识可以换取巨额的钱财。这些外在因素与内因共同作用,商业化的蔓延就有了现实的依据。

---

① 罗曼菲.国外高教大众化及其经验与教训.惠州大学学报(社科版),2001(3):101

三、高等教育商业化的教育理论与政策基础

有意无意夸大教育作用的各种教育理论和观念,客观上对于推动商业化潮流具有重要作用。因为,它能激发人们对教育的过高期望,由此对西方各国教育高消费观产生深刻影响。仅仅是把教育当成万灵药(panacea)的良好愿望,就足以强化一些人的功利化教育价值观。在公立学校兴起的年代,视教育为医治美国社会疾病的万灵药的梦想,就是这方面的典型。

在一般的西方人看来,学校教育最为主要的社会目的在于社会控制,改善社会状况,以及减少经济不公导致的社会紧张。早在 19 世纪 90 年代,美国社会学家 Edward Ross 就提出将学校教育作为社会控制的工具。他认为,过去这是教堂和家庭的功能,如今,学校教育作为灌输内在价值最重要的工具,正在取代教堂和家庭的这种社会功能。在此基础上,霍拉斯·曼提出,学校教育是解决所有社会问题的关键①。他认为,教育是人类诞生以来最伟大的发明,是对人类环境有着最大稳定作用的平衡器,是社会机器的平衡轮,公立学校是"共和国继续存在的不可缺少的条件",设立一所学校便可关闭一所监狱②。这种信念是很有代表性的,许多教育家的观点,都反映出这种信念的某一侧面。

霍拉斯·曼的观点之所以广受赞誉,原因在于,对一些 20 世纪的美国人来说,学校成了好社会的符号和希望。20 世纪早期给幼儿园孩子们讲述的一个故事,很好地描述了人们对学校的这种良好的愿望。在故事里,两个孩子将一束美丽的鲜花从学校带回他们肮脏黑暗的住所,母亲接过鲜花,放入肮脏的窗户边一只盛水的玻璃杯里;母亲认定,这花需要更多的阳光,才能显示它的美丽,于是,母亲擦亮了窗户,使更多的阳光进入居室;阳光照亮了肮脏的地板、墙壁和家具,新增的阳光让母亲着了急,她不得不赶快擦净如今暴露在居室里的各种污垢;这样,原本因为酗酒而无稳定工作的父亲,回到居室时,吃惊地发现,那讨厌的屋子竟变成了干净整洁的家;居室的变化,使父亲愿意把更多的时间用在家里,去酒店的时间就少了,父亲酗酒的问题

263

---

① Joel Spring. American Education. 7th ed. New York:McGraw-Hill Inc, 1996. p. 12

② 滕大春.美国教育史.第 2 版.北京:人民教育出版社,2001.304~305

就解决了,并找到一份稳定的工作;从此,全家过上了幸福的日子①。

现在来看,问题远没有那么简单。首先,教育与社会的联系并不是线性的,而是复杂的。其次,虽然这故事的真实性无需怀疑,对具体的某个、某些家庭而言,它是完全可能的;但对全社会来说,则是不大可能的。教育与就业之间的联系不会如此直接。在一定时期,社会提供的职位是有限度的,教育消费者之间的竞争,并没有增加就业岗位,竞争的结果只是岗位的转移而已。面对就业压力,将教育的功用与就业等现实需求异常紧密地联系起来,是可以理解的。但如果像当今一些人那样,将毕业后找不到工作,归咎于"所学无用",在思维上则过于功利化,有待商榷。

故事还表达了学校的道德影响向家庭和邻居渗透的愿望,这也是完全可能发生的事情。但问题是,谁的道德与社会价值观应该入驻校园? 霍拉斯·曼以为,存在所有宗教团体都能认同的某种道德观念,这种观念应该构成学校道德教育的支柱(backbone)。但是,即使存在这样的道德观念,霍拉斯·曼还是会面临不少的难题。比如说,学校是否应该卷入社会变革或社会改良之中? 直接的困境是,学校应该传递哪些人的社会和道德价值观,学校应该为哪些人的目标服务? 而如前所述,面对广大的利益攸关者,公共教育机构不可能满足各方的需要,做不到有求必应,更做不到有应必灵。

但是,美国的教育者们仍然欣赏霍拉斯·曼的教育理想,相信托马斯·杰菲逊等倡导公立教育的先驱者们曾经笃信的理想:公立教育可以使人们聚集到一起,学习共同的历史,分享共同的价值观念,从而使民主得以支撑。实际上,在1650年前后,当第一批城镇学校在新英格兰(New England)殖民地建立起来时,上学是自愿的。美国第一项强制上学法是马萨诸塞州(Massachusetts)于1852年制定的美国第一部普及义务教育法,它着眼于构筑一种共同的文化和价值体系。到1920年,几乎所有州都通过了类似的法律,尽管这类法律受到过一些团体的谴责。

公立学校的支持者最有力的说法是,教育增加了社会财富,教育带来了技术进步。他们强调,至少有两种渠道可以使教育对经济作出巨大的贡献:一是使现代工业社会需要的劳动力社会化;二是通过筛选(sorting)和训练

---

① Joel Spring. American Education. 7th ed. New York: McGraw-Hill Inc, 1996. p. 13

劳动力以促进经济增长。在这种理论的支持下，促进劳动力社会化的目标贯穿于整个美国教育史的始终。但这也是有争议的。为未来的职场慢慢地灌输某种态度与习惯，这是正当的吗？如此的社会化，只为现存的或已知的工作机构准备工人，难道想要造就一个静态的社会？更为重要的是，谁的观念置于社会化的计划中才是正当的？雇主们当然认为劳动态度和习惯有助于他们利益的最大化，但是，这可能不是工人们的兴趣。

筛选和训练劳动力以促进经济增长的说法，直接关乎职业教育和职业指导的发展。为了创造一个更有效率的社会，20世纪早期，作为学校教育的一项功能，职业指导被纳入综合改革（general reform）运动而在美国兴起。论者强调，人力资源的区分与筛选是最重要的社会效率之一。罢工和工人的不满情绪，则被认为要么是人们对工作不感兴趣进而没有热情，要么是人力资源没有得到充分开发，从而不能满足劳动力市场的需要。这种理论没有注意到，学校教育作为职业指导顾问的目标从未实现，原因有两个方面：一，没有培训出足够的初中和高中学校所需的顾问，他们既要有工作经验，又能分析市场状况、劳务状况，并懂得考试和教育计划以及心理学等知识；二，劳动力市场的未来需求极难预测，也不容易通过教育计划来解决需求问题。

尽管如此，在20世纪70年代，大学的职业指导功能大为扩展，增加了人力计划和就业训练项目，进而变成生计教育的一部分。生计教育是人们对当时的教育制度不满和面对大量大学毕业生无法就业而作出的反应。它将就业指导和职业教育合而为一，力图解决职业教育内部的一个主要冲突——职业教育应该给未来的工人提供广博的技能与知识，还是提供特别专门的才能。1971和1972年，生计教育迅速席卷美国公立教育系统，一年之内，美国教育办公室宣称，已有75万名青年参与了生计教育计划①。

让学校解决所有社会问题的理论诉求，必然地带来了教育价值的分裂和冲突，这从根本上损害了教育的整体功能②。20世纪80年代和90年代，让学校教育解决所有社会问题的理论所导致的价值冲突仍然很激烈。在美

265

---

① Joel Spring. American Education. 7th ed. New York: McGraw-Hill Inc, 1996. p. 20

② 潘艺林. 教育价值的分裂与统一. 教育理论与实践, 2000(11)

国,在关于艾滋病教育的讨论之中就有明显的表现,冲突双方各执一端:一方主张用强劲的道德准则来控制性行为,另一方则相信性自由是个人的权利。前者拥护有关性节制并设防同性恋的教育项目,后者则强调开展性安全教育,主张公立学校提供避孕用品。

20世纪90年代,全美教育目标的焦点集中于经济方面,这与来自德国、日本等国的经济竞争有关,也与培养劳动力相关。1994年3月31日,克林顿签署《美国2000年教育目标法案》时指出,这是开端,是基础。可以说,美国教育受到了严密关注。该项法案是联邦政府利用经济手段敦促州政府在教育领域遵循特别的行动方针(course)的例子,给美国公立教育带来的最大变化是,它研制了全国教育标准,其中包括内容标准(content standards)和行为标准(performance standards)。这两个标准意味着有可能出现全国性课程计划,甚至往往也是全球标准(world class standards)。在消费主义全球化背景下,美国的标准很可能就是欧洲和日本的标准。其主要问题是,什么知识最值得学生学习。早期的争论还有,学校之间差异很大,许多学校缺少适当的教材、训练有素的师资和必要的物质设施,不利于帮助学生达标。

面对如此多样的冲突与理论纷争,在学校、政府和市场三角关系日益复杂化的社会转型期,适时地将教育特别是大学教育付诸市场,甚至由商界来运作,的确是一件简便的事情。商界对教育高消费观推波助澜,就隐含着相当微妙的商业秘密。薪水高低与商界利害攸关,而薪水高低有赖于劳动力的供给状况。从商业的角度看,最好是求职者云集,高学历者云集,这样他们就能以最低的薪金挑选到最好的工人。而这对工人并没有什么好处。例如,20世纪50年代,商界给学校施加压力,要求培养更多的科学家和工程师;20世纪60年代,科学家和工程师过剩,直接导致低薪和失业。这就难怪,在转型期一浪高过一浪的教育改革进程中,商界越来越积极地要求参与教育政策的制订和修改,甚至使商业的规律直逼高等教育自身的逻辑。

在高等教育商业化潮流之中,大学毕业生的队伍庞大,待业队伍也随之膨胀,形成了就业市场强大的压力。而就业市场的压力,本身就为教育高消费找到了顾客——上大学、考研究生、攻读博士学位、应聘博士后,都是延缓就业的好办法。何况,按照许多理论家深信不疑的教育理想,教育对解决国家前途、社会问题和家庭问题都有无尽的功效。正因为如此,良好的教育愿望和教育理论尽管受到质疑,却仍然没有也不可能阻止商业化潮流在西方大学的蔓延。

事实上,高等教育商业化潮流与功利化倾向是相伴而行、互为因果的。高等教育商业化是行为上的表现,是功利化教育价值观念的外显行为,而功利化则是商业化行为得以产生"绩效"的价值取向或理论依据。正是从商业化潮流给大学带来的巨大变化之中,我们可能看到功利化倾向给大学宗旨带来的巨大的变化。教授们的确在努力改善他们的研究,但遗憾的是,这样的努力并非用在教学和教育方面,而是用在离育人宗旨越走越远的功利性目标上了。

第三节　功利化的影响:高等教育偏离非功利性宗旨

高等教育非功利性目标衰弱的情况,从大学宗旨的变化或偏离中,能够得到很好的说明。那么,大学的宗旨是什么或它原本是什么呢？大学作为探索高深学问的神圣象牙塔,一提到它,人们往往会联想到诸如人才成长的摇篮、学术探究的殿堂、社会良知的化身,以及人类公平的使者等。这些关于大学的联想,就是几百年以来多少人孜孜以求的大学宗旨,简言之,大学有育人、学术、公平、良知四大宗旨。然而,大学商业化及其理论形态却使大学的宗旨在逐渐偏离和改变。结果,大学实际奉行的宗旨与其所宣称的办学宗旨相差越来越大,培育功利主义需要的工人与培育真正的人严重冲突,学校不再是求学问是的场所,不再是社会良知的化身。

在 1951 年和 1952 年期间,永恒主义教育学家赫钦斯已在其演讲中指出:"大学的宗旨很久以来就发生了变化;现在,它被看做是社区的服务站。大学作为独立思想中心的这一概念竟距离我们如此之远。"[1]此后,以自私自利为导向,对金钱与私利的过度追求,使大学宗旨的变化并不比赫钦斯的描述更轻微,而是日益明显,这表现在以下方面。第一,教学工作被忽视,大学偏离育人宗旨;第二,高深学问贬值,大学偏离学术宗旨;第三,效率优先,大

267

————————

① 赫钦斯.民主社会中教育上的冲突.陆有铨译.台湾:桂冠图书股份有限公司,1994.29

学偏离公平宗旨;第四,批判功能缺损,大学偏离良知宗旨。对这四大宗旨的偏离,反映了价值取向功利化带给高等教育的深刻影响。

一、育人宗旨的偏离

在目标冲突与选择过程中,大学的自私自利倾向,最终使大学的行动离育人宗旨渐行渐远,而在高等教育扩展过程中,大学在改变学生成分的同时,也将办学宗旨永久地改变了。

20 世纪 90 年代后期,有学者曾将纽约市立大学过去 10 年的招生记录作了全面的比较,除极个别年份外,新生中未通过读、写和数学入学测验的学生比例始终在 80% 上下摆动。对于出身贫寒、少数民族及家庭中第一代大学生们来说,在大学毕业后取得稳定高薪职位,似乎远比成为未来社会的领袖重要。与此相适应,很多学校将课程与专业设置的重心不断地向科学与应用技术领域倾斜①。在一定程度上,可以说,教育就是学生把所学的东西忘掉后剩下的那些东西。换言之,学到的知识是可能忘掉的,但培养的品性和养成的行为规范却不可能忘掉。这不可能忘掉的,正是做人的基础,也是教育的目标,而功利化主导下的大学改革常常忘掉这个根本。

在多数学术圈子里,商业化都不是一个中性词,更不是什么褒义词。但不可否认的事实是,高等教育商业化、市场化的倾向已经侵蚀到美国大学象牙之塔的顶尖。据《纽约时报》报道,芝加哥大学的本科学院一直以其严格的学术标准享誉美国以至世界高等教育界,最近已经无法不面对现实了。2000 年,第 11 任校长尚能先(Hugo F. Sonnenschein)先生宣布,要缩减核心课程,增加娱乐性课程及服务性设施。他说,"今天高等教育无疑已经商业化和市场化,我们不能光顾自得其乐而忽视潮流。现在我们从学生及其家长们那里听到最多的是:'我们是顾客。我们付学费'"。②

分析大学商业化的历程,我们不难发现人们在认识上存在的偏好,即往往更重视商业化带来的好处,而常忽视其代价。商业化给大学带来的最为主要的好处是金钱的收益,这对缓解大学的现实压力作用巨大。收入的增加往往是直接的、有形的,而与之相反的是,商业化对大学的危害——无论

① 程星.细读美国大学.北京:商务印书馆,2004.41
② 程星.细读美国大学.北京:商务印书馆,2004.199

是对教员的良知、学生的道德教育或公众信任度的损害——都是无形的、长远的，因此至少在相当长的时间内，极容易被忽略。一次商业化行为未必显示出多少代价，商业化的代价是由多种相关行为不断积累起来的。结果，当官员们在一件一件地清点商业化带来的各种好处时，自然就形成了忽略其累积代价的倾向。有关大学商业化的各项决策，可能使大学的公信度受到损害，也可能使大学教员愿意更多地专注于有偿讲座、有偿咨询或开办公司。对于这些可能性，决策者不加注意，或根本不重视，他们知道，就任何一个具体的决策而言，商业冒险的隐性代价是永远不会被追究的。

更看重利益这种认识偏好，不仅存在于大学决策系统，而且存在于整个高等教育系统之中。博克举出的大量例子，生动地说明了这种偏好①。他通过研究注意到，如果几所独立的大学发现相似的机会，如在网络课程中接受商业广告，或投资于自己的教授们开办的公司，那么，其中少数几所大学就会走在前面。一旦这少数几所开了头，在竞争激烈的社会大环境下，其他大学就很难不跟上。哥伦比亚大学与 U. Next 这家赢利公司签订了合同，其他的顶尖大学就纷纷仿效。看到那为数众多的教育机构都在拼命改善自己的地位，这种商业化的作用力，几乎是为数众多的各种大学都无法抵抗的。渐渐地，越来越多的大学走上商业化之路，行为的更替，使可接受与不可接受的标准开始易位。伴随着坚定的商业化进程，那曾经备受责难的行为，就这样一步一步成为可以容忍的东西。这种进程，在大学体育运动方面留下了特别丰富的例证，一些专业所收运动选手的学术资质和学业成绩一降再降，远远低于同班其他同学的标准；同时，为组建更好的运动队伍和增加收入，关于运动员上课、学位授予的种种规章制度，就不知不觉地瓦解了。大学科研领域的情况与运动领域相似，赚钱的欲望也瓦解了以前有过的各种规章制度。医药公司的触角，通过教学医院和各种培训项目，也渗透到了大学继续教育的教学内容之中。

目前，要对高等教育商业化的利弊加以总结，可能还为时过早，但它已从忽视教学工作、不良行为成为学生的不良榜样、课程决策权的不当下移等多个方面表现出对育人宗旨的偏离。

---

① Derek Curtis Bok. Universities in the Marketplace：The Commercialization of Higher Education. Princeton：Princeton University Press，2003. 119～121

（一）忽视教学工作，育人得不到足够的鼓励

财政现实、制度上的需要、改革的意识，所有这些因素的交汇，掀起了重新强调教学的教育质量运动，致力于恢复教学的中心地位。与此不谋而合的是，教授自己也把教学视为自己所能发挥的主要作用。不少人认为，强调研究是一流大学的特点，但也有人认为，这种意见可能太极端了，越来越忽视本科的教学，才是西方大学面临的一种危机。由此，20世纪90年代对这个问题的辩论越来越多了，高校教师中越来越多的人觉得来自科研方面的压力太重。调查发现，42％的人感到必须发表作品的压力降低了教学工作的质量，75％的教师确信，如果他们不发表作品，就很难获得终身聘用的资格。尽管多数人强烈地热衷于教学工作，但当问及教授们的兴趣主要在教学还是研究上时，63％的美国教师回答说，他们的义务主要是教学或倾向于教学。作出这种回答的教师英国只占44％，瑞典只有33％，日本只占28％。在这些国家，以及卡内基基金会调查的国家中，大学教师更多地专注于科研①。在哈佛大学，一些教授过于追求专门化领域，一心追求科研潮流，忽视了通识性教育，把大量过于狭窄的专业内容带入课堂，让学生不知所云。因此，Summers任校长时不得不强调，多教学生一些实际的知识，而不要过多地讲什么方法论之类非实质性的东西②。

大学拼命地争取声誉，但它受到的批评却非常激烈。其中一个方面就是，大学对科研的奖赏远远胜过了对教学的奖励。科研成功可以使教授们闻名遐迩，教学成功则不然，只在教学上出色的教授，走出校园就无人知晓了。既然在教学中能够获得的回报如此的微薄，竞争激烈的大学自然不愿意鼓励教员专注于教学改革，以教学为业成为一种不太现实的玄想。

在这个问题上，日本的情况比美国更严重。日本的大学评价过于偏重研究方面而忽视教育方面，存在"只有检查而无实质性评价"等弱点。战后日本大学一直保持着重视研究甚于教学的传统，教师也遵从这种传统，普遍把提高自己的研究业绩当做最重要的工作目标。曾有调查显示，七成以上的日本大学教师认为研究工作"绝对重要"或"相对教学比较重要"，相反地，

---

① 阿特巴赫.比较高等教育.人民教育出版社教育室译.北京：人民教育出版社，2001.116～117

② 薛涌.美国大学的危机.东方早报，2006－01－03

认为教学重要的教师只占了 20％ 多，远远低于美国持同样意见的教师比例①。而且，政府、企业也多依据教师的研究成果而非教学上的业绩而确定是否给予资助。在考核文化中，与教学领域的评价指标相比，研究领域的评价指标更易于量化，易量化的指标往往被优先立项，如学术专著和投稿论文的数量、论文被引用的频度等等显示研究成果的指标，都比较容易用计量方式处理。

当然，大学对科研的极端重视，是有其历史根源的。"柏林大学从最初就把致力于专门科学研究作为主要的要求，把授课效能仅作为次要的问题来考虑；更恰当地说，该校认为在科研方面有卓著成就的优秀学者，也总是最好和最有能力的教师。"②依据讲座制，这样的教师才有可能被选为教授。在确定教授人选时，起决定作用的不是地区的考虑，不是同事的好恶，不是社会交往能力或口才好坏，也不是笔头或教课能力，而是研究工作及其成果的独创性③。在讲座制中，核心在于从同僚中选举讲座教授，"任命"来自下面而不是来自上面，不是来自一个高级官员或首脑④。讲座的规模较小，实行高度自治，教授的研究与教学便获得了更大的个人自主空间，这种机制的成功，高度依赖于教授个人的道德良心和科研水平。而离开科研实力这种硬的指标，评价起来似乎更困难。正是以研究能力作为讲座教授选拔的唯一标准的做法，才奠定了教授在这一学科施展这种权威的合法性，也给大学留下了重科研轻教学的隐患。

如今，越来越多的人在反思育人宗旨问题，有的研究明确指出，大学忘记了教育宗旨，在追求失去灵魂的"卓越"。许多大学并不能很好地说明自己的课程设置究竟要达到什么具体目标，"广泛性"和"选择性"通常是课程本身标榜的目的。为了取悦学生，以便在所有重要的大学排名中名列前茅，大学在用"糖果"哄骗学生，而不是采取严格的措施锻炼学生的品行；大学把学生当做雏鸟加以呵护，而不是鼓励其挣脱巢穴的羁绊。简单地说，大学没

---

① 丁妍.日本大学评价制度建立的背景、现状及问题的研究.复旦教育论坛,2003(5)

② 鲍尔生.德国教育史.北京:人民教育出版社,1986.125

③ 陈洪捷.德国古典大学观及其对中国大学的影响.北京:北京大学出版社,2002.94

④ 克拉克.高等教育系统.王承绪等译.杭州:杭州大学出版社,1994.125

有负责任地帮助学生茁壮成长①。在功利化环境中,教育不再是为了个人的启蒙和教养。沉迷于教育消费的人们迷恋的并不是教育本身,不是教育在教养方面的价值,而是通过教育可以获得的地位、身份、竞争力等具有象征意义的衍生价值②。在一个有交易价值的知识比有象征意义的知识更受重视的市场中,人们不会再简单地认为通识教育本身就值得追求。"如果我们不为教育的种种使命排出优先顺序,不对什么是民主教育建立坚定的认识,大学就会在其自身企业本能的重压下产生内爆。"③

在建设一流大学的竞争环境下,以教学为业的人很难得到足够的激励,这以德国高校围绕精英大学建设的争论和实际上实施的卓越计划的改革过程为典型。德国大学一直声称,教学和科研是大学的两根支柱,但教学工作在实质上长期受到忽视。特别是20世纪60年代大学实行校门开放扩招之后,学生人数猛增,处处人满为患,部分课程师生比竟然高达1∶150,洪堡时代菩提树下谈书论道的情景已难觅踪迹。办学条件难以维持,学生由于得不到老师足够的指导,辍学率极高,哲学等部分专业的辍学率甚至高达90%。在这种情况下,作为无法带来及时的、显性功效的教学工作,自然就容易被忽略。德国政府实施卓越计划的目的不是教学,而是提升大学的科研实力,以打造德国大学复兴的灯塔,甚至由此生出了"是灯塔还是风车"的疑问,使德国大学也赶上了忽视教学的潮流。卓越计划投入的总经费只有19亿欧元,由几十所大学分5年分享,而且指定用于大学的科研。在过去20年里,德国大学少有诺贝尔奖得主,而德国最为古老、在世界上知名度最大的海德堡大学附近的马普所,自1985年以来诺贝尔奖得主却有9位,居全球教学科研机构第2位,仅次于MIT,以至于马普所被称为一所"没有学生的精英大学"④。卓越计划与德国大学的绝大多数学生无关,尤其是与本科生无关。越来越多的优秀人才也从大学流向科研经费充足、无教学负担、激励机制优于大学的校外科研机构,这从客观上弱化了教学工作必不可少的优

---

① 哈瑞·刘易斯.失去灵魂的卓越.候定凯译.上海:华东师范大学出版社,2007.4、20

② 潘艺林.牺牲质量,谈何权益——消费主义教育价值观评析.学术界,2006(2):103

③ 埃里克·古尔德.公司文化中的大学.吕博等译.北京:北京大学出版社,2005.(前言)3

④ 张帆.德国大学"卓越计划"述评.比较教育研究,2007(12):68

化的学术生态,育人再次陷入无人激励的境地。

(二)大学的不良行为成为学生的不良榜样,使大学育人的性质令人怀疑

在不断的改革过程中,赚钱机会的增加使大学离教育机构的性质越来越远。大学教师从有偿服务中找到了增加收入的各种渠道。随着生物技术的繁荣,生命科学家已经不只停留于提供咨询和为他们的发现申请专利,而且开始从急于获得其帮助的新公司那里收到股票,或者,干脆以自己的发现为基础创办新的公司。商学院的教授们走出书斋,往来于那些愿意为咨询和员工培训付费的公司之间。法学学者收取巨额费用才肯提供咨询,或出任公司的法律顾问。经济学家、政治学家、心理学家,以及其他许多学科的专家们发现,他们的意见在公司、企业和其他私营机构那里相当值钱。

大学的行政管理者也发现了在他们熟知的教学、科研领域之外捞钱的新机会。校友会办公室组织各种巡游、演讲,将毕业生带往那些奇异的地方,商务办公室则筹备让运动衫、药品和其他随身用具使用大学的校名。为销售有关商品,大学博物馆建起了很有吸引力的商店,而大学的书店干脆搬出校园,去市中心赚大钱。博克看到,短短几十年间,一个大胆的新世界出现了,这个世界充满了各种各样的化专门知识为金钱的机会。在追逐和开拓这些机会的过程中,大学校长、雄心勃勃的教授,乃至管理人员们,都匆匆忙忙走上了发财致富的道路。为了从教学中赚得更多的钱财,大学管理者想方设法招徕学生,这给生源质量和学生管理都带来了冲击。有的教练看到,大学的足球队员中,为了求学的不足 20%。这个估计也许还过高。许多教练也不希望球员们过多地专注于课程作业①。许多大学一味地适应或迎合学生,大量增加方便就业的职业性专业,相应地削减传统专业。为了获得更多的资源,它们宁可忽视不能赚钱或难以赚钱的课程和专业。

在一些地方,商业化竞争本身的不道德,直接成为学生和其他人员的"榜样"。当学生们发觉,教育机构为了赢得足球比赛、签到赚钱的研究合同、从贷款中谋取不正当利益或兜售网络课程,而违背自己讲授的道德原理时,学生们自然就不会把学校宣称的道德宗旨当回事了。这种变化,必然会导致有关领域里道德问题的普遍恶化。学生贷款领域爆出的丑闻就是明

①　Derek Curtis Bok. Universities in the Marketplace：The Commercialization of Higher Education. Princeton：Princeton University Press，2003. p.44

证。2007 年 6 月 15 日《纽约时报》报道,美国参议院一个关于学生贷款领域的报告指出,学生贷款人向大学及其官员赠送礼物和行贿的情况,远比所披露的严重。并且,在某些情况下,是大学官员主动要求贷款人赠送礼物和行贿,作为帮助贷款人的交换条件。这个报告的发布人、民主党参议员兼教育委员会主席爱德华兹·肯尼迪指出,有新的大学卷入了贷款丑闻,而且学生贷款人的许多手法都是不道德的,甚至可能是非法的。内布拉斯加州的贷款机构——内尔尼特公司(Nelnet)就创造了一个精巧的分数体系,让为它提供咨询的官员获得报酬。其基本操作办法是,对一种金融产品提供一个点子,可以获得 25 分;完成一项在线调查,也可以获得 25 分,这些分数可以换取报酬,每 1 分的价值就是 1 美元。肯尼迪指出,贷款丑闻是系统性的,不是少数贷款人或少数学校的问题①。

偏离育人宗旨的大学还会以其他值得怀疑的方式触动大学生的生活。2001 年,某公司愿意支付两名本科新生大学期间的全部学费,条件是两人在全体本科生中传递该公司的信息。一时间,这事成为新闻,自然不乏模仿之人。另外,有的本科生向编制课程指南的商人们出售课堂笔记②。从道理上讲,大学当局是不想让本科生们从事这些活动的。然而,为了赚钱,大学自身允许公司将教育机构及其教学用于商业目的,在这种情况下,它如何能令人信服地规范本科生的行为呢?

(三)课程决策权的不当下移,使大学提供的知识基础缺乏保障

西方大学核心课程的变化,就是大学育人宗旨发生变化的重要体现。1980 年前后,美国各大学都在忙于通过流行的"核心课程"计划,力图恢复 20 世纪 60 年代以来被大众消费所破除的那些规范。当哈佛大学在 20 世纪 70 年代末采用核心课程计划时,全国曾欢呼那是学院中发生的一场"静悄悄的革命",到 20 世纪 80 年代中期,核心课程计划的课程数量已由 100 余门增加到 150 余门,早先为核心课程设想的普通教育目标已被"容易、过于拥挤、经常是低劣的讲授"所取代。卡内基教学促进基金会于 20 世纪 80 年代中期对美国本科教育进行了广泛的调查,该调查发现,1969～1984 年,从阳光地带

---

① Karen W. Arenson, Diana Jean Schemo. Senate Report Details Deals in Student Loan Industry. New York Times,2007-06-15

② Derek Curtis Bok. Universities in the Marketplace: The Commercialization of Higher Education. Princeton: Princeton University Press, 2003. p.109～110

的学院到常春藤联盟中的大学,职业至上论都统治着校园,大多数学生表示,获得从事某种专门职业的资格,是他们进入大学和继续学习的主要原因。"自由教育与职业至上论之间存在着深刻的矛盾。今天,目光短浅的强调职业教育的主张以其注重技能训练而支配着学校。"①

　　课程决策其实是相当复杂的过程。用华盛顿州立大学教育学院古德莱德教授(John I. Goodlad)课程决策的五个层次来分析,就很能说明问题。根据课程决策层次的不同,古德莱德将课程分为五个层次,以揭示课程实施的推演过程。第一,观念层次的课程。即由研究机构、学术团体和课程专家等所倡导的尚处于观念之中的课程。第二,社会层次的课程(societal domain)。由教育行政部门根据社会政治、经济、文化等方面的要求而规定的课程计划、课程标准和教材,即正式课程。第三,学校层次的课程(institutional domain)。学校有关人员依据学校特色和需要对社会层次的课程进行选择和修改后的课程。第四,教学层次的课程(instructional domain)。指教师体验、规划并在课堂上实际实施的课程。第五,经验层次的课程(experiential domain)。即学生实际经验的课程。②

　　在这五个层次的课程中,前两种课程属于课程设计、课程选择阶段,后三种课程则进入课程实施阶段。这种课程层次分析表明,除了正式课程(有关方面明确规定的教材与计划),至少还存在着理想的课程(研究人员提出应开设的)、领悟的课程(教师对正式课程加以领会的结果)、实行的课程(教师据其领悟而实施的)和经验的课程(学生实际获得的)。面对如此复杂的课程决策问题,简单地将课程决策权交给知之不多的学生,显然有违教育的宗旨。学生到大学的目的无论有多少种,毕竟都得以接受教育和引导为主。

　　学生过多地强调职业化课程的重要性,官员们通常对一些转瞬即逝的政治现象反应过度,而这两个群体通常既缺乏有关讲授哪些学科更为有效的经验,也缺乏如何最好地组织和实施教学的经验。显然,教育者不宜为了迁就学生的要求和官员的意见而设计课程体系,大学必须依靠教授并让他们成为教学内容与课程体系的最终决策者。而且,这种决策的目的,应该总

---

　　① 陈学飞主编. 美国、德国、法国、日本当代高等教育思想研究. 上海:上海教育出版社,1998. 64～65

　　② J. I. Goodlad and Associates. Curriculum Inquiry: The Study of Curriculum Practice. New York: McGraw-Hill, 1979. pp. 60～64

是指向学生与社会的合理需要（needs，而非"欲求"wants），而不是指向其他的动机。然而，高等教育商业化却威胁着这条教育原理①。赚钱的动机，已使决策的重心由根据现有条件提供优质学习经验，转向为吸引学生消费者而涨价或跌价方面。年轻的学生不容易比较他们面临的教育选择对自己的益处，名牌大学则利用自己的声誉，提供廉价的课程，以赚取额外的钱财。

既然课程决策涉及的问题如此复杂，那么，在课程改革过程中，按消费主义的逻辑将课程决策权完全交给学生及其家长说了算，问题的确很严重。美国加州某个黑人占优势的学区，在讨论学校的课程设计时，不少强调"民族文化自信"的人提出，学校教一本白人写的书，就得教一本黑人写的书②。照这种逻辑，麻烦就大了。苏格拉底、培根、牛顿、哥白尼、康德、马克思、爱因斯坦等都是白人，白人留下的名著太多，由于历史的原因，很难在同一层次上找出与之同样多的黑人著作来。不过，就这个事例而言，还不只是学生说了算的问题，关键还在于由什么学生说了算。但是，为了教育宗旨的实现，不应由白人学生说了算，也不应由黑人学生说了算，还是教授说了算比较好。

传统上，美国大学具有非营利的基础，但通过培训课程去获得额外收入，也并不是什么新鲜事，对学生的争夺至少在 1892 年就出现过。这一年，芝加哥大学的 Harper 校长创办了函授学校（correspondence school），其他大学则紧跟上来。为了吸引和留住学生消费者，哥伦比亚、芝加哥等大学到处打广告，还雇用了流动推销员。Harper 校长还是创办继续教育学院（extension school）的先锋。由于质量等问题，在弗莱克斯纳等人的批评声中，函授教育最终衰落下去，但各种形式的继续教育却发展起来。过去几十年，各种职业培训项目相当流行。在哈佛大学，攻读常规学位的学生只有大约 18000 人，而来校接受数天、数周或一年培训的学生，超过了 60000 人之众③。这数倍于普通在校生的学生，大都是五花八门的成年人，其个别差异相当大。像俄国杜马的 30 人来学习民主法治的有效管理，世界各地前来充

---

① Derek Curtis Bok. Universities in the Marketplace：The Commercialization of Higher Education. Princeton：Princeton University Press，2003. p. 108

② 薛涌. 谁的大学. 昆明：云南人民出版社，2005. 223

③ Derek Curtis Bok. Universities in the Marketplace：The Commercialization of Higher Education. Princeton：Princeton University Press，2003. p. 83

电的记者,五角大楼肩负特殊使命的军官等等,给大学带来的额外收入都相当可观。

能够提供这些培训和课程的大学很多,所以大学之间的竞争异常激烈。而且,竞争不仅在大学之间展开,就像商学院之间的竞争一样,除了在商学院之间,还在商学院与咨询公司之间,在商学院与许多大公司开办的企业大学(corporate universities)之间展开。1996年以来,为满足特殊公司的特殊需要,兴起了一些名为"消费者化"(customized)的课程或专业。在这些领域,课程内容覆盖面相当宽泛,有为企业组织的下层行政人员提供的基础知识学科,也有为企业组织的上层官员创造性地应对各种新的挑战而开设的特别领域。对于这些课程,公司的兴趣与大学的教育基准之间往往达到惊人的统一。这就不能不让人怀疑。公司对大学的课程和专业介入如此之深,大学的专业成为资助者产品的促销室,这合适吗? 不会腐蚀教育过程吗?

可见,在盘点高等教育商业化带来的各种好处的时候,千万要当心。高等教育商业化竞争的动机,常常不能带来有益的结果。商业化竞争所遵从的,只有市场需求。根据市场逻辑,大学的处境就与商业电视频道相似:优异的节目极少登台,除非观众提出了要求。如果出售运动员用过的眼镜可以从市场获得巨额回报,大学就可能为招收这样的运动员牺牲学术标准;如果雇主只需要员工具有某种资格证书,那么,培训的课程就会便宜,其代价则是将培训的质量置于次等的地位。

二、学术宗旨的偏离

根据教育哲学家布鲁贝克的研究,每一个较大规模的现代社会,都需要建立一个机构来传递深奥的知识,分析批判现存的知识,并探索新的学问领域,而大学的首要职能就是完成这些任务。换言之,大学教育的首要职能是承传、创造和应用高深学问。"高深"是一个相对的概念,它只相对地表明程度上的差异。这种程度上的差异在教育体系的上层非常突出,使它具有了不同的性质。大学教育所关注的高深学问"或者还处于已知与未知之间的交界处,或者是虽然已知,但由于它们过于深奥神秘,常人的才智难以把握"①。这种知识其实就是与智慧最为接近的、处于前沿地位的知识。从这

① 布鲁贝克.高等教育哲学.郑继伟等译.杭州:浙江教育出版社,1987.12、2

种意义上讲,大学就是探究和传递高深学问的、理智的学术共同体,大学教育的宗旨是学术性的,是学术的传承和创造。如克拉克所说,"从高等教育的正规组织至今,它就是控制高深知识和技艺的社会机构"①。

因此,离开了高深知识,高等教育的追求就没有依据,就会落空,还可能阻碍社会的发展。西方大学发展史上16~18世纪出现的"冰河期",早就从反面说明了这个道理。那时,自然科学的发展从根本上改变了人类的知识结构,而经院哲学所控制的高等学校已不再是以高深知识为工作对象的学术共同体了,它施予的"教育",也不再是真正的高等教育。当时的大学因其保守、落后,未能发挥好为社会提供精神动力与行动方向的积极作用。可是,功利化的当代大学对高深学问的偏离,与"冰河期"的情况有不少相似之处,那就是,极端功利主义消解传统与理论兴趣,高深学问难以为继,以学术为业缺失机制。

(一)极端功利主义消解传统与理论兴趣

在高等教育商业化浪潮中,弥漫世界的功利主义情绪正把学校教育塑造成典型的物品加工厂,正从家庭、社区、政府和学校内部的各个方面向孩子们展示:急功近利的教育更合乎"社会的需要",更优越。这势必泯灭受教育者和教育者对学问的好奇心。对任何教育活动,先问有没有用,如果觉得派不上实实在在的用场,就不感兴趣,这样的现代教育可谓好奇心最大的敌人,因此也是知识和学问的死敌。这恰好回应了爱因斯坦曾经的感叹,"现代"的教育方法如果还没有把研究问题的神圣好奇心完全扼杀掉,那简直是奇迹②。

奇迹实在太少。甚至于,"受过高等教育的人"提出的问题,不再是"它是否真实",而往往是"这有什么用处,这是否可以出售,这是否有效"等等。在一些地方,"怎样卖个好价钱"之类公开的叫喊也曾时髦一时,传统和理论的合法性经受着来自经济诱惑和政治矛盾的双重颠覆。有调查显示,美国高校讲心理学不提弗洛伊德,讲经济学不提马克思,讲哲学不提黑格尔,那些思想大师不仅远去,而且已被遗忘了。在高等教育市场里,人们缺乏深入研究的耐心,人们急于要找到的,只是即刻可以解决问题的精妙药丸或精确

---

① 克拉克.高等教育系统.王承绪等译.杭州:杭州大学出版社,1994.12
② 周国平.安静.第2版.太原:北岳文艺出版社,2004.347

基因①。

对于极端功利主义价值取向的普及，"时间就是金钱"的流行观念是很好的催化剂。其中的时间，不限于劳动时间。对劳动时间而言，因其被出售或被购买，与金钱的关系显而易见。在政治经济学中，马克思分析商品的交换价值（价格）时，就是以时间来计算的——商品的价格不仅与个人的劳动时间有关，而且与社会必要劳动时间有关。消费社会与以前不同的是，休闲与自由时间本身，也变得越来越需要直接或间接地被购买，才能被"消费"。在一些时候，工人们在包装产品上花费的时间，理所当然地成为产品成本的一部分，他们自己的自由时间就这样被出售给了消费者。而在另一些时候，投一枚硬币，就可能在电唱机中为自己买到几分钟的悠闲。但不管是哪一种时候，时间已成为一种服从于交换价值的珍贵的、稀缺的东西，时间已经变得跟其他任何物品都一样了——能够而且应该与其他任何商品进行交换。

一切时间都成为金钱，这一变化非同小可，它使大众不得不处处算计，不得不选择费时少、收益大的事情去做了，即有了时间使用或投入的效益最大化的问题。这就为短期功利主义的价值取向奠定了广泛而深厚的社会基础。这样的社会基础一旦奠定，就必然形成对传统和深邃思想的消解和颠覆。深邃思想的探究往往是费时不讨好的事情，大众哪有时间来消费呢？学生时代更是个人的黄金时间，寸金难买寸光阴，就不大可能用于消费耗时多、见效慢，或根本就不可能见到什么效果的深邃思想或高深学问了。在这种情况下，教育价值取向只能偏重那些能够显示即时功用的课程和方法，消费教育就像消费麦当劳一样，讲究多快好省，而社会上拒斥理论的倾向势必得到强化。这是因为，理论的建构不仅需要功力和时间，而且难见"效益"，有的可能很难或根本无法转化为"生产力"或消费力，还要师生们爱它，显然有些强人所难了。

高等教育价值的功利化取向，不以思想者的意志为转移地把知识区分为有用的和无用的，教育哲学家称这种区分为"割裂"。如杜威所说，在"有关教育价值的许多割裂现象中，文化和实用之间的割裂也许是最基本的"②。

---

① Russell Jacoby. Gone, and Being Forgotten. The Chronicle of Higher Education. 2008－07－25

② 杜威.民主主义与教育.王承绪译.北京：人民教育出版社 1990.275

杜威力图制订一种新的课程,以恢复课程的自由价值与实用价值的一致性。在他看来,课程本来应该同时既是有用的,又是自由的。"只有迷信使我们相信这两个方面必然对立,即一个科目既然是有用的,便是不自由的;一个科目因为无用,所以有文化修养的作用。"①但是,杜威的教育理想没有实现。此后,这种对知识和知识价值的区分不是减弱了,而是加剧了。一面是对所谓的知识经济的极力鼓吹,一面是使知识和知识界变得极端卑微!波德里亚注意到,在法国通常遭到轻视的文学奖制度,就"适应"了消费社会对"知识"的区分。"以前,它们选出一本传世之作,那种做法很离奇。如今,它们选出一本有现实性的作品,这种做法很有效。它们就这样得以苟延残喘。"②在这里,评奖者有关知识的价值取向已经转型。这种转型意味深长,西方大学的学院派知识分子可能不得不作出抉择:要么转型,要么退出;要么"与时俱进",要么被淘汰。

颠覆了传统理论之后,教育功能的变化是巨大的,高等教育的种种功能不外乎职业化功能与成人培训功能。当然,高等学校并不是无事可干,而是负担越来越重了。单是各式各样的培训,就让不少大学教授应接不暇。大众不得不消费的各种培训,被波德里亚称为"再循环"③。通俗地说,这里的再循环就是各式各样的进修生们常说的"充电"。这种再循环机制以科学自居,为每一个不想被淘汰、被疏远、被取消资格的人,提供了使其知识、学识等在就业市场上可资利用的材料,得以重见天日的必要条件。在1970年前后,再循环概念就不仅适用于企业界的技术骨干,而且也适用于法国的教师了。随着终身教育观念的深入人心,这种机制在大众心目中,也就成为天经地义的"应然"选择了。为了跟上时代的步伐,每一个人都必须不断地充电,不断地在销售技巧、教学方法等方面获得更新。这种再循环机制让每一个人不得不追赶潮流,让每一个成员在社会上要么获得成功,要么就被淘汰,而高深学问为功利主义所左右,能有多少进步可言呢?

(二)高深学问难以为继

如前所述,反智主义就是反对学生学习没有实用价值的象牙塔学问的

---

① 杜威.民主主义与教育.王承绪译.北京:人民教育出版社1990.273

② 波德里亚.消费社会.刘成富、全志刚译.南京:南京大学出版社,2001.104

③ 即法语的 recyclage。据《消费社会》一书的译者注,该词在法语中本来就有"进修"的意思。见:波德里亚.消费社会.刘成富、全志刚译.南京:南京大学出版社,2001.101

一种倾向,这种倾向与西方大学探究高深学问的传统存在着明显的冲突。在英国,以牛津和剑桥为代表的传统大学,直到 20 世纪初都能以探究高深学问为业,但随着社会要求的进一步增加,人文与科学、个人与社会、教养与专业、古典与近代、理论与应用等方面,不同价值取向之间的冲突便不断发生。实践上的冲突导致了认识上的困惑,以至于什么是高深学问也不如 16 世纪和 17 世纪那样明确了。高等教育同时面临着深层理念的困惑与现实功能的太多选择。在这种情况下,高等教育如何培育出既能适应社会需要,又不被金钱吞噬的社会栋梁,或者说,如何实现大学之用与大学之道的完美结合,如何实现高深学问的自由探究与社会需要的满足之间的结合,成为关乎大学宗旨能否承传的关键性问题。

我们已经看到,入学资格的平等主义哲学与为民主社会培养社会精英的英才哲学之间的冲突,是转型期西方高等教育不可回避的重要问题。解决的办法似乎只能是改变大学的学术宗旨。在这里被颠覆的,既有历史留下的著作、思想、传统等人类遗产,又有考证和理论思考的持续性①,而这两个方面都是对高深学问的"彻底颠覆",颠覆的结果就是大众文化和大学课程的麦当劳化。人们的生活就像在电脑面前打游戏一样,必须匆忙地往下赶,尤其不要作分析性思索,否则就会由于浪费时间而只能获得最低分。分析性思索不利于他们快速学到"有用"的知识,代价太高,因而,那些需要分析性思索才能掌握的课程内容与学科,只好从课程表中删除。而这种删除,恰好是对高深学问最为有力的颠覆。

颠覆了高深学问的消费社会,其特点就是,"思考"的缺席、对自身视角的缺席,人们宁可修改教育质量的含义,也不愿承认高等教育质量的下降。学生作为消费者,消费大学提供的服务,只要能够使其获得某种身份或地位、职位就行,至于与教育有无关系,已经变得无关宏旨了。学生对学问本身的兴趣被消费,这是高深学问难以为继的关键问题。1996 年 3 月,《纽约时报》星期天的《声音》专栏,登载了一位打算获得纽约大学历史学学位的本科生艾米·吴写的她个人的"具有普遍性的故事"。这个故事揭示了功利化对学生带来的直接影响,揭示了学生对学问的兴趣是如何被逐步消磨掉的,功利化价值取向是如何在学生那里逐步形成的。

---

① 波德里亚.消费社会.刘成富、全志刚译.南京:南京大学出版社,2001.102

学生对学问的兴趣是如何被消费掉的

我是很多将大学教育从四年压缩成三年的年轻人中的一员。但是，我决定提前一年毕业和个人的雄心关系甚小，而是想节省一大笔钱。

我在入学之前就已经决定提前一年毕业了。学费，大一那年是16000美元左右，其后每年的增长远远超过了通货膨胀率，住宿和书本还要再花费几千美元。财务补助办公室不给予帮助，所以我父亲决定将房屋按揭重新贷款，我也计划在上学期间找一份工作。

我对高等教育的兴奋心情随着父亲每次收到学费账单而减少，而学费在我大三时已涨到19000多美元。我几乎对自己上大学感到负罪和歉疚。

高中的时候，我和我的朋友等不及想要上大学。我们对布满常春藤的校舍、终生的朋友和浪漫的舞会充满典型的理想主义向往。大一之前的那个夏天，我们看着课程手册，什么课都想上，什么都想学。但我们的热情随着学费的重压而减退，而学校曾保证只有在高等教育资金紧缩时才上涨学费。所以我的朋友和我开始将对大学的爱好转向删减不必要的部分，我们在精打细算和节约开支方面变得足智多谋。我们从图书馆复印书，而不是每学期花500美元买课本，还有一个同学利用大学书店两周内退款的规定，她把书买回来，阅读并复印，然后在到期之前退还给书店。

我的室友买了读书笔记而不是买真的书，因为读书笔记价格便宜，而且容易理解。我们很多人都用奇怪的选修课累积学分，我沉湎于现代舞和中国烹饪中，其他人则在钻研猫王音乐的意义和飞碟的历史。

高等教育的高成本造就了一代人，他们对降低成本的决定大大改变了上大学的体验。由于越来越多的学生提前结束学业，用更多的时间打工来支付学费，或选择能负担的社区大学，而不是无法负担的享有声望的好大学，几乎没有时间考虑大学时代的友情，没有时间毫无压力地学习，无法从容不迫地向成人期过渡。现在年轻人更多地是在担心债务，而不是讨论学校里学术的质量，或怎样度过匆忙的一周……

渐渐地，我发现了所有这些现象中的悲剧。我生长在一个渴望教育的家庭，我父亲相信"学习得越多，赚取得越多"。我学习了，但并没有学到我想学的一切。

对大学教育过度缩减的一代人,其后果可能包括素质偏低的劳动人口和知识偏少的成人人口,但最不幸的是对高等教育观念的改变。对我们这一代太多的人来说,高等教育已经变成人生中令人烦恼的一个阶段,我们不得不忍受这个阶段只是为了满足市场对装饰美观的一纸文凭的需要。这更像一种负担,而不是利益;更像一种受罪,而不是一种渴望。

（资料来源:埃里克·古尔德.公司文化中的大学.吕博等译.北京:北京大学出版社,2005.24～25)

研究者指出:"任何在美国大学里任教的人都势必承认这位吴姓同学的处境。她已经意识到自己不得不成为一个高等教育的成功消费者,而不是像她曾经希望的那样,成为沉湎于学习的浪漫中的年轻人。当然,只有在我们接受她是屈于费用的压力被迫进入当前这种状态的这个意义上,我们才会被她的论点说服。……在吴姓同学的例子里,如同在很多其他人的例子里一样,学历证书才是被重视的东西,这也是很可以理解的。"①

在这样的故事里,不难看出功利化对学生真正意味着什么。首先是不堪重负的学费,接着是对必要花费的斤斤计较和对回报的深切渴望,也就是价值取向的极端功利化。进而,对学问的热情和精力都没有了,学什么、学多少也无所谓了,干脆早点儿毕业算了。这个故事能让我们真切地感受到,高深学问的承传在一些大学生那里是何等的艰难。

（三）以学术为业缺失机制

在高等教育商业化浪潮中,西方大学的研究主要变成了各种各样的研究项目,这些项目主要指来自政府、企业和社会各界的名目繁多的科研课题。这些课题的研究目的,甚至研究结果,都由课题资助者控制。从事这些研究的学者,往往难以保持研究的客观性,难以保持对真理的追求。这种科研与柏林大学等近代大学创建期间的"专门科学研究",在研究内容和研究宗旨上都有根本的差异。那时的科研,主要指学术研究,为知识而研究,知识本身即是目的,大学的宗旨就是追求纯粹的学术。因此,学术研究的对象,主要是教授们根据学术发展本身的需要而自由选择的,绝大多数教授对真理的追求超过了对其他任何价值的追求。

---

① 埃里克·古尔德.公司文化中的大学.吕博等译.北京:北京大学出版社,2005.25

学术共同体的存在是大学组织的根基。可是,在博克看来,商业化所摧毁的,正是学术共同体本身。商业化在学术共同体内部挑起从未有过的分离与紧张,从而破坏了彼此信任与权力共享的机制。专注于传统学术使命的教授看到他们的同事从新的业务或大量咨询服务中获得额外收入,难免心理不平衡。人文主义者会感到他们的工作没有价值而没有积极性。专利或一些项目的管理虽然是由教授完成的,但大学提供了一定的资助,这在教师与行政人员之间埋下冲突。研究生可能控告导师利用学生的见解去谋取利益。科学家们因受公司资助,很可能对同事们保守研究的秘密,因而阻碍研究成果的传播。

学术机制是保障大学学术宗旨、保证大学以探究高深学问为业的基本条件,最为基本也是最终的学术价值,应该忠实于基于学术立场和科学立场的探究规范,而大学商业化会从许多方面侵扰学术立场与科学规范。本来,为了获得最佳的智力成果,探究者必须能够追求自己的选择,能够自由地发表自己的见解而不因此受到处罚。与之相应的是,他们必须公开传播他们的研究,并无偿地与同行们分享他们的研究方法与发现,以便有关人员在最大程度上推进其研究工作。同样,他们应该尽可能真实、客观地表达他们的观点。尽管人类无力完全消除主观成分,但大学和学者们都必须尽量避免研究成果的主观偏见。

然而,经济收益的机会,往往对学者们选择更有兴趣和更富智力挑战的问题构成威胁。如果市场可靠的话,情况会好得多,可市场往往是不可靠的,在基础研究领域,经济利益导向的市场尤其如此。从科学研究的角度看,为商业利益而开展的许多研究,其价值都是有疑点的。为证明新药品的独特性而开展的许多研究,就是这方面很好的说明。结果,科学上最为重要的探索常常陷入无人资助的困境,原因仅仅是,根据自然法则,这些研究不能给资助者带来特别的回报。企业资助的研究往往对研究者提出保密的要求,而这对真理的传播不利。

为了商业利益,教授们的研究结论可能有失公正。大多数教授不承认这一点,尽管大量证据表明商业利益影响着他们的研究结论。大学如果不加干预,这种矛盾往往容易扩展,进而对研究的客观性形成明显的威胁。有时,企业资助还会影响到研究成果的真实性。如果某一研究结论将影响到某种很有市场的药品的社会声誉,或影响到这种药品的生产方式,这一研究的真实性自然会受到威胁。来自公司的这种威胁,可能培植或奖赏对公司"友好"的学者,或者像对待 Betty Dong、Nancy Olivieri 两位教授那样,在事实上胁迫科学家,使之难以学术为业。在这两个事件中,大学科研的客观性都将受到威胁①。

三、良知宗旨的偏离

通常认为高等教育有教学和科研的职能。1967 年,枯宁吉姆发现高等教育还具有"社会领袖"即"造就公众心灵"的职能。他说:"不论公办和私立,所有的学院与大学都因其特性而成为极为重要的机构。作为'标新、立异'的温床,它们不断地向因袭传统的学问常识提出新的思想,并且充当世俗社会的一个伦理道德论坛。"②枯宁吉姆将这一职能视为高等教育的"第三项职能",即社会的良心(social conscience)。担当社会良心的职能,可以称为大学的良知宗旨。

(一) 良知宗旨的内涵

高等教育所具有的良知宗旨的内涵,包括对学问的批判和对社会伦理的批判两方面。对于后者,克尔在专门论述高等教育的目的与任务的文章中讲得更为具体,即"高等教育有责任对社会发展进行判断并指导社会沿着健康的轨道前进"③。1971 年,康马杰曾对这两方面内涵的重要性给予了充分的肯定,他认为:"大学是美国生活中最为崇高、最少腐败的机构。在我们的全部历史中,大学和教会一直是为全人类的利益和真理服务,或者试图为人类的利益和真理服务的机构。没有什么机构能担当起大学的职能,没有什么机构能够占据这个大学已长久地注入了如此多的才智和道德影响的位置。"④

良知宗旨,大致上包含了高等教育批判功能的基本内涵。所谓"批判",是指一种不因权威与流行而认同,也不必然站在其对立面的文化活动。离开批判,无以谈教育,因为,教育从根本上讲是关于价值的事情,而有价值的

285

---

① Derek Curtis Bok. Universities in the Marketplace:The Commercialization of Higher Education. Princeton:Princeton University Press,2003. 112～113

② 布鲁贝克.高等教育哲学. 郑继伟等译. 杭州:浙江教育出版社,1987.136

③ 施晓光著.美国大学思想论纲.北京:北京师范大学出版社,2001.145～146

④ 布鲁贝克.高等教育哲学. 郑继伟等译.杭州:浙江教育出版社,1987.136

领域就有批判的必要。在高等教育系统中,批判尤其重要,批判功能是高等教育的"亲本功能"(parent function)。所谓高等教育的批判功能,就是受过高等教育的人对人类社会必须承担的批判功能。其主要任务是从社会良知出发,运用高深知识,去评论各种社会问题,反思实践过程(包括教育过程)中各种无可非议的信念、不证自明的真理,以及实践者常识性的理解,从而揭示有可能阻碍实践进程而一般人尚未考虑过的一些前提性条件,最终提出实践发展应取的方向。高等教育的批判功能有多种表现,但集中体现在高等教育的结果之中,即受过高等教育的人具有独特的批判素质。它是以独立人格为基础的批判精神、批判意识、批判能力等要素构成的综合素质,可称之为批判素质①。

《世界高等教育宣言》所要求的必须增强的批判功能,就体现了批判素质或良知宗旨的几层基本含义,包括思维层面、精神层面和社会责任层面的含义。这些含义,尤其是第三层含义,在《教育:财富蕴藏其中》(1996 年)里就有所表述,《世界高等教育宣言》再次申述,足见其重要。

(二)商业化潮流冲击个人的良知

提出社会良心职能,是教育社会功能研究的深化,是为了强调高等教育对社会的积极而主动的反省与引导。这样的职能超越了只把批判作为方法或手段的局限,其重要意蕴在于,批判被当做高等教育的根本性目标——要求高等教育培养具有批判素质的真正的知识分子,从而达到手段与目的的有机统一。但是,功利化倾向排斥着具有批判意识和批判能力的知识分子,销蚀着良知宗旨,这从根本上在改写着大学的性质。社会要学校做的不是育人,而是制造产品——将学生打造成未来社会的消费品,学校制造出不同等级的消费者或被消费者,他们只有一个共同的愿望,即只愿"卖一个好价钱"。

就个人而言,良知的丧失会泯灭求真意识。没有求真意识的人,多半也缺少社会良知,容易被市场收买,也容易被官场收买。教授们用公司的钱来搞研究,他们的研究主题与研究成果的公信度都值得怀疑,这使大学教授作为社会良知的公心变得很不可靠。研究发现,大学成员,尤其是生命科学领域的成员,往往拥有他们为之开展研究的公司股票的很大份额②。此外,教

---

① 潘艺林.大学的精神状况.北京:中央编译出版社,2004. 21、41、156~171
② Derek Curtis Bok. Universities in the Marketplace:The Commercialization of Higher Education. Princeton:Princeton University Press,2003. p.67

授们可能得到巨额资助去为公司检验产品，或得到巨额的咨询报酬。所有这些，都有理由让教授们的研究得出有利于相关公司的结论，而这些结论对科学家工作的客观性构成威胁。

对个人的良知，高校已难于保护。旧金山加州大学 Betty Dong 教授获得巨额资助，以检验一种名为 Synthroid 的昂贵药物是否比更便宜的同类药物更优越。出人意料的是，她发现，两者根本没有显著差异。而使用这种昂贵药物的病人们每年要多付出数亿美元的费用①。得到这一尴尬的结果，该公司谴责 Dong 教授的研究在方法上存在大量错误，甚至雇用私家调查人员调查其中的利益冲突（后来表明这纯属无中生有）。Dong 教授没有妥协，而将她的研究结果投稿给一家专业杂志，该公司则援引与 Dong 教授事先签订的协议中"未经同意不得发表"等条款，以起诉相威胁。尽管加州大学不追究 Dong 教授与公司签订的合同，也不设置其他障碍，却拒绝支持她，让她独自与公司对抗。7 年以后，她的论文才得以发表。在这里，大学保护个人良知的职能看不见了。

与此类似的事例是多伦多大学 Nancy Olivieri 教授的遭遇。Olivieri 教授与加拿大最大的医药公司 Apotex 签订协议，对病人试用一种药物。Olivieri 发现，所试药物不仅比预想的效果更差，而且对病人健康具有潜在的威胁。因此，她不顾协议条款，坚持要将这项研究结果公之于众。公司指责她背离了研究协议，扬言要起诉她，要终止与她的研究协议，以阻止她公布研究结果。而且，系里一位合作者给同事们和媒体写匿名信，发表相反的意见。更让她痛心的是，她所在的医院指责她违背工作纪律，暂停了她的项目主任职务，不许公开讨论她的问题。若干年之后，她的行医权和学术自由才得以恢复。

从上述可见，让大学通过提供有"社会作用"的研究成果而获得商业收益的做法，是危险的。尽管教授的良心没有完全被功利化潮流所淹没，但教授们所做研究的公信力在下降，大学教授作为社会良心的职能越来越难以坚守了。受到公司威慑的研究人员，绝对不止 Dong 和 Olivieri 两位教授，因

287

---

① Derek Curtis Bok. Universities in the Marketplace：The Commercialization of Higher Education. Princeton：Princeton University Press，2003. p.72

发表公司不愿意看到的研究成果而遭遇起诉和攻击的事件大量存在。①

消费社会总想只有一种声音为主导，而从理论上讲，只要任何单一的声音成为主导，个人的良知就难有立足之地。功利化在制造分化等级的过程中所张扬的只是等级，而不是消费者的个性。从表面上看，学生的个别差异被提到了从未有过的高度，似乎大学的目的就是提供无限多样的选择，以供教育消费者选购。殊不知，对差异的崇拜正是以差别的丧失为基础的，目的是对学生个性做格式化、同质化处理。西方各国对教育的国家标准的强化，便是一种使学生同质化的手段。目前，有国家课程标准的国家，在西方社会出现增多的倾向。国家标准与人才个性培养未必矛盾，但过于强化统一标准，却是不利于个性发展的。在美国，"不让一个孩子掉队"等口号，就是在用"标准"消磨个性。按照这个法案的要求，教育几乎就是考试，考试必然有统一的标准。一旦有了"标准"，就与美国人追求的"多样性"精神相左。而且，教育是生活，不是考试。2005年，杜威研究中心主任 Hickman 博士告诉笔者，该法案与大家信奉的杜威的教育哲学正好相左。实施该法案，已使美国学校的考试越来越多，离杜威的道路越走越远了，简直走向了杜威的反面②。本来，杜威的这种教育哲学在美国是很有市场的。在以多样性为特点的美国，这个标准由各州掌握，但1993年4月21日克林顿总统签署的《2000年目标：美国教育法》强调，编制全国性教育标准特别是全国课程标准是此项改革计划的重中之重。随后，美国相继出台了全国性的数学、艺术、地理、科学、英语、历史等所谓的"国家课程标准"。

对学生的同质化，还以"宽容"之类的面貌出现，消费着是非善恶之间的质的区别，这无异于对社会良心本身即批判功能本身的淘汰。消费社会将"宽容"同真诚、热情、关切一样打造成神话。本来，学校教育哲学尤其要关注宽容，因为宽容是高等教育发挥批判功能的基本条件之一③，但消费社会的"宽容"，如波德里亚所言，尽管如今那些曾经的死敌互相交谈，最严酷对立的意识形态进行"对话"，各个层次都建立了某种和平共存，道德准则变得温和，但这一语境中的宽容既不是一种心理特征也不是一种美德，而是系统

---

① Derek Curtis Bok. Universities in the Marketplace：The Commercialization of Higher Education. Princeton：Princeton University Press，2003. p. 74

② 原话是 Go another way, not the way Dewey goes. 潘艺林. 感受"美国教育"的多样性. 外国中小学教育，2005(12)

③ 潘艺林. 大学的精神状况. 北京：中央编译出版社，2004. 227

本身的一种模态①。换言之,消费社会"道德的"宽容性并不比以前更强,而是世界已经超越了狂热与宽容的对立,超越了欺骗与真诚的对立,已将真善美与假恶丑一体化、同质化为用于交换的消费符号。这种同质化的必然结果,就是社会道德的混乱。

(三)商业化潮流冲击组织的良知

置身于高等教育商业化浪潮中,难以守护大学宗旨的,不只有教授,还包括学术组织本身,包括大学及其管理者。如下材料可见一斑。

大学良心的艰难守护

有一年我在哥大师范学院教一班学生,班上居然有两名亿万富豪的子女。他们两家的姓几乎所有纽约人都耳熟能详,因为曼哈顿的许多高楼都是他们的家产,并以家姓命名。其中一位虽然已经在纽约政界崭露头角,但见了我仍然谦恭有加。另一位就不行了。每次给我打电话或发 e-mail,都由她的秘书代办。有一次她缺课,没有请假,期末又没有及时交作业,我就没有给她打分。过了一阵子,我接到系里电话,说是她已经将我告到系主任那里。我立即向系主任报告了她的情况,并提出缺课我可以不再追究,但她必须将作业补上我才能给她打分。系主任完全同意我的意见。过了一阵,她老老实实地将作业补上,我也给她将成绩补上。就在我去系里交她的成绩表时,系秘书给我透露了关于她的故事的结局。原来,她的博士资格考试没有通过,又将系主任告到学院。要知道这样的人物学校一般不愿得罪,因为他们将来毕业,很可能在政治上飞黄腾达后提携母校,也可能心血来潮给母校捐个大楼或教授讲席什么的。但是,鉴于她在学业上的表现,学院拒绝了让她通过考试的无理要求。因此,她已经宣布退学,到另外一所大学去续她的博士梦了。

我想,难怪哥大能历二百五十年而不衰,敢于对这样的学生说"不",当是很重要的原因之一吧!

走笔至此,又想起哈佛文理学院的罗索夫斯基院长讲过的一段故事。罗院长是经济学家,对市场的了解不言而喻。但是,他固执地认为,在大学里教授与学生应当尊卑有序,而且这种秩序是由一个人对学校所担负的责任和义务的程度决定的。有一次他对本科学生说了这样

289

① 波德里亚.消费社会.刘成富、全志刚译.南京:南京大学出版社,2001.196~197

一段话:"记住,你们在学校只呆四年,教授(终身)在学校呆一辈子,而学校则将永远存在下去。"这话中之音对今天贵为顾客的学生之大不敬,聪明的哈佛学生当然不难领会。从此罗院长的这段名言就常常被学生与他一张相貌不扬的照片印在一起,出现在学校的小报及其他对校方不甚恭敬的场合。有一天,校园里出现一张放映电影《钻石永存》的广告:"记住,你们在学校只呆四年,罗索夫斯基院长在学校呆一辈子,唯有钻石永存!"

(资料来源:程星.细读美国大学.北京:商务印书馆,2004.200~201。略有删节。标题为引者所加。)

看来,大学及其管理者已经面临着太多的两难处境:管理者如何能够让学术机构在取得公司资助的同时,维护公共利益(维护教育的公益性),而不只是维护公司的利益? 管理者的决策不可能总是有助于维护大学的宗旨,却也不能说没有考虑维护。在赚钱的机会与其他行为之间,管理者必须艰难地作出判断。在办学方面,外界常常鼓动管理者仿效企业运作,而学界对商业运作与商业价值的任何味道都持有拒斥态度。一位哈佛校长颇有感触:大学官员往往无所适从,他们怎能决定何时听从市场的呼唤,何时拒绝市场的诱惑?[①]

一些大学事实上逐渐在放弃良知,放弃原则。对待同性恋的问题上,哈佛大学至少自1979年就开始坚持抵制军方的政策。不过,五角大楼一直可以通过哈佛法学院退伍军人协会来学校招人。这样,反歧视的政策和言论自由的原则可以井水不犯河水。1996年的联邦法律要求大学容许军方到校园招人,否则就不能享受联邦政府的财政资助。1998年,美国军方认为通过退伍军人协会招人的安排满足了联邦法律的要求,大家一直平安无事。但是,2004年国防部重新解释此项法律,认为如果法学院不容许军方利用其官方渠道招人,就等于违反了联邦条款,为此哈佛可能失去联邦政府3.28亿美元的财政资助,这相当于哈佛运行经费的16%。这一招马上让骄傲的哈佛屈服。法学院的副院长承认,哈佛还是坚持反歧视的政策,但是不愿失去如此巨额的财政资助。在五角大楼的压力面前,将"与真理为友"作为校训的

---

① Derek Curtis Bok. Universities in the Marketplace: The Commercialization of Higher Education. Princeton: Princeton University Press, 2003. p.32

哈佛大学,也不得不放弃原则。而对财力远不如哈佛的其他大学来说,在经济上更是"根本损失不起",不得不屈服①。军方以各种方式逼哈佛就范,则体现出对大学良知宗旨的蔑视。

对大学来说,良知丧失的后果是可怕的。一方面,对名利的追求会取代对真理的追求,学校应有的职业理想与道德自律也只能为之让路。把学问与既得利益直接挂钩,学术研究的品位与质量都会大打折扣。另一方面,在政治权威、具体利益的诱惑下,从学校出来的人不再与当下体制保持适度的距离,对社会公平秩序的建立显得无所作为。最终,西方大学出现了背离公平宗旨的倾向。

四、公平宗旨的偏离

在 20 世纪五六十年代,西方许多人对教育充满信心,深信教育是促进经济增长、社会变迁和个人升迁的手段,教育培养的熟练劳动力能够将科学技术应用到开发性发展上去,进而成为经济增长的关键。这就是所谓的"技术绩效主义"。随着西方学校接纳能力的加强,在日本等地还加上"少子化"、人口老龄化的出现,为了让更多的人来消费教育,技术绩效主义的教育功能观往往被过分渲染。技术绩效主义忽略了教育功能的局限性,强调的是杜威等自由主义者的教育功能观,认为教育具有整合、平等与发展三大功能。换言之,教育是"延续社会生命的工具","具有拉平贫富两大极端的功能",教育也是"促进个人心灵发展与道德发展的主要工具"。技术绩效主义者深信,社会不平等应归结为个体的竞争能力,"因而学校教育的大众化可以为个体提供各种发展机会,进而可以促进经济和社会的平等"②。

可是,技术绩效主义的教育理想,似乎没有随着高等教育价值取向的功利化而接近。事实上,教育平等的愿望没有实现,功利化的价值取向还强化了马太效应。

(一) 教育平等的愿望没有实现

教育平等指人们不受政治、经济、文化、民族、信仰、性别、地域等的限制,在法律上享有同等的受教育权利,在事实上具有同等的受教育机会。相

291

---

① 薛涌. 谁的大学. 昆明:云南人民出版社,2005.154

② 袁振国主编. 当代教育学. 第 3 版. 北京:教育科学出版社,2004.345

反,就是"教育不平等",不同的个体由于政治、经济、文化、地域、性别等原因,不能享有同样的受教育机会或不能享受同样的公共教育资源。

如今在法律的层面,得到认可的教育不平等,是不易发现的;但是,在教育价值取向的功利化氛围中,人为地扩大了高等学校之间的差距,使学校之间的竞争、教师之间的竞争、学生之间的竞争及学校资源的配置、受教育过程中的机会、学业成功的机会(各群体在总人口中的比例与子女在各级各类教育中所占比例)等方面,都存在很不平等的情况。

然而,技术绩效主义者的归因方式,却给世人提供了某种似是而非的教育理论。在他们看来,社会之所以存在不平等,就是因为"个体的竞争能力"存在差异,而通过教育,提高个体的竞争能力,社会不平等问题就可能解决了。他们忽视了,"在任何社会,不管其官方目标和意识形态是什么,要想根除教育不平等是极其困难的。历史告诉我们,即使暴力革命也不能保证消灭这些不平等,甚至在革命之后 20、40 或 60 年也不能。……有一点是绝对清楚的,那就是在当今世上,不管其意识形态如何,没有一个国家已经接近于消灭那些给教育制度投下阴影的严重的社会经济不平等"①。公立学校常隐含着一种承诺,即为穷人和富人提供均等的成功机会,通过扩展教育机会而结束贫穷。这种承诺其实也是一种线性思维的结果。19 世纪,霍拉斯·曼在展望美国学校时,表达了公立学校对公众的承诺。霍拉斯·曼相信,公立学校的目的在于提供均等的机会,并减少富人与穷人之间的摩擦。20 世纪 60 年代,约翰逊总统也承诺,通过扩展教育机会而结束贫穷。而 20 世纪 90 年代,克林顿总统同样承诺,通过提供更多的受教育机会帮助美国的工人走向富裕。但这种关于教育的承诺始终是令人难以置信的。1989～1994 年,美国一般家庭的年收入减少 7％,而贫富差距却在扩大。20 世纪 90 年代中期,最富有的 1/5 的家庭拥有全国收入的 48.2％,而最穷的 1/5 的家庭只占全国收入的 3.6％。事实上,穷人的机会并没有因为多受教育而增加,贫富分化的程度也没有因为全社会学历水平的大大提高而减弱。在一些地方,情况与教育所承诺的正好相反,正如美国劳工部(Secretary of Labor)的

---

① 库姆斯.世界教育危机.赵宝恒等译.北京:人民教育出版社,2001.224～225

Robert Reich 所说:"在全世界工业化国家中,美国的收入差距是最大的。"①而就我们所知,美国高等教育的毛入学率也是最高的。这足以表明,功利化价值取向的主导,不仅没有实现教育平等,而且扩大了教育的不平等。

从全球的情况来看,在高等教育资源特别是优质高等教育资源的分配上,离公平的目标十分悬殊。在法国,不同阶层的子女存在着继承性的、无法缩小的不平等。法国的高层官员、自由职业者和教育机构成员的孩子占17 岁在校学生的90%,他们中的男孩进入高校的机会超过 1/3,而该年龄段的农业耕种者和工人们的男孩,上大学的机会只有 19%~20%。波德里亚指出,家庭预算的差距也没有因此缩小,对比 1950 年和 1965 年的家庭预算调查,没有反映出差别的缩小②。

弱势阶层享有的机会少,在未来的竞争中吃亏,这在美国也特别突出。根据 1999~2000 年对 18~24 岁年龄层接受高等教育状况的统计,在美国收入 2.5 万美元以下的贫困家庭的子弟,只有 31%上了大学;年收入 2.5 万~7.5 万美元的中等家庭,其子弟有 54%上了大学;年收入超过 7.5 万美元的富裕家庭,其子弟有 79%上了大学。而且,很明显,他们所上大学的层次,与其家庭收入的高低直接相关。在一流名校中,这种情况更加明显,根据 2004 年的统计,贫困生仅占 3%。如果把美国社会按贫富一分为二,低收入家庭的子弟在精英大学中仅占 10%。③

学生公平利益的损害,在大学为应对各种各样的"排行榜"而推出的种种举措中,也有所体现。为了在大学排名中提高新生质量指标,美国许多学校在录取率上做起了数字游戏,而这种游戏是以损害学生利益特别是贫困而优秀者的利益为代价的。有的大学采取一种名为"提前录取"的方法,他们让应届高中生在考大学的前一年秋天就率先申请一所他们最心仪的大学,条件是一旦被录取,他们就不能再申请其他大学了。这虽然对学校在美新杂志的排名有利,但对学生尤其是家境贫寒的学生却不公平,因为他们为此失去了在众多录取院校中选择一所给他们奖学金或助学金最高的学校的机会。

---

① Joel Spring. American Education. 7th ed. New York:McGraw-Hill Inc,1996. p. 4

② 波德里亚. 消费社会. 刘成富、全志刚译. 南京:南京大学出版社,2001.16

③ 薛涌. 世界一流大学是怎样扶贫助困的. 新京报,2005-07-24

(二) 功利化价值取向强化了马太效应

面对社会现实的不平等,学校教育和社会培训几乎每天都在呼唤平等原则或民主原则。也许,通过学校和社会培训的教育,这些原则已经深入人心,但仍是很脆弱的,因为它太明显地与这个社会不平等的客观现实不符,而且也不可能实现社会一体化。从这个角度说,西方大学呼唤的平等原则或民主原则,只是西方人所谓的一种意识形态,消费社会并没有将社会控制与化解社会矛盾的基础建立在教育所呼唤的这些原则之上。在消费社会提供给个体的范例中,男性和女性都被同质化了:男人和女人都被提升为消费人,人的自然属性被消费掉了。在波德里亚看来,男人和女人没有了区别,两者只具有"同性化消费者"的意义。消费主义走的是一条与平等完全相反的道路:不是使原本存在矛盾的地方明确地变得平等和平衡,而是让原本充满矛盾的地方变得充满差别,把个体一体化到不同等级之中。在等级面前,奉行锦上添花,没有雪中送炭,在高等学校内外都一样,人们感觉到的,只有一种效应——马太效应①。

高等教育竞争过程充满了马太效应,胜者通吃,没有多少公正可言。竞争愈演愈烈,竞争对手急切地想战胜对方,以至于诉诸令人厌恶的乃至非法的手段。100 年来美国大学排行的状况,便是高等教育商业化竞争中马太效应的很好说明。美国顶尖大学的名单(top-rated universities),2000 年同 1950 年没有明显的差别,跟 1900 年也是那么的相同②。这些学校的成功,给学校带来更多的成功。知名的学者纷至沓来,社会和政府的资源也涌向知名学者多的大学。这些大学吸引着顶尖的学生,毕业生的业绩又给这些学府带来更多的捐赠,更多的资源,更好的师生……如此循环往复,人为的分化加快了速度。日本国立高校的法人化改革,英国年复一年的经费削减

---

① 马太效应,即 Matthew Effect。此说法最早由社会学家罗伯特·默顿(Robert Merton)提出,指的是这样一种社会现象:任何个体、群体或地区一旦在某一方面获得了成功和进步,就会产生优势积累,从而有更多的机会取得更大的成绩和进步。对作过贡献并已有相当荣誉的科学家,授予的荣誉越来越多,而默默无闻的科学家所作出的成绩、成果不容易被承认或不能给予应有的重视,甚至受到贬抑,从而造成两极分化。他针对这一现象,并根据《圣经》马太福音中的两句话"凡有的还要加给他叫他多余;没有的连他所有的也要夺过来",将此类社会现象称为"马太效应"。

② Derek Curtis Bok. Universities in the Marketplace: The Commercialization of Higher Education. Princeton: Princeton University Press, 2003. p. 104

等等,无不在加速着高校之间的分化,无不强化着人际之间、校际之间、国际之间的不平等。

　　高等教育发展的道路可能总是充满了矛盾,大学之间的地位变与不变,似乎都难以消除马太效应。在德国,大学的发展长期实行"平均发展",人们觉得不够公平。可是,在德国政府改变投资方式以竞争世界一流,实施卓越计划之后,德国大学至少被分为三个层次:顶尖研究型大学,普通教学型大学和应用技术大学。对此,人们也觉得不公平,觉得会产生新的不公平。卓越计划的实施,将在就业市场上形成等级制度,一些学校的毕业生被另眼相待,另一些学校的毕业生则会遭到歧视。而且,无论在慕尼黑大学、哥廷根大学等老牌大学,还是在奥登堡大学、比勒费尔德等新大学,学生的家庭出身都几乎没有太大的等级差异。可是,实施卓越计划使有限的教育资源进一步向少数大学倾斜,富则恒富,穷则愈穷。学生们感觉到的不公平,将会比学校感觉到的更加明显。这是因为,入选卓越计划的大学会有更多的学生报考,大学必然开始挑选学生。特别值得注意的是,德国的大学生一般是不用交学费的,但如今,学生的钱包越来越引起教育政策制定者的注意了。有些州已开始向那些学习时间明显超出正常学习时间的学生收取学费。为数不多的私立大学(就像在美国那样)有时会收取相当高的学费。从 2007 年开始,德国大学逐步告别了免费高等教育时代,德国 16 个联邦州中已经有近半数的州开始收取学费了。入选卓越计划的大学收取相对较高的学费,继而会导致一些经济条件差的学生无法进入。这可能导致德国高等教育系统真正人人平等的局面不复存在,进而也出现美国所谓的"老男孩网络"(old-boy network)。美国大学录取新生时,往往在事实上考虑学生的家庭地位,而德国传统上被认为"真正人人平等",没有这种网络的存在①。

　　表面看来,大众的选择机会获得了空前的增加,但实际上,大众消费者并没有因此获得真正自由的选择。长期以来"千军万马挤独木桥"那种升学竞争,已被新的结构性竞争所取代,激烈的竞争使个人的教育投入猛增,而巨额的投入并没有给消费者公平的回报。在高等教育发展的精英阶段,上大学就意味着光辉的未来,而在大众化、普及化阶段,情况变得完全不同了。有不少的家庭,在付出高额的教育消费支出以后,孩子们可能连工作都找不

---

　　① 张帆.德国大学"卓越计划"述评.比较教育研究,2007(12):69~70

到,更不要说实现社会地位的升迁之类了。另一方面,人们对教育的消费不是其使用价值(教育、教养等),只是其符号意义。不管出于何种目的,结果都一样:竞争加剧了,大众必须加倍地付出,才有可能消费与以前同质的教育。为了孩子进入"一流"的大学,大众把日本打造成有名的"考试地狱"。而且,为了不让孩子们输在"起跑线"上,为了让孩子们在未来的社会竞争中高人一筹,考试的竞争还在下移,从高考下移到了中小学和幼儿园的各级考试之中。

在现有条件下,考试尽管成为保障教育资源分配公平的可供选择的一种主要方式,但考试体系所触及的,"是被挑动起来进行孤注一掷的整个大众,在这场赌博中每个人都押上了自己的社会命运作为担保"①。如果说考试在传统社会承担的实际功能主要是筛选,那么,面向孤注一掷的大众,为大众的一体化提供技术支持,可谓考试在消费社会获得的一项新功能,尽管考试的筛选(社会分化)功能并未因此而衰退。

教育公平是多少人的渴望,通过考试实现教育资源的公平分配是大众的夙愿。在功利化背景下,"教育机会均等""教育结果均等"等教育公平的口号也喊得很响亮,这样,向往教育平等的普遍心理得到空前的激发。但是,功利化的特点决定了激发向往的过程本身是不平等的。人的需求总是无限增长的,而生产的增长总是有限度的。因此,需求的增长与生产的增长是不平衡的,教育需求的增长与教育机会的增长是不平衡的,功利化实际上将不断地强化这种不平衡。只要信奉功利化的价值取向,教育高消费观一旦确立,就很难有真正均等的教育机会,教育结果均等的愿望更是空中楼阁。而且,当整个社会都已信息化,当交流工具无处不在的情况下,人的需求将根据一条垂直的渐近线而增长——它并不是出于喜好,而是出于竞争,出于消费者之间有意无意的相互攀比。纳入功利化体系的当代社会,就是这样快速增长、快速发展的。这种发展和对发展的不断需求,又使得消费社会体系本身的矛盾不仅不能被克服,而且会不断升级,这种升级的连锁反应"是无法逆转的,任何阻止的愿望都是天真幼稚的"②。社会一旦选择了功利化,就不可能再有回头路,大众因此也不可能真正拥有平等了。

---

① 波德里亚.消费社会.刘成富、全志刚译.南京:南京大学出版社,2001.106~107

② 波德里亚.消费社会.刘成富、全志刚译.南京:南京大学出版社,2001.53

转型期教育的发展及其强化的不公平,为功利化导致的这种"升级"的不可逆转性提供了很好的注释。二战后,人们热切地期望通过释放教育的社会功能来实现社会公正,而事实却无情地告诉人们,消灭或只是实际减少教育不平等这一愿望的实现,比预料的要复杂得多,也困难得多。西方新马克思主义的著名代表鲍尔斯和金蒂斯等人研究看到,资本主义世界的教育目标,就在于劳动力的再生产,在于生产关系和社会关系的再生产,当代社会正是通过学校养成的各种身份区别,加强分层意识,实现了经济不平等的合法化①。尽管学校与社会的关系不一定是线性的,不一定存在鲍尔斯等人所谓的"对应"(correspondence)关系,但不可否认,在教育已经走入社会中心、功利化的分化技术更为发达的当代社会,鲍尔斯等人的对应理论也具有了越来越强的解释力。

总的来说,在功利化背景下,西方高等教育出现了危机,面临着巨大的挑战。但另一方面,转型期高等学校没有抛弃的底线,构成西方高等教育异常牢固的根基,这种根基,使西方人士能够相对冷静地思考危机与生机的辩证关系,思考教育的现实出路。个中原因,下一章将进行具体探讨。

---

① 陆有铨.现代西方教育哲学.郑州:河南教育出版社,1993.432

第六章

高等教育的传统与根基未变

以上各章,我们看到了转型期西方高等教育发生的深刻变化,探讨了这些变化的历史背景、主要表现、深刻影响,特别是这些变化带来的现实问题、无力化解的矛盾或难以克服的悖论。但是,进一步分析,我们不能不思考,为什么近现代以来,特别是转型期以来,西方各国科学技术、政治经济、文化事业,以及所有这些领域的发展都必须依赖的高等教育事业,都能够取得举世公认的巨大成就呢? 现有评价体系公布的材料显示,一流的大学在西方,一流的科技在西方,最富裕的国家无疑也在西方,个中秘密何在?

一般而论,问题就是发展的契机,危机蕴藏着生机,正是转型期存在的具体问题为西方高等教育提供了改革与发展的动力。但是,教育问题是异常复杂的,危机只能提供发展的动力,却无法提供高等教育取得成功的现实条件。现实的条件还得从高等教育的运行机制之中去寻找,还得从西方高等教育的根基之中去寻求。

基于这样的思考,本章结合中国高等教育发展过程中可能存在的薄弱因素,探讨高等教育不可动摇的根基,从中我们可以看到,维护自律机制的传统,坚守良知宗旨的精神等方面所蕴藏的深厚机理,正是西方高等教育在转型期异常复杂的政治经济和社会文化背景下,能够充分发挥平等主义的效益,走出消费主义的阴霾,并取得巨大成功的根基所在。

第一节 维护自律机制的传统

在西方高等教育兴起质量运动、共同治理、平等主义、消费主义、功利主义五大潮流中,"3A"传统遇到了现实的挑战,但这种挑战只是力量的一个方面,作用于高等学校的,绝不只有这一方面的力量。相反,有着制衡传统的西方社会,作用力和反作用力仍然是此消彼长、相互制衡的。西方高等教育受到了要求变革的压力,而且在过去这 30 年时间里确实出现了一些重大的变革,关于责任和自主权的争论一直不曾中断,然而,大学作为学术机构的性质并没有发生太大的变化,经受了严峻考验的学术气质尽管在某些方面遭到了削弱,但毕竟还是一如既往地在大学里保存下来了①。3A 传统没有中断,有时,这种传统还显得相当的牢固。这有多方面的表现,最为集中的体现为教授权威时常发挥的有力作用。

一、"3A"传统没有中断

在种种挑战之中,西方高等教育自治、自由和中立的"3A"传统得以保留,并在转型期获得了新的生机,现已成为西方大学取得成功、保持一流的深厚根基。这具体表现为学术自治的加强,学术自由得到保护,以及学术中立获得发展三个方面。

(一)学术自治的加强

虽然"高等教育从来没有完全自治过"②,但自治常常被视为探究高深学问的西方大学最为悠久的传统之一,自治原则也随着大学的发展和影响而成为西方高等教育的根本特征。行会性质所具有的高度自治特征,为欧洲中世纪大学能够独立于教会权力和世俗权力之外而获得发展提供了保障。1636 年,虽然哈佛大学采用董事会自治模式和欧洲大学自治的传统模式在方式上存在一些差异,但是自治原则毕竟影响深刻。在教育哲学家看来,失去了自治,高等教育就失去了精华③。"达特茅斯学院判决"的胜诉,美国大学教授协会 1915 年的最终成立和发展,英国大学教师联合会 1919 年的成立及其后来的发展,都在不断强化着自治原则的普遍影响,使 3A 原则作为高等学校治理的基本制度相沿成习。

20 世纪 90 年代中期以来,德国高等教育改革的重要目标,一直就是通

---

① Edward Shils. The Order of Learning:Essays on the Contemporary University. New Jersey:Transaction Publishers,1997

② 克尔.高等教育不能回避历史.王承绪译.杭州:浙江教育出版社,2001.5

③ 布鲁贝克.高等教育哲学.王承绪等译.杭州:浙江教育出版社,2002.31

过提高高校领导者包括校长、系主任的职权,加强高等学校的自我管理权。透过现象看本质,我们就会发现:洪堡的大学精神依然是当代德国高等教育的精神之所在,只是在新的历史时期,它有了新的表现形式①。

近40年来,加拿大高等教育的学生、教师及学校数量显著增加,这种量的变化,带来了高等教育的质变,带来了政府干预日益增多、大学与经济界联系日益加强、市场规则与市场机制逐步引入、大学集权管理不断加强、大学功能日益商业化等特征②。这说明,加拿大高等教育自治的性质正在被改变,但由于地方分权制对大学原有自治权的影响,加拿大高等教育的这些变化是零散的、渐进的、特殊的、可以协商的,传统自治的成分还相当明显。加拿大的大学都是私法人(private corporation),它们由省级立法机构授权,根据省的法规建立。每所大学都自行聘用教职工,自主决定薪酬等事宜,自主确定招生标准、决定计划和课程的内容,规定课程计划。当然,为了获得政府资金,课程计划必须得到政府批准。加拿大绝大多数大学拥有一种两院制的治理结构③:一是大学治理委员会(Governing Board),负责大学所有行政事务;另一个是大学评议会(Academic Senate),它与大学管理委员会平行,是学术决策组织,且独立运作。大学评议会由教授以及其他学术人员、管理者(院长)和学生组成,负责学术管理,有权决定所有学术事务,包括决定课程和计划的内容、制定学生入学标准、聘任教授及其他学术人员,以及向大学管理委员会就其他学术事宜提出建议,如院系、课程计划、教授席位等的设立与终止等。

加拿大高等教育的自治成分,还体现在近十年来出现的一些新型大学教育机构中。新大学坚持学术事务由学院自己决定的原则,不列颠哥伦比亚皇家铁路大学和不列颠哥伦比亚技术大学就很典型。这类新大学摒弃了传统的由管理委员会和学术评议会组成的两院制,代之以单一的委员会,除了保留校长的权力和责任外,该委员会行使大学管理委员会和学术评议会的所有权力。

美国大学的自治传统有美国大学教授协会等民间组织在维护,而且得

---

① 周丽华. 与洪堡告别. 中外教育分析报告,2006-09-25

② 李素敏、舒尔茨. 加拿大高等教育的量变、质变及其特征. 高等教育研究. 2005(12):103

③ 即:a bicameral governance structure

到了法律上的有力支持。自 1819 年达特茅斯学院案件裁决以来,美国私立大学的自治地位就再也没有遇到过重大的挑战,即使州立大学和学院也是自治的。尽管政府对高等教育的影响毫无疑问是在增长,但美国大学的突出特点,就是享有很强的独立性,享有显著的不受政府控制的自治。美国任何团体和组织都能建立私立学院或大学,得到认可的学院和大学,无论公立或私立,都有权不经政府审查自行任命教授,自由选择学生,自行决定所开设的课程,自行分配经费(公立大学的权力有所限制,但权力仍然很大)。博克认为,大学自治给美国高等教育带来了多方面的优势。第一,强调学校内外各方面人员对高等教育的影响,促使校际之间能够产生激烈竞争,这是大学发展的巨大动力。第二,自治和竞争导致学校对外界环境反应能力的增强,避免衰退甚至解散的危险。第三,自治制度具有"内在固有的保护性质,它可以防止大学只受某一个集团控制的危险"。第四,自治制度具有"防止严重错误判断的内在机制",从而使所犯错误的影响大为减少。每所大学都有可能犯错误,改革中可能犯的错误会更多。自治的情况下,某大学犯了错误,其影响范围只在本校,代价不大。第五,自治制度激励改革,能够充分调动各大学办学的积极性和主动性。第六,自治制度促进了高等教育多样化。第七,大学自治能够防止政治骚乱的扩散。当然,博克也看到了自治制度存在的弊端,如缺少统一计划,专业设置重复,办学资金浪费,容忍低质量大学的存在等等。但对美国教育制度来说,同大学自治的优点相比,缺点的确是微不足道的。自治和竞争使美国大学更具有进取精神,更多样化,更能适应变化社会的需要①。

（二）学术自由得到保护

对照学术自由的界定,所有复杂组织在外部压力面前都显得很脆弱,自大学产生以来,政治干预和经费紧缺就是制约学术自由的最大因素。丧失了学术自由的广大师生,即使对高深学问有强烈的兴趣,也不具备深究它的条件。学术自由的思想在较晚兴起的德意志的大学里获得了某种保障,但提供这种保障的前提,是不触犯世俗和宗教当局。即使在 20 世纪初的美国,尽管宪法第一条修正案规定了保障言论自由,但是学校作为一个负有教化责任的公共机构,其学术自由的界限应如何划定?如果说公立学校的教师

---

① 博克.美国高等教育.乔佳义编译.北京:北京师范学院出版社,1991.11～21

可以援引宪法修正案第一条来捍卫自己,反抗政府的压迫,那么,私立学校的教师面对的是私人雇主,学术自由如何对抗劳动关系的市场原则？这些都是令人困惑的问题。

2006 年 6 月 1 日,牛津大学在其官方网站正式公布了《大学治理白皮书》①。这份长达 72 页的文件,描绘了该校未来的改革与发展蓝图,有关变革现行治理状况的措施,包括加强大学的内部民主、保卫学术价值与活动的首要性、确保决策中适当的问责与透明度、给规划和政策制定以更大的一致性、扩大校外专家的参与等方面,看得出,其中也有对学术自由的"保护"性文字②。

在西方世界,学术自由很早就是大学的基本制度之一。西方大学对自由和学术自由的追求,被认为是从荷兰最为古老的大学莱顿大学开始的③。莱顿大学是尼德兰革命的产物。根据莱顿大学校史介绍,16 世纪初,荷兰正处在西班牙王国的统治下,为了争取独立,荷兰人展开了反抗西班牙人的艰苦战争。1574 年,莱顿城受到西班牙军队的围困,居民拒不投降,一直坚持到荷兰抵抗部队赶来援助。当年 12 月,领导独立战争的威廉·奥伦治亲王向议会提议,为了表彰莱顿市民在捍卫民族独立的斗争中表现出的英勇精神,在该城建立一所大学,使这所大学成为自由和法治政府的坚强支柱和维护者。1575 年,莱顿大学建成,之后获得了"自由的堡垒"这一座右铭。

与受聘于公立学区的专业人士相比,传统上,西方大学的师生们更倾向于独立、自治。历史上,学术自由的基础是中世纪欧洲大学奠定的。通过有权威的校友的影响和大学的联合行动,大学最终从城邦和宗教当局那里赢得了学术自治权。在教皇训令和皇家办学证书的保护下,各大学成为合法的自治机构,可自由地组织教师队伍,控制招生和确定毕业要求。学术自由既是大学本身所固有的权利,也是大学赖以生存最为基本的权利,其核心在于自由的教授和学习,根据兴趣开展研究和学术争鸣。离开学术自由,高深学问的探究本身也会失去价值和依据。正因为如此,学术自由在历史上能够承受很大的冲击,最终得以维持,得以发扬光大。

---

① 即:White Paper on University Governance

② Donald MacLeod. Oxford Continues Campaign of Reform. *The Guardian* (Unlimited), 2006—06—01

③ 刘北成. 以职业安全保障学术自由. 美国研究,2003(4):98

与 20 世纪 50 年代麦卡锡时期教授们所经历的折磨相比,转型期学术自由的状况特别令人欣慰。卡内基基金会的调查显示,在被调查的 15 个国家中,大多数国家的学者感到,他们可以比较安全地发表他们真正想要发表的言论,只有韩国、巴西和俄国的学者感到缺乏信心。在这项调查中,对"政治正确性"的关心,以及基于课程的意识形态上的辩论,使得美国只有 49% 的人说,在学者可能发表什么的问题上没有政治和意识形态的限制,但总的来说,他们深信学术自由得到了保护。而且,竟然有 81% 的大学教师深信学术自由得到了有力的保障①。

由于认为学术自由得到了有效的保护,教授的自我感觉普遍很好,大部分教师显然非常满足于自己的职业生涯。阿特巴赫看到,高校教师中 75% 以上的人陶醉于自己的整个工作境遇,对有机会追求自己理想的满意之情溢于言表,绝大部分人认为当代是做大学教师的好时机。教师们自己报告说,他们对自己的同事和自己所教的课程都很满意。96% 的人对自己讲授的课程表示满意,79% 的人对自己的工作的安全性表示满意,虽然其中只有 61% 的人是终身教授。20 世纪 90 年代以来的大部分时间里,教师的薪水呈现不够景气的状态,但大学教师们对自己的薪水还比较满意,46% 的人用"好极了"或"很好"这样的词汇去描述自己的薪水②。这种状况的确令人惊讶,但如果考虑学术自由受到高度保护的现实,似乎也是不难理解的。西方绝大多数教授能够安心治学,对他们来讲,获得了从事学术工作的自由,比获得了巨大的财富更能感到满意,这种社会对学术自由的有效保护和多数教授以学术为业的精神状态,可能正是西方大学成功的真正秘密。

(三) 学术中立获得发展

对学术中立的原则,传统主义学者和激进主义学者所持有的态度是完全不同的。依据学术中立的原则,传统主义学者时常对大学过多地参与社会事务的情况提出批评,他们指责大学教授把过多的时间用于对多元化目标的无序追求,用于担任公司顾问或为政府决策服务。因而,他们强调极大地改变大学的方向,强调大学必须从其自身利益出发,减少对社会问题的关

---

① 阿特巴赫. 比较高等教育. 人民教育出版社教育室译. 北京:人民教育出版社,2001.115~116

② 阿特巴赫. 比较高等教育. 人民教育出版社教育室译. 北京:人民教育出版社,2001.118~119

注,把更多的时间和精力放在教学和学术研究上。否则,大学接受越来越多的其他机构易于完成的"相关"任务,却在发挥其极其重要的独特功能的过程中无法保持高质量的标准。而激进主义学者往往热衷于社会服务,甚至使高等教育总是被动地接受政府机构、公司和其他强有力的组织的任务,放弃自己的中立去支持既得利益集团,帮助有足够权力和金钱的群体实现其抱负。

针对激进主义与传统主义对待学术中立的不同态度,博克归纳出一种折衷主义的学术中立观。持这种观点的人认为,大学应该把专业教育和公共服务结合起来。"大学通过作出唯其所能的贡献,有责任和义务服务于社会。在履行此项责任时,任何相关人士都必须设法考虑到诸多不同的价值观念——学术自由权利的维护,高学术水平的维持,学术事业免受外界的干涉,受大学影响的个人权利、合法利益不遭损害,以及满足从充满活力的大学所提供的知识服务中获益的那些人的需求等。"[1]在博克看来,社会上各种各样的人不断给大学提出要求,这种现象本身绝不是坏事。大学乐于满足这些要求,乐意实验新的服务方式,这使无数人得益于大学教育。同时,博克也指出,过于热心为社会和各种各样的公众服务引发了许多问题,大学为社会服务的愿望也可能走向极端。许多大学由于承担过量的非中心任务,造成学校领导精力分散,无力顾及改进教学质量和提高科研水平的中心任务。大学的教师也由于咨询和社会服务活动过多,影响了教学和科研[2]。可见,博克在力主一种勇于承担社会责任的学术中立观,要求在满足社会需要的同时保持大学的中立。

这种折衷主义的学术中立观,反映了当代西方高等教育的精神风貌。大学的声誉是怎样维持的,大学的独立是怎样维持的,西方大学的办学实践中有许多生动的例子,而在各种大额捐赠面前,大学的行动最能体现出学术中立的程度。西方那些顶尖的大学,相当一部分是私立的,这些大学的财源主要不是来自政府拨款,而是民间的捐款。没有足够的民间捐助,这些大学很难办好。尽管钱是如此的重要,但为了做到学术中立,为了保证研究工作的客观公正,这些大学绝不是所有的捐款都接受的。一个多世纪以前,当时

---

① 博克.走出象牙塔.徐小洲、陈军译.杭州:浙江教育出版社,2001.101
② 博克.美国高等教育.乔佳义编译.北京:北京师范学院出版社,1991.18

斯坦福家族捐款一亿多美元要求哈佛大学给挂个名字,至少把斯坦福挂在哈佛的名字后。哈佛说,先有哈佛,后有美国,岂能让哈佛改名?遭遇拒绝的斯坦福表示,你不要这笔钱,我到美国西海岸去办一所西部的哈佛跟你竞争。这样,才有了以"让自由之风吹拂"为追求的斯坦福大学。如今的哈佛大学有明确规定,在接受任何一笔捐款以前,有关院系必须先向校方汇报,然后才能进入和对方谈判的过程。另外,还需要邀请各方面的人来鉴定一下,这笔捐款会不会带来明显或者潜在的附加条件,会不会影响学校独立的声誉,会不会影响学校在社会上具有的声望。在 20 世纪 80 年代中期,哈佛大学的中东研究所主任被学校通报解职。解职的原因,就是因为他接受了一笔来自中东某个国家的几百万美元的研究经费。学校认为,哈佛大学虽然在美国,但它不希望被任何人认为它在为美国政府说话,不想被认为是受美国政府雇佣,也不想被说成是受中东某个国家操纵的。哈佛大学有关政策和国际关系方面的研究成果,要被尽可能多的人承认,就要尽可能地保持公正。如果接受了人家几百万美元捐款,很可能从此以后关于中东方面的研究成果,会被认为是利益驱动的产物,是人家用钱买来的①。

当代西方大学招聘教员的过程,不仅体现出西方大学对教授入口关极为严格的把守,而且体现出对学术中立原则的坚决维护。这成为西方大学取得长期成功的关键所在。对于研究型大学来讲,如果要雇佣长期的固定教员,程序非常复杂,非常严格。对此,丁学良教授深有体会,并详细地讲述了教员招聘的复杂程序②。第一,学校必须在两家以上公开发行的英文报刊上公布招聘信息。第二,必须在公开招聘的广告上讲明标准和申请报名的截止日期。第三,招聘委员会必须是独立的。所谓独立,就是说招聘委员会里不应该有系主任,或者学院院长、大学校长。它基本上由本校、本系资深的教授组成,行政人员不得入选。委员会一切会议的内容必须留有记录,以便需要时查询。招聘委员会在收到一些报名申请以后,就开始一层层筛选,比如,可能只有一个位置,但收到 300 份申请书。经过第一轮筛选,在 300 人中选出比较好的 50 人的申请,作为候选人的名单。然后再进一步仔细地分析这 50 个人的研究成果、教学成果、所获学术奖励等,从中选出 20 个候选

---

① 丁学良. 什么是世界一流大学. 高等教育研究,2001(9)
② 丁学良. 什么是世界一流大学. 高等教育研究,2001(9)

人,这个叫 shortlist,是一个相对短的名单。这 20 个人要请到学校里来作公开的学术演讲,学校要支付他们的往返乘坐飞机和旅馆住宿的费用。最后从中选出 3 个人的名单,然后把这 3 个人的长处和短处进行综合比较,在招聘委员会里进行无记名投票,签署所有的意见以后,递交给系主任过目。系主任再附上自己的意见——同意、反对、部分同意或部分反对。招聘委员会的意见和系主任的意见递交到学院一级后,再由学院的招聘委员会过目,看看有没有违规操作的情况和需要补充的信息。院招聘委员会再附上他们的意见,并由院长提供一份独立的意见后,进入到学校一级。在最后决定以前,还有一道非常重要的程序,称为外部评价。外部评价的人数取决于所招聘的人的地位,如果是招聘刚刚毕业的具有博士学位的人,也就是最低一级的人员,外部评价人有 5 位以上就够了。但如果要招聘副教授以上资深的学术人员,在英国大学制度下叫 senior lecturer,即高级讲师,就至少要有 7 名评价人,而且这 7 个人绝对不能是本校的教授,最好是来自多个国家的学者。这 7 个或 5 个外部评价人的意见起着极其重要的作用。因为他们是独立的,跟申请人没有直接的利害关系。最后,再把这一层层的内部和外部评价意见送到学校一级。如果这个程序中的任何一个环节有严重的不规范行为,就会非常麻烦,最后有可能牵扯法律纠纷。

二、教授仍然是大学的权威

如前所述,西方高等教育的"3A"传统集中体现为教授权威的保障之中。这种权威尽管遭遇挑战和解构,但毕竟久经考验而保留至今。这是西方高等教育取得巨大成功的内因所在,也正是我国高等教育改革与发展过程中努力解决却始终未能有效解决的一个重要问题。最近 30 年来,在我国高教体制改革、分配机制改革、内部管理体制改革等步步推进的改革浪潮中,学术权力与行政权力的关系、教授权威与其他权力的关系等时常凸显,甚至困扰着改革的深化。因此,像西方那样重视教授权威,于我们仍有必要。

教授至上的权威有多方面的表现,如大学盛衰系于教授权威①,重大决策尤其是学术事务由教授掌控等等。教授拥有的这些权威,不仅创造过历史的辉煌,而且在转型期成为西方大学不断创新的内在基础。

---

① 缪榕楠、谢安邦.教授权威的历史演变.高等教育研究,2007(1):8

（一）大学盛衰系于教授权威

世界知名大学的产生过程，很能体现教授权威与大学盛衰的关系。剑桥大学的产生，就是牛津大学的一批教授和学生因不满意当时牛津的一些做法而开办的，他们要与牛津竞争。哈佛大学是剑桥大学的一批教授和学生不满于剑桥，不满于旧大陆，到美国去开办的。耶鲁大学则是哈佛大学的一批人因不满于哈佛而开办的，他们要跟哈佛竞争。正是靠着资深教授的权威，世界上才涌现出一所又一所的一流大学。如果当年牛津大学禁止自己的人离开，就没有剑桥大学了，剑桥大学如果禁止自己的人离开，就不会有哈佛大学了，就不会有今天这么多既竞争又互补的好大学了。教员的英文名称是 faculty，它是一个集体名称，包括在一所大学里任教的从最年轻到最资深的所有教学人员，但不包括行政人员，不包括大学里的服务人员。他们属于 staff，与 faculty 的选拔标准是有区别的。可以说，教授是大学的理想①。

在大学内部，知识即权力②。各个领域的决定权，掌握在有知识的人手里，知识最多的人有最大的发言权，没有知识的人，就没有发言权。史实表明，教授权威在中世纪大学中基本形成。那时，大师级的人物往往对一个专业的产生、一门学科的形成，乃至一所学校的发展产生至关重要的作用。1142 年，一位名叫古拉兴（Gratian）的修行者汇编的教会法例教科书《古氏法令》问世之后，随即被公认为法律上不朽的著作。教会法例从此成为独立于神学之外的一门学科，博洛尼亚大学则成为当时法学研究的中心，声名远扬，到 13 世纪初，学生数已达 5000 人左右。对于博洛尼亚大学法学学科的发展，古拉兴所编写的教材和进行的教学活动起到了重要的推动作用③。巴黎大学的建立和兴盛，在很大程度上得益于阿贝拉尔④ 1108 至 1139 年的讲学活动，其他欧洲大学也直接或间接受益于他。由于他的存在，巴黎成为令世人瞩目的高等教育中心。因此，阿贝拉尔被誉为新时代的第一个伟大的知识分子和第一个教授。在 12 世纪初与著名唯实主义者威廉（William of

---

① 丁学良.什么是世界一流大学.高等教育研究,2001(9)

② 克拉克.高等教育系统.王承绪等译.杭州:杭州大学出版社,1994.174

③ 格莱夫斯.中世教育史.吴康译.上海:华东师范大学出版社,2005.79

④ 即 P. Abailardus(1079~1142),中世纪哲学家中最有个性与传奇色彩的人物之一,早期唯名论的著名代表。

Champeaux)的几次论战中,阿贝拉尔击败了威廉,并导致威廉的学生转而投奔阿贝拉尔,"巴黎文化的中心从此永远不再是在城区的小岛上,而是在圣热内维耶伏山,在塞纳河的左岸:一个人就这样决定了一个市区的命运"①。阿贝拉尔的《逻辑学初阶》、《伦理学》、《是与否》、《方法论》等一系列著作对于逻辑学、伦理学、语言科学、辩证法研究等,均产生了重要影响。

在当代西方大学学科专业的发展过程中,因知名教授的离去而危及学科地位的事例为数不少。哈佛大学有一位名闻遐迩的教授康奈尔·威斯特,他多才多艺,业余爱好灌制的 RAP 音乐唱片畅销一时,而且在对非裔美国人的研究方面独树一帜。这位教授很爱凑热闹,久而久之,自然冷落了自己的学生。哈佛第 27 任校长劳伦斯·萨默斯(Lawrence H. Summers,2001~2006 年在任)上任伊始,找了包括威斯特在内的许多教授谈心。该校长在谈话时对威斯特支持黑人民权领袖夏普顿竞选总统和灌制 RAP 唱片颇有微词,希望他多务正业、少赶场子。谁知,威斯特将他与校长的谈话透露给媒体,当即成为全国许多报纸的头条。校长不得不一再发表抱歉声明,最终无济于事。威斯特最好的朋友、同在哈佛非裔美国人研究系任教的安东尼·阿皮亚教授为了表示抗议,宣布从哈佛辞职,投奔普林斯顿大学,威斯特随即跟到了普林斯顿大学。哈佛大学威震八方的非裔美国人研究专业,就这样因为资深教授的离开而走向了衰落。

(二) 重大决策尤其是学术事务由教授掌控

古往今来,有关教授权威的故事,在西方时常被人传扬,引以自豪。像"教授就是大学"之类的说法与故事,即使在消费主义倾向日益明显的 20 世纪中后期,也依然是人们喜闻乐道的。

大学教授认为,自己就代表了学校。在有着教授治校、教授自治传统的西方国家,教授至上的观点是很典型的。在许多时候,教授不仅不被认为是大学的雇员,甚至不能参与工会去与大学管理层谈判。其理由是,教授在高校的日常管理和运作过程中,对课程设置、学术标准、学生录取、学习成绩等一系列重大问题都具有很大的决定权。掌握如此大权的教授,算做"劳方"而不算做"资方",道理上显然是说不通的。

大公司的 CEO 可以顺理成章地解雇不服管理的职员,但大学校长不仅

---

① 勒戈夫.中世纪的知识分子.张弘译.北京:商务印书馆,1996.32

无权解雇教授,而且还必须在资深教授面前谨慎行事。西方大学的管理权,特别是有关招生、教师聘任、课程设置、学位和各种资格证书的管理办法等权力,基本上由学院中只有教授才能参加的教授会讨论决定,普通教师和学生被排除在决策圈之外。在欧洲大陆国家大多数传统高等教育系统中,大学管理权一直掌握在教授行会和国家官僚手中。教授对学部和大学这两个层次施行控制。资深教授对学生实行广泛的学习监督,并常常监督普通教师的工作。在中世纪,资深教授可能不顾教会的禁令,选择自己认为合适的教学内容。从 1210 年起,巴黎大学开始禁止讲授亚里士多德的《物理学》和《形而上学》,1215 年和 1228 年,罗马教廷曾两次重申这条禁令,但事实上,被禁的图书往往仍然被资深教授们列在教学大纲之中。人文主义学科进入大学课程的艰难历程中,也非常明显地体现出教授手中巨大的决策权。中世纪后期的欧洲大学日趋保守,在课程设置上,新兴的人文学科如希腊文学、拉丁文学、修辞学、诗歌、历史学等,之所以难以成为大学的课程,就是由于许多教授强烈抵制造成的。在德国,那些人文课程甚至被看成是对教授们既得学术利益的威胁。这说明,对人文课程的压制和反压制,尽管也是资深教授内部的冲突,但这种冲突却使资深教授的个人权力,以及由这种权力形成的学院集体力量,在很大程度上控制着大学的发展。

309

作为一种智力活动的学术研究,无论是在历史上还是在当代,都未能离开教授们开拓和引领未知领域的权威。20 世纪 80 年代,物理学学科发展中最优秀人才集中在美国几所一流大学之中。对此,美国科学家罗兰(Henry Rowland)认为,金字塔结构仍然是高等教育系统人才配备的最佳结构。凌驾在这种结构之上的应当是极少数杰出的科学精英,但它的底层却要向所有具备发展可能性的人才开放。某些职位,主要是教授职位,就像有官方的神授权力一样,具有这种身份,就可享有很大的自由,并相对来说很少受限制的责任,也有极高的荣誉、可观的收入,以及占有权的完全保障①。

上述可见,西方大学以"3A"为主要内容的自律机制不仅有深厚的传统,而且有着重大的现实影响。相比之下,经历了先天不足、模仿苏联等挫折的中国高等教育,如果要建立"3A"为代表的自律机制,则有漫长的道路需要探索,甚至,要建立中国法律要求必须建立的"大学章程",都有困难。

---

① 戴维.科学家在社会中的角色.成都:四川人民出版社,1988.298

不容置疑的是,中国高等教育创造了并正在创造着历史的辉煌,但其先天发育的不足和后来遇到的种种折腾,使它与其沉重的负担或神圣的使命很不协调。中国在内忧外患的情形下,诞生了中国现代意义上的高等教育,它是在以康有为、梁启超为代表的维新派的倡导下教育改革的产物。这就是说,在西方高等教育近代化发展的最后阶段,试图走科技救国之路的中国人搬来了西方的高等教育体系。然而,他们却"只搬来西方高等教育整体的一半,即科学这一半,丢下另一半,即人文那一半"①。1949 年之后,国际形势过度紧张,国内建设急需大量人才,经济发展成为关键目标,学习苏联成为必然的唯一选择。从教学计划到课程结构,一律采用苏联模式;从教育思想到教育实践,全方位地受到苏联模式的影响。在教育思想方面,整个教育理论的教学基本上以凯洛夫的《教育学》为教材,该书在 1950～1957 年出版了 18 次,发行量高达约 50 万册。教育部明确规定,1952 年秋季入学的大学新生开始采用苏联的教学计划和教学大纲,要求各校根据苏联的模式设置专业,翻译苏联教材(到 1954 年实际出版苏联高校教材 325 种),按苏联的教学组织形式设置教研室,学习苏联教学环节的安排,并依照苏联学制延长部分高校学制,改革高等教育的层次结构②。同时,数以千计的留苏学生归来,大批苏联专家来华工作,从教育决策的高度影响到教育结构③。对苏联经验的移植,有时达到了机械照搬的教条主义地步:苏联学校有而中国学校没有的就添上,苏联学校没有而中国学校有的则删除。这种情况引起了毛泽东主席的关注,他说:"有的同志没有借鉴就感到惊慌。"④在这样的情况下,大学章程的建设还根本提不上议事日程。

然而,世界一流大学都有独立的大学精神和规范的大学章程,制定及完善大学章程,是建立现代大学制度的一个基础性环节,是关系到大学存在、发展和运行的合法性的重大问题。《柏林大学章程》由政府负责制定并颁布,规定柏林大学实行学院制、教师等级制、教授会制、讲座制和利益商谈制,这使柏林大学的办学原则得以落实,得以真正发挥作用,使 3A 原则的实

① 涂又光.论人文精神.高等教育研究,1996(5)
② 陈学恂主编.中国教育史研究(现代分卷).上海:华东师范大学出版社,1994.391～392
③ 许美德、巴蒂斯主编.中外比较教育史.上海:上海人民出版社,1990.299～300
④ 陆有铨.躁动的百年——20 世纪的教育历程.济南:山东教育出版社,1997.841

现有了法律制度上的保障。在英国,全国共有90所大学和50所分校,各校都制定章程。西方人相信,大学必须坚持自身的基本信念和长远的价值观,而不能让提供经费资助的外在力量来指挥大学的发展方向与进程。

本来,中国有着悠久的制订大学章程的历史,它可追溯到曾经繁荣数百年的书院的院规、训示,那些院规、训示可谓我国大学章程的独特渊源。清末以来,1898年设立的京师大学堂,在借鉴参考东西洋各国大学制度的基础上,制定了《京师大学堂章程》,对办学宗旨、课程设置、管理体制、学生来源、教学组织形式等都作了明确规定。1920～1949年期间,北京大学、清华大学、北京师范大学等校,几乎都将大学章程作为主要的规章制度,为学校的发展提供制度保证。虽然政局不稳、战事不断,但中国高等教育却得到了一定的发展,这与大学章程的建设不无关系。

新中国《宪法》第5条规定:中华人民共和国实行依法治国,建设社会主义法治国家。这就要求依法治国、依法治教,而其中的重要组成部分就是依法治校,大学章程建设则是依法治校的总纲。全国人大常委会1995年3月18日通过并于当年9月1日开始实施的《教育法》第26条规定,设立学校必须具备的首要基本条件就是要"有组织机构和章程",第28条又规定,学校的第一项权利是"按照章程自主管理"。1998年8月29日第九届全国人民代表大会常务委员会第四次会议通过、1999年1月1日开始施行的《高等教育法》,第27条规定申请设立高等学校,应当向审批机关提交章程等材料;第28条从10个方面具体规定了高等学校的章程应当规定的事项。这些规定,反映了我国政府和人民建立现代法治国家、建立现代大学制度的急切心情。

然而,迄今为止,我国仅有几所高校有被教育部批准出台的大学章程。有些学校宣称制定了章程,但却无法查到。在21世纪来临之后,我国高等教育系统与国外同行的交流越来越多,但对方往往首先就要求看看中方高校的章程,这使中方代表因拿不出学校的章程而略显尴尬。笔者相信,随着与国际接轨步伐的加快,现代大学制度、大学章程甚至3A机制的建设速度也会加快,由此,中国高等教育与国际同行的距离一定会越来越小的。

第二节 坚守良知宗旨的精神

本书第五章论及,高等教育担当社会良心的职能,其实就是高等教育的批判功能,也可以称为大学的良知宗旨。转型期西方高等教育对良知宗旨有所偏离,但西方社会固有的制衡机制,还是让良知宗旨的基本精神得以承传,并成为高等教育取得成功的又一秘密。西方高等教育从质量运动中获得了教训,在参与社会事务的过程中,时常与社会保持着某种距离感,某种宁静和清醒,甚至以"保守"的姿态应对来自教育外部的各种干预,最终承担起反省批判和引导社会的现实使命。

一、与社会保持距离的高校显得"保守"

细究起来,有关高等教育外力干预的问题,还涉及大学该做什么、不宜做什么这样的宏观领域,涉及大学是什么、大学应该管什么、大学可能管什么等有关大学教育的性质、目的、使命与方法等宏大问题。如果不能恰当地理解这类问题,在人才培养、高校治理过程中,势必出现更多的分歧,乃至面临更大的冲突。1980 年以来,许多流行的著述指责大学教的太少,花费太多,惯坏了教授,忽视了对学生的教育,公开的自由辩论沉寂(silenced open debate)等。2005 年,有媒体甚至认为,平庸之辈构成的汪洋大海(sea of mediocrity)将国家置于危险之中。2006 年,美国教育部发表的一份报告提出警告,要求注意高等教育的荒废(obsolescence),并呼吁为了国家的利益而施加联邦干预。针对这些情况,2007 年 10 月 12 日,哈佛大学当年 7 月上任的校长 Drew Faust 在其就职演讲中指出,美国有人对高等教育存在一种焦虑感,爱恨交集,其中最为深层的问题在于,大家对大学缺乏了解,对大学是什么和大学应该做什么并未达成共识①。在社会对大学并不真正了解的情况下,对高等教育干预越多,可能危险也会越多。也许,正因为西方人士对高等教

① Drew Faust, Installation Address：Unleashing Our Most Ambitious Imaginings. Cambridge，Mass. 2007－10－12

育与社会的关系有如此认识,西方顶尖大学在外力干预面前才时常显得有些"保守"。

高等学校中以求真理为己任的知识分子,可以超越党派利益、地方利益或小团体利益之争,至今仍然与具体的社会事务保持着某种距离,从而较为客观、相对公正地发挥实事求是的批判功能。这种"象牙塔"般的精神气质,给高等教育披上了一层高傲与"保守"的外衣。这种冷静的批判态度正是它创造新知识和促进社会变革的独有方式。正如美国杰出教育家赫斯柏格(T. M. Hesburgh)所言,大学是所有社会机构中最保守的机构之一,同时,它又是人类有史以来最能促进社会变革的机构。对此,克拉克不禁感叹:大学乃至整个高等教育系统往往像一潭死水,甚至严重地阻碍变革,然而它又能产生出几乎是革命性的变革①。这一矛盾的现象,就是有名的"赫斯柏格矛盾"。这种矛盾极为深刻地反映了高等教育独特的精神气质——"保守式批判":持重稳健,有时甚至不露声色。这样的批判,可以使高等教育组织保持一种平稳的发展过程,但这种发展所产生的新知识却能令人感到眼花缭乱。

自然,由于生活世界的极端复杂性,文化传统与生存条件的差异性,以及受过高等教育的知识分子各自从事的专业与职业的多样性,"保守"的高等教育释放的批判功能具有相当广泛的内容与不同的价值取向。法国人文知识分子至今依然保持着左拉时代的传统,他们侧重于追求政治方面的一般观念,因而以政治批判著称,如萨特、布尔迪厄、福柯、德里达等人对历史与现实中有关政治问题的批判②,就表现出他们常常为理想、信仰和各种各样的乌托邦信念而奋斗的浪漫主义情怀。如前所述,法兰西有"广场上的民族"之谓,这与法国高等教育系统释放的批判功能直接相关。

英国的人文知识分子多数深居牛津或剑桥大学之中,他们注重文化批判,如 C. P. 斯诺等人 20 世纪中期以来对"两种文化"之冲突的批判,到今天仍是人们讨论的重要话题。他们更多的是在现存体制内部寻求变革之路,当然对体制本身也有比较温和的批判。这种温和批判的传统,力量却是强

① 克拉克.高等教育系统.王承绪等译.杭州:杭州大学出版社,1994.203
② 布尔迪厄在《自由交流》一书中,就反复提醒知识分子警惕"国家的钳制";福柯在《知识考古学》一书里,对知识的分析多处涉及"政治地位""政治事件""只能有政治的答案"等政治视角。

313

大的。下文所述英国高等教育质量保障运动中文化机制的回归过程,再次让我们看到这种来自高等教育内部的力量的强大。

德国人文知识分子的批判活动往往集中在深层的理论批判上。他们曾经受民族主义、国家主义乃至政治专制主义的较大影响,当代教授的任命权还掌握在官方手中,他们往往无力直接向权力表示批判,但却可以退回到内心世界,在抽象的形而上的或历史的层面,追求超越和自由。这样的批判既不像英国知识分子那样温和,也不具有法国知识分子那种强烈的参与意识,而是显得相对深沉。

美国人文知识分子的批判活动是多元化发展的,这源于美国文化上的多元价值倾向。他们有左翼的传统,但并非欧洲意义上的"左",而是美国意义上的,这体现出美国文化上自由主义与保守主义之间的差别。"效忠和支持现存制度,或置身现存制度之外采取独立不倚的批判态度,对于当代美国知识分子是同等可能和合法的立场。美国知识分子还没有面临完全投降或完全反对的选择。"①这使知识分子自我选择的个性有更多的机会得以张扬,由此也使美国人在知识分子功能问题上观点很有分歧。有的美国人认为知识分子对社会批判过火了,对社会构成了太大的挑战。但是,也有人认为,知识分子就应该批判社会,其作用就在于对现存社会提出批判,"那些要求知识分子永远与世隔绝的人,没有看到强大的社会力量正在敦促知识分子承担责任"②。

二、质量保障的教训说明适度距离有其必要

在研究大学组织的整合机制时,学者闵维方、金顶兵提出了三种组织整合机制,即科层机制、文化机制和市场机制。科层机制依靠科层等级结构和一整套规章制度协调和控制组织活动;文化机制依靠内化到组织成员内心的价值规范,使组织成员自觉自律地协调行动;市场机制依靠市场价格和交换关系来协调组织活动③。高等教育质量保障也有这三种机制。三种机制

① 李普塞特.政治人——政治的社会基础.张绍宗译.上海:上海人民出版社,1997.297

② 李普塞特.政治人——政治的社会基础.张绍宗译.上海:上海人民出版社,1997.297

③ 金顶兵、闵维方.论大学组织的分化与整合.高等教育研究,2004(1):35

各有其适应的范围,各国高等教育质量保障中对各种机制运用情况也不同,但共同依据的重要条件是能否准确地评价被评对象的绩效。

传统上,英国高等教育的质量保障机制主要是依靠大学自身自我规范、自我保障,即主要依靠文化机制。20 世纪 80 年代以来,英国政府对高等学校自我质量保障的可靠性失去信任,由此着手评估机构改革,强化外部对高等学校的绩效评估,通过科层机制的方法控制高等学校的质量和效率。但是,来自英国政府的控制没有收到预期的效果,最终收获的只是众多的批评和抱怨。在英国高等教育质量运动中,从传统的文化机制到采用科层机制,最后又回归文化机制,这段弯路走了 20 年的时间。由于科层机制的方法成本太高,且得不到确切的绩效信息,2002 年,QAA 不得不进行保障机制的改革,不得不重新强调高等学校自身在质量保障中的责任,强调高校自律的重要性。这是对文化机制的一种回归。其中道理,正如 2002 年 7 月出版的《更高质量》第 10 期所说,高等教育质量保障必须遵循与其他领域不同的原则:只有提供高等教育的专业机构,才能确切地知道它们是否在为学生提供高质量的教育,确切地知道学术标准。这意味着,保障质量和坚守标准的责任,必须落在院校自己的肩上。这一期的报告确信,高等教育应该是主动自律(self-regulating)、学术自治的共同体。为保障质量而运行政府控制的(state-regulated)高等教育系统,成本确实太高了[1]。对文化机制的回归,才从根本上把握住了高等教育质量保障的内在因素,从根本上认识到自律机制的重要性,也从事实上说明外力对高等教育的干预必须有度,高等教育必须与社会保持适度的距离。如特罗所说,如果高等学校的内部评估比外界更有效、更成功,那么,坚持院校自治和内部评估就是必然的了[2]。英国的教训,也生动地说明了高等教育坚守良知宗旨及与社会保持适度距离的重要意义。

正是在空间与理念上与社会保持着某种距离,大学才成为智慧的象征、精神的追求以及探究高深学问和实现人生理想的场所,才令人向往,受人重视和尊敬。在空间上,世界上绝大多数好的高等教育机构都设在接近城市又与城市保持着一定距离的地方,尽管城市的扩张已越来越缩短甚至取消

315

---

① QAA. Higher Quality 10. The Quality Assurance Agency. 2002

② Martin Trow. Trust, Markets and Accountability in Higher Education: A Comparative Perspective. Higher Education Policy, 1996(4):309~324

了大学与城镇之间的距离,但当初创办这些机构的用心还是很明显的。在理念上,好的高等教育无不关注生活,反省生活,批判生活,这就需要与社会的具体事务保持某种距离。任何社会都不完美,理想的东西到任何社会里都有可能碰壁,在这种情况下,一个与社会保持适度距离的智性群体的存在,就显得更有必要了。这种距离,可以使人们的理想不受各种丑恶现实的侵扰,也可以使一些人由于不具体地卷入社会生活而能够像个局外人一样更冷静客观地观察、分析社会,产生"旁观者清"的功效。

　　每一个好的高等学府,都有自己的逻辑,自己的信条,自己的文化和哲学,而且会将自己的信条和哲学写入章程之中,形成有保障的实施制度。与高等学府不同的是,商业服务者必须尽可能地与消费者保持零距离,以最大限度地获得利润。但教育与社会(学生)之间保持适度的距离,正好体现了教育得以存在的必要。卷入社会事务过多,则不利于高等学校形成自己的理念与特色。相反,高等学校远离公共事务的中心,不被人们注意,却有意外的好处,"可以在人们不注意的情况下,较为自由地试验一些新的教育哲学"①。如果大学教授经过多年的学术生涯,读书万卷,其观点、看法和没读过什么书的人完全一致,那还要大学干什么? 如果强使大学教授的政治观点追随流俗,大学中思想独立、社会批判的精神就会丧失,多数人的专制就会压制教授个人应有的权威。可是,美国一些保守主义者主张,大学的政治构成应反映社会的政治构成。也就是说,大学教授在政治上左、中、右的比例,要与社会上左、中、右的比例大致相同,使大学能公正地代表社会。显然,按这种逻辑组织起来的大学,将仅仅是一种平衡利益的群体,而不是什么以高深学问为依据的学术组织。

　　早先,教授被认为在政界和学界都有公民身份。这种双重的公民身份并没有表现出任何的矛盾,教授作为学术共同体的公民,除非关系到他的重大利益如学术自由,并不抗议政府的行动;而国家对学术共同体的干涉也很少见,除非学术共同体的公民违反了法律。教授和社会都把高深学问看做社会前进的主要力量。然而,高深学问非合法化之后,大学和教授们必须像企业界、商业界那样,追求社会距离感的消失。这使学术与政治、学术与科研等领域的边界模糊起来。

――――――――――

　　① 薛涌.谁的大学.昆明:云南人民出版社,2005.258

1978 年,第一部以《高等教育哲学》为书名的专著出版,在书中,教育哲学家布鲁贝克论及,至少在 1965 年,随着政治论哲学的盛行,美国的大学就受到了联邦国会及市政厅、州前所未有的重视。美国的大学仅次于政府而成为社会的主要服务者和社会变革的主要工具,它不仅是美国教育的中心,而且是美国生活的中心,"它是新思想的源泉、倡导者、推动者和交流中心"①。在这种情况下,教授变为政府和企业大亨两方面的仆人,其地位发生了微妙的变化。教授不再是为民主社会服务的社会改革家,而成为为民主国家服务的改革家。作为服务社会的改革家,教授可以保持价值自由,而作为服务国家的改革家,教授已很难保持价值自由了,学术与政治的边界不可避免地模糊起来。在价值自由思想的指导下,教授能够追求真理而不考虑其后果;而作为服务国家的改革家,真理的追求具有了后果方面的考虑,而且是价值方面的后果,如果还宣称价值自由,就显得有疑点了。

在转型期,高等教育与社会的距离确实拉得很近,一个重要的表现,就是学术研究与社会提供的科研项目之间应有的边界消失了。而事实表明,适度保持学术与科研的距离,对高等教育的发展也有重要意义。法兰克福学派的经典命题是,科技是第一生产力。自牛顿等草创英国皇家科学院以来,一直有人迷信"学术即科研"的理念,教化为本的学术被日益狭隘化为以生产力开发为本的科研②。科研与学术的边界模糊之后,"学术即科研"的理念变得更加不可怀疑。但是,就其本质而论,学术当"为天地立心,为生民立命,为往圣继绝学,为万世开太平",学术是最具个性、独立性、公共性、超越性、自由自觉的原创活动,它具有与科学研究根本不同的目的。科研只是学术的最现代形式和特殊内容,它既非学术的全部内容,亦非学术的普遍形式。无论古典学术,还是现代人文学术,或是颠覆了科学霸权的后现代学术,它们都以教化天下为本,因此都无法纳入效率为本的科研范畴。

尽管学术也是人间的世俗活动,它不可能不和现实问题相联系,但这并不意味着一切学术都是科研,更不意味着大学教授必须认同现有的科研管理体制对学术的钳制。学术研究根本无法自上而下地加以统一规划,而现行科研管理的要害,恰恰在于它从制度上使学术因屈从"生产力至上"的科

---

① 布鲁贝克.高等教育哲学.郑继伟等译.杭州:浙江教育出版社,1987.19
② 王善平.警惕课题制危害学术.社会科学报,2005-10-13

研目的而丧失公共性品格。无论政治订单,还是企业订单,接受任何科研订单的学术都因其价值偏向而使学术沦为政治或资本的附庸,都可能使学术丧失独立品格和批判向度,进而导致学术与教化脱节,导致教授热心科研而无心教化,使学术日益异化为无关教化的私利活动。在这种情况下,如果学术研究没有与社会强烈要求的科研项目保持适度的距离,则不仅不会带来学术的繁荣和教授地位的上升,反而可能导致学术的异化、教育的荒芜,以及教授尊严的沦丧。

第三节　重视平等主义的效益

平等主义高等教育哲学带来的问题,特别是据此扩大招生而引发的教育质量问题,是我们有目共睹的。但我们也必须看到,以"3A"传统提供的自律机制为基础,西方高等教育在平等主义潮流和质量保障运动中,求得了各种力量的相互制约,相对平衡,并形成共同治理之势。在这种情况下,西方

各国高等教育处于一种全新的改革和发展格局之中。各国政府注重调动高等教育内部的积极性和主动性,并对高等教育质量保证寄予热切的期望,社会各界都关心和投入高等教育事业,全体民众都参与高等教育活动,理论界积极参与高等教育质量保证的研究。所有这些,都为高等教育的改革与发展增添了不可尽数的活力。这种格局的形成,正是西方高等教育取得成功的又一秘密。

为此,我们在探讨平等主义带来直接效益的基础上,来分析平等主义背景下,西方高等教育在竞争与合作之间求得平衡,并强化合作性教育哲学的传统及其重要原因。

一、平等主义的直接效益

平等主义哲学的实现,在西方高等教育系统形成了英才哲学与平等主义双峰对峙的热闹景观。英才哲学牢固而有说服力,考试平等是绝大多数人都认可的基本原则,同时,平等主义现实而有满意度,满足了最为广大的民众享受高等教育的强烈愿望。平等主义发挥的社会功能及其对西方各国

的实际影响,远非传统上考试公平、有教无类以及战后教育平等之类的潮流所能比拟的。

有关平等主义高等教育哲学的疑点,主要集中在它可能带来的教育质量的下降。1981 年 12 月 19 日,德国的魏纳尔·卡尔特夫莱特在《我们的诺贝尔奖获得者为什么这么少》一文中列举数字,试图证明大学越来越多,而质量越来越差。对此,阿什比曾持相反意见。他认为英国高等教育选择制度不完备,所以用学士学位和荣誉学位获得者比例的上升来说明大学的扩张并未导致质量下滑。阿什比列举的数字是 20 世纪 50 年代的,当时英国攻读学士学位的新生基数很低,质量控制也许还不算很难。而事实上,如我们在第一章看到的,平等主义导致的扩大招生,还是导致了质量问题。据英国《每日电讯报》2002 年 1 月 11 日报道,英国高校 2001 年秋季申请入学的人数和入学实际人数大增,入学率比 2000 年高出 2 个百分点,达到约 80%。这意味着,许多不合格或勉强合格的学生都跨入了大学的门槛。政府规定,拨给经费与招生数挂钩,高校因此愿意多招生以解决财政困境。英国剑桥大学一位权威的教育管理人士对这种教育政策提出了严厉批评①。由于高校一味扩大招生,生源质量下降,相当一部分学生入学后根本无法适应大学学习生活,甚至不得不中途退学。这也说明,英国高等教育有很强的全程淘汰机制,生源质量下降并不必然导致其毕业生质量严重下降。这是西方高等学校扩大招生而又能保持一流的重要秘密。

对平等主义高等教育哲学带来的益处,国内论者目前多从提高全民的学历水平以提升国民整体素质、拉动内需等方面,来说明它没有降低教育质量。但是,平等主义的效益远不止这些。即使平等主义导致了高等教育质量的下降,它给全社会带来的效益也是多方面的。归纳起来,平等主义带来的效益至少有三个方面。第一,打破了少数学术精英对高等教育的垄断权,人人平等的愿望在高等教育领域有了新的体现。尽管西方社会没有形成中国传统的"万般皆下品,唯有读书高"的教育价值取向,但是"读书高人一等"的陈旧观念,连同大学的神秘感,在西方社会还是存在的。而随着平等主义倾向的出现,这样的观念无疑得到了进一步的淡化。第二,平等主义主张让高等教育成为每个人都享受的一种基本人权,这种主张的实现,必然让更多

319

① 山子.如何看待高等教育扩大及其质量问题.教育研究与实验,2004(3)

的智力资源在高等教育系统中得以培植和开发,也为更多的拥有这些智力资源的普通民众提供了更为宽广的发展道路。第三,平等主义在充分满足广大民众接受高等教育的强烈愿望的同时,将充满无限精力的青年人聚集到校园之中,这起到了稳定和维护城市社会秩序、巩固现有社会制度的巨大作用。人力资本认为教育可促进经济增长,其原因不只是说为经济发展提供智力资源或训练有素的劳动力,在很大程度上,其原因必须从平等主义高等教育哲学可能减少的秩序成本之中,才能得以说明。如此众多的年轻人不往学校输送,他们旺盛的精力如何释放?如果他们只能在社会上流浪,维护社会秩序的投入,不知要比教育投入高出多少倍!在平等主义高等教育哲学的实施过程中,似乎更能让我们感觉到西方教育"化地狱为天堂"的神奇功效,感觉到公立教育的先驱们"设立一所学校就能关闭一所监狱"的教育理想。

平等主义高等教育哲学在全球形成共识的重要标志,是1998年10月5~9日联合国教科文组织总部在巴黎召开的世界高等教育大会。各国高等教育界、经济界以及政府机构和非政府组织的4000多人出席了会议,183个国家派出了政府代表团,其中115个由政府中负责教育或高等教育的部长担任团长。中国当时的教育部部长也亲自率领一支庞大的代表团出席大会,在会上作了题为"共同的使命与责任"的发言,并作为大会的特别演讲人在全体会议上作了题为"深刻变革中的高等教育"的演讲。这意味着,中国对这次规模空前的大会及其形成的《高等教育宣言》的共识,持有真诚的欢迎和接受的态度。这样的态度,也体现在1998年大会结束以来中国高等教育发生的巨大变化之中,中国政府和社会以实际行动表示了对平等主义高等教育哲学的主张和支持。在规模方面,在大会刚刚结束的1999年,我国高等学校第一次超常扩大招生量,由上一年的108万,扩大到156万,增长了44%。中国高等教育在校生人数由1998年的780万,增加到2002年的1600万。2004年,高等学校在校生总数超过了2000万(全日制在校生1300多万人),居世界第一位,高等教育毛入学率已经超过19%,从数量上讲已经进入高等教育大众化阶段。2000年以来,中国高等教育的毛入学率几乎以每年2%的速度在增长,2007年达到23%(在校学生人数仍居世界第一),2003年为17%,2002年为15%,2001年为13%,2000年为11%。北京、上海等地高等教育的毛入学率在2003年就早已超过50%,处于普及化发展阶段。

经过连年的扩招,中国成为名副其实的高等教育大国,而且,中国政府和社会还在努力建设高等教育强国。特别是政府投入巨额资金的高等教育985工程、高等学校教学上政府首次投资25亿全力推进的高等教育质量工程等项目,就清楚地表明了在平等主义背景下,中国高等教育大众化建设与一流大学建设并举,平等主义与竞争意识兼而取之,与国际高等教育接轨的发展道路。

当然,同发达国家相比,中国高等教育的规模扩展还有余地,以质量提高为主的内涵建设也还有空间,还有向西方国家学习的必要。其中,在平等主义倾向打造的竞争环境下,强化合作意识,强调学生合作精神的培养,就是需要努力的一个重要方面。

二、平等主义倾向中竞争与合作的平衡

育人是大学的天职,这一观念几乎无人反对,问题的关键是培育什么样的人。如前所述,与平等主义哲学主导相伴的现象是,西方高等教育领域的竞争异常激烈,学生的竞争意识因而得到强化。不管高等教育的消费者是否喜欢,服务者之间的竞争也被打造得异常激烈,如国际之间、校际之间、教授之间的竞争,并有意无意地强化了学生的竞争意识。这就产生了一个重要的现实问题:在高等教育中,到底应该强化竞争意识,还是强化合作精神。

其实,西方精英大学对高深学问的守护和对大学精神的承传,留下了不少强调合作的故事。耶鲁大学商学院(the Yale School of Management,简称 SOM)对"合作"这一教育哲学传统的弘扬,就很有代表性。耶鲁商学院创建于1976年,校龄不及有300年历史的耶鲁大学的1/10,它的崛起,正是强调合作而非竞争的教育哲学获得的成功。耶鲁大学商学院开始一味追求"特色",并不成功,于是,转而走向规范化的教育哲学,强调合作精神,却成功了。它是竞争的产物,更是合作精神的结晶,原因有以下几点。第一,敢于冲破消费主义打造的以竞争为主的教育哲学,确立属于自己的独特的教育哲学——"社会企业观"或"社会经营观"(social entrepreneurship)。这种"社会经营"的理念强调在社会责任感中做生意,是 SOM 的基本信条和立足之本。根据 SOM 的哲学,所谓公共、私营、非营利机构之间的界限是人为的

虚假概念,而 SOM 的教育就是要打破这些传统的界限。这种理念,使 SOM 把经营意识扩散到一些人们意想不到的领域,站在了开拓经营思想的前沿。第二,在竞争异常激烈的社会背景下,能够坚持"合作"的教育哲学——强调融入专业领域,与专业人士合作,强调与其他院系的合作,强调同学之间的合作和团队精神,而不是竞争意识。这种以合作为特色的教育哲学,与 SOM 所寻求的为社会服务的教育目标显得更为协调①。

本来,合作的教育哲学也是西方教育的一种传统,这种培养合作精神的传统在美国有深厚的社会基础。杜威等教育哲学家对此都有过精辟的论述,只是在后来的发展过程中,这种教育哲学传统逐渐被遮蔽了。耶鲁商学院意识到这种教育哲学的重要并加以实践,是获得成功的关键。学校的重点是培养合作精神还是强化竞争意识,这代表两种很不相同的教育哲学。"竞争"的基本含义是为了自己的利益而与人争胜。竞争意识不仅有必要,也可能很重要。但是,不少有成就的教育学家都认为,一个健康的社会应该鼓励合作,而不是强化竞争。学校也是这样,不仅需要上一辈人和下一辈人的合作,也需要鼓励同辈人之间的合作。

在杜威所概括的著名的科学探究五个步骤中,个人的经验、探究不仅是自由的,也是合作的,科学探究离不开合作。进步教育运动的领导者如胡克(Sidney Hook)、波特(Boyd H. Bode)、蔡尔兹(John L. Childs)、克伯屈(William H. Kilpatrick)等人的教育哲学,也强调合作,强调有批判、有指导的经验,强调教育控制和按照科学的方法进行学习。他们主张,学校的职能应该定位于鼓励合作精神,而不是竞争。理由如下。第一,社会达尔文主义指出的动物界存在的种种竞争现象,不适于人的需要。原始森林中动物相互残杀的现象,只是在饥饿、发怒、交配时才会发生,一般来说,动物之间的合作多于竞争。而且,动物之所以为动物,主要原因就在于动物不能控制自己或自己的生活条件。人与动物不同,人能控制自己,所以合作更适合于人的生物性和社会性。第二,互相友爱的精神能够提高人性的社会水准。在社会的环境中,教育作为经验的改造,将导致人性的改造。第三,合作也有利于发展民主和自由。因为民主既是联合生活的方式,也是共同交流的方式,而

---

① 薛涌. 直话直说的政治. 桂林:广西师范大学出版社,2004

且个人要真正得到实际的自由，他就必须与别人联合，结成团体①。

奈勒（George F. Kneller）在《教育学基础》一书中，认为进步主义最重要的原则有六条，而其中之一便是：当人们彼此合作，而不是彼此对立时，成就会更大，因此，学校应当培养合作精神，而不是培养竞争精神②。至今，哈佛大学等校还在使命陈述中强调追求"合作精神"的传统，这从教育实践的角度说明了它的重要意义。

面对现实，学校不得不给学生讲授竞争的道理，但从人性分析，学校教育更为重要的使命，不是强化竞争，而是淡化竞争意识。诚如陆有铨先生所指出的，学校教育把竞争置于合作之上的做法，对儿童和社会发展都是有害的③。

归纳起来，学校教育必须重视合作，并将合作置于竞争之上，主要原因有如下几点。

第一，竞争无需鼓励。"为了自己的利益而与人争胜"的竞争是人的本能，它与生命并存，不学就会，不需要动用专门的公共教育资源加以强化。与竞争相反，合作不是本能，而是后天习得的，需要教育、鼓励才做得更好。

第二，合作精神才是难能可贵的。在当代社会，政治、经济、科技、人才、教育等领域，竞争异常激烈，竞争无处不有，无时不在。在这种条件下，合作更可贵，如果不鼓励合作，竞争也难以为继。因此，重要的是，让学生学会处理好竞争与合作的关系。让学生学会合作，学会在竞争异常激烈的社会里守住一片宁静，学会宽容，学会谦让，学会与他人和谐相处。这一点，也只有"不以盈利为目的"的学校教育，才能办到。

第三，学校教育把竞争置于合作之上的做法在事实上是有害的。无论对于学生的发展，还是对于社会的发展，过分强调竞争都是有害的。因为那样做会损害和抵消人们的精力与物力，会造成太多的浪费，并付出太大的代价。过分的竞争与冲突是人类祖先留下的有害遗产，也是国际 21 世纪教育委员会要求教育必须放弃的人类遗产："如果我们不愿见到下个千年的无限希望在世界许多地区已经深受其害的争斗和混乱中化为泡影的话，我们就

---

① 陆有铨. 现代西方教育哲学. 郑州：河南教育出版社，1993.72～73

② 陆有铨. 现代西方教育哲学. 郑州：河南教育出版社，1993.40

③ 陆有铨. 素质教育值得注意的几个问题. 北京大学教育评论，2003(3)

应当放弃过去的有害遗产,即一切冲突和竞争,促成一种新的同心同德与合作的文化。这就是教育在 21 世纪将要迎接的主要挑战。"①

看来,在强化合作精神与竞争意识之间合理定位,也是平等主义主导下高等教育必须面对的新任务。而西方社会在两者之间求得的平衡,也正是西方高等教育成功的秘密所在。

第四节　消费主义的负面影响得到阻抑

在讲究制衡并拥有一套相对完善的制衡机制的西方各国,消费主义市场的力量和功利化的教育价值取向毕竟只是诸多力量中的一部分。无论官场还是市场,都不是主宰高等教育的全部力量。总体上讲,西方大学还是在政府(国家)、社会和市场多种力量形成的制衡机制中运行,消费主义虽然是市场化的必然结果,是转型期日益凸显的一种教育哲学,但它也不能代表西方业已形成的多元化教育哲学的全部。事实上,其他力量也几乎从未停止过对消费主义教育哲学的校正,转型期西方高等教育,正是在多元化的哲学相互矛盾、相互制衡的过程中获得了发展,实现了大众化乃至普及化的过程。高等教育理性思考的传统,自由表达的习惯,使消费主义对西方大学的影响是有限的,至少可以说,到目前为止,许多方面都还没有越过教育的底线。

消费主义主导的功利化生活方式对环境和能源造成的负面影响日益突出,给西方社会带来的现实困惑越来越多,这使得改变消费主义生活方式的呼声也日益高涨。对社会生活中消费主义的合理性表示怀疑的,在西方社会早已存在。以马尔库塞和弗洛姆为代表的西方马克思主义者就对消费主义进行过猛烈的抨击,绿色主义、生态主义和环境主义运动的兴起,也构成了一股制约消费主义的力量。在 20 世纪 90 年代,西方(如英国)出现了一种

---

① 联合国教科文组织总部中文科.教育——财富蕴藏其中.北京:教育科学出版社,1996.219

反消费主义的社会运动。这一运动主张重新回到简朴,反对奢侈,反对浪费①。可以看出,尽管西方生活方式经历着消费主义鼓吹的高消费的冲击,但另一方面,西方人也经历着节俭主义的生活,这样的生活,在事实上形成了对消费主义的反对。

西方世界的节俭主义

瑞士:年均个人收入达 3 万美元,堪称世界首富,节约程度令世人瞩目。汽车普及率很高,但"林肯""奔驰"等名车并不多,而叫不出名字的甲壳虫车到处可见。它是钟表王国,但许多人只戴普通手表,年轻人则戴便宜的塑料表。人们宁愿租住便宜的老楼房,不求豪华,不搞高档装修。

荷兰:其节俭表现在日常生活的各个方面。每个家庭每个月的伙食费都是事先计划了的,决不会轻易突破预算。一般每周吃两三次肉,餐桌上常是土豆、胡萝卜做的菜。年轻人也很节约,外出往往一个三明治或一包炸薯条就是一顿饭。

德国:过日子和请客很少铺张浪费。穿着上,老人一般较庄重,年轻人则非常随便。请喝一杯咖啡聊天,足以表达友情。住宅讲究清洁实用,方便雅致,美化环境,少见豪华装修。德国政府积极宣传建筑节能知识与政策。联邦消费者中心联合会及其下属的各州分支机构也提供有关节能的信息和咨询服务。德国能源局开通免费电话,解答人们在节能方面碰到的问题。

法国:政府采取措施大力利用自然资源,通过减免税,鼓励人们在工业、服务、住房建设、交通运输等领域采用节能设备。

美国:由于能源危机和通货膨胀,普通美国人也在日常生活各方面开始勤俭持家了。现在人们更倾向于购买油耗少的汽车,遇到长时间堵车时,会自觉地把发动机关掉。在美国的公办中小学,课本是循环使用的。课本属于学校财产,随着课桌椅一起编号,直到完全用旧为止。

英国:用公款请客的政府机构或公众组织,从无大肆挥霍的现象。如今请吃中餐也常见,但中餐西吃,实行分餐制,绝无剩菜满桌的现象。

325

---

① 李琴. 当代西方消费主义文化的唯物史观思考. 学术界,2006(2):95

穿衣最讲究科学节省,每人一般准备3套服装在不同季节、不同场合换穿即可。英国政府从2001年开始,每年用5000万英镑设立"能源效率基金",鼓励企业节约能源,努力构建节约型社会。

(资料来源:孔润常.西方的节俭主义.社会科学报,2006－02－23〔7〕)

美国人的富有是很有名的,但美国人不可思议的"穷相"同样有名。这种穷相,被视为美国资本主义精神的体现和长期繁荣的根基。从心态上讲,这种节俭主义行为也是对消费主义的消解。在美国社会最受人尊重的、最出风头的,还是所谓白手起家的富人,即英文中的所谓self-made man。即使是富贵家庭,也非常注意让孩子吃苦、自立,甚至有些富人会有这样的意识:让自己的孩子从小养尊处优,等于剥夺了他们成为自己这种self-made man的机会,真正的人生领略不到,风头也出不成了,这对孩子不公平。因此,孩子从小为挣零花钱而打工,是最正常不过的事。耶鲁大学是美国有名的富裕学校,它可以把一个学生餐厅装修得像个宫殿。可是,在耶鲁周围的街头,常能看到学生的穷相:一个旧床垫被扔到垃圾箱那里,但两个学生模样的人对之审视一通后,高高兴兴地抬回去。学生买旧东西的习惯,就更不用说了①。从更宏观的层面看,应该说,对消费主义倾向带给教育实践的困惑,美国人早已有所觉悟,并采取了一些对策。从20世纪70年代的"生计教育"和稍后的"回到基础运动",到如今的"不让一个孩子掉队",多少都隐藏着美国人对消费主义教育哲学的校正。

英国政府也对学校教育的消费主义倾向提出了明确的调控措施。2006年2月28日,经在任的布莱尔首相与工党后座议员达成妥协后,人们等待多时的教育改革法案——《教育与督学法案》(The Education and Inspections Bill)终于公之于众。该法案规定了学校的自由度、招生及课程权和地方教育部门的权力、学校质量监控权、家长选择权等许多方面的内容,而对"学生惩戒问题"的规定,分明标志着政府对教师专业权力的尊重,对消费主义的消解。第一,学校所有教职工(不仅仅是教师)都有处理学生破坏行为、在课堂上强制维持秩序和对学生进行惩戒的权力。这以最明确的方式向学生及家

---

① 薛涌.谁的大学.昆明:云南人民出版社,2005.203

长发出了坏行为不可容忍的信号。第二，"周六扣留"的措施也在其中，尽管已遭到某教师工会的指责。第三，家长必须处理孩子的问题行为，并保证孩子在被罚停课期间得到恰当的监管，如果这期间孩子无故在公共场所被发现，家长将被处以罚金①。

　　法国大学的招生考试题目里，也体现了法国教育系统对消费主义的一种制约。从 2007 年 6 月 11～15 日举行的法国高中会考考题中，就可以看出教育系统引导学生承传法国的传统与习惯的倾向。在这次会考中，文科、理科和商科的哲学试题见以下所列。②

文科试题

　　1. 一切有意识的行为都是自由的吗？

　　2. 艺术作品像其他东西一样真实吗？

　　3. 解释亚里士多德关于责任的一个选段（出自《尼各马可伦理学》）。

理科试题

　　1. 欲望能否满足于现实？

　　2. 体力劳动与脑力劳动的对立有什么作用？

　　3. 解释休谟关于正义的一个选段（出自《道德原理研究》）。

商科试题

　　1. 人们能够避免偏见吗？

　　2. 通过工作我们能获得什么？

　　3. 解释尼采论述道德的一个选段（出自《人性的，太人性的》）。

有关意识自由、艺术真伪、道德责任、脑体对立、正义、欲望、偏见等主题，尽管有的材料出自先哲著作，但总体上可以看出，这些考题的现实针对性是显然的，消费主义所要消费的，几乎都是这些属于理性思考与独立习惯的内容。会考也是指挥棒，其导向功能是强大的。如果学生们在学习、生活中时常思考这些问题，消费主义的市场多少会得到一些贬抑，至少，学习这些内容，思考这些问题，不至于强化消费主义吧？当然，联系法国整体教育体制，似乎更能看到它对消费主义的抑制性倾向。与西方许多国家相比，法

327

---

① 卧松编译.布莱尔教育新政一览.中国教师报,2006－03－15

② 邓刚编译.法国 2007 年高中会考的哲学主题.社会科学报,2007－07－19(7)

国的高中教育有很大不同。法国高中分文、理、商三类,在临近毕业的那一年时间,必须学习哲学,而法国高中会考中,哲学是文、理、商三类考生都必须参加的考试内容。通过会考的学生可以获得业士文凭(BAC,即baccalauréat),并向全国任何一所大学申请入学。高中的如此训练和考试,对大学的生源质量无疑是十分有益的,而法国在哲学、艺术诸领域人才辈出、独领风骚,显然与高等教育对消费主义的抑制、对理性传统的捍卫有关。

当然,各国传统不同,抑制消费主义的方式方法也有差异,但总的来看,西方高等教育对消费主义和功利化教育价值取向的抑制,是由世界一流大学的普遍主义精神气质所决定的。丁学良的研究看到①,世界一流大学的精神气质,可用与大学同一词根的"universalistic"(普遍主义)一词来概括。西方大学从它诞生的那天起就是一种普遍主义的机构。这种普遍主义至少体现在三个方面。第一,世界一流大学的教师来源,必须是普遍主义的,不能仅仅来自于本校、来自于本地,也不能仅仅来自于本国。他们认为,越是近亲繁殖的大学,衰败得越快,而且,重新恢复它的生命力的代价也越高。第二,世界一流大学的生源是普遍主义的,学生必须尽可能地广泛和多样化,一流大学的学生都来自于世界上各个不同的国家。第三,世界一流大学研究和教学的内容必须是普遍主义的,是世界主义的。在有着"3A"传统的深厚根基的西方高等教育系统中,自然会有人对普遍主义本身产生怀疑,出现争辩:现在的问题都还没弄清楚,为什么还要研究古代的问题? 地面的问题都还没弄清,为什么要研究天上的问题? 一个村、一个省的演化还没搞清楚,为什么要研究宇宙的演化? 美国有那么多的问题,像种族问题、收入问题、单身妈妈问题、艾滋病问题等等,都没有研究得很好,钱也不够,为什么还要去研究东亚、中东等许多问题?

对于这些疑问,西方一流大学的态度是,标准不是能不能马上用,也不是有没有用,而是对世界上任何有趣、有人愿意去探讨的奥妙的领域,它们都要在尽可能的情况下提供可能。在这些大学看来,今天探讨的这些领域以后有没有意义,是无法肯定的。世界一流大学有关各自使命的陈述(mission statements),就清楚地表达了它们面对这些疑问而持有的普遍主义精

---

① 丁学良.什么是世界一流大学.高等教育研究,2001(3)

神气质。

　　英国牛津大学作为英语世界的第一所大学,对其长远使命和具体目标作出二十几项具体的规定①,表示要确保牛津大学作为自治的(self-governing)学术共同体,在教学和科研的每一个领域都能保持卓越的国际水平,并提升作为世界一流大学的历史地位,通过科研成果和高素质的毕业生造福于国际社会、国家和地方。剑桥大学声称的核心价值观(core values),就是自由地思考和表达,摆脱偏见。它的使命陈述更可谓简明扼要,那就是,为全社会奉献国际性的、最为卓越的教育、学问和研究,而在教育、学问和研究三个方面的具体规定中,更加具体地呈现着该校的普遍主义态度②。

　　哈佛大学没有正式的使命陈述,但作为该校主体的哈佛学院至今声称,学院的使命就是"1650年章程"(the Charter of 1650)认可的教育目的,即促进所有有益的文学、艺术和科学的发展,藉以教育青年,促进青年全面发展。为此,学院鼓励学生尊重思想,尊重思想的自由表达,促使学生乐于发现,乐于批判性思考,并以富有成效的合作精神追求卓越,对自己行动的后果承担责任,以便在今后的生活中增进知识、增加理解、服务社会③。以理工科见长的麻省理工学院(MIT)首任校长罗杰斯(William Barton Rogers,在任时间分别为1862~1870年、1879~1881年)强调"用实验教,从做中学",这种实用主义兼实践主义(pragmatic and practicable)的教育哲学为该校的发展奠定了方向,其传统延续至今,其使命陈述明确地写着,学校致力于增进知识,致力于培养在科学、技术及其他领域能够最好地服务于国家和世界的人才。

---

　　① University's Mission Statement and Strategic Plan. 0 Oxford University Gazette (Supplement 3 to No. 4484), 1998-09-30

　　② 即:The mission of the University of Cambridge is to contribute to society through the pursuit of education, learning, and research at the highest international levels of excellence

　　③ 即:The advancement of all good literature, arts, and sciences; the advancement and education of youth in all manner of good literature, arts, and sciences; .... the College encourages students to respect ideas and their free expression, and to rejoice in discovery and in critical thought; to pursue excellence in a spirit of productive cooperation and to assume responsibility for the consequences of personal actions.... Harvard expects that the scholarship and collegiality it fosters in its students will lead them in their later lives to advance knowledge, to promote understanding, and to serve society.

在多元文化背景下,学校努力开发全校所有成员明智的、创造性的、有效率的能力与热情,使之为全人类的美好生活而奋斗①。

进入转型期以来,人才和资源都在世界范围内流动,世界一流大学必须在世界范围和规范的条件下展开竞争。在这种情况下,西方大学这种普遍主义和世界主义的精神气质,更有助于遏制消费主义传播的负面影响,也更有助于一流大学保持自己的国际地位。事实上,面对现实,西方高等教育系统对消费主义没有采取简单排斥的态度,而是充分认识其必然性,灵活应对其影响力,这是西方高等教育取得成功的一个秘诀。这一点,可能是许多中国学者都容易忽略的,正因如此,很多人过分看重了消费主义背景下西方社会的危机,过于看重了消费主义对中国高等教育的消极影响。以下略加论述。

针对消费主义势不可挡的全球化,许多学科领域中都有中国学者试图阐释消费主义概念,有的还利用丛书来说明它的各种性质。与此同时,中国教育的消费主义倾向也日益明显,并由此产生一系列问题和困惑。因此,结合对西方高校转型倾向的研究,对中国教育中的有关问题进行反思是完全必要的。这也是本书的一个合乎逻辑的落脚点。

不可否认的是,20世纪80年代以来,西方国家的消费主义意识形态以非政治化为表象,并以其特有的感性化、生活化在不知不觉之中"深入人心",成为控制全球人类思想与行为的霸权文化,并波及我国城乡各地,冲击到各类人群,特别是青少年儿童②。2004年的一项调查显示,中国具有消费主义倾向的人高达77.3%③。2004年,中国的人均年收入仅为美国的1/7,但在时尚消费品方面却遥遥领先④。还有人认为,目前中国已成为世界第三大奢侈品消费国,到2015年,中国奢侈品消费将占全球总量的29%,届时,

---

① 即:The mission of MIT is to advance knowledge and educate students in science, technology, and other areas of scholarship that will best serve the nation and the world in the 21st century…. We seek to develop in each member of the MIT community the ability and passion to work wisely, creatively, and effectively for the betterment of humankind.

② 鲁洁.道德教育的当代论域.北京:人民出版社,2005.216

③ 王岳川.消费主义危害与中国当代文化立场.中国艺术报,2004—12—17

④ 包亚明.美学者批中国:是消费品还是消费主义.新民周刊,2005—03—06

中国将取代美国成为世界第二大奢侈品消费国①。

消费主义在中国的盛行与中国经济主义的泛滥,形成相互推波助澜之势,这必然对中国高等教育产生更为剧烈的影响。在反思贫穷社会主义的过程中,"富裕起来"的欲望在大众之中被快速调动起来,许多地方重蹈西方国家以财富为中心的发展之路。在这些地方,误把"以经济建设为中心""发展是硬道理"等理论理解为经济至上,把经济总量的增长放在首位,其他发展目标完全居于从属地位,人的现代化、道德建设等本体性目标,则退居为经济增长的手段。似乎所有的社会问题都可以归结或还原为经济问题,这是经济主义的典型表现。在经济主义的催化下,消费主义理念借助强大的现代化媒体得到快速传播,大众的物质欲望和消费需求得到空前激发。它与不少人好面子的传统、暴发户心理和公款消费的现实条件结合起来,有力地强化了中国本已盛行的奢侈性消费。社会学家通过实地调查发现:"现行的追赶战略一到内地几乎成为各项劳民伤财的达标战略,明明连温饱都没有彻底解决的穷人却拼命攀比西方富人的高消费。"②

随着消费主义的盛行与大肆扩张,教育领域最终也没能成为它的禁区。2004年,有学者曾以学生向老师请教"怎么解题"为例,来形象地说明这种影响③。如果学生没有受到消费主义的影响,他的请教意味着,请老师说明解题步骤和要领;反之,则是请老师直接告知答案,至于包含在求解过程中的知识和体验,已变得无关紧要,或者由于代价太昂贵而被更便宜者所取代。还有学者看到:"当今教育最大的弊病是受功利原则支配,其中也包括家庭教育,急功近利的心态极其普遍,以马上能在市场上卖个好价钱为教育和受教育的唯一目标。"④由此看来,关于中国的教育,需要反思的问题的确不少。

不少学校热衷于所谓的学生评教,其依据完全是消费主义那一套意识形态言路。在一些学校,教师考评活动中日益流行的说法与做法是"老师行不行,学生说了算",这里所遵循的,无疑也是消费主义教育哲学。鼓吹者以学生和家长的"利益"自居,通过媒体,掌握着"文化霸权"。反对者不可能与"群众"为敌,也没有与之为敌的基本条件。这样,"学生说了算"等口号的流

---

① 郑玉歆.人文发展不足阻碍节约型社会建设.社会科学报,2006-07-06(1)
② 曹锦清.黄河边的中国.上海:上海文艺出版社,2000.771~772
③ 汪丁丁.让教育安顿我们被消费主义化的心灵.财经周刊,2004-07-20
④ 周国平.安静.第2版.太原市:北岳文艺出版社,2004.347

行,便成功地为教育过程创造出一个新的世界。在这个世界里,老师向学生邀宠、分数膨胀成为常态,有管理者竟然搬出了"没有教不好的学生,只有不会教的老师"等本来只适用于教师自励的旧有说法,"教师是服务者,学生是上帝"则成为不少学校师生角色定位的响亮口号,师生关系开始成为师生双方的异化物。

以"学生说了算"为关键词,在网上搜索到的结果,大量涉及"教师好不好,学生说了算""教师上下岗,学生说了算""老师年终奖,学生说了算"等说法。有人甚至明确提出,学生"炒"老师,其实质是承认教育市场化带来的角色转换,是学生和家长作为消费者权利的回归,值得推广。既然学生向学校缴纳了学习所必需的所有费用,那么,校方与学生的地位必然要有一个根本性的改变,即传统上校方管理者与引导者的职能应当淡化,而雇员与雇主的关系应当得到强化。产品的质量是好是坏,消费者是最终的评判者。而教师的教学质量如何,最终得由学生及家长评判①。在这里,教师的去与留、升与降,学生起决定作用,这似乎是对教学质量的一种全新的考核办法。而由学生来"评优罚劣",左右教师的"奶酪",又好像是一种最公平、最公正、最有权威的评价。

媒体报道了大量的关于国内教育由学生说了算的事例,而且有的还试图寻求国际援助,如 2005 年就加工制作过"哈佛:教师表现学生说了算"之类。这本来是一家报纸介绍某大学校长随团出访的体会。哈佛大学的教授 $75\% \sim 85\%$ 为聘任制,教授一般教 $3 \sim 4$ 门课($12 \sim 16$ 学分)。每一门课结束,由学生填表评估教师的教学态度、教学质量和教学效果。学生评价教师的意见在学校图书馆陈列一周,供学生选课、选教师参考。"学生评价意见作为教师晋升、提工资的参考之一。"②另一家权威媒体在转载这则报道时,索性将标题定为"哈佛:教师表现学生说了算……"③这将一位大学校长的出国体会,制作成了"我们应向国际一流大学学什么"这一严肃问题的答案。这样的报道,显然不是对待西方思潮的应取心态。当下中国广大教师的生存状况以及由此导致的教育质量问题,似乎更能说明淡化这种心态的必要

---

① 林海纵.学生"炒"老师体现消费者权力回归.市场报,2003－12－12
② 刘家铎.向国际一流大学学什么.科学时报,2005－07－11
③ 刘家铎.我们应向国际一流大学学什么 哈佛:教师表现学生说了算,不晋升即辞退.新华每日电讯,2005－07－31

性。

随着消费主义向中国教育领域的渗透,生师比偏高,教师的工作压力普遍增大,教师群体生存状况恶化的现象十分明显。媒体有关教师工作压力重,平均寿命低,多数处于亚健康状态,甚至殉职讲台之类的报道,已经太多了。就今后中国教育的发展而论,真正堪忧的,正是一线广大教师的生存状况,以及由此导致的教育质量问题。有调查显示:超过80%的被调查教师反映压力较大;近30%的被调查教师存在严重的工作倦怠,近90%存在一定的工作倦怠;近40%的被调查教师心理健康状况不佳;超过60%的被调查教师对工作不满意,部分甚至有跳槽的意向①。另一项调查的结果与此相似:参与实验的中学老师中,抑郁症患者为34.4%。② 大学教师也由于压力大导致亚健康,如一项对19所高校8417名教师健康状况的调查发现,大学教师中身体健康者只占10.4%,亚健康占45.55%,前临床状态占23.63%,疾病状态占20.42%。一半以上的大学教师处于亚健康状态③。这些情况,值得我们深思。

改革开放以来,中国高等教育取得了举世瞩目的成绩,席卷全球的高等教育质量运动、共治倾向、平等主义哲学、消费主义价值观念等西方浪潮,也或多或少地对中国高等教育产生着实质性的影响。面对这些影响,需要研究的问题很多,如质量保障、自律与共治、公平与效率、教师绩效与学生评教等等。在结束本书之际,笔者在这里特别想强调的是,中国政府和有关方面已经采取了一些节俭主义的措施,同时2008年以来金融风暴的全球化给高等教育带来了新变化,如果能够走出消费主义和功利化教育价值取向的阴霾,我们则会迎来新世纪的新曙光。

333

---

① 陈勤.教师队伍质量问题的症结在哪里? 南方周末,2005-09-15(5)

② 马艳云、郑众.中学教师心理健康状况的调查.教育科学研究,2005(10):76

③ 文冯瑞、吕晓霞.调查表明:工作压力成为教师的主要压力.北京晚报,2003-09-10

Postscript
后记 ▢

常言道,"慢工出细活",笔者向来做事很慢,但却出不了细活,真是一件遗憾的事。如今提交的这本稿子,历时已不止三年五载,若干个严冬与酷暑的磨练,仍显得相当粗糙。当然,这也是有原因的,该书的写作,需要收集、消化大量的中外文资料,然后再加以条理化与提炼,对笔者而言,这并不是容易的事。再加上工作上杂事缠身,零散的时间不能满足集中思考的需要,困难就更多了。面对强大的困难,笔者的自信心受到严峻的考验,曾几度萌生放弃的念头,只因陆有铨先生再三的鼓励和督促,才没至于半途而废。

笔者对西方高等教育的新近思潮特别是消费主义倾向感兴趣,并加以思考和研究,有一个逐步展开的过程,这与如下几件事直接相关。

2002年开始,在笔者的导师陆有铨先生的指导下,参与全国教育科学"十五"规划国家重点课题"转型期西方教育哲学的发展及其对我国的启示",在子课题"高等教育哲学的发展研究"中,笔者发现西方大学的消费主义倾向及其对我国的影响不容忽视。本书就是这个国家重点研究课题的成果之一。同年,在开展"中国民间教育哲学研究"的过程中隐约发现,民间与官方在面对和处理转型期的教育问题时,都不同程度地存在着某种消费主义的倾向。

2005年初,为调查美国教育哲学现状,笔者得到美国国务院 IV(International Visitor)项目资助,应邀访问美国教育系统,感受到那里的教育领域消费主义有一定的市场,虽然也有约束。其间,哈佛大学教育学院的 Elgin 教授、Steven Seidel 教授,斯坦福大学教育学院的 David F. Labaree 教授、Phillips 教授,伊利诺伊大学教育学院的 Feinburge 教授,华盛顿大学教育学院的 Roger Soder 教授,美国大学教授协会秘书长 Roger Bowen 博士等人,都谈到大学的消费主义倾向，并深感忧虑，而他们的著作，更让我深深地感觉到消费主义倾向带来的问题之严重，认识到从理论上分析这种现象的必要性和紧迫性。与杜威研究中心主任 Hickman 博士，美国众议院的 Amanda Farris 女士，美国教育部 Sambia Shivers-Barclay 女士，美国高等教育政策研究会 Jamie Merisotis 主席，课程开发与教学监理协会行政主任 Gene Clark、贝尔多文化高中副校长 Pedro Cartagena 博士，麻省教育委员会的 Jeffrey Nellhaus、Anping Shen、Yi Yang 等人，硅谷、西雅图等地学区负责人的谈话，以及华盛顿大学 Bothell 校区教育项目组、南伊利诺伊大学教育学院为我的调研举办的专题会谈，则让我对美国办学实践中更多的重要转型有了切身体会。

2005 年 6 月，笔者主持的"消费主义教育哲学研究"获得华东理工大学文科基金资助，这为研究任务的完成提供了极大的便利。

2006 年，"学校教育的消费主义倾向与对策"被批准为全国教育科学"十一五"规划教育部重点课题。在陆有铨先生主持的开题报告会上，谢安邦教授、涂善东教授、徐永祥教授、张昱教授、唐亚林教授等专家们，对选题的意义给予充分肯定，并就研究内容、研究方法、实施方案等问题，提出了极为中肯的意见和建议。该课题的立项，有力地推动了研究工作的深入展开，本书部分内容，就是"学校教育的消费主义倾向与对策"这一课题的重要成果。

在研究过程中，华东理工大学高教所研究生导师组何仁龙、马桂敏、张爱民、姚云等教授们的宝贵意见，徐洁、马晓娜、姜尔林、朱军文对这项工作的充分肯定和诸多建议，都给予我研究的信心和启发。研究生谢亚兰、黄晓星、丁宁、唐慧、孙艳丽、林惠莲、陈彬、汤立群、胡宝林、何贤贤、陈红蓉、高建香等同学，积极参与有关讨论，开展有关研究，发表相关研究成果，对本人的研究多有助益。

课题研究期间，给予笔者当面赐教的专家学者还有很多，如全国高等教育学研究会理事长杨德广，华东师范大学郑金洲，上海市教科院谢仁业，同济大学章仁彪，复旦大学熊庆年，北京师范大学教育学院"富布莱特"学者（美国 New Mexico State University 教授）Charles Townley，美国国家科学基金会（NSF）顾问郭玉贵，等等。

山东教育出版社的温玉川老师、刘卫红女士、李岸冰女士，先后在上海、山东、北京等地组织的研讨，不仅为课题研究和本书的写作提供了切实的帮助,而且,他们还以教育理论编辑们特有的学术敏感性和强烈的社会责任感,就写作提纲、写作计划、写作规范等方面,提出了宝贵的建议。

2002年以来,课题组利用召开全国教育哲学学术年会等时机,先后在呼和浩特、长春、北京、上海、济南等地,多次开展专门的研讨。这期间,王坤庆教授、石中英教授、金生鈜教授、马和民教授、刘文霞教授、杨昌勇教授、陈建华教授、丁念金教授、吴刚平教授、迟艳杰教授、娄立志教授、鞠玉翠博士、朱晓宏博士、高慎英博士、朱利霞博士、邵燕楠博士、徐佳博士、刘声全博士等众多专家朋友们,详细分析了研究范围和写作提纲,提出许多宝贵的意见。众多师兄弟、师姐妹们也为这本书的写作提供了资料、意见和建议。

总而言之,此书稿终于能够勉强写成,实在得益于陆有铨先生的教诲与众多师友的关照,在此,谨向陆老师和所有为本书提供过帮助的同道表示衷心的感谢! 当然,书中的问题与错误,概由本人负责。

潘艺林

2009年4月